“十三五”国家重点出版物出版规划项目·重大出版工程规划
中国工程院重大咨询项目成果文库
当代公共安全科技发展丛书

公共安全管理研究

闪淳昌　著

科学出版社
北京

内 容 简 介

本书在推进国家治理体系和治理能力现代化的总体要求下，力求科学界定公共安全管理的内涵、外延，全面梳理国内外公共安全管理的先进经验，分析我国全面深化改革进程中公共安全形势的新特点、新趋势，着重对城镇化、老龄化带来的公共安全问题，以及保险在公共安全管理中的作用等进行深入研究。同时，还结合我国国情，从公共安全科技问题、公共安全体系的顶层设计、创新公共安全管理的体制机制等方面，为构建具有新时代中国特色的公共安全体系提出了政策建议。

本书适合从事公共管理、应急管理的领导、学者、实务人员等参考阅读。

图书在版编目（CIP）数据

公共安全管理研究／闪淳昌著. —北京：科学出版社，2020.7

（当代公共安全科技发展丛书）

“十三五”国家重点出版物出版规划项目·重大出版工程规划 中国工程院重大咨询项目成果文库

ISBN 978-7-03-065634-6

Ⅰ. ①公… Ⅱ. ①闪… Ⅲ. ①公共安全－安全管理－研究－中国 Ⅳ. ①D630.8

中国版本图书馆 CIP 数据核字（2020）第 118102 号

责任编辑：王丹妮／责任校对：陶 璇
责任印制：徐晓晨／封面设计：蓝正设计

科学出版社 出版
北京东黄城根北街 16 号
邮政编码：100717
http://www.sciencep.com
北京捷迅佳彩印刷有限公司 印刷
科学出版社发行 各地新华书店经销
*
2020 年 7 月第 一 版 开本：720 × 1000 1/16
2021 年 1 月第二次印刷 印张：17 1/2
字数：350 000

定价：176.00 元

（如有印装质量问题，我社负责调换）

“当代公共安全科技发展”丛书
编委会

“公共安全政策与管理研究”课题组成员名单

课题负责人：

闪淳昌 教授级高级工程师　　国务院应急管理专家组组长、国家减灾委专家委员会副主任

课题组成员：

袁　亮 院士　　淮南矿业有限责任公司
陈家强 教授　　公安部灭火救援、火灾事故调查专家组组长
柴俊勇 教授　　上海市应急管理专家组组长
吴宗之 研究员　　国家卫生健康委员会职业健康司
薛　澜 教授　　清华大学苏世民书院
丁　辉 研究员　　北方工业大学
胡象明 教授　　北京航空航天大学公共管理学院
王　和 教授　　中国人民财产保险股份有限公司
夏保成 教授　　河南理工大学应急管理学院
周　玲 副教授　　北京师范大学社会发展与公共政策学院
钟开斌 教授　　中央党校（国家行政学院）应急管理培训中心
刘　奕 副教授　　清华大学公共安全研究院
何　宁 高工　　应急管理部消防救援局指挥中心
朱　伟 研究员　　北京城市系统工程研究中心
郭再富 教授级高级工程师　　中国安全生产科学研究院
刘　冰 副教授　　北京师范大学中国社会管理研究院/社会学院
秦绪坤 工程师　　新兴际华集团应急研究总院
刘梦婷 副研究员　北京城市系统工程研究中心

"当代公共安全科技发展"丛书总序

公共安全以保障人民生命财产安全、社会安定有序和经济社会系统持续运行为核心目标，是总体国家安全的重要组成部分。党和国家领导人指出，公共安全建设对于构建和谐社会，推动全面小康建设，乃至于中华民族的伟大复兴都具有非常现实和深远的意义。

公共安全作为一个重要领域纳入国家经济社会发展规划和国家科技规划始于2003年开始的国家中长期科技发展规划的战略研究和纲要制定，党和国家高度重视，全社会普遍关注，民众积极参与，我国公共安全科技水平和保障能力迅速提升，成果显著。同时，必须清晰地看到，我国正处在公共安全事件易发、频发和多发期，维护公共安全的任务重要而艰巨。随着工业化、信息化、城镇化、市场化和国际化快速推进，各种变革调整速度之快、范围之广、影响之深前所未有。公共安全问题总量居高不下，复杂性加剧，潜在风险和新隐患增多，防控难度加大，给公共安全工作提出新的挑战。健全公共安全体系，全面提升公共安全保障能力，构建安全保障型社会是重大而紧迫的历史使命。

健全公共安全体系必须依靠创新。贯彻实施创新驱动发展的国家战略，大力推进公共安全保障的思路理念、体制机制、方法措施和技术装备创新，充分发挥科技创新在全面创新中的支撑和引领作用，实现国家公共安全治理体系和治理能力的现代化。公共安全的科技创新将力图在以下三方面取得突破：一是构建全方位、立体化公共安全网技术体系。面向国家公共安全保障的突出问题和重大需求，重点围绕共性基础科学问题、安全信息系统、社会安全综合治理、生产安全、城镇安全、重大基础设施安全、抵御和应对自然灾害、公共卫生安全、生物安全、农产品食品药品安全等方面的关键科技瓶颈问题开展研究和应用示范，建立公共安全风险评估、预防准备、监测预警、态势研判、救援处置、综合保障等关键环节的公共安全风险防控技术体系。二是构建标准化的公共安全应急技术装备体系。针对突发事件应对中人员救护和现场处置薄弱的问题，围绕公共安全应急的关键装备和应急服务，开展基础科学问题、共性关键技术、技术标准化和产业化等研究，研发出一批标准化、体系化、成套化的应急技术装备，服务于提升应急保障能力和培育形成新的应急产业经济增长点。三是建设代表国家水平、世界一流的国家实验室等不同类型研究基地。其中包括：能在实验室中再现公共安全事件灾害性耦合作用，再现承灾载体破坏，导致次生、衍生事件及事件链过程的大型试验基地；能对公共安全装备和产品进行检验和测试的检测认证中心；能对公共安全事件发生、发展和应对处置全过程进行动态模拟仿真、情景构建推演、态势研判、优化决策、指挥跟踪的专题数据库和先进显示系统。

健全公共安全体系必须重视增强安全韧性。韧性是国际组织和发达国家在涉安（涉及安全）领域广泛使用的概念，可以简单表述为在逆变环境中的承受、适应和迅速恢复的能力。美国在2010年《国家安全战略》、2014年《国土安全报告》中均提出增强国家韧性，强调建设一个安全韧性的国家，使整个国家具有预防、保护、响应和恢复能力。英国制定了国家韧性计划，由首相担任部长级韧性小组组长，旨在提高英国遭受民事紧急情况时的应对和恢复能力。我国公共安全领域也需要实施增强从个人到国家诸多层面安全韧性的"强韧工程"：坚持问题导向和需求导向，做好顶层设计；辨识和防控突发事件风险，科学预警；认识和评价承灾载体的脆弱性，增强其抵御突发事件的能力；重视应急管理的复杂性，通过制度创新和能力建设，实现对突发事件的灵活应对和高效处置；重心下移，把基层作为公共安全主战场，夯实公共安全的社会基础，最大限度地减少突发事件造成的损失。

健全公共安全体系必须动员全社会参与。民众是公共安全保障的主体，既是公共安全保护的主要对象，又是实施公共安全保障的重要力量。公众参与对维护公共安全、预防和应对安全风险非常关键。在灾害事故来临时，公众第一时间的自救和互救对提高生存率发挥着不可替代的作用。要完善公共安全学科建设和教育体系，构建覆盖专业人才培养与基层民众科普的公共安全教育体系，建设一批公共安全体验、培训、演练基地。着力提高民众的安全意识、安全素质和自救互救能力。

"当代公共安全科技发展"丛书是在中国工程院重大咨询项目"国家公共安全科技发展战略研究"的支持下完成的。丛书汇聚了国内公共安全领域多位院士带领的研究团队的丰富研究成果，并得到众多专家学者的支持和参与。期待丛书的出版，能够为公共安全科技创新发展和安全保障型社会的构建增益其能！

丛书主编 范维澄

2020年1月

前　言

习近平总书记在主持中共中央政治局2015年5月29日就健全公共安全体系进行的第二十三次集体学习时指出："公共安全连着千家万户，确保公共安全事关人民群众生命财产安全，事关改革发展稳定大局。"[①]党的十八大以来，以习近平同志为主要代表的中国共产党人，顺应时代发展，从理论和实践结合上系统回答了新时代坚持和发展什么样的中国特色社会主义、怎样坚持和发展中国特色社会主义这个重大时代课题，创立了习近平新时代中国特色社会主义思想。其中，习近平同志在治国理政的实践中不断丰富和发展的"人民中心论"、"民生为本论"、"安全发展论"、"科技强国论"、"底线思维论"和"总体国家安全观"等已经成为确保国家安全、公共安全，加强应急体系建设的指导思想。

党的十八大以来，在党中央、国务院的领导下，公共安全和应急管理工作不断取得新进展，并取得了明显成效。"十二五"与"十一五"期间相比，全国自然灾害造成的死亡人数和直接经济损失分别下降92.6%和21.8%，生产安全事故起数和死亡人数分别下降30.9%和25.0%，公共卫生事件发生起数和报告病例数分别下降48.46%和68.05%，群体性事件发生起数下降25.9%。特别是成功应对了地震、洪涝、地质、台风等灾害和青岛"11·22"、天津"8·12"、东方之星翻沉等特大事故，有效防控了禽流感、埃博拉疫情，妥善处置了"10·28""3·01""5·22"等暴力恐怖事件，并确保了一系列重大国际会议和重大活动的胜利举办。社会治理体系更加完善，社会大局保持稳定，国家安全全面加强。

但是，随着工业化、城镇化、信息化和全球化趋势的不断发展，公共安全管理正面临着全新的挑战，突发事件呈现出伤亡大、损失大、社会影响大等特点。公共安全问题复杂性加剧，也呈现出自然致灾因素和人为致灾因素相互联系、传统安全因素和非传统安全因素相互作用、既有社会矛盾和新生社会矛盾相互交织等特点，而且，新隐患增多，各类潜在危险源增多，防控难度变大。

十九大报告指出，"中国特色社会主义进入新时代，我国社会主要矛盾已经

---

① 习近平主持中共中央政治局第二十三次集体学习. http://www.xinhuanet.com/politics/2015-05/30/c_1115459659.htm，2015-05-30.

转化为人民日益增长的美好生活需要和不平衡不充分的发展之间的矛盾”[①]。随着新兴技术的迅猛发展、经济和人口快速增长、城市化进程加快及老龄化社会到来等，现代社会功能的脆弱性、易损性和破坏连锁性正逐步显露出来。特别是人们思想活动的独立性、选择性、多变性、差异性明显增强，法律意识、权利意识也明显增强，加之网络信息技术日新月异，舆论监督、社会监督力度空前加大，对公共安全事件的应对工作提出了越来越高的要求。

与此同时，世界正处于大发展、大变革、大调整时期。世界多极化、经济全球化、社会信息化、文化多样化深入发展，世界并不太平，各种矛盾交织，错综复杂。恐怖袭击、局部战争、金融危机，以及对水资源、石油资源的争夺等不时出现。地缘政治关系复杂变化，传统安全威胁和非传统安全威胁交织，外部环境不稳定、不确定因素增多。

总之，我国面临对外维护国家主权、安全、发展利益，对内维护政治安全和社会稳定的双重压力，各种可以预见和难以预见的风险因素明显增多。我国正处在公共安全事件易发、频发、多发期，公共安全维护任务重要而艰巨。

十九大报告做出了中国特色社会主义进入新时代的重要论断，明确提出：“打造共建共治共享的社会治理格局。加强社会治理制度建设，完善党委领导、政府负责、社会协同、公众参与、法治保障的社会治理体制，提高社会治理社会化、法治化、智能化、专业化水平。加强预防和化解社会矛盾机制建设，正确处理人民内部矛盾。树立安全发展理念，弘扬生命至上、安全第一的思想，健全公共安全体系，完善安全生产责任制，坚决遏制重特大安全事故，提升防灾减灾救灾能力。”[①]

本书在推进国家治理体系和治理能力现代化的总体要求下，力求科学界定公共安全管理的内涵和外延，全面梳理国内外公共安全管理的先进经验，分析我国全面深化改革进程中公共安全形势的新特点、新趋势，着重对城镇化、老龄化带来的公共安全问题，以及保险在公共安全管理中的作用等进行深入研究。同时，还结合我国国情，从公共安全科技问题、公共安全体系的顶层设计、创新公共安全管理的体制机制等方面，为构建具有新时代中国特色的公共安全体系提出政策建议。

“走进新时代，共筑强国梦”是全国人民的共同心愿。“使人民获得感、幸福感、安全感更加充实、更有保障、更可持续”是我们广大理论和实践工作者的行动指南。我们深信，在以习近平同志为核心的党中央坚强领导下，坚持习近平新时代中国特色社会主义思想和基本方略，我国的应急体系建设和公共安全事业一定会不断前进。

---

① 习近平：决胜全面建成小康社会 夺取新时代中国特色社会主义伟大胜利——在中国共产党第十九次全国代表大会上的报告. http://www.xinhuanet.com/2017-10/27/c_1121867529.htm，2017-10-27.

目　　录

第一章 公共安全管理理论研究

第一节 公共安全管理的基本概念

一、公共安全

安全是人类生存的基本需求。整个人类的进化史就是一部人类抵御外界危险的斗争史。在远古的年代，这种外界危险可能是野兽侵袭、自然灾害、疾病等。到了现代社会，除了这些原始的危险之外，由于人类社会发展的自反性（reflexivity），产生了工业事故、环境污染、社会动荡等新的危险（Beck，1992）。在远古的年代，抵御危险依靠个人、家族或者原始的部落组织，而到了现代社会，便演化出一套制度化的管理体系和专门化的组织机构来对抗不断增多且日益复杂的风险。可见，安全是相对于危险而言的，在定义“安全”的概念之前，有必要厘清可能对安全构成威胁的种种危险。

本节特别区分了“风险”（risk）、“危险源”（hazard）和“安全”（security）三个术语。这三个词常常出现在人们的日常生活之中，其本身的含义是比较通俗易懂的。但是，这三个词作为公共安全管理的专业术语具有特定含义，本节在详述风险和危险源概念的基础上提出了安全的基本定义，并分析了各个概念之间的相互转化关系。

（一）风险

“风险”的概念在安全管理基础理论的形成中处于核心地位。“风险”通常指可能发生而又具有不确定性的负面影响。在西方公共安全管理的实践中，管理者对风险做出了更加具体的界定。例如，《澳大利亚紧急事态管理术语》从四个方面指出了“风险”的特征：①“风险”用来描述产生自危险、社区和环境相互作用的有害后果的可能性；②对目标物产生影响的某些事情发生的概率，它以“不利影响”和“可能性”的术语来衡量；③风险是考虑一个事件和它的可能性危害的尺度，如它可以表示为一个特定时期中暴露在有害环境中造成个体死亡的可能性；④在一个特定地区和期限内由于特殊危险引起的预期损失（包括死亡、受伤、财产受损及经济活动中断）。这里的描述实际上是对风险的外延做出了具体化的论述，其内涵仍然遵循“不利影响”和“可能性”的组合。

也有一些学者认为，风险不一定总是带来负面的、不利的结果，也有可能产生积极的、有利的影响，如在金融投资领域，风险可能与收益呈现显著的正相关关系，承担的风险越大，投资收益回报率相应也会越高。原则上，风险的结果的确既可以是正面的也可以是负面的，这取决于人们将它们联系起来的价值观（Renn，2008）。出于研究的目的并与以上的定义相一致，本书将侧重于行动或事件的负面后果。

随着人类社会的发展，风险表现出越来越强烈的社会属性，风险是人类社会发展和科学技术应用所带来的伴随现象，在认识和管理现代社会的实践中发挥着越来越重要的作用。20 世纪 90 年代，德国社会学家贝克（Beck，1992）提出“风险社会”（risk society）的概念，他认为“风险社会”指的是一组特定的社会、经济、政治和文化的情景，其特点是不断增长的人为制造的不确定性的普遍逻辑，它要求当前的社会结构、制度和联系向一种包含更多复杂性、偶然性和断裂性的形态转变（徐艳晴，2015）。在这一全新的概念中，风险成为现代社会的根本特征，导致社会理念基础和人们的行为方式发生变化，从制度上和文化上改变了传统现代社会的运行逻辑。风险已经开始主导 21 世纪中个人和集体的意识。人类健康、社会安全、生态平衡、经济发展等均被各国风险学家们纳入风险研究的领域。

（二）危险源

在人们日常用语中，危险（danger）一词使用频率很高，通俗地说，危险是指受到伤害的可能性。是否受到伤害会存在很大的个体差异，如一米深的泳池对正常的成年人来说并不危险，而对三岁的儿童来说就是一种危险。可见，危险具有相对性。同时，危险倾向于强调客观性，即潜在受到伤害的可能性的确是客观存在的。

显然，受到伤害是一种不理想的后果，人们总是本能地或者有意识地躲避危险。人们躲避危险的行为是从辨识危险源开始的。当人们试图躲避危险，有意识的管理行为便由此产生，构成了安全管理的起点。

危险源是指危险产生的来源，是对风险的具体化，试图回答的问题是“风险是从哪里来的”，这是风险管理行为首先面对的基础性问题。美国联邦应急管理局（Federal Emergency Management Agency，FEMA）对危险源的定义如下：“具有潜在的引起不幸、伤害、财产损失、基础设施损坏、农业损失、环境破坏、经营中断或其他类型损害或损失的事件或客观条件。”（FEMA，1997）澳大利亚紧急事态管理署（Emergency Management Australia，EMA）对“危险源”的定义有三重含义：①潜在伤害的来源潜在地引起损失的形势；②潜在地或现实地可以引起对人们的伤害或对财产或环境的损害的条件；③与介质或过程相关联的能够引起伤害的固有能力（EMA，1998）。

“危险源”常常用来作为对安全事件进行分类的最基础的标准，如我们常说的自然灾害、事故灾难、公共卫生事件、社会安全事件的分类，其本质的差别就在于造成各种事件的“危险源”是不同的。澳大利亚紧急事态管理署将“危险源”划分为自然危险源、技术危险源、生物危险源、民防/政治危险源四类（表 1.1）。

表 1.1　危险源的简单分类法

种类	范围
自然危险源	森林火灾、风暴、洪水、龙卷风、暴风巨浪、地震、酷暑或严寒
技术危险源	与农业、食品加工和存储、工作场所、基础设施和交通设施等相关的社会–技术系统的失败
生物危险源	植物、动物或人群中疾病、疫情或者污染物的传播
民防/政治危险源	恐怖主义、破坏、平民骚乱、扣压人质和敌人攻击

危险源并不代表危险已经发生，是一种可能性、倾向性。危险源完全可以存在于一种相对安全的状态之下，如果管理得当甚至可以长时间地保持安全。危险源比较客观地描述了各种条件综合构成的具有发生危险和造成损害的潜在因素和固有能力，因此，危险源常常可以通过技术性评估的方法加以辨识和确认，并且不会存在较大的争议。同时，危险源也具有某种意义上的必然性，只要有合适的条件的催化和促成，这些潜在的因素和固有能力就能产生真实的负面后果。

危险源是各种潜在风险聚集的载体，危险源的形成代表产生负面后果的确定性增加，并且聚集在某些特定的物体（如易坍塌的山坡、危险化学品、流行性病毒、被污染的环境等）或者因素（如收入不平等、腐败行为等）上，“危险源”概念的提出使得广泛而抽象的“风险”概念更加具体化，使得安全管理行为更进一步，为安全管理提供了基本的着力点。

（三）安全

“安全”是我们日常生活中使用频率颇高的一个词语。早在中国古代，便已有不少关于安全的论述，如《易・系辞下》中有“安而不忘危，存而不忘亡，治而不忘乱”的论述，《左传・襄公十一年》中提出“居安思危，思则有备，有备无患”的思想，是古代治国安邦的重要历史经验。从字面意思来理解，“安”字指不受威胁，没有危险，可谓无危则安，“全”字指完满、完整或者指没有伤害、无残缺等。“安全”的意思是“有保障、无危险”。可见，安全是风险的对立面，通俗地讲，“安全”是指免除了不可接受的损害或威胁的状态。

这里的定义似乎没有说明安全的主体因素，即没有回答是“谁的安全”的问题。实际上，从汉字的起源上可以找到这一问题的线索。我国的许多汉字起源于古代的象形字，至今保留着祖先对自然和社会的朴素理解。“安”和“全”两个字都是象形文字，“安”是“家+女”，“全”则是“人+王”，这可以理解为“家中有女（有织有耕）为安，王者以民为上乃全”。这是因为在传统农业社会，女织是家庭生产的基础，以民为本则是历代政权稳定的基础。因此，“安全”两个汉字描绘的是“家”与“国”两个社会单元，揭示的是这两个单元各自与相互间维持安全局面所必需的治理方式，国家“安全”架构中两个单元的自然关系应该是“民安国泰”。可见，在古代的朴素哲学中，“安全”一个词就可以囊括“国民安全”和“国家安全”的双重含义。

在安全管理的实践中，人们为了更加明确安全的主体因素，常常增加对安全的限定词，衍生出有具体指向和边界的安全概念，构成了进行安全管理的具体领域，如公共安全、国家安全、社会安全等，本书将在后文中加以区分。

（四）风险与安全的转化关系

风险与安全是对立统一的。安全状态下孕育着风险，风险发生是实现新的安全状态的必经过程，安全和风险常常相互转化（图 1.1）。安全状态下存在的风险因素聚集在特定的物体或因素上形成危险源，当危险源未能得到有效管理的情况下，危险源中承载的风险可能演化为现实的突发事件，遭遇突发事件的个体或系统如果无力应对便会进一步引发危机，当危机得以控制、负面影响逐渐消除时，个体或系统又逐渐恢复到安全状态。在这个循环过程中，每一个环节都可能通过适当的管理行为使之恢复安全，也可能出现管理失效的问题，发生难以控制的链式循环，最终付出巨大代价才得以恢复安全。可见，公共安全管理贯穿在整个循环的各个环节之中，其中，风险是安全管理的首要环节，安全管理的根本目标就是规避、降低和消除风险，降低发生突发事件和危机的可能性。

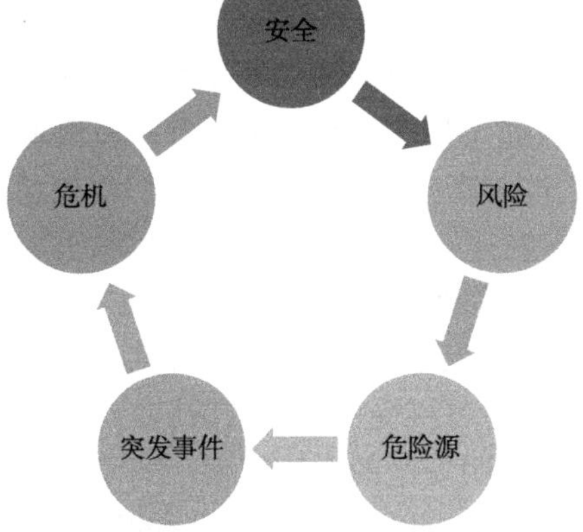

图 1.1　安全与风险之间的相互转化关系

“公共安全”在“安全”的概念上加上了限定词“公共”，限定了安全所涉及的具体对象和范围。“公共”可以理解为不特定的、多数人、共同的，包含公有的、公众的、公用的、公开的等多种意思。特别值得注意的是，“公共”是与“个体”“个人”相对应的概念，一旦涉及不特定多数人，就不再是简单个体的汇总，而会涉及结构性和系统性的问题。

公共安全是实现社会和经济发展目标过程中的一个重要的影响因素。为了界定“公共安全”的内涵，研究者采取了两种相对的思路来进行探索。一种思路是“秩序论”，侧重于从正面的角度描绘一幅安全的图景，如有的学者指出，“公共安全是指人们正常的生活和生产秩序状态”（夏保成，2006），有的学者认为，“公共安全是指社会公共享受安全和谐的生活和工作环境及良好的社会秩序，公众的生命财产、身心健康、民主权利和自我发展有安全的保障，最大限度地避免各种灾难的伤害”（吴爱明，2004）。

另一种思路是“威胁论”，侧重于从负面的角度悉数各种不安全的因素，首先定义了各种公共安全突发事件，包括“自然灾害事故、人为事故和由社会对抗引起的社会冲突行为，是危害公共安全，造成或可能造成严重后果和重大社会影响的事件”，而公共安全是指一种可以有效避免危机事件的状态（邓国良和贾江滔，2005）。有的研究指出了公共安全是免受损害的状态，公共安全是指社会或公众不受灾害、事故等危险的威胁。就其保护对象而言包括与社会相关的人、财、物；威胁主要来自自然（地震、海洋等自然灾害）、生产（如工业、农业、服务业等）、生活（如衣、食、住、行等）和社会（如各类案件、突发事件和治安事件等）（何平等，2007）。

这两种思路看似出发点很不相同，但是实际上殊途同归，恰好反映了“公共安全”概念中所蕴含的安全和风险对立统一的矛盾。有的学者则从正反两个方面综合起来界定“公共安全”，认为公共安全是指公众享有安全和谐的生活和工作环境及良好的社会秩序；最大限度地避免各种灾难的伤害；其生命财产、身心健康、民主权利和自我发展有着安全保障。安全问题由自然因素、生态环境、公共卫生、经济、社会、技术、信息等多种因素构成（张维平，2007）。

综合现有对公共安全的定义，我们认为，广义的公共安全是指一个国家或地区的不特定多数人的生存和发展没有遭受到不可接受风险的一种状态。

其中的内涵可以从以下几个方面阐释。

第一，公共安全关注的核心对象是人，是广大公众，这就突出了公共安全“以人为本”的根本宗旨，这个人群的范围是“不特定多数人”，而不是解决少数人或者个别人的安全，如对特定公众人物的保护就不是公共安全问题，而是个人安全，因此公共安全是一个公共领域的问题。

第二，所有威胁到多数人生存与发展的问题都可以归结为公共安全问题。这里的“生存和发展”是一个高度抽象的界定，涵盖了生命安全、健康安全和财产安全的内容。在最广泛的意义上，公共安全将不特定多数人的生命、健康、重大公私财产及社会生产、工作生活安全，整个国家、整个社会和每个公民一切生活方面的安全（从国防安全、环境安全到社会福利保障等）都包括在内。狭义的公共安全主要包括来自自然灾害、治安事故（如交通事故、技术性事故等）和犯罪的侵害（郭济，2004）。

第三，公共安全具有相对性、主观性和动态性。安全是指免于危险的状态，而事实上绝对的安全几乎是不存在的，安全总是与“危险”“风险”“威胁”相伴而生，是一种相对安全。只有当这种潜在的“危险”“威胁”超出了多数人可接受的范围，才进入了一种不安全的状态。而威胁的可接受性本身是一个主观感知的概念，会随着经济水平的发展和生活质量的提高而发生变化。因此，公共安全的外延也常常具有动态性。例如，轻度的雾霾天气不会成为一个公共安全问题而引起重视，而严重、持续、广泛的雾霾天气超出了人们的“可接受度”，也就演化成一个公共安全问题。同样，在人们追求经济发展的热潮中，很少有人将环境污染当作一个公共安全问题，而随着人们生活水平的提高，环境污染已经成为一个备受关注的公共安全问题。

第四，公共安全问题是在一个国家或地区范围内发生的，公共安全管理是国家不同层级的政府部门履行自身职责而进行的公共管理活动的一部分，虽然公共安全与国家安全密切相关，但是公共安全这一概念本身并不是从维护政权稳定、国家利益的角度界定的，而是每一个稳定的政治系统、行政系统都应该提供的一种公共服务。

在上述定义下，图 1.2 试图通过不完全列举的方法说明公共安全的外延。图 1.2 中“意外伤害”“疾病”“饥饿”表示对不特定多数人的生存威胁，“社会秩序”“收入财产”“社会保障”表示发展威胁。人类面临的生存威胁主要来自三个方面，即意外伤害、疾病和饥饿。与意外伤害相关的威胁有自然灾害、交通事故、生产事故、治安事件、恐怖袭击、生态破坏等；与疾病相关的威胁有流行病、食品药品问题、环境污染、职业病等；与饥饿相关的威胁有粮食短缺、经济崩溃等。图 1.2 中社会秩序问题既可能威胁生存，也可能威胁发展，包括政治动乱、群体性事件、网络秩序、舆论事件及恐怖袭击等。收入财产问题和社会保障问题主要与人的发展问题相关。

二、公共安全管理

与公共安全的概念相对应，公共安全管理也有广义和狭义之分。广义的公共安全管理是指一国或一个地区的政府为保障多数人的生存和发展不受潜在风险威

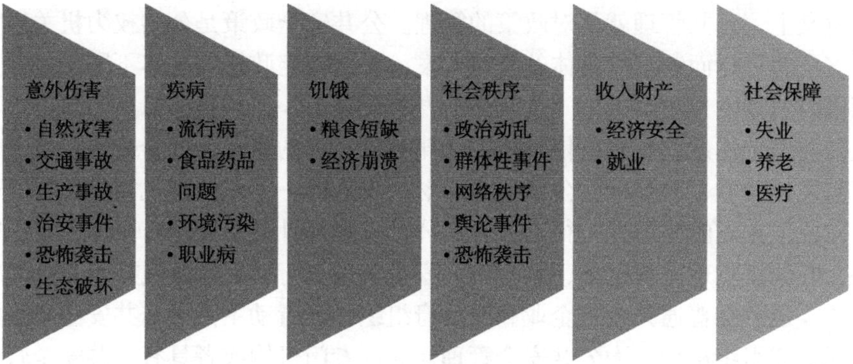

图 1.2　公共安全概念的外延图谱

胁的各项管理活动的总和。其中不仅包括维护稳定的公共秩序、保持正常的工作生活环境，还包括构建社会保障体系等涉及人的发展问题的管理活动。而狭义的公共安全管理仅指维护公共秩序，保障多数人的生命财产免受风险威胁的活动。公共安全管理的实质是政府公权用于对公共安全的保持、保护和恢复，是由政府提供的一种公共产品和服务。现代公共安全管理常常包括以下方面的特征：国家有完善的立法，政府成立专门的机构，自上而下有一整套工作程序和制度，并且有成型的指导性的理论体系（夏保成，2006）。在实践中，不同国家或地区界定的公共安全管理边界有所不同，是由一个政府的组织结构、资源水平和管理能力等因素综合决定的。

公共安全管理具有以下六个方面的特点：①公共安全的目的和性质主要是为公众提供服务。②强调执行公共安全管理活动的主体主要是政府公共部门或公共服务机构，而不是私人机构。③强调公共部门所负的社会责任和义务。④强调公众的参与性。公共安全的整个活动过程和广大公众的利益有密切联系，这种参与主要表现在公众对政府安全决策的影响上。⑤强调安全活动的公开性。公开性一方面说明政府部门官员的安全工作要有透明度，让公众知晓；另一方面说明要让新闻媒介和公众了解主要的安全管理工作，并随时接受检查、调查和监督。⑥运用管理的、政治的、法律的、军事的理论和手段对整个社会及其各个部分进行安全管理并提供安全服务。

与公共安全管理密切相关的两个概念是“公共安全政策”和“公共安全体系”，这两个概念是公共安全管理的具体化，政策是管理的工具，体系是管理的保障。

一般而言，公共政策是公共权力机关经由政治过程所选择和制订的为解决公共问题、达成公共目标、实现公共利益的方案。它包括政策战略、政策系统、政策过程、政策分析方法及技术、政策文化、政策价值观、未来研究、战略规划、重大工程项目的论证与评估、从大政方针到各层次或部门的具体政策研究等。在某种意义上，公共管理就是对政策的管理。公共安全政策是公共权力机关以实现公共安全为目标而制订的具体的实施方案。根据制定政策的主体不同，公共安全政策可以包括中央政策、部门政策、地方政策等。

公共安全体系就是政府依据相关法律法规建立的意在为社会公众提供安全的生存与发展环境、确保社会公众生命和财产安全的一整套体制机制。公共安全体系包括以下方面的内容：①行动主体，公共安全与社会中的所有个体和组织密切相关，在国家治理的视野下，参与公共安全管理的行动主体既包括行政部门等管理主体，也包括普通公众、企业和非政府组织等，行动主体是公共安全体系的基本单元；②组织机构，为公共安全管理建立的专门机构或者具有公共安全管理职能的行政部门，这些机构在不同的风险领域及不同的风险发展阶段进行密切合作，形成了一个网络式的组织架构，是行使公共权力的主体，构成公共安全体系的核心；③物质资源，保障公共安全所需要的人、财、物及科学技术方面的投入；④法律制度，制度化的法律法规是运用公权力保障公共安全的基本规范。

公共安全与公共管理关系密切。公共安全管理是公共管理的重要内容，公共安全也是公共管理的重要环境因素。公共安全管理是行政权力在公共安全领域中的适用过程（Sylves，1998；Waugh，2015），加之涉及公共安全的事件均具有规模大、风险高等特点，因此，进行公共安全管理是政府的责任所在，需集合社会整体的力量。强化公共安全管理，需要树立科学的发展观和科学的公共安全观，需要公共安全管理系统自身的完善和公共管理体系的完善。

第二节　公共安全管理的基本原则

公共安全管理学科经过几十年的发展，逐步走向成熟，其基本理论形成并系统化，使这一学科建立在较为扎实的理论基础上。而作为基本理论主体的基本原则，也逐渐成形并被广泛接受。在西方国家的公共安全管理中，其本质原则是全面紧急事态管理（comprehensive emergency management，CEM）原则，包含了“全危险、全过程、全主体”三个方面的含义。

一、全危险方法

全危险方法（all-hazards approach）即对各种类型的灾难及其后果实施管理。全危险方法是西方国家在公共安全管理实践中逐渐形成的管理原则。西方国家的公共安全管理是从战争中的民防事业开始的。当时成立的民防组织只具有防空、防间谍的功能。直到冷战后期，发生核袭击的可能性日益减小，而遭受自然灾害袭击的频率和规模渐渐增大，迫使政府开始建设用于应对自然灾害的机制。有些国家改进了原有的民防机构，为其增加了应对其他灾种的职能，形成了应对所有危险的公共安全管理机制。

实行全危险方法的主要优势在于：①一套系统能够确保最经济的公共安全管理成本。②能够保证公共安全管理的基本需要。无论是哪一种灾难，其预防和应对的方法都基本相同，如事前的风险管理、预案编制、预报与预警，事中的人员疏散与撤离、搜救与救援、急救、食宿安置，事后的灾难恢复这些都离不开医疗、消防、治安、电力、交通、通信等部门。因而，全危险方法能够满足可能发生的所有灾难的基本需求。③能够实现统一高效的指挥和运作。如果不同类型的危险由不同的管理机构负责处理，在一个灾难并发其他灾难时就会出现权责不明、扯皮推诿的现象。

二、全过程管理

关于公共安全管理的一般过程，不同的学者采取了不同的划分阶段。三种最为学界所认同的公共安全管理模型是最基本的三阶段模型、Fink 的四阶段生命周期模型和 Mitroff 的五阶段模型（表 1.2）。

表 1.2　常见的公共安全管理阶段论

公共安全管理模型	Ⅰ	Ⅱ	Ⅲ	Ⅳ	Ⅴ
三阶段模型	危机前	危机中	危机后	—	—
四阶段生命周期模型	征兆期：有线索显示有潜在的危机发生的可能性	发作期：具有伤害性的事件发生并引发危机	延续期：持续的负面影响	痊愈期：危机事件得以安全解决	—
五阶段模型	信号侦测：识别新的危机发生的警示信号并采取预防措施	探测和预防：搜寻已知的危机风险因素并尽力减少潜在损害	控制损害：减少对组织运作的其他部分或外部环境的影响	恢复阶段：恢复正常运转	学习阶段：回顾和审视安全管理措施，吸取经验教训

Heath（1998）提出了 4R 模型，即减少（reduction）、预备（readiness）、反应（response）、恢复（recovery）。澳大利亚紧急事态管理署在此基础上开发出了 PPRR 管理流程：①减除（prevention/mitigation）。消除或减轻（减少其严重性）危险的效果，主要措施和内容包括：完善区划与土地使用管理制度、建筑法规、建筑使用规定，重新设置安全改进措施，为公共信息立法，重视社区教育和保险，等等。②准备（preparedness）。确保在社区内的准备，主要措施和内容包括：制定应急预案、开展培训演练、建设预警系统、加强资源储备、签订相互援助协议等。③应对（response）。针对突发事件的后果及时采取有效的应对措施，主

要措施和内容包括：实施预案、发布预警、激活紧急事态管理程序、动员资源、通报公共权力部门、提供医疗援助、提供紧急救济、搜寻和救援等。④恢复（recovery）。为受影响的社区提供恢复手段，主要措施和内容包括：设计社区恢复方案，建立财政保障机制、医疗保障机制、物质保障机制，修复基础设施，安排临时住处，加强公共情报管理，计算经济损失，等等。在实际操作过程中，这四个阶段之间并没有明显的界限，各个阶段之间的内容相互关联、相互渗透，常常有交叉和重叠。

三、全主体综合协调

公共安全管理需要政府部门、私人部门、社会组织、社会公众等多个层次的行动主体相互配合，共同发挥作用。在公共安全管理过程中，各级政府及相关职能部门是实行管理的主体，负责制定公共安全政策，在突发事件中积极指挥应对。但由于公共安全事务具有广泛性，私人部门、社会组织和社会公众等都应充分运用各自的资源承担维护公共安全的责任，这就构成了一个网络化的公共安全治理体系。

第三节　公共安全管理的基本方法

公共安全管理的基本方法涵盖的内容十分丰富，本节从应用的广泛性和前瞻性的角度介绍五种主要的管理方法，分别是基于风险（risk-based）的公共安全管理、基于大数据的公共安全管理、基于全社会的公共安全管理、基于总体国家安全观的公共安全管理、基于国际经验的公共安全管理。其中，基于风险的公共安全管理代表了公共安全管理理念的全面更新，从传统的“以事件为中心”的管理方式转变为“以风险为中心”。基于大数据的公共安全管理代表了公共安全管理技术的发展趋势，大数据技术的发展带来了公共安全管理方法的变革。基于全社会的公共安全管理包容了与公共安全相关的更为广泛的主体，强调多主体协同治理的原则。

一、基于风险的公共安全管理

传统的公共安全管理侧重于“事件–应对”的管理方法，强调对突发事件的应对能力，但这种“以事件为中心”的公共安全管理方法具有事后应对的特征，具有一定的滞后性。在现代风险治理理论的指导下，研究者和实践者倡导以“风险为中心”的公共安全管理方法。风险识别、风险评估、风险沟通和风险管理成为公共安全管理的核心环节，扭转了传统管理方法中事后管理的滞后效应，逐步实现“关口前移”，提升了公共安全管理的有效性。

基于风险的公共安全管理的核心是管控风险源（汤啸天和李瑞昌，2017）。风险源是隐藏的、潜在的危险，公共安全管理需要对风险源进行评估、监测和管理，防止风险源转变为突发事件或公共危机。以风险为中心的公共安全管理机制侧重于提前发现潜在的风险隐患，进行风险识别、确认和评估，进而排除风险隐患，从而预防、规避或阻止公共安全危机和社会风险的发生，而对于那些无法及时排除的潜在风险隐患，进行实时风险监测、风险预测和跟踪评估，及时发出风险预警信号，从而将公共安全危机和社会风险消灭在萌芽状态或者尽量使公共安全危机损失减少到最小。基于风险的公共安全管理需要相应的风险管理基础能力作为保障，包括风险监测、风险评估、关切度评估、风险沟通、风险规避和转移、风险管理、风险应对的基础能力，通常需要通过“风险—情景—任务”的分析链条构建基于风险的公共安全管理核心能力体系。

当前，基于风险的公共安全管理广泛应用于我国主要的公共安全管理领域。在自然灾害领域，我国制定了综合减灾策略，引导原来的“减轻灾害损失”向“减轻灾害风险”（disaster risk reduction，DRR）转变，全国以县为单位开展全国自然灾害风险与减灾能力调查，这些做法与国际上倡导的减轻灾害风险保持行动一致。在安全生产领域，我国推行风险分级管控和隐患排查治理双重预防机制，有效控制事故风险。在食品安全领域，我国建立了国家食品安全风险评估中心（China National Center for Food Safety Risk Assessment，CFSA）来进行食品安全风险监测和风险评估，在《中华人民共和国食品安全法》（以下简称《食品安全法》）中规定了“食品安全工作实行预防为主、风险管理、全程控制、社会共治，建立科学、严格的监督管理制度”。在社会安全领域，我国从实践中总结了社会稳定风险评估的风险预防方法并广泛推广，对与人民群众利益密切相关的重大决策、重要政策、重大改革措施、重大工程建设项目，与社会公共秩序相关的重大活动等重大事项在制定出台、组织实施或审批审核前，对可能影响社会稳定的因素开展系统的调查，科学地预测、分析和评估，制定风险应对策略和预案。可以明显地观察到，我国公共安全管理实践正从传统的“以事件为中心”转变为“以风险为中心”，强调事前的风险识别和控制，从而有效预防突发事件的发生。

二、基于大数据的公共安全管理①

随着大数据技术的兴起和广泛应用，公共安全管理的技术手段实现了新的突

---

① 本小节部分内容公开发表在《学习时报》2014 年 12 月 22 日第 6 版，题为“大数据时代的应急管理变革”。

破，也带来了公共安全管理方法的变革。大数据具有大量（volume）、高速（velocity）、多样（variety）和真实（veracity）的特性。在公共安全管理领域，大数据技术的发展至少带来两个方面的革命性变化。一方面，大数据的出现改变了突发事件的发生、发展和演化的时空模式，增加了突发事件的不确定性。数据关联和信息联通扩大了传统突发事件的影响范围，数据的高速传输也可能使某些负面信息通过互联网瞬间引爆网络。大数据在金融、通信、商业管理和公共服务等领域中的运用在提供便利的同时也加剧了风险传递，从而引发更大范围的系统脆弱性。海量个性化数据的存储和传输过程中的安全问题则孕育了超乎想象的全新风险。

另一方面，大数据又为可测量、可追踪和精细化的公共安全管理提供了基本信息和管理工具。广泛应用的传感器、卫星定位系统、社交媒体、网络支付、移动通信、电子邮件、无线射频识别设备等时时刻刻都在产生人类活动的海量数据。大数据技术可将这些纷繁复杂的多源异构数据处理成具有决策价值的有效信息。传统管理模式下，应急决策大多是依据个人经验的直觉决策（heuristic decision），而大数据技术的应用使得高度不确定性和高度时间压力下的分析决策（analytical decision）成为可能。

这两个方面的变化是相辅相成、具有逻辑关联的，前者是公共安全管理对象的变化，后者是公共安全管理方式的变化，正是由于大数据时代突发事件的形式和规律都在不断发生变化，因此适应大数据发展的应急管理方式变革势在必行。

总体而言，大数据的核心技术涉及大数据的生产、采集、存储、分析和数据安全等前后关联的管理链条，其中数据生产是基础，采集和存储是前提，分析是关键，数据安全是保障。在数据生产方面，现有的社交媒体、交易网站、搜索门户等网络公司成为最大的数据提供商，而各国政府近年来在城市管理、社会治理、公共服务等领域中开发的信息管理平台、布设的物联网、采用的芯片技术等也生产出大量数据。在数据采集方面，网络爬虫技术或者通过网站公开API（application programming interface，应用程序编程接口）等方式可以将非结构化数据从网页中抽取出来，将其存储为结构化的本地数据文件，支持图片、音频、视频等文件或附件的采集，将附件与正文实现自动关联。大数据技术可以通过大量廉价服务器对海量的结构化、半结构化及非结构化数据进行并行处理。为更好地呈现和运用大数据，科学家还对大数据的语义分析、可视化技术等进行了持续的探索。在数据安全方面，防范网络犯罪、保护云端数据安全、数据保密及个人设备的安全管理等成为重点领域，加密技术将深入数据层保护数据安全。由此可见，大数据技术与互联网、物联网和云计算等新一代网络技术关联紧密、融合发展。

综观世界各国公共安全管理的最新进展，大数据技术的应用大致体现在以下五个方面。

第一，大数据技术在突发事件监测预警领域的应用。著名的大数据研究者迈尔-舍恩伯格和库克耶在其畅销著作《大数据时代：生活、工作与思维的大变革》中指出，“大数据的核心就是预测，是把数学算法运用到海量的数据上来预测事情发生的可能性”，并描述了一个运用大数据技术预测突发公共卫生事件的经典案例：谷歌公司通过保存和分析人们的搜索指令准确地预测了 2009 年甲型 H1N1 流感的暴发，比美国疾病预防与控制中心（Center for Disease Control and Prevention，CDC）依靠传统方法的预测节省了两周，为有效控制流行病传播节省了宝贵时间。美国政府在国家安全战略中引入大数据技术，用于对恐怖主义活动、黑客攻击、公共卫生事件、舆情危机等进行监测和预警。

第二，基于大数据技术构建辅助决策系统。危机情景下的决策始终是应急管理领域的一个重大挑战，危机决策的挑战来自信息不完备、时间压力大等客观条件的约束。大数据技术使得基于所有数据而不是样本数据的决策成为可能。以美国为代表的发达国家开始探索基于大数据技术的辅助决策系统。美国国土安全部从 2012 年开始运行第一个跨部门大数据应用试点项目——“海王星”（Neptune）和“地狱犬”（Cerberus），数据库以完全不同于以往的方式进行了重新组织，将不同来源的未经分类的信息汇聚成一个“数据湖”，对海量数据的综合分析成为国家安全决策的重要参考。

第三，大数据技术在城市公共安全管理和社会治理领域的应用。大数据将兴起于 2008 年的“智慧地球”和“智慧城市”建设推进到全新的阶段。城市管理的一个重要方面就是确保城市公共安全。“智慧城市”运用信息和通信技术手段感知、分析、整合城市运行核心系统的各项关键信息，城市系统的突发事件，特别是城市生命线、基础设施、重点地区的突发事件都在“智慧城市”系统的监测之中。而以“网格化管理”为特征的新型社会管理模式也通过监控录像、社区服务信息等途径不断积累大数据，这些数据对掌握城市和社会的脆弱环节、控制和消除风险因素起到重要作用。

第四，大数据技术在危机中个体行为模式研究中的应用。大数据时代中，由于人的各种行为都可以数据化，因此通过大数据技术分析危机中个体行为模式构筑了应急管理领域中的一个政策基础。大数据技术通过分析单个网民的传播模式研究舆情热点事件的演化过程，通过分析大量个体的言论和行为预测群体性事件发生的可能性，通过分析人们接受各类灾害（如暴雨、飓风、地震等）的预警信息之后的行为反应设计更加有效的风险沟通策略，通过追踪个体在灾害中的逃生和自救行为提升应急疏散和第一响应的能力。

第五，大数据技术在应急资源配置中的应用。公共安全管理需要在危机情景下组织应急人员、调配应急物资以缓解和消除危机负面影响。借助于大数据技术，人员流动和物资流动都可以转化为各种形式的数据，如通过通信基站可以快速确定通过手机等通信设备发出应急信号的人员的位置，而急救车、消防车等应急设备的运动轨迹可以通过 GPS（global positioning system，全球定位系统）进行定位和追踪。通过对这些数据集的分析可以针对灾害发生的时空规律对应急资源进行优化配置，对危机情景下应急物资的调运进行最优的线路设计。大数据技术使得应急资源的布局和运用更加精准、高效。

利用大数据技术可以洞悉社会生活末梢的任何风吹草动，大数据技术的运用是新形势下公共安全管理的内在需求。发达国家在应急管理领域中争相运用大数据，说明大数据技术已经或者正在成为应急管理的重大战略选择。当前，推动国家治理体系和治理能力的现代化是我国全面深化改革的总目标，大数据技术能有力地服务于这个总目标。与发达国家相比，我国公共安全管理领域运用大数据的水平还存在较大差距，具体表现在：首先，如何发挥大数据技术在公共安全和国家安全中的作用还缺乏顶层设计，相关部门缺乏利用大数据进行应急管理的观念和意识，大数据运用的规制体系尚未建立。其次，公共部门的数据共享存在体制障碍，部门分割造成“数据孤岛”，严重妨碍了大数据的可得性和流动性。最后，相关部门的大数据分析能力和决策能力有待提升。因此，我国只有在顶层设计、部门整合和能力提升方面取得突破，才能有效推动大数据技术在公共安全管理领域的应用和发展。

三、基于全社会的公共安全管理

公共安全管理的主要职责由公共部门承担。随着公共安全风险在全社会的广泛分布，以及多种风险的相互交织、相互关联，由单个公共部门应对风险的公共安全管理模式已经不合时宜。公共安全管理不仅需要跨越不同职能的公共部门、不同层级的政府机构，还需要整合市场和社会力量，实现基于全社会的公共安全治理。“全社会参与”（whole-of-community）成为公共安全管理的重要方法[①]。

由于公共风险的跨界性质，公共安全管理需要实现公共部门在风险管理职能上一定程度的整合，如在中央政府设计或确定相关部门加强对公共部门风险管理建设工作的统一领导，加强对推进公共部门风险管理工作的整体设计，逐步完善公共事务风险管理的制度设计，定期监督与测量风险管理绩效。公共部门仍然在公共安全管理中发挥中流砥柱的作用，但是需要建立更完备的跨部门综合协调机制。近年来，由于一些领域的公共安全挑战具有这种明显的跨界性质，因此我国开始组建综合性的公共安全管理机构，如中央网络安全和信息化

① 美国于 2011 年推行“国家准备体系”，提出“全社会参与”理念，涵盖各种不同类型的社区，不仅包括不同地点、兴趣、信仰、环境的社区，还包括地理上的和虚拟中的社区。

领导小组①，着眼国家安全和长远发展，统筹协调设计经济、政治、文化、社会及军事等各个领域的网络安全和信息化重大问题，研究制定网络安全和信息化发展战略、宏观规划和重大政策，推动国家网络安全和信息化法制建设，不断增强安全保障能力。

公共风险还具有分散性、广泛性，因此也需要构建“国家-市场-社会”跨部门的公共安全治理体系。在防灾减灾救灾领域，市场和社会力量参与公共安全管理，为公共安全管理提供了市场机制和社会创新的方法。例如，巨灾保险改变了以往政府为自然灾害损失兜底的局面，由市场机制转移风险；社会志愿者组织参与防灾减灾救灾大大补充了灾害管理的力量，提升了公共安全管理的社会动员程度。在安全生产领域，《中华人民共和国安全生产法》（以下简称《安全生产法》）进一步明确了企业在生产安全中的主体责任，要求建立生产经营单位负责、职工参与、政府监管、行业自律、社会监管的机制，与此相适应，生产安全管理的方法也发生了新的变化，向多主体公共管理发展。食品安全的风险隐患则存在于源头生产、加工制造、流通、消费、处理等各个环节，需要生产主体、消费主体共同参与食品安全管理。在环境治理、社会治安方面，公众也发挥出更加重要的作用。这都意味着原来以政府为主体的公共安全管理方法正在发生变革，公共部门不仅需要强化重大公共安全事件的应对能力，同时还需要发展社会领导力，调动和组织市场、社会力量参与公共安全管理。

从总体上看，我国公共安全管理模式仍以政府为主，社会力量的参与度不高，随着社会治理体系的构建和完善，市场和社会力量将在公共安全管理中发挥日益重要的作用。

四、基于总体国家安全观的公共安全管理

总体国家安全观是我国综合分析国内国际形势之后对国家安全内涵与外延、时空特征和内外因素做出新的判断从而提出的新的国家安全战略。随着经济全球化进程的加快和我国对外开放程度的加深，对内安全与对外安全的界限日渐模糊，而且存在巨大的重合度。中国共产党中央国家安全委员会（以下简称中央国家安全委员会）成为中共中央关于国家安全工作的决策和议事协调机构，统筹协调涉及国家安全的重大事项和重要工作。中央国家安全委员会既有对内职能，也有对外职能，与国家的外部安全休戚相关，具有统筹国内和国际两个大局、整合对内对外事务的内外兼顾特点。内部安全与外部安全具有相互交织、相互影响的特征。总体国家安全观对国家内部的公共安全管理提出新的

① 2014年2月27日，中央网络安全和信息化领导小组成立。

要求。

总体国家安全观涵盖的领域十分广泛，涉及政治安全、经济安全、国土安全、社会安全、网络安全等各个方面。传统公共安全领域中的问题如果处理不慎，很可能演化成威胁国家安全的突发事件和危机。国家安全中提到的政治安全、国土安全、军事安全、经济安全、文化安全、社会安全、科技安全、信息安全、生态安全、资源安全、核安全 11 类安全中，任何一个领域出现并积累问题，达到临界点后，都有可能由量变引发质变，造成严重的公共安全事件，威胁社会公众的生命、健康和财产安全。如果公共安全事件的影响危及“国家政权、主权、统一和领土完整、人民福祉、经济社会可持续发展和国家其他重大利益”，公共安全问题就可能升级为国家安全问题。公共安全事件如果处置不当，就会削弱公众对党和政府的信任，危及政权稳定和国家安全。

在总体国家安全观的统领下，社会治安、生产安全和网络安全等领域成为保障国家安全的重点公共安全领域。要完善立体化社会治安防控体系，提高社会治理整体水平，注意从源头上排查化解矛盾纠纷。要加强交通运输、消防、危险化学品等重点领域的安全生产治理，遏制重特大事故的发生。要筑牢网络安全防线，提高网络安全保障水平，强化关键信息基础设施防护，加大核心技术研发力度和市场化引导，加强网络安全预警监测，确保大数据安全，实现全天候、全方位感知和有效防护。

自 2014 年 4 月 15 日习近平总书记在中央国家安全委员会第一次会议上的讲话中首次提出“坚持总体国家安全观”的思想以来，习近平总书记和党中央、国务院一直在不断强调“坚持总体国家安全观”的重要性。2014 年 10 月 23 日“贯彻落实总体国家安全观”写入党的十八届四中全会决定；2015 年 4 月 24 日修订通过的《食品安全法》、2015 年 7 月 1 日通过的《中华人民共和国国家安全法》、2015 年 12 月 27 日通过的《中华人民共和国反恐怖主义法》、2016 年 3 月 16 日通过的《中华人民共和国国民经济和社会发展第十三个五年规划纲要》、2016 年 11 月 7 日通过的《中华人民共和国网络安全法》等，都将实施总体国家安全观写进了正式法律条款和规划文本。2016 年 12 月 9 日，中共中央政治局审议通过《关于加强国家安全工作的意见》，再次强调必须坚持总体国家安全观。2017 年 10 月 24 日，“坚持总体国家安全观”写入党的十九大决议，写入新修订的党章中，明确“坚持总体国家安全观”是习近平新时代中国特色社会主义思想的重要组成部分。

《中华人民共和国国家安全法》第二十九条规定：“国家健全有效预防和化解社会矛盾的体制机制，健全公共安全体系，积极预防、减少和化解社会矛盾，妥善处置公共卫生、社会安全等影响国家安全和社会稳定的突发事件，促进社会和谐，维护公共安全和社会安定。”这说明健全公共安全体系是国家安全工作的重要内容，公共安全也必须在总体国家安全观的统领下不断创新管理方法，国家安全管理与公共安全管理的基本理论和方法具有相通性，都需要建立安全战略规划和管理体制机制、安全风险评估和管理的具体方法、安全事件综合研判及决策的理论与方法，还需要借助大数据、情景推演和仿真计算等先进技术作为分析和决策的支撑（范维澄等，2015）。总体国家安全观的提出要求公共安全管理服务于总体国家安全，从国家安全的角度展开风险评估和管理，改进和发展现有的公共安全管理方法。

五、基于国际经验的公共安全管理

我国新一代的公共安全管理体系是在借鉴国际经验的基础上结合我国国情逐步形成的。西方发达国家都将公共安全管理作为政府管理的重要内容，一般由政府首脑担任公共安全最高的管理领导，如美国总统、日本首相和俄罗斯总统等。日常公共安全管理由相关职能部门履行职责，通过规范化监管控制风险。重大公共安全事件一般由所在区域的行政首长担任最高指挥官、最高决策者，同时也是最终责任人，对重大事项进行决策，对关键性资源进行指挥调动和统筹配置。公共安全管理具有权威、集中和综合性特征。

在应对重大公共安全事件的过程中，我国研究者和实践者学习国际上先进的应急管理经验，创造性地构建了我国“一案三制”的新一代应急管理框架体系（闪淳昌等，2010）。我国在 SARS（Severe Acute Respiratory Syndrome，严重急性呼吸道综合征）危机之前虽然已经构建了公共安全诸多领域中的管理机构，但是综合协调性较为薄弱，导致在重大公共安全事件的应对中信息不畅、决策迟缓、行动滞后。SARS 危机之后，我国着手建立新一代的重大突发事件应急管理体系，国内的研究者和实践者进行了系统的国际经验梳理，概括了国际应急管理和公共安全管理体系的几个重要特征：一是建立高效、权威的综合协调机构；二是强调多灾种、全过程的公共安全事件的综合应对，针对全灾种（all hazards）提升公共安全管理能力，涉及事前、事中、事后各个阶段的管理措施；三是充分发挥地方政府的属地管理责任；四是建立层次分明、运转有序的预案体系，建立并完善公共安全管理法律法规；五是充分发挥科学技术在公共安全管理中的支撑作用（闪淳昌，2017a）。

这些国际经验对构建中国特色的公共安全管理体系具有重要启发作用。SARS 危机之后，我国着手建立了应急管理办公室系统，执行值守应急、信息汇总和综合协调的职能，使原有的公共安全管理职能部门更好地形成合力，共同预防和处置公共安全事件。我国也构建了比较完备的预案体系，加强公共安全管理中的法制建设。

我国新一代应急管理体系构建完成之后，国内实践者和研究者仍然高度关注国际公共安全管理的发展前沿，积极参与联合国通过的仙台减灾风险框架，关注美国在应对卡特里娜飓风之后的经验总结和公共安全管理改革及“3·11”东日本大地震之后奥巴马政府重构“国家准备体系”（national preparedness system，NPS）的努力（闪淳昌，2017b）。随着我国提出总体国家安全观，我国学者及时梳理国家安全管理的国际经验（闪淳昌等，2015；薛澜等，2015），结合中国特色的行政管理体制展开了总体国家安全观指导下的公共安全管理研究（张海波，2016）。对国际经验的持续学习和批判性吸收是我国公共安全管理不断进步的重要源泉之一。

第二章　公共安全管理概况

第一节　中国公共安全管理的发展进程

一、十六大以来公共安全体系的建设进程：2002~2012 年

（一）十六届四中全会：2004 年 9 月

2004 年 9 月，中国共产党第十六届中央委员会第四次全体会议通过了《中共中央关于加强党的执政能力建设的决定》，在第七部分“坚持最广泛最充分地调动一切积极因素，不断提高构建社会主义和谐社会的能力”中提出要“建立健全社会预警体系，形成统一指挥、功能齐全、反应灵敏、运转高效的应急机制，提高保障公共安全和处置突发事件的能力”（专栏 2.1）。“公共安全”作为一个专业术语首次出现在党中央的重要文献中。

专栏 2.1　十六届四中全会《中共中央关于加强党的执政能力建设的决定》中提及公共安全

七、坚持最广泛最充分地调动一切积极因素，不断提高构建社会主义和谐社会的能力

形成全体人民各尽其能、各得其所而又和谐相处的社会，是巩固党执政的社会基础、实现党执政的历史任务的必然要求。要适应我国社会的深刻变化，把和谐社会建设摆在重要位置，注重激发社会活力，促进社会公平和正义，增强全社会的法律意识和诚信意识，维护社会安定团结。

……

（四）健全工作机制，维护社会稳定。坚持稳定压倒一切的方针，落实维护社会稳定的工作责任制。建立社会舆情汇集和分析机制，畅通社情民意反映渠道。建立健全社会预警体系，形成统一指挥、功能齐全、反应灵敏、运转高效的应急机制，提高保障公共安全和处置突发事件的能力。有效发挥司法机关惩治犯罪、化解矛盾和维护稳定的职能作用。坚持打防结合、预防为主，专群结合、依靠群众，加强和完善社会治安综合治理工作机制，依法打击各种犯罪活动，保障人民生命财产安全。

（二）《中华人民共和国国民经济和社会发展第十一个五年规划纲要》：2006年3月

2006年3月，第十届全国人民代表大会第四次会议通过了《中华人民共和国国民经济和社会发展第十一个五年规划纲要》，在第四十一章中专题论述了“加强公共安全建设”的内容，指出“完成改革和发展的任务，必须保持长期稳定的社会环境。要强化全社会公共安全意识，加强公共安全保障能力建设，提高公共安全保障水平，维护人民生命财产安全，确保社会稳定”（专栏2.2），涵盖的内容包括五个方面：增强防灾减灾能力、提高安全生产水平、保障饮食和用药安全、维护国家安全和社会稳定、强化应急体系建设。

专栏2.2 《中华人民共和国国民经济和社会发展第十一个五年规划纲要》中对公共安全建设的论述

第四十一章 加强公共安全建设

完成改革和发展的任务，必须保持长期稳定的社会环境。要强化全社会公共安全意识，加强公共安全保障能力建设，提高公共安全保障水平，维护人民生命财产安全，确保社会稳定。

第一节 增强防灾减灾能力

加强防洪减灾薄弱环节建设，重点加强大江大河综合治理、病险水库除险加固、蓄滞洪区建设和城市防洪，增强沿海地区防台风、风暴潮、海啸的能力。加强对滑坡、泥石流和森林、草原火灾的防治。提高防洪减灾预警和指挥能力，建立洪水等灾害风险管理制度和防洪减灾保障制度。加强对三峡库区等重点地区地质灾害的防治。完善大中型水库移民后期扶持政策。加强城市群和大城市地震安全基础工作，加强数字地震台网、震情、灾情信息快速传输系统建设，实行预测、预防、救助综合管理，提高地震综合防御能力。

第二节 提高安全生产水平

坚持安全第一、预防为主、综合治理，落实安全生产责任制，强化企业安全生产主体责任，健全安全生产监管体制，严格执行重大安全生产事故责任追究制度。加强安全生产科研开发、监管监察和支撑体系建设。实施重大危险源普查和监测监控，加大安全设施投入，搞好隐患治理和安全技术改造。严格执行安全生产许可制度，加强煤炭等高危行业和重点领域的安全生产，抓好非煤矿山、特种设备、危险化学品、烟花爆竹、建筑施工、道路交通和人员密集场所消防安全等的专项整治。强化交通、消防基础设施建设和安全监管。培育和规范安全生产中介机构。加强安全生产宣传教育培训。建立安全生产指标考核体系，到2010年单位国内生产总值生产安全事故死亡率下降35%，工矿商贸就业人员生产安全事故死亡率下降25%。

第三节　保障饮食和用药安全

加强食品、药品监管设施建设，完善技术标准体系，创新监管机制，规范监管行为，提升监管能力和水平，依法强化对食品、药品、餐饮卫生等的监管，保障人民群众健康安全。

……

第四节　维护国家安全和社会稳定

依法严厉打击各种犯罪活动，保障人民群众安居乐业。加强社会治安综合治理，推进社会治安防控体系建设，深入开展平安创建活动。改善司法保障条件，加强基层政法机构、案件侦查、禁毒、缉私、边境检查等的基础设施建设。积极应对传统和非传统安全问题。加强公安政法队伍建设。

第五节　强化应急体系建设

建立健全应急管理体系，加强指挥信息系统、应急物资保障、专业救灾抢险队伍、应急标准体系以及运输、现场通讯保障等重点领域和重点项目的建设，健全重特大自然灾害发生后的社会动员机制，提高处置突发公共事件能力。

（三）十七大报告：2007 年 10 月

2007 年 10 月，党的十七大报告中论述了“加快推进以改善民生为重点的社会建设”，其中与公共安全相关的内容包括社会稳定、安全生产、社会治安、完善突发事件应急管理机制等方面，并提出要“完善国家安全战略，健全国家安全体制，高度警惕和坚决防范各种分裂、渗透、颠覆活动，切实维护国家安全”（专栏 2.3）。

专栏 2.3　十七大报告中涉及公共安全的论述

八、加快推进以改善民生为重点的社会建设

社会建设与人民幸福安康息息相关。必须在经济发展的基础上，更加注重社会建设，着力保障和改善民生，推进社会体制改革，扩大公共服务，完善社会管理，促进社会公平正义，努力使全体人民学有所教、劳有所得、病有所医、老有所养、住有所居，推动建设和谐社会。

……

（六）完善社会管理，维护社会安定团结。社会稳定是人民群众的共同心愿，是改革发展的重要前提。要健全党委领导、政府负责、社会协同、公众参与的社会管理格局，健全基层社会管理体制。最大限度激发社会创造活力，最大限度增加和谐因素，最大限度减少不和谐因素。妥善处理人民内部矛盾，完善信访制度，健全党和政府主导的维护群众权益机制。

重视社会组织建设和管理。加强流动人口服务和管理。坚持安全发展，强化安全生产管理和监督，有效遏制重特大安全事故。完善突发事件应急管理机制。健全社会治安防控体系，加强社会治安综合治理，深入开展平安创建活动，改革和加强城乡社区警务工作，依法防范和打击违法犯罪活动，保障人民生命财产安全。完善国家安全战略，健全国家安全体制，高度警惕和坚决防范各种分裂、渗透、颠覆活动，切实维护国家安全。

（四）十七届五中全会：2010 年 10 月

2010 年 10 月，党的十七届五中全会通过了《中共中央关于制定国民经济和社会发展第十二个五年规划的建议》，在“加强和创新社会管理”中提出要“加大公共安全投入，加强安全生产，健全对事故灾难、公共卫生事件、食品安全事件、社会安全事件的预防预警和应急处置体系”，“……增强公共安全和社会治安保障能力，加强重点地区社会治安综合治理”（专栏 2.4）。

专栏 2.4　十七届五中全会报告中关于公共安全的论述

八、加强社会建设，建立健全基本公共服务体系

着力保障和改善民生，必须逐步完善符合国情、比较完整、覆盖城乡、可持续的基本公共服务体系，提高政府保障能力，推进基本公共服务均等化。加强社会管理能力建设，创新社会管理机制，切实维护社会和谐稳定。

……

（36）加强和创新社会管理。按照健全党委领导、政府负责、社会协同、公众参与的社会管理格局的要求，加强社会管理法律、体制、能力建设。完善法律法规和政策，健全基层管理和服务体系，加强和改进基层党组织工作，发挥群众组织和社会组织作用，提高城乡社区自治和服务功能，形成社会管理和服务合力。健全党和政府主导的维护群众权益机制，完善人民调解、行政调解、司法调解联动的工作体系，整合各方面力量，建立调处化解矛盾纠纷综合平台。畅通和规范群众诉求表达、利益协调、权益保障渠道，建立重大工程项目建设和重大政策制定的社会稳定风险评估机制，正确处理人民内部矛盾，把各种不稳定因素化解在基层和萌芽状态。加大公共安全投入，加强安全生产，健全对事故灾难、公共卫生事件、食品安全事件、社会安全事件的预防预警和应急处置体系。做好流动人口服务管理，加强特殊人群帮教管理和服务工作，加大社会管理薄弱环节整治力度。完善社会治安防控体系，加强城乡社区警务、群防群治等基层基础建设，加强政法队伍建设，严格公正廉洁执法，增强公共安全和社会治安保障能力，加强重点地区社会治安综合治理。严密防范、依法打击各种违法犯罪活动，切实保障人民生命财产安全。

（五）省部级主要领导干部社会管理及其创新专题研讨班：2011 年 2 月

2011 年 2 月，中共中央举办了省部级主要领导干部社会管理及其创新专题研讨班，胡锦涛总书记等中央领导同志做了重要讲话，深刻阐述了加强和创新社会管理的重要性和紧迫性，并明确提出了重点任务和要求。胡锦涛总书记就当前要重点抓好的工作提出八点意见，其中的一项工作是“进一步加强和完善公共安全体系，健全食品药品安全监管机制，建立健全安全生产监管体制，完善社会治安防控体系，完善应急管理体制”。

（六）“十二五”规划：2011 年 3 月

2011 年 3 月，第十一届全国人民代表大会第四次会议审议通过了《中华人民共和国国民经济和社会发展第十二个五年规划纲要》(以下简称“十二五”规划)，在第四十一章专题论述了“加强公共安全体系建设”，提出要“适应公共安全形势变化的新特点，推动建立主动防控与应急处置相结合、传统方法与现代手段相结合的公共安全体系”，涵盖的内容包括四个方面：保障食品药品安全、严格安全生产管理、健全突发事件应急体系、完善社会治安防控体系（专栏 2.5）。

专栏 2.5　“十二五”规划中加强公共安全体系建设的论述

第四十一章　加强公共安全体系建设

适应公共安全形势变化的新特点，推动建立主动防控与应急处置相结合、传统方法与现代手段相结合的公共安全体系。

第一节　保障食品药品安全

制定和完善食品药品安全标准。建立食品药品质量追溯制度，形成来源可追溯、去向可查证、责任可追究的安全责任链。健全食品药品安全应急体系，强化快速通报和快速反应机制。加强食品药品安全风险监测评估预警和监管执法，提高监管的有效性和公信力。继续实施食品药品监管基础设施建设工程。加强检验检测、认证检查和不良反应监测等食品药品安全技术支撑能力建设。加强基层快速检测能力建设，整合社会检测资源，构建社会公共检测服务平台。强化基本药物监管，确保用药安全。

第二节　严格安全生产管理

落实企业安全生产责任制，建立健全企业安全生产预防机制。加强安全监管监察能力建设，严格安全目标考核与责任追究。健全安全技术标准体系，严格安全许可。实行重大隐患治理逐级挂牌督办和整改效果评价制度，深化煤矿、交通运输等领域安全专项治理。健全协调联动机制，严厉打击非法违法生产经营。防范治理粉尘与高毒物质等重大职业危害。开展安全科技攻关和装备研发，规范发展安全专业技术服务机构，加强对中小企业安全技术援助和服务。加强安全宣传教育与培训。单位国内生产总值生产安全事故死亡率下降36%，工矿商贸就业人员生产安全事故死亡率下降26%。

第三节 健全突发事件应急体系

坚持预防与应急并重、常态与非常态结合的原则，建立健全统一指挥、结构合理、反应灵敏、保障有力、运转高效的国家突发事件应急体系，提高危机管理和风险管理能力。健全应急管理组织体系，完善应急预案体系，强化基层应急管理能力。加强应急队伍建设，建立以专业队伍为基本力量，以公安、武警、军队为骨干和突击力量，以专家队伍、企事业单位专兼职队伍和志愿者队伍为辅助力量的应急队伍体系，提高生命救治能力。建立健全应急物资储备体系，加强综合管理，优化布局和方式，统筹安排实物储备和能力储备。建立健全应急教育培训体系。完善特大灾害国际救援机制。

第四节 完善社会治安防控体系

坚持打防结合、预防为主，专群结合、依靠群众的方针，完善社会治安防控体系，加强城乡社区警务、群防群治等基层基础建设，做好刑罚执行和教育矫治工作。完善和规范安全技术防范工作，广泛开展平安创建活动，加强社会治安综合治理。加强公共安全设施建设。建设国家人口基础信息库。加强特殊人群安置、救助、帮教、管理和医疗工作，加大社会治安薄弱环节、重点地区整治力度。加强情报信息、防范控制和快速处置能力，增强公共安全和社会治安保障能力。加强刑事犯罪预警工作，严密防范、依法打击各种违法犯罪活动，切实保障人民生命财产安全。严格公正廉洁执法，提高执法能力、执法水平和执法公信力。

二、十八大以来公共安全体系的发展进程：2012~2017年

（一）十八届三中全会：2013年11月

2013年11月，十八届三中全会通过《中共中央关于全面深化改革若干重大问题的决定》，在“十三、创新社会治理体制”第（50）条中专门论述了“健全公共安全体系”的内容，涉及的公共安全领域包括食品药品安全、生产安全、防灾减灾救灾、社会治安、网络和信息安全，并提出设立中央国家安全委员会，完善国家安全体制和国家安全战略，确保国家安全（专栏2.6）。

专栏 2.6　《中共中央关于全面深化改革若干重大问题的决定》中对健全公共安全体系的论述

十三、创新社会治理体制

创新社会治理，必须着眼于维护最广大人民根本利益，最大限度增加和谐因素，增强社会发展活力，提高社会治理水平，全面推进平安中国建设，维护国家安全，确保人民安居乐业、社会安定有序。

……

（50）健全公共安全体系。完善统一权威的食品药品安全监管机构，建立最严格的覆盖全过程的监管制度，建立食品原产地可追溯制度和质量标识制度，保障食品药品安全。深化安全生产管理体制改革，建立隐患排查治理体系和安全预防控制体系，遏制重特大安全事故。健全防灾减灾救灾体制。加强社会治安综合治理，创新立体化社会治安防控体系，依法严密防范和惩治各类违法犯罪活动。

坚持积极利用、科学发展、依法管理、确保安全的方针，加大依法管理网络力度，加快完善互联网管理领导体制，确保国家网络和信息安全。

设立国家安全委员会，完善国家安全体制和国家安全战略，确保国家安全。

（二）习近平在中共中央政治局第二十三次集体学习时谈公共安全：2015 年 5 月 29 日[①]

2015 年 5 月 29 日，中共中央政治局就健全公共安全体系进行第二十三次集体学习。中共中央总书记习近平在主持学习时强调，公共安全连着千家万户，确保公共安全事关人民群众生命财产安全，事关改革发展稳定大局。要牢固树立安全发展理念，自觉把维护公共安全放在维护最广大人民根本利益中来认识，扎实做好公共安全工作，努力为人民安居乐业、社会安定有序、国家长治久安编织全方位、立体化的公共安全网。

习近平的重要讲话再次突出了公共安全管理的重点领域。第一，要切实抓好社会治安综合治理，坚持系统治理、依法治理、综合治理、源头治理的总体思路，一手抓专项打击整治，一手抓源头性、基础性工作，创新社会治安防控体系，优化公共安全治理社会环境，着力解决影响社会安定的深层次问题。第二，要切实提高农产品质量安全水平，以更大力度抓好农产品质量安全，完善农产品质量安全监管体系，把确保质量安全作为农业转方式、调结构的关键环节，让人民群众吃得安全放心。第三，要切实增强抵御和应对自然灾害的能力，坚持以防为主、防抗救相结合的方针，坚持常态减灾和非常态救灾相统一，全面提高全社会抵御

① 习近平主持中共中央政治局第二十三次集体学习. http://www.xinhuanet.com/politics/2015-05/30/c_1115459659.htm，2015-05-30.

自然灾害的综合防范能力。第四，要切实抓好安全生产，坚持以人为本、生命至上，全面抓好安全生产责任制和管理、防范、监督、检查、奖惩措施的落实，细化落实各级党委和政府的领导责任、相关部门的监管责任、企业的主体责任，深入开展专项整治，切实消除隐患。第五，要切实加强食品药品安全监管，用最严谨的标准、最严格的监管、最严厉的处罚、最严肃的问责，加快建立科学完善的食品药品安全治理体系，坚持产管并重，严把从农田到餐桌、从实验室到医院的每一道防线。

同时，习近平的讲话还提出了加强公共安全体系的具体方法。第一，维护公共安全体系，要从最基础的地方做起。要把基层一线作为公共安全的主战场，坚持重心下移、力量下沉、保障下倾，实现城乡安全监管执法和综合治理网格化、一体化。要提高公共安全体系精细化水平，每一个环节都要深入考虑和谋划。要构建公共安全人防、物防、技防网络，实现人员素质、设施保障、技术应用的整体协调。要认真汲取各类公共安全事件的教训，推广基层一线维护公共安全的好办法、好经验。第二，要坚持群众观点和群众路线，拓展人民群众参与公共安全治理的有效途径。要把公共安全教育纳入国民教育和精神文明建设体系，加强安全公益宣传，健全公共安全社会心理干预体系，积极引导社会舆论和公众情绪，动员全社会的力量来维护公共安全。

（三）“十三五”规划：2016~2020 年

《中华人民共和国国民经济和社会发展第十三个五年规划纲要》阐明国家战略意图，明确政府工作重点，引导市场主体行为，是各族人民共同的行动纲领。“十三五”规划的第七十二章和第七十三章分别制定了“健全公共安全体系”和“建立国家安全体系”的行动纲要。

在第七十二章“健全公共安全体系”中提出要“牢固树立安全发展观念，坚持人民利益至上，加强全民安全意识教育，健全公共安全体系，为人民安居乐业、社会安定有序、国家长治久安编织全方位、立体化的公共安全网，建设平安中国”。健全公共安全体系涵盖的内容包括全面提高安全生产水平、提升防灾减灾救灾能力、创新社会治安防控体系、强化突发事件应急体系建设四大方面。

第七十三章“建立国家安全体系”提出要“深入贯彻总体国家安全观，实施国家安全战略，不断提高国家安全能力，切实保障国家安全”。建立国家安全体系涵盖的内容包括健全国家安全保障体制机制、保障国家政权主权安全、防范化解经济安全风险和加强国家安全法治建设等内容。

（四）应急体系建设“十三五”规划

2017 年 7 月国务院办公厅印发了《国家突发事件应急体系建设“十三五”规

划》(以下简称《应急“十三五”规划》)，这是强化公共安全管理的一份重要的专项规划。

《应急“十三五”规划》按照国家治理体系和治理能力现代化的要求，分别从能力建设和体系建设两个方面安排了“十三五”期间的主要任务。在我国应急体系比较完善的情况下，特别重视强化和升级应急能力的紧迫需求。应急能力建设主要包括应急管理基础能力、核心应急救援能力、综合应急保障能力、社会协同应对能力四个方面(图2.1)。

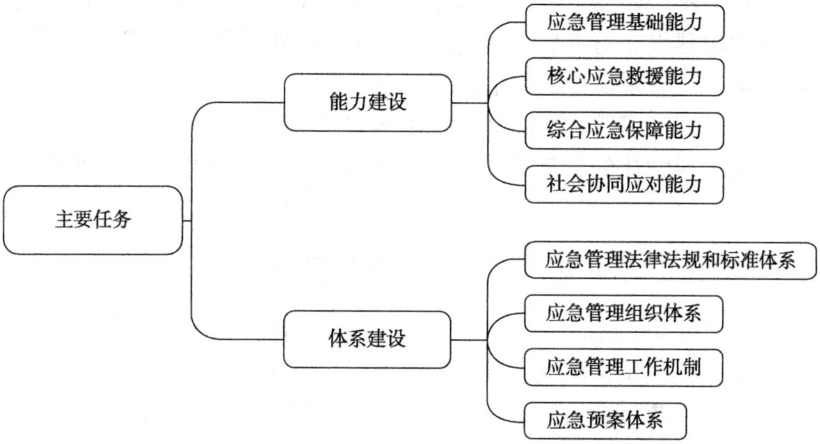

图2.1　“十三五”期间应急体系建设的主要任务

《应急“十三五”规划》改变了过去重事后处置、轻事前准备的不足，特别重视事前的风险管控和应急准备基础，从风险评估、风险管控、隐患排查等环节，制定了自然灾害、安全生产、环境风险、公共卫生和食药安全、社会治安及网络安全等方面的具体任务。《应急“十三五”规划》还注重强化城乡社区和基础设施抗灾能力，增加社会经济结构的灾害恢复力。

在治理现代化理念的引领下，《应急“十三五”规划》改变了过去政府大包大揽的应急模式，加强了社会协同应对能力建设，提升公众自救互救能力、支持引导社会应急力量发展、强化应急管理科技支撑能力、大力推进应急产业健康发展，充分动员企业单位、社会组织和普通公众的主体作用，在最大限度维护公共安全的目标下，初步勾勒了政府-市场-社会多元主体协同共治的应急管理体系。

在应急管理体系建设方面，《应急“十三五”规划》针对现有体系的短板，提出完善应急管理法律法规和标准体系、应急管理组织体系、应急管理工作机制和应急预案体系。针对我国法规标准体系不健全的问题，《应急“十三五”规划》提出研究制定《中华人民共和国突发事件应对法》(以下简称《突发事件应对法》)

相关配套法规制度和规范性文件，健全自然灾害、事故灾难、公共卫生事件和社会安全事件应急相关法律法规体系，完善地方性应急管理法规，加大执法力度，实现依法应急。

《应急“十三五”规划》在总结公共安全管理和突发事件应对的经验教训的基础上，在维护公共安全的理念上有所突破，主要表现在：第一，从应急处置向风险治理转变，目的是实现关口前移，预防为主，源头治理，推进城市应急管理工作从被动应对型向常态化风险治理转变。第二，从以应急体系建设为重点向以应急能力建设为中心转变。SARS 以来，我国的应急管理体系获得长足发展，而应急管理能力的建设相对滞后，《应急“十三五”规划》注重应急能力的强化升级，标志着我国的应急管理从量的发展向质的发展的提升。第三，坚持法治思维和法治方式。《应急“十三五”规划》推进公共安全管理法治化工作，目标是建立起精细化、制度化、科学化的管理模式，强化制度刚性，使公共安全治理成于制度，行于规范。

（五）国家综合防灾减灾“十三五”规划

2017 年 1 月，国务院办公厅印发了《国家综合防灾减灾规划（2016—2020 年）》，该规划是侧重于自然灾害防范的公共安全管理专项规划，对提高全社会抵御自然灾害的综合防范能力、维护人民群众生命财产安全、全面建成小康社会具有重要意义。

《国家综合防灾减灾规划（2016—2020 年）》深刻分析了“十三五”期间我国防灾减灾救灾领域面临的严峻形势：一是灾情形势复杂多变。受全球气候变化等自然和经济社会因素耦合影响，“十三五”时期极端天气气候事件及其次生衍生灾害呈增加趋势，破坏性地震仍处于频发多发时期，自然灾害的突发性、异常性和复杂性有所增加。二是防灾减灾救灾基础依然薄弱。重救灾轻减灾思想还比较普遍，一些地方城市高风险、农村不设防的状况尚未根本改变，基层抵御灾害的能力仍显薄弱，革命老区、民族地区、边疆地区和贫困地区因灾致贫、返贫等问题尤为突出。防灾减灾救灾体制机制与经济社会发展仍不完全适应，应对自然灾害的综合性立法和相关领域立法滞后，能力建设存在短板，社会力量和市场机制作用尚未得到充分发挥，宣传教育不够深入。三是经济社会发展提出了更高要求。如期实现“十三五”时期经济社会发展总体目标，健全公共安全体系，都要求加快推进防灾减灾救灾体制机制改革。四是国际防灾减灾救灾合作任务不断加重。国际社会普遍认识到防灾减灾救灾是全人类的共同任务，更加关注防灾减灾救灾与经济社会发展、应对全球气候变化和消除贫困的关系，更加重视加强多灾种综合风险防范能力建设。同时，国际社会更加期待我国在防灾减灾救灾领域发挥更大作用。

《国家综合防灾减灾规划（2016—2020 年）》提出，“十三五”期间要将年均因灾直接经济损失占国内生产总值（gross domestic product，GDP）的比例控制在 1.3%以内，年均每百万人口因灾死亡率控制在 1.3 以内，对救灾物资储备体系、减灾社区建设等也制定了明确目标。为实现防灾减灾目标，《国家综合防灾减灾规划（2016—2020 年）》制定了十个方面的主要任务：完善防灾减灾救灾法律制度、健全防灾减灾救灾体制机制、加强灾害监测预报预警与风险防范能力建设、加强灾害应急处置与恢复重建能力建设、加强工程防灾减灾能力建设、加强防灾减灾救灾科技支撑能力建设、加强区域和城乡基层防灾减灾救灾能力建设、发挥市场和社会力量在防灾减灾救灾中的作用、加强防灾减灾宣传教育和推进防灾减灾救灾国际交流合作。

三、新时代公共安全体系的新要求

2017 年 10 月 18 日，中国共产党第十九次全国代表大会胜利召开，这是在全面建成小康社会决胜阶段、中国特色社会主义进入新时代的关键时期召开的一次十分重要的大会。十九大报告指出，“中国特色社会主义进入新时代，我国社会主要矛盾已经转化为人民日益增长的美好生活需要和不平衡不充分的发展之间的矛盾”[①]。“我国社会生产力水平总体上显著提高，社会生产能力在很多方面进入世界前列，更加突出的问题是发展不平衡不充分，这已经成为满足人民日益增长的美好生活需要的主要制约因素。”[①]

适应时代变化的特征，十九大报告全面阐述了习近平新时代中国特色社会主义思想，其中包括大量有关“安全”的论述。据统计，十九大报告全文共提及“安全”55 次、“稳定”18 次、“矛盾”15 次、“风险”9 次、“和谐”12 次、“灾”5 次。公共安全成为习近平新时代中国特色社会主义思想体系的重要组成部分。党的十九大报告开篇强调，“当前，国内外形势正在发生深刻复杂变化，我国发展仍处于重要战略机遇期，前景十分光明，挑战也十分严峻”[①]。在“八、提高保障和改善民生水平，加强和创新社会治理”中对公共安全体系提出了新的要求（专栏 2.7）。

专栏 2.7　十九大报告中对健全公共安全体系的论述

八、提高保障和改善民生水平，加强和创新社会治理

（六）打造共建共治共享的社会治理格局。加强社会治理制度建设，完善党委领导、政府负责、社会协同、公众参与、法治保障的社会治理体制，提高社会治理社会化、法治化、

① 习近平：决胜全面建成小康社会 夺取新时代中国特色社会主义伟大胜利——在中国共产党第十九次全国代表大会上的报告. http://www.xinhuanet.com/2017-10/27/c_1121867529.htm，2017-10-27.

智能化、专业化水平。加强预防和化解社会矛盾机制建设，正确处理人民内部矛盾。树立安全发展理念，弘扬生命至上、安全第一的思想，健全公共安全体系，完善安全生产责任制，坚决遏制重特大安全事故，提升防灾减灾救灾能力。加快社会治安防控体系建设，依法打击和惩治黄赌毒黑拐骗等违法犯罪活动，保护人民人身权、财产权、人格权。加强社会心理服务体系建设，培育自尊自信、理性平和、积极向上的社会心态。加强社区治理体系建设，推动社会治理重心向基层下移，发挥社会组织作用，实现政府治理和社会调节、居民自治良性互动。

十九大报告还从社会矛盾转变、总体国家安全观和“一带一路”建设等角度论述了与公共安全相关的新形势和新变化。

首先，中国特色社会主义的主要矛盾发生变化。党的十九大报告指出，“中国特色社会主义进入新时代，我国社会主要矛盾已经转化为人民日益增长的美好生活需要和不平衡不充分的发展之间的矛盾”[①]。我国社会主要矛盾的变化是关系全局的历史性变化。这意味着，人民美好生活需要日益广泛，不仅对物质文化生活提出了更高要求，而且在民主、法治、公平、正义、安全、环境等方面的要求日益增长。安全已经成为人民美好生活需要的重要方面。

从维护人民根本利益、满足人民对美好生活的期盼出发，党的十九大报告提出，加强预防和化解社会矛盾机制建设，正确处理人民内部矛盾。树立安全发展理念，弘扬生命至上、安全第一的思想，健全公共安全体系，完善安全生产责任制，坚决遏制重特大安全事故，提升防灾减灾救灾能力。加快社会治安防控体系建设，依法打击和惩治黄赌毒黑拐骗等违法犯罪活动，保护人民人身权、财产权、人格权。开展国土绿化行动，推进荒漠化、石漠化、水土流失综合治理，强化湿地保护和恢复，加强地质灾害防治。实施食品安全战略，让人民吃得放心。严密防范和坚决打击各种渗透颠覆破坏活动、暴力恐怖活动、民族分裂活动、宗教极端活动[①]。

其次，坚持总体国家安全观。党的十九大报告提出了“八个明确、十四个坚持”的基本方略。其中，“十四个坚持”中有两个坚持与国家安全和公共安全密切相关：（十）坚持总体国家安全观、（十三）坚持推动构建人类命运共同体。习近平新时代中国特色社会主义思想明确指出，坚持总体国家安全观，坚持国家利益至上，统筹发展和安全，增强忧患意识，做到居安思危。我国始终不渝走和平发展道路、奉行互利共赢的开放战略，坚持正确义利观，树立共同、综合、合作、可持续的新安全观，坚持推动构建人类命运共同体。“坚持总体国家安全观”主要是针对国内安全与应急问题而言，再次强调了坚持总体国家安全观的重要地位。“坚持推动构建人类命运共同体”主要是针对国际安全与应急问题而言，提出了

① 习近平：决胜全面建成小康社会 夺取新时代中国特色社会主义伟大胜利——在中国共产党第十九次全国代表大会上的报告. http://www.xinhuanet.com/2017-10/27/c_1121867529.htm，2017-10-27.

"树立共同、综合、合作、可持续的新安全观"的重要思想。

最后，加强"一带一路"倡议中的风险管理。党的十九大报告指出，"要以'一带一路'建设为重点，坚持引进来和走出去并重，遵循共商共建共享原则，加强创新能力开放合作，形成陆海内外联动、东西双向互济的开放格局"①。党的十九大报告还指出，"世界面临的不稳定性不确定性突出，世界经济增长动能不足，贫富分化日益严重，地区热点问题此起彼伏，恐怖主义、网络安全、重大传染性疾病、气候变化等非传统安全威胁持续蔓延，人类面临许多共同挑战"①。"中国坚持对外开放的基本国策，坚持打开国门搞建设，积极促进'一带一路'国际合作，努力实现政策沟通、设施联通、贸易畅通、资金融通、民心相通，打造国际合作新平台，增添共同发展新动力。"①

四、新时代公共安全管理的理论体系

新时代党和国家领导人十分重视公共安全管理，在十九大报告中，"安全"共出现55次（十五大报告中出现6次，十六大报告中出现14次，十七大报告中出现23次，十八大报告中出现36次），"风险"则出现了9次（专栏2.8）。十九大报告指出，"实现伟大梦想，必须进行伟大斗争。……我们党要团结带领人民有效应对重大挑战、抵御重大风险……更加自觉地防范各种风险，坚决战胜一切在政治、经济、文化、社会等领域和自然界出现的困难和挑战"①，高度体现了国家领导人在治国理政方面的忧患意识。

专栏2.8 十九大报告中关于"风险"的论述

在十九大报告中，"风险"共出现9次。十九大报告指出：

"五年来，我们勇于面对党面临的重大风险考验和党内存在的突出问题……

实现伟大梦想，必须进行伟大斗争。……我们党要团结带领人民有效应对重大挑战、抵御重大风险……更加自觉地防范各种风险，坚决战胜一切在政治、经济、文化、社会等领域和自然界出现的困难和挑战。

推进伟大工程，要结合伟大斗争、伟大事业、伟大梦想的实践来进行，确保党在世界形势深刻变化的历史进程中始终走在时代前列，在应对国内外各种风险和考验的历史进程中始终成为全国人民的主心骨……

从现在到二〇二〇年，是全面建成小康社会决胜期。……特别是要坚决打好防范化解重大风险、精准脱贫、污染防治的攻坚战，使全面建成小康社会得到人民认可、经得起历史检验。

① 习近平：决胜全面建成小康社会 夺取新时代中国特色社会主义伟大胜利——在中国共产党第十九次全国代表大会上的报告. http://www.xinhuanet.com/2017-10/27/c_1121867529.htm，2017-10-27.

> 加快完善社会主义市场经济体制。……健全金融监管体系，守住不发生系统性金融风险的底线。
>
> 有效维护国家安全。……健全国家安全体系，加强国家安全法治保障，提高防范和抵御安全风险能力。
>
> 全面增强执政本领。……增强驾驭风险本领，健全各方面风险防控机制，善于处理各种复杂矛盾，勇于战胜前进道路上的各种艰难险阻，牢牢把握工作主动权。

公共安全是习近平新时代中国特色社会主义思想体系的重要组成部分。习近平关于公共安全方面的论述很多，以维护和实现最广大人民的根本利益为基本价值目标，运用马克思主义的世界观和方法论，坚持辩证唯物主义和历史唯物主义，结合我国公共安全管理面临的突出任务，逐步构建了以“人民中心论”、“民生为本论”、“安全发展论”、“总体安全观”和“底线思维论”为基础的公共安全管理理论体系，对指导新时代的公共安全管理具有重要意义。

（一）人民中心论

党的十八大闭幕后，习近平同志在与中外记者见面时就明确指出：“人民对美好生活的向往，就是我们的奋斗目标。”[①]2014 年 2 月，习近平在俄罗斯索契接受俄罗斯电视台专访谈执政理念时表示：“我的执政理念，概括起来说就是：为人民服务，担当起该担当的责任。”[②]《习近平谈治国理政》中指出：“平安是老百姓解决温饱后的第一需求，是极重要的民生，也是最基本的发展环境。”习近平总书记的讲话充分体现了安全的重要性。十九大系统地提出和阐述了新时代坚持和发展中国特色社会主义必须坚持的基本方针方略，即“十四个坚持”，其中就包括“坚持以人民为中心。……把人民对美好生活的向往作为奋斗目标，依靠人民创造历史伟业”，“必须始终把人民利益摆在至高无上的地位”[③]，“检验我们一切工作的成效，最终都要看人民是否真正得到了实惠，人民生活是否真正得到了改善，人民权益是否真正得到了保障”[④]，充分体现了中国共产党执政为民的根本宗旨与人民至上的价值取向。在这“十四个坚持”中，“坚持党对一切工作的领导”和一切工作必须“坚持以人民为中心”是十九大报告始终贯穿的两条红线，也是包括公

---

① 习近平在新任政治局常委与记者见面会上发表讲话. http://news.12371.cn/2012/11/15/VIDE1352953681461457.shtml，2012-11-15.

② 国家主席习近平接受俄罗斯电视台专访（全文）. http://www.gov.cn/ldhd/2014-02/09/content_2581898.htm，2014-02-09.

③ 习近平：决胜全面建成小康社会 夺取新时代中国特色社会主义伟大胜利——在中国共产党第十九次全国代表大会上的报告. http://www.xinhuanet.com/2017-10/27/c_1121867529.htm，2017-10-27.

④ 习近平. 在纪念毛泽东同志诞辰 120 周年座谈会上的讲话. http://theory.people.com.cn/n/2013/1227/c40531-23954508.html，2013-12-17.

共安全管理在内的一切治国理政事务的基本准则。

“坚持以人民为中心的发展思想”是“人民中心论”在树立和落实新发展理念过程中的延伸和具体化。2015年10月，党的十八届五中全会通过的《中共中央关于制定国民经济和社会发展第十三个五年规划的建议》首次提出“必须坚持以人民为中心的发展思想”的重大命题，彰显了以习近平为总书记的新一届中央领导集体治国理政的鲜明特色。以人民为中心的发展思想要求从人民群众最关心、最直接、最现实的利益问题入手，建设民生之本、解决民生之急、排除民生之忧。

人民群众对公共安全的需求是最基本的生存需求，随着经济发展和生活水平的提高，这种安全要求提升到更高水平。人民的生产生活要求规范稳定的社会秩序，要求有更安全的空气和食品，要求更加安全的工作和生活环境。从人民对安全的需求出发，我国加大了对公共安全风险的治理，着力解决食品安全、环境安全、生产安全、社会稳定等方面的突出问题。

（二）民生为本论

政之所兴，在顺民心，民生是人民幸福之基，社会和谐之本。民生连着民心，民心关系国运。“公共安全一头连着经济社会发展，一头连着千家万户，是最基本的民生。”①党和国家坚持问题导向，高度重视并切实解决公共安全面临的一些突出矛盾和问题，织密织好全方位、立体化的公共安全网。

在食品安全领域，国家大力治理“餐桌污染”，严把从农田到餐桌、从实验室到医院的每一道防线。2016年1月，习近平总书记对食品安全工作做出重要指示，他强调，“确保食品安全是民生工程、民心工程，是各级党委、政府义不容辞之责”②。国家加快完善统一权威的食品药品安全监管制度，落实“四个最严”的要求，即通过“最严谨的标准、最严格的监管、最严厉的处罚、最严肃的问责”确保人民群众“舌尖上的安全”。

生态环境是最普惠的民生福祉。针对人民群众反映强烈的雾霾污染问题，2013年6月国务院研究制定了大气污染防治十条措施并严格执行，同年9月印发了《大气污染防治行动计划》。2016年1月1日最新修订的、被称为史上最严的《中华人民共和国大气污染防治法》开始执行，明确了政府职责，提高了对企业的要求及处罚标准，并要求公众举报渠道畅通。十九大报告再次将污染防治列为三大攻坚战之一，重中之重是打赢蓝天保卫战。经过科学和坚定的大气污染

① 中共中央宣传部. 习近平总书记系列重要讲话读本（2016年版）. 北京：学习出版社，人民出版社，2016：227.

② 习近平对食品安全工作作出重要指示. http://www.xinhuanet.com/politics/2016-01/28/c_1117928826.htm，2016-01-28.

防治，到2017年，全国338个地级以上城市PM_{10}的浓度比2013年同期下降了20.4%，京津冀地区、长三角地区、珠三角地区$PM_{2.5}$的浓度比2013年同期分别下降了38.2%、31.7%、25.6%。公共安全管理领域系列政策的出台和成效的取得充分体现了党和国家“以人民为中心”治国理政的决心和能力。

（三）安全发展论

随着工业化、城镇化速度的加快，我国安全生产领域进入事故多发的高风险阶段。习近平总书记2013年6月6日就做好安全生产工作作出重要指示：“人命关天，发展决不能以牺牲人的生命为代价。这必须作为一条不可逾越的红线。”①为了落实安全生产战略，我国进一步强化了安全生产责任制，落实行业主管部门直接监管、安全监管部门综合监管、地方政府属地监管，坚持管行业必须管安全，管业务必须管安全，管生产必须管安全，实行党政同责、一岗双责、齐抓共管。

2014年，我国修订了《安全生产法》，提出安全生产工作应当以人为本，坚持安全发展，充分体现了习近平总书记等中央领导同志关于安全生产工作一系列重要指示精神，对于坚守发展决不能以牺牲人的生命为代价这条红线，牢固树立以人为本、生命至上的理念，正确处理重大险情和事故应急救援中“保财产”还是“保人命”问题，具有重大现实意义。

《安全生产法》确立了“安全第一、预防为主、综合治理”的安全生产工作“十二字方针”，明确了安全生产的重要地位、主体任务和实现安全生产的根本途径。“安全第一”要求从事生产经营活动必须把安全放在首位，不能以牺牲人的生命、健康为代价换取发展和效益。“预防为主”要求把安全生产工作的重心放在预防上，强化隐患排查治理，打非治违，从源头上控制、预防和减少生产安全事故。“综合治理”要求运用行政、经济、法治、科技等多种手段，充分发挥社会、职工、舆论监督各个方面的作用，抓好安全生产工作。

《安全生产法》还进一步强化了生产经营单位的安全生产主体责任，把明确安全责任、发挥生产经营单位安全生产管理机构和安全生产管理人员作用作为一项重要内容，做出四个方面的重要规定：一是生产经营单位委托规定的机构提供安全生产技术、管理服务的，保证安全生产的责任仍由本单位负责；二是生产经营单位的安全生产责任制应当明确各岗位的责任人员、责任范围和考核标准等内容，生产经营单位应当建立相应的机制，加强对安全生产责任制落实情况的监督考核；三是明确了生产经营单位的安全生产管理机构以及安全生

① 始终把人民生命安全放在首位 切实防范重特大安全生产事故的发生. http://politics.people.com.cn/n/2013/0608/c1024-21782954.html，2013-06-08.

产管理人员履行的七项职责；四是矿山、金属冶炼建设项目和用于生产、储存危险物品的建设项目竣工投入生产或者使用前，应当由建设单位负责组织对安全设施进行验收。

（四）总体安全观

2014年4月，习近平在主持召开中央国家安全委员会第一次会议时提出，"坚持总体国家安全观，走出一条中国特色国家安全道路"①。首次提出总体国家安全观，并首次系统提出"11 种安全"，必须坚持总体国家安全观，以人民安全为宗旨，以政治安全为根本，以经济安全为基础，以军事、文化、社会安全为保障，以促进国际安全为依托，走出一条中国特色国家安全道路。必须坚持国家利益至上，以人民安全为宗旨，以政治安全为根本，统筹外部安全和内部安全、国土安全和国民安全、传统安全和非传统安全、自身安全和共同安全，完善国家安全制度体系，加强国家安全能力建设，坚决维护国家主权、安全、发展利益。

国家安全管理与公共安全管理存在相互重叠的领域。坚决打击恐怖主义；坚决遏制和打击境内外敌对势力利用民族问题、宗教问题进行的分裂、渗透、破坏活动；净化网络空间，依法打击网络违法犯罪行为，维护国家安全、公共利益和公民合法权益等工作既是维护国家安全的重要内容，同时也是以人民为本、维护公共秩序的迫切需求。

总体国家安全观的提出使公共安全管理的定位和目标更为清晰和明确。公共安全管理所涉及的诸多领域中的累积风险、事件后果和社会动员范围超过一定阈值，就有可能演化为国家安全事件。公共安全管理要为国家安全提供坚实的基础，同时又要在总体国家安全观的统领下在国内国际局势、社会经济发展和现代技术变迁的宏大视野下识别不同的风险等级，保持高度警惕，防止一般性公共安全事件与其他危险因素耦合，演化成国家安全事件。

（五）底线思维论

底线是生活中的一个常用词语，它的本意是指足球、篮球、羽毛球等运动场地两端的边界线。球一旦越出底线，球队或球员也将丧失球权或失分。故此，底线被引申为个人、社会和国家生活中不可踏破的红线。"底线思维"是一种重要的改革思维方法，从而也为公共安全管理提供了基本的方法论。2014年12月5日，习近平在十八届中央政治局第十九次集体学习时强调，"要坚持底线思维、注重防风险，做好风险评估，努力排除风险因素，加强先行先试、科学求证，加快建立

① 习近平：坚持总体国家安全观 走中国特色国家安全道路. http://www.xinhuanet.com/politics/2014-04/15/c_1110253910.htm，2014-04-15.

健全综合监管体系，提高监管能力，筑牢安全网”[①]。2019年1月21日，习近平在省部级主要领导干部坚持底线思维着力防范化解重大风险专题研讨班开班式上强调，“深刻认识和准确把握外部环境的深刻变化和我国改革发展稳定面临的新情况新问题新挑战，坚持底线思维，增强忧患意识，提高防控能力，着力防范化解重大风险，保持经济持续健康发展和社会大局稳定，为决胜全面建成小康社会、夺取新时代中国特色社会主义伟大胜利、实现中华民族伟大复兴的中国梦提供坚强保障[②]。

在唯物辩证法的质量互变规律中，“底线”是从量变到质变的临界点，一旦突破这些底线，事情就会发生质变，从可以接受变得不可接受。在公共安全领域，底线就是由潜在风险向显性危机转变的临界点。底线思维是要对这个临界点有清晰的判断，并通过多种风险识别、化解和防控措施将风险控制在底线以内。因此，底线思维的内涵包括：其起点是从坏处准备；目标是努力争取最好结果；桥梁是积极作为、掌握主动权。“分析国际国内形势，既要看到成绩和机遇，更要看到短板和不足、困难和挑战，看到形势发展变化给我们带来的风险，从最坏处着眼，做最充分的准备，朝好的方向努力，争取最好的结果。”[③]

第二节　中国公共安全管理体系

公共安全管理体系是针对不同威胁建立的应对和治理体系，各个领域中的应对体系共同构成了公共安全管理的基础环境。公共安全体系既保证统一的协调、调度和指挥，又充分体现各部门的特殊性和专业性需求，目标是构建“全方位、立体化的公共安全网”。我国按照推进国家治理体系和治理能力现代化的要求，2018年3月通过了新一轮党和国家机构改革方案，将原有的安全生产管理与防灾减灾职能整合，设立了应急管理部，其应急管理体系与公共卫生应急体系、食品药品安全体系和社会治安防控体系共同组成了我国公共安全管理体系的四大支柱。

一、应急管理体系

2003年以后，我国应急管理体系实现了重构和完善，在国务院办公厅设立了

① 习近平：加快实施自由贸易区战略 加快构建开放型经济新体制. http://www.xinhuanet.com/politics/2014-12/06/c_1113546075.htm，2014-12-06.

② 习近平在省部级主要领导干部坚持底线思维着力防范化解重大风险专题研讨班开班式上发表重要讲话. http://www.gov.cn/xinwen/2019-01/21/content_5359898.htm，2019-01-21.

③ 习近平：高举中国特色社会主义伟大旗帜 为决胜全面小康社会实现中国梦而奋斗. http://cpc.people.com.cn/n1/2017/0728/c64094-29433645.html，2017-07-28.

国务院应急管理办公室。2007年通过的《突发事件应对法》区分了四大类突发事件：自然灾害、事故灾难、公共卫生事件和社会安全事件。我国的公共安全管理按照事件类别进行分领域管理。为防范化解重特大安全风险，健全公共安全体系，整合优化应急力量和资源，推动形成统一指挥、专常兼备、反应灵敏、上下联动、平战结合的中国特色应急管理体制，提高防灾减灾救灾能力，确保人民群众生命财产安全和社会稳定，2018年3月，我国政府机构改革加大了应急管理的整合力度，将安全生产和自然灾害领域的管理职能合并，建立了应急管理部。这是实现国家治理体系和治理能力现代化的关键举措，契合了我国从工业社会向后工业社会转轨过程中，有效应对复杂性公共安全风险和突发事件的需要。

（一）安全生产体系

我国工业化和城镇化的快速发展过程中，出现了生产企业与居民区毗邻交错的布局，发生安全生产事故的潜在风险日益增大。目前，我国已经建立健全了安全生产管理的领导机构、综合监管机构、行业监管机构和政府常设应急机构为主体的安全生产体系（图2.2），对我国的安全生产监管和事故救援发挥了重要作用。

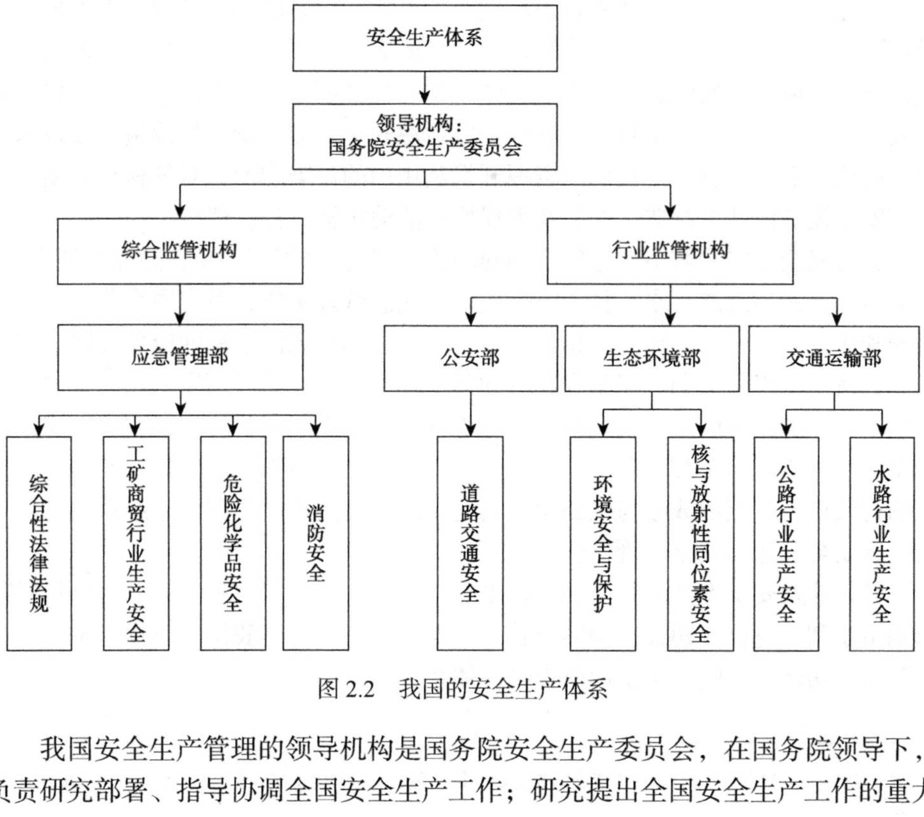

图2.2　我国的安全生产体系

我国安全生产管理的领导机构是国务院安全生产委员会，在国务院领导下，负责研究部署、指导协调全国安全生产工作；研究提出全国安全生产工作的重大方针政策；分析全国安全生产形势，研究解决安全生产工作中的重大问题；必要时，协调总参谋部和武警总部调集部队参加特大生产安全事故应急救援工作；完成国务院交办的其他安全生产工作[①]。国务院安全生产委员会的办事机构是国务院安全生产委员会办公室，设在应急管理部。

安全生产监管的综合性部门是应急管理部，为国务院直属机构，负责组织编制国家应急总体预案和规划，指导各地区各部门应对突发事件工作，推动应急预案体系建设和预案演练；建立灾情报告系统并统一发布灾情，统筹应急力量建设和物资储备并在救灾时统一调度，组织灾害救助体系建设，指导安全生产类、自然灾害类应急救援，承担国家应对特别重大灾害指挥部工作；指导火灾、水旱灾害、地质灾害等防治；负责安全生产综合监督管理和工矿商贸行业安全生产监督管理等。公安消防部队、武警森林部队转制后，与安全生产等应急救援队伍一并作为综合性常备应急骨干力量，由应急管理部管理。应急管理部要处理好防灾和救灾的关系，明确与相关部门和地方各自职责分工，建立协调配合机制。

除此之外，由于技术监管的特殊性，特定领域的生产安全管理分别由不同的政府相关部门承担安全生产监管责任。生态环境部负责重大生态环境问题的统筹协调和监督管理，牵头协调重特大环境污染事故和生态破坏事件的调查处理，指导协调地方政府对重特大突发生态环境事件的应急、预警工作，统筹协调国家重点区域、流域、海域生态环境保护工作。生态环境部的职责中还包含了对核与辐射安全的监督管理，监督管理核设施和放射源安全，监督管理核设施、核技术应用、电磁辐射、伴有放射性矿产资源开发利用中的污染防治，对核材料管制和民用核安全设备设计、制造、安装及无损检验活动实施监督管理。

交通安全根据领域不同分属于不同的监管部门。公安部门负责道路交通安全。交通运输部指导公路、水路行业安全生产和应急管理工作，负责国家公路网运行监测和应急处置协调工作，承担组织、协调、指挥重大海上溢油应急处置等有关工作，按规定组织协调国家重点物资和紧急客货运输，管理国家铁路局、中国民用航空局、国家邮政局。国家铁路局负责铁路安全生产监督管理，制定铁路运输安全、工程质量安全和设备质量安全监督管理办法并组织实施，组织实施依法设定的行政许可，组织或参与铁路生产安全事故调查处理。中国民用航空局承担民航飞行安全和地面安全监管责任。

其他涉及安全生产的行业还包括水利、电力、建筑、国防工业、特种设备等，分别由水利、电监、建设、国防科技、质监等部门负责。我国已经构建了一个广泛覆盖、功能完整的安全生产监督管理体系。

---

① 资料来源：《国务院办公厅关于成立国务院安全生产委员会的通知》（国办发〔2003〕89 号），2003 年 10 月 29 日。

（二）防灾减灾救灾体系

自然灾害是危害公共安全的一种传统风险。我国自然灾害种类多、频次高、灾害后果严重，特别是受全球气候变化等自然和经济社会因素耦合影响，极端天气前后事件及其次生衍生灾害呈增加趋势，破坏性地震仍处于频发多发时期，自然灾害的突发性、异常性和复杂性有所增加，对灾害领域的公共安全管理提出了严峻考验。

我国及时调整防灾减灾救灾总体策略，坚持以人民为中心的发展思想，正确处理人和自然的关系，正确处理防灾减灾救灾和经济社会发展的关系，提出了“两个坚持、三个转变”的指导思想，即坚持以防为主、防抗救相结合，坚持常态减灾和非常态救灾相统一，努力实现从注重灾后救助向注重灾前预防转变、从应对单一灾种向综合减灾转变、从减少灾害损失向减轻灾害风险转变，着力构建与经济社会发展新阶段相适应的防灾减灾救灾体制机制，全面提升全社会抵御自然灾害的综合防范能力。

我国的防灾减灾救灾体系可以分为领导机构、灾害管理职能部门和地方救灾机构等不同层次，构成了条块结合的管理体制，强化分级负责、属地管理为主的原则。国家减灾委员会（以下简称国家减灾委）是防灾减灾救灾的领导机构，其主要任务是研究制定国家减灾工作的方针、政策和规划，协调开展重大减灾活动，指导地方开展减灾工作，推进减灾国际交流与合作。国家减灾委的具体工作由民政部承担。

根据灾害种类的不同，国家层次多个职能部门承担灾害管理职能（表 2.1）。

表 2.1　与自然灾害管理相关的国家职能部门

灾害类型	国家职能部门
地震、火山	国务院抗震救灾指挥部、中国地震局、住房和城乡建设部、民政部、应急管理部等
洪水、雨涝、干旱	国家防汛抗旱总指挥部、应急管理部、中国气象局、农业农村部、民政部等
滑坡、泥石流、地面沉降	自然资源部、民政部、应急管理部等
风暴潮、台风、赤潮、海冰、海啸、海上溢油等海洋灾害	自然资源部、民政部、应急管理部
雪、雨、风	中国气象局、民政部、应急管理部
农业病虫害、森林火灾	农业农村部、国家林业和草原局、应急管理部

我国在多次应对自然灾害的实践中总结出“分级负责、属地管理为主”的灾害应对原则，明确了中央和地方应对自然灾害的事权划分。对达到国家启动相应等级的自然灾害，中央发挥统筹指导和支持作用，地方党委和政府在灾害应对中

发挥主体作用，承担主体责任。因此，省、市、县级政府都逐步建立了统一的防灾减灾救灾领导机构，统筹防灾减灾救灾各项工作。这种纵向分级负责的体系对于明确责任、及时响应具有重要意义。

为充分发挥社会力量的积极性、整合全社会资源参与防灾减灾救灾，我国还逐步健全了社会力量参与机制，在鼓励支持、引导规范、效率优先、自愿自主的原则下为社会组织、志愿者等社会力量参与提供有利条件。通过建立巨灾保险制度，强化市场机制在风险防范、损失补偿和恢复重建等方面的积极作用。我国的防灾减灾救灾体系也正在向多元协同治理的现代化方向发展。

（三）应急管理部的组建

2018 年 3 月，我国《国务院机构改革方案》对应急管理领域的职能进行了大整合，将国家安全生产监督管理总局（以下简称安监总局）的职责，国务院办公厅的应急管理职责，公安部的消防管理职责，民政部的救灾职责，国土资源部的地质灾害防治、水利部的水旱灾害防治、农业部的草原防火、国家林业局的森林防火相关职责，中国地震局的震灾应急救援职责及国家防汛抗旱总指挥部、国家减灾委、国务院抗震救灾指挥部、国家森林防火指挥部的职责整合，组建应急管理部（图 2.3），作为国务院组成部门。

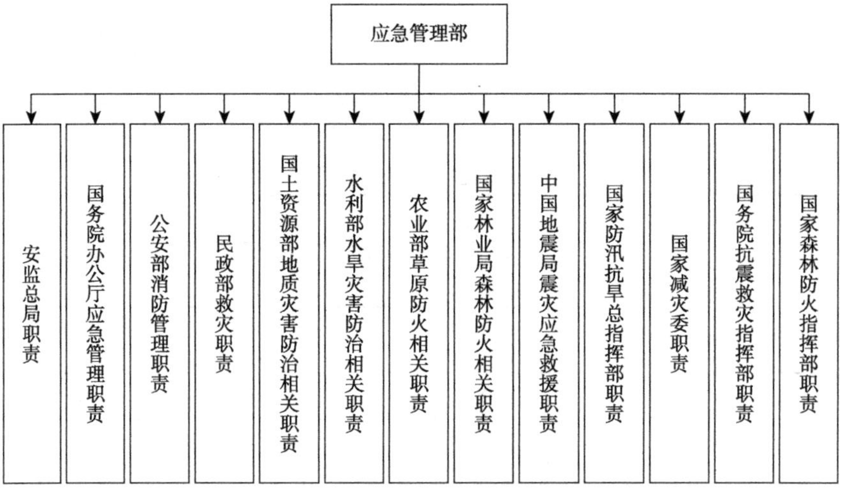

图 2.3　应急管理部职责整合图

应急管理部的主要职责是，组织编制国家应急总体预案和规划，指导各地区各部门应对突发事件工作，推动应急预案体系建设和预案演练。建立灾情报告系统并统一发布灾情，统筹应急力量建设和物资储备并在救灾时统一调度，组织灾害救助体系建设，指导安全生产类、自然灾害类应急救援，承担国家应对特别重大灾害指挥部工作。指导火灾、水旱灾害、地质灾害等防治。负责安全生产综合监督管理和工矿商贸行业安全生产监督管理等。中国地震局、国家煤矿安全监察局与防灾救灾联系紧密，划由应急管理部管理。不再保留安监总局。

应急管理部的组建对加强我国的公共安全体系具有重要意义，体现了以下四个方面的特点[①]。

第一，更加注重风险管理，坚持预防为主。习近平总书记2016年在河北唐山进行调研考察时就提出了关于防灾减灾救灾“两个坚持、三个转变”的重要论断：“坚持以防为主、防抗救相结合，坚持常态减灾和非常态救灾相统一，努力实现从注重灾后救助向注重灾前预防转变，从应对单一灾种向综合减灾转变，从减少灾害损失向减轻灾害风险转变，全面提升全社会抵御自然灾害的综合防范能力。”[②]

第二，更加注重综合减灾，统筹应急资源。当今社会灾害的多发性、连锁性、复合性越来越明显，所以习近平总书记强调“从应对单一灾种向综合减灾转变”。应急救援队伍通常有这样一个特点：如果长期没有经历实战，战斗力就会减弱。中央特别强调公安消防部队、武警森林部队转制后，与安全生产等应急救援队伍一并作为综合性常备应急骨干力量，这是因为消防队伍出警的次数在所有救援队当中是最多的。近年来，消防队伍在城市因火灾出警的比例在下降，有的城市70%左右是参加火灾以外的突发事件的应急救援。统筹应急资源可以减少重复建设，可以使突发事件应对的成效最大化。

第三，更加注重分级负责，属地管理为主。《突发事件应对法》要求，国家建立统一领导、综合协调、分类管理、分级负责、属地管理为主的应急管理体制。目前，一些地方在突发事件应对工作中存在不同程度的等待、依赖、观望的思想，出现了虚报自然灾害损失、伸手向上的现象，出现了在事故灾难中迟报瞒报、缺乏担当的现象。突发事件多发生在基层，先期处置、属地管理非常重要。应急管理部成立后，“按照分级负责的原则，一般性灾害由地方各级政府负责，应急管理部代表中央统一响应支援；发生特别重大灾害时，应急管理部作为指挥部，协助中央指定的负责同志组织应急处置工作，保证政令畅通、指挥有效。应急管理部要处理好防灾和救灾的关系，明确与相关部门和地方各自职责分工，建立协调配合机制”[③]。

第四，更加注重发挥市场机制和社会力量的作用。例如，安监系统推行的安

---

① 资料来源：2018年3月23日，国务院应急管理专家组组长闪淳昌接受《劳动保护》杂志记者的采访，谈应急管理部的组建。

② 习近平在河北唐山市考察. http://www.xinhuanet.com/politics/2016-07/28/c_1119299678.htm，2016-07-28.

③ 王勇. 关于国务院机构改革方案的说明——2018年3月13日在第十三届全国人民代表大会第一次会议上. http://www.gov.cn./guowuyan/2018-03/14/content_5273856.htm，2018-03-14.

全生产责任险，中国银行保险监督管理委员会、地震部门推行的巨灾保险等应当拓展和深化，发挥市场机制作用对做好预防和赔付有重要意义，而灾种越多，保险机制的作用越大。又如，企业的专兼职救援队伍，科研院所、高等院校的专家，社会组织和全社会几百万名的志愿者队伍，都是应急管理工作不可或缺的重要力量。加强公共安全与应急管理的培训宣传，提高公众的忧患意识和自救互救能力等，也是构建全方位、立体化公共安全网的重要内容。只有充分发挥市场机制和社会力量的作用，才能实现社会共建共治共享。

应急管理部的组建体现了改革开放40多年来的重要成果。改革开放以来，我国在不断探索应急管理的体制改革问题，不断总结抗击 SARS、应对冰雪灾害、汶川地震等一系列突发事件的经验教训，还派出了一些考察团到美国、俄罗斯、欧洲等多个国家和地区考察，学习借鉴国外在应急管理方面的一些先进理念和做法。我们现在组建的应急管理部，既不同于美国 FEMA，也不同于俄罗斯的紧急状态部，它体现了中国特色，标志着我国的应急管理工作进入了一个新时期。

二、公共卫生应急体系

公共卫生事件是指突然发生，造成或者可能造成社会公众健康严重损害的重大传染病疫情、群体性不明原因疾病、重大食物和职业中毒及其他严重影响公众健康的事件。公共卫生事件是威胁公共安全的一个重要方面。首先，公共卫生事件成因复杂。大部分公共卫生事件表现为各种烈性传染病，但许多公共卫生事件也与自然灾害有关，如地震、水灾、火灾等，或者与事故灾害密切相关，如环境污染、生态破坏、交通事故等。社会安全事件也是形成公共卫生事件的一个重要原因，如生物恐怖等。另外，还有动物疫情、致病微生物、药品危险、食物中毒、职业危害等。其次，公共卫生事件的时空分布很不平衡。在时间分布上，不同的季节，传染病的发病率不同，如 SARS 往往发生在冬、春季节，肠道传染病则多发生在夏季。在空间分布上，传染病的区域分布不一样，南方和北方存在明显差异，此外还有人群的分布差异等。最后，疾病传播具有广泛性。尤其是当前我们正处在全球化的时代，一些疾病可以通过现代交通工具跨国流动，传染病一旦具备了三个基本流通环节，即传染源、传播途径、易感人群，它就可能在全球广泛传播。

卫生应急肩负着突发公共事件紧急医学救援的重大使命，是推进健康中国建设和落实国家公共安全战略的重要内容。为有效防控和应对公共卫生事件，卫生行政部门设立了卫生应急办公室，同时也作为突发公共卫生事件应急指挥中心，负责拟定卫生应急和紧急医学救援政策、制度、规划、预案和规范措施，指导全国卫生应急体系和能力建设，指导、协调突发公共卫生事件的预防准备、监测预警、处置救援、总结评估等工作，协调指导突发公共卫生事件和其他突发事件预防控制和紧急医学救援工作，组织实施对突发急性传染病防控和应急措施，对重大灾害、恐怖、中毒事件及核事故、辐射事故等组织实施紧急医学救援，发布突发公共卫生事件应急处置信息。

2003 年，在战胜 SARS 疫情过程中，我国突发公共卫生事件应急防控水平显著提高。事后，初步构建起囊括各类突发事件应对和紧急医学救援的法规和预案体系，建立起 20 多个部门参加的联防联控工作机制，建成全球最大、最先进的传染病疫情和突发公共卫生事件网络直报系统，平均报告时间由 5 天缩短为 4 小时，具备 72 小时内检测 300 余种病原体的能力。2008 年，在汶川特大地震抗震救灾过程中，我国紧急医学救援体系发挥了重要作用。之后，建立了 37 支国家卫生应急队伍、2 万支地方卫生应急队伍，上海承建的国家紧急医学救援队成为首批通过世界卫生组织认证的国际应急医疗队之一。同时，建设卫生应急综合示范县（市、区）和核辐射损伤、化学中毒救治基地，完善应急物资储备机制，卫生应急基础条件、保障水平和科技含量明显提升。2014 年，西非部分国家爆发埃博拉出血热疫情。党中央、国务院做出加强国内疫情防控和援非抗疫的决策，我国卫生应急从被动防御迈向主动出击的新阶段（崔丽，2017）。

我国确立了以卫生应急体系和核心能力建设为“体”，以突发急性传染病防治、突发事件紧急医学救援为“翼”的建设思路。推进卫生应急决策指挥平台建设，建成以各级卫生计生行政部门应急指挥中心为枢纽，纵向覆盖各级疾控机构、医疗机构、院前急救机构和应急队伍等节点，横向与应急管理部门、海关卫生检疫部门、气象部门等多部门协作联通的卫生应急决策指挥平台体系。加强部门间、跨区域的协调与配合，强化信息沟通与措施联动，健全突发公共卫生事件联防联控工作机制。加强卫生应急演练，提高人民群众在突发事件中自救互救的技能和素养。

目前我国制定了《突发公共卫生事件应急条例》《重大动物疫情应急条例》等 60 多部卫生应急单项法律法规，全国人大常委会还分别组织修订了《中华人民共和国传染病防治法》《中华人民共和国动物防疫法》等法律，明确了我国应对突发公共卫生事件应当遵循的方针和原则，规定了各级政府、部门、医疗卫生机构、社会公众在应对突发公共卫生事件中的权利、责任和义务，构建了相对完善的卫生应急法律法规体系。

三、食品药品安全体系

民以食为天，食以安为先。食品安全关系人民生命健康，是公共安全管理的一个重要领域。

国务院于 2010 年设立国务院食品安全委员会，作为国务院食品安全工作的高层次议事协调机构。国务院食品安全委员会负责分析食品安全形势，研究部署、统筹指导食品安全工作；提出食品安全监管的重大政策措施；督促落实食品安全监管责任①。

2013 年 3 月，《国务院机构改革和职能转变方案》决定将原来的国家食品药品监督管理局（State Food and Drug Administration，SFDA）改建为国家食品药品监督管理总局（China Food and Drug Administration，CFDA），将国务院食品安全委员会办公室的职责、国家食品药品监督管理局的职责、国家质量监督检验检疫总局的生产环节食品安全监督管理职责、国家工商行政管理总局的流通环节食品安全监督管理职责整合，对生产、流通、消费环节的食品安全和药品的安全性、有效性实施统一监督管理等。同时，将工商行政管理、质量技术监督部门相应的食品安全监督管理队伍和检验检测机构划转食品药品监督管理部门（图 2.4）。这一新组建的正部级部门标志着食品安全过去多头分段管理的"九龙治水"局面结束，我国的食品药品安全监管更加统一，更加权威。以国家食品药品监督管理总局为主体健全和完善了省、市、县、乡四级统一权威的监管架构，逐步形成了专业化、高效率的监管机制。

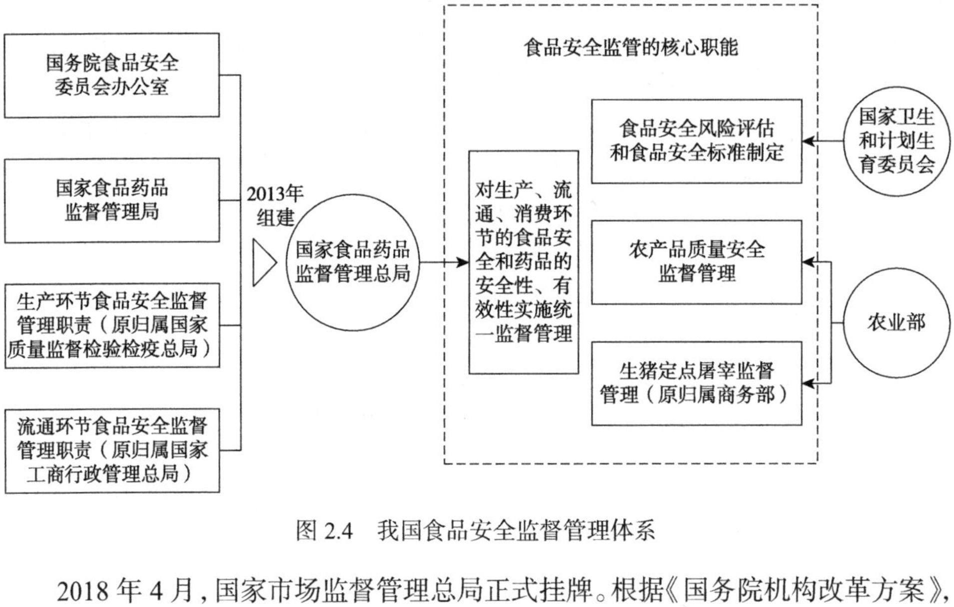

图 2.4 我国食品安全监督管理体系

2018 年 4 月，国家市场监督管理总局正式挂牌。根据《国务院机构改革方案》，国家市场监督管理总局整合了国家食品药品监督管理总局的职责。食品安全监督管理的综合协调工作由新组建的国家市场监督管理总局负责，具体工作由食品安全协调司、食品生产安全监督管理司、食品经营安全监督管理司、特殊食品安全

① 资料来源：《国务院关于设立国务院食品安全委员会的通知》（国发〔2010〕6 号），2010 年 2 月 6 日。

监督管理司及食品安全抽检监测司等内设机构负责。而药品安全的监督管理工作则由国家药品监督管理局承担，其也由国家市场监督管理总局管理。将食品与药品的监督管理分割开来，从而明确区分了食品与药品的不同性质，使食品与药品的监督管理步入科学的管理轨道，有助于实现食品安全的长治久安。国家市场监督管理总局的食品和药品安全相关职责：一是负责食品安全监督管理综合协调。组织制定食品安全重大政策并组织实施；负责食品安全应急体系建设，组织指导重大食品安全事件应急处置和调查处理工作；建立健全食品安全重要信息直报制度；承担国务院食品安全委员会日常工作。二是负责食品安全监督管理。建立覆盖食品生产、流通、消费全过程的监督检查制度和隐患排查治理机制并组织实施，防范区域性、系统性食品安全风险；推动建立食品生产经营者落实主体责任的机制，健全食品安全追溯体系；组织开展食品安全监督抽检、风险监测、核查处置和风险预警、风险交流工作；组织实施特殊食品注册、备案和监督管理。三是管理国家药品监督管理局，国家药品监督管理局负责药品（含中药、民族药）、医疗器械和化妆品安全监督管理。

当前，与食品药品安全监管相关的政府部门还包括农业农村部和国家卫生健康委员会（以下简称卫健委）。农业农村部的职责分工：①农业农村部负责食用农产品从种植养殖环节到进入批发、零售市场或者生产加工企业前的质量安全监督管理。食用农产品进入批发、零售市场或者生产加工企业后，由国家市场监督管理总局监督管理。②农业农村部负责动植物疫病防控、畜禽屠宰环节、生鲜乳收购环节质量安全的监督管理。③农业农村部和国家市场监督管理总局要建立食品安全产地准出、市场准入和追溯机制，加强协调配合和工作衔接，形成监管合力。卫健委的职责分工：卫健委负责食品安全风险评估工作，会同国家市场监督管理总局等部门制定、实施食品安全风险监测计划。卫健委对通过食品安全风险监测或者接到举报发现食品可能存在安全隐患的，应当立即组织进行检验和食品安全风险评估，并及时向国家市场监督管理总局通报食品安全风险评估结果，对于得出不安全结论的食品，国家市场监督管理总局应当立即采取措施。国家市场监督管理总局在监督管理工作中发现需要进行食品安全风险评估的，应当及时向卫健委提出建议。

由于食品药品安全涉及生产企业、普通公众等多元利益相关者，因此，食品药品安全领域多元共治体系也不断健全（图 2.5）。首先，以国家市场监督管理总局为主的政府监管部门依据法律法规和政策文件，综合运用行政许可、监督检查、监测检验、信息公开等监管手段，探索创新源头治理、市场监管、风险防控、监督抽检等工作机制，深入开展各环节专项治理，严惩重处违法犯罪行为。其次，食品药品生产企业承担食药安全的主体责任。食品药品生产企业逐步建立和完善了食品药品生产经营的过程控制体系、产品追溯体系、风险防范体系、责任落实体系，加强信息公开、信息共享，从源头上保障食品药品安全。再次，发挥食品药品行业组织的行业自律作用。政府通过政策引导和扶持，培育一批食品药品行业协会，吸纳行业协会参与相关政策、法规、标准的制定和宣传贯彻，充分发挥行业协会在行业自我监督、自我管理、自我约束等方面的主导作用，引导食品药品生产经营者恪守法规标准。最后，鼓励社会主体参与食品药品安全监督。鼓励消费者切实履行理性消费、依法维权、参与共治的社会责任，充分发挥群防群治作用。媒体承担食药安全的舆论宣传责任，一方面可以发挥舆论监督作用，依法曝光、揭露食品药品安全违法犯罪行为，另一方面通过科学理性的食品药品安全风险沟通，营造食药监管的社会环境。

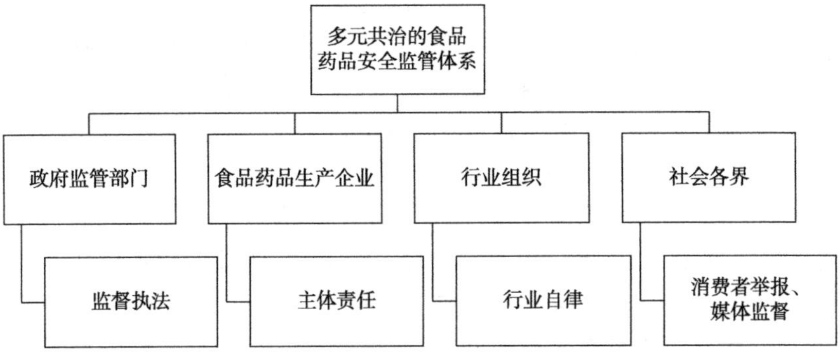

图 2.5 多元共治的食品药品安全监管体系

食品药品监管离不开相关法律制度的保障。我国历来高度重视食品安全管理的法制建设。早在 1995 年，我国就颁布了《中华人民共和国食品卫生法》。在此基础上，2009 年 2 月 28 日，十一届全国人大常委会第七次会议通过了《食品安全法》。《食品安全法》是适应新形势发展的需要，为了从制度上解决现实生活中存在的食品安全问题，更好地保证食品安全而制定的，其中确立了以食品安全风险监测和评估为基础的科学管理制度，明确食品安全风险评估结果作为制定、修订食品安全标准和对食品安全实施监督管理的科学依据。

2015 年，《食品安全法》完成修订，体现了国家对食品药品安全“四个最严”的要求，即用最严谨的标准、最严格的监管、最严厉的处罚、最严肃的问责，加快建立科学完善的食品药品安全治理体系。此次修订的《食品安全法》从以下五个方面进一步推动了我国食品安全监管体系的建设：第一，建立了最严监管制度。新修订的《食品安全法》对食品生产、流通、餐饮服务和食用农产品销售等环节，食品添加剂、食品相关产品的监管及网络食品交易等新兴业态等进行了细化和完善，进一步完善了食品安全风险监测、风险评估制度，增设了责任约谈、风险分级管理等重点制度，还明确了食品药品监管部门参与食品安全标准制定工作，加强了标准制定与标准执行的衔接。第二，落实最严厉的处罚和最严肃的问责。强化刑事责任追究，行为人因食品安全犯罪被判处有期徒刑以上刑罚，则终身不得从事食品生产经营的管理工作，还大幅提高了罚款额度，对重复违法行为加大处罚，并对赔偿、连带责任等民事责任做出了明确规定。第三，规定食品安全社会共治。从法律上对行业协会、消费者协会、举报者和新闻媒体赋予了权利和责任。第四，强化企业主体责任。要求企业在生产工程中控制风险，建立并实施原辅料、关键环节、检验检测、运输等风险控制体系。第五，强化地方政府属地管理责任。要求地方政府承担本行政区内的食品安全事故责任，并完善信息报送和信息共享机制。此次修订的《食品安全法》进一步完善了食品安全监管的社会共治体系。2018 年 12 月 19 日，第十三届全国人民代表大会常务委员会第七次会议决定对《食品安全法》做出修改。主要是根据《国务院机构改革方案》对机构名称和职责进行了修改，包括："食品药品监督管理部门"修改为"食品监督管理部门"；删去"质量监督部门"；"环境保护部门"改为"生态环境部门"等。

四、社会治安防控体系

社会治安领域既面临着传统治安犯罪行为，也面临着群体性事件、恐怖活动等新型风险。近年来，群众反映强烈的治安问题包括黑拐枪、黄赌毒及电信诈骗、非法获取公民个人信息、非法传销、非法集资、危害食品药品安全、环境污染、涉邪教活动等违法犯罪活动。我国社会治安防控体系确定了党委领导、政府主导、综治协调、各部门齐抓共管、社会力量积极参与的原则。

公安部是国务院组成部门，是全国公安工作的最高领导机关和指挥机关，担负维护社会治安秩序的重大责任，对扰乱公共安全的群体性治安事件、刑事犯罪安监、恐怖主义事件实施有效防范和打击，协调处置重大安监、治安事故和骚乱。公安部设有办公厅、警务保障、经济犯罪侦查、治安管理、刑事侦查、科技信息化等局级机构，分别承担有关业务工作。海关总署缉私局、中国民用航空局公安局列入公安部序列，分别接受主管部门和公安部双重领导。

近年来，随着社会安全事件的增多与复杂化，我国从以下三个方面加强了社会治安防控体系的建设：第一，加强社会面治安防控网建设。对重点公共场所、重要时间节点的公共安全加强保卫，严防针对公共交通工具、人口密集场所的暴力恐怖袭击和个人极端案件。第二，加强重点行业治安防控网建设。对旅馆业、公章刻制业、娱乐服务业等重点行业加强治安管理，随着网络购物的蓬勃发展，快递、物流等行业潜在风险增多，也需要进一步加强防控。第三，加强乡镇（街道）和村（社区）治安防控网建设。通过网络化管理、社会化服务，推动社会治安防控力量下沉，从基层防控社会矛盾、化解社会风险。

第三节　中国公共安全管理的运行机制

一、公共安全风险评估

随着公共安全管理理念从原来的“应急管理”逐步向“风险管理”转变，我国的公共安全管理也由原来的“以事件为中心”转变为“以风险为中心”，风险评估日益成为公共安全管理的一项重要机制。

我国在许多公共安全领域都建立或健全了风险评估制度，主要表现在以下几个方面。

第一，建立了社会稳定风险评估制度，在预防和化解社会风险方面发挥重要作用，并日趋完善。2005 年初，四川省遂宁市针对重大工程容易引发社会矛盾的现实问题在全国率先制定出台《重大工程社会稳定风险预测评估化解制度》，开创了我国对社会稳定风险展开评估的地方创新。2007 年 5 月，在中央维护稳定工作领导小组办公室的推动下，“遂宁模式”在全国获得推广。党的十八大报告提出，要建立健全重大社会决策社会稳定风险评估机制。在此指引下，各地社会稳定风险评估实践创新形式及探索领域也进一步得到延伸，社会稳定风险评估在全国中心城市及升级行政区域得以快速扩展。随着社会稳定风险评估机制在防范社会风险方面发挥出积极作用，社会稳定风险评估的范围不断扩大。

第二，应急管理体系更加注重风险评估机制建设。2003 年，在抗击 SARS 取得胜利之后，我国稳步建立了应急体系。经过多年应对和处置突发事件的锤炼，应急管理领域的一个重要变化是从事后处置向事前方法转变，通过风险评估实现公共安全管理的“关口前移”。在 2017 年公布的《国家突发事件应急体系建设“十三五”规划》中，风险评估被提升到重要位置。在“十三五”期间，应急管理基础能力提升的一个重要目标是“突发事件风险管控体系基本形成，完成公共安全风险评估并编制公共安全风险清单”，“建立健全突发事件风险评估标准规范，开展突发事件风险评估，建立完善重大风险隐患数据库，实现各类重大风险和隐患的识别、评估、监控、预警、处置等全过程动态管理”[①]。

第三，建立了食品安全风险评估机制，并成立了专门的评估机构。《食品安全法》第十七条规定，“国家建立食品安全风险评估制度，运用科学方法，根据食品安全风险监测信息、科学数据以及有关信息，对食品、食品添加剂、食品相关产

---

① 资料来源：《国务院办公厅关于印发国家突发事件应急体系建设“十三五”规划的通知》（国办发〔2017〕2 号），2017 年 1 月 12 日。

品中生物性、化学性和物理性危害因素进行风险评估”。《食品安全法》明确了食品安全风险评估的主体，“国务院卫生行政部门负责组织食品安全风险评估工作，成立由医学、农业、食品、营养、生物、环境等方面的专家组成的食品安全风险评估专家委员会进行食品安全风险评估。食品安全风险评估结果由国务院卫生行政部门公布”。2011 年 10 月 13 日，国家食品安全风险评估中心正式挂牌成立，隶属于卫生部，作为负责食品安全风险评估的国家级技术机构，承担国家食品安全风险评估、监测、预警、交流和食品安全标准等技术支持工作。

第四，推动自然灾害风险评估机制的建设。风险评估是国际减灾行动的一条重要经验。《2005–2015 年兵库行动框架》和《2015–2030 年仙台减轻灾害风险框架》都反复强调了风险评估在减轻灾害风险方面的重要性。我国近年来着力推动了自然灾害的风险评估，并在《国家综合防灾减灾规划（2016—2020 年）》中提出“完善国家、区域、社区自然灾害综合风险评估指标体系和技术方法，推进自然灾害综合风险评估、隐患排查治理”。

第五，风险评估机制在安全生产领域中不断深化。《食品安全法》规定国家建立食品安全风险评估制度；国务院卫生行政部门负责组织食品安全风险评估工作。对农药、肥料、兽药、饲料和饲料添加剂等的安全性评估，应当有食品安全风险评估专家委员会的专家参加。食品安全风险评估不得向生产经营者收取费用，采集样品应当按照市场价格支付费用。

多年来，我国坚持把防灾减灾和应急管理纳入国家和地方可持续发展战略。1994 年 3 月，我国颁布《中国 21 世纪议程——中国 21 世纪人口、环境与发展白皮书》，从国家层面明确减灾与生态环境保护的关系，把提高对自然灾害的管理水平、加强防灾减灾体系建设及减少人为因素诱发和加重自然灾害作为议程的重要内容。

“十一五”期间，国家和地方应急体系建设规划和专项规划编制工作得到大大加强。1998 年 4 月，国家颁布《中华人民共和国减灾规划（1998-2010 年）》，第一次以专项规划的形式提出了国家减灾的指导方针、发展目标、主要任务和具体措施。2006 年 3 月，国务院发布《中华人民共和国国民经济和社会发展第十一个五年规划纲要》。该纲要将公共安全建设列为专节，提出要增强防灾减灾能力，提高安全生产水平，保障饮食和用药安全，维护国家安全和社会稳定，强化应急体系建设。2006 年 12 月 31 日，国务院办公厅印发《“十一五”期间国家突发公共事件应急体系建设规划》，明确了“十一五”期间国家应急体系建设的总体思路、建设原则、建设目标、重点任务等。2006 年 10 月，颁布《国家“十一五”科学技术发展规划》，把建立国家公共安全应急技术体系、提升国家应对公共安全灾害事故与突发事件能力作为未来发展的重点任务之一。2008 年 3 月，国务院办公厅印发《国家综合减灾“十一五”规划》，明确要求地方政府将减灾纳入当地经济社会发展规划[①]。

“十二五”期间，国务院办公厅印发《国家综合防灾减灾规划（2011—2015年）》，强调预防为主，提出要加强自然灾害监测预警、风险调查、工程防御等预防工作，加大防灾减灾知识宣传和专业培训教育，增强全民的防灾减灾意识和技能，提高全社会对自然灾害的综合防范和抵御能力。在《中华人民共和国国民经济和社会发展第十二个五年规划纲要》的“第四十一章 加强公共安全体系建设”中也强调推动建立主动防控和应急处置相结合、传统方法与现代方法相结合的公共安全体系。2012 年，科技部制订了《国家公共安全科技发展“十二五”专项规划》，围绕生产安全、食品安全与公共卫生和社会安全等领域的重大科技需求，加强基础理论研究和技术攻关，力争实现突发事件预防控制、监测预警、应急处置等关键技术的持续创新，形成公共安全核心技术与装备的自主研发与工程技术能力，大幅度提升公共安全科技支撑突发事件的预防、准备和应对的能力，为我国经济社会的可持续发展和安全发展提供有力的科技支撑。

“十三五”期间，《中华人民共和国国民经济和社会发展第十三个五年规划纲要》强调，要牢固树立安全发展观念，坚持人民利益至上，加强全民安全意识教育，健全公共安全体系，为人民安居乐业、社会安定有序、国家长治久安编织全方位、立体化的公共安全网，建设平安中国。《国家综合防灾减灾规划（2016—2020 年）》指出要坚持以防为主、防抗救相结合，坚持常态减灾和非常态救灾相统一，努力实现从注重灾后救助向注重灾前预防转变、从应对单一灾种向综合减灾转变、从减少灾害损失向减轻灾害风险转变，全面提升全社会抵御自然灾害的综合防范能力。《国家突发事件应急体系建设“十三五”规划》也指出按照编织全方位、立体化公共安全网络的要求，坚持目标和问题导向，着力补短板、织底网、强核心、促协同，推进应急管理工作法治化、规范化、精细化、信息化。目标是到 2020 年，建成与有效应对公共安全风险挑战相匹配、与全面建成小康社会要求相适应、覆盖应急管理全过程、全社会共同参与的突发事件应急体系，应急管理基础能力持续提升，核心应急救援能力显著增强，综合应急保障能力全面加强，社会协同应对能力明显改善，涉外应急能力得到加强，应急管理体系进一步完善，应急管理水平再上新台阶。基于这些要求和发展方向，科技部制定了《“十三五”公共安全科技创新专项规划》，加强高新技术应用和综合集成，强化实时感知预知、大数据分析决策、综合治理、多功能智能化应急装备等关键技术研发，引导国防科技成果向公共安全领域转化，培育和发展安全与应急产业，统筹“项目—基地—人才”，以科技计划实施、科技成果转化、创新平台建设、国际科技合作等为抓手，全创新链设计，系统部

① 国务院新闻办公室. 中国的减灾行动. 人民日报，2009-05-12，（8）.

署，重点突破，实现我国公共安全由被动应对型向主动保障型转变。

自2003年取得抗击SARS疫情的胜利以来，我国日益重视各种风险源和风险区域的评估和排查工作。党的十六届六中全会明确把“完善应急管理体制机制，有效应对各种风险”作为“完善社会管理、保持社会安定有序”的重要内容，将风险应对工作纳入构建社会主义和谐社会的战略目标统筹考虑。2007年11月1日起施行的《突发事件应对法》第五条明确规定，“国家建立重大突发事件风险评估体系，对可能发生的突发事件进行综合性评估，减少重大突发事件的发生，最大限度地减轻重大突发事件的影响”。2006年6月15日国务院发布的《国务院关于全面加强应急管理工作的意见》也强调要加强突发事件评估和统计分析工作。党的十八大以来，党中央、国务院高度重视风险管理工作，始终把风险管控作为提升城市安全水平的重要举措。2015年，习近平总书记在中共中央政治局就健全公共安全体系进行的第二十三次集体学习中指出，“公共安全无处不在”，“要坚持标本兼治，坚持关口前移，加强日常防范，加强源头治理、前端处理，建立健全公共安全形势分析制度，及时清除公共安全隐患”①。2016年在党的十八届五中全会第二次全体会议的讲话又强调：“必须把防风险摆在突出位置。”

我国开展了针对特定领域和特定行业的风险评估工作。例如，在巨灾风险方面，据初步研究，我国巨灾风险主要为大地震、特大暴雨洪水、特大台风风暴潮，高风险区主要分布在人口城镇密集的东部沿海和中部的部分地区。未来，以下列12个地区尤为突出：黑龙江齐齐哈尔–大庆–哈尔滨洪水巨灾风险区；辽河下游洪水、地震巨灾风险区；京津唐地震巨灾风险区；黄河下游洪水巨灾风险区；江淮下游和杭嘉湖洪水、台风风暴潮、地震巨灾风险区；江汉平原和洞庭湖平原洪水巨灾风险区；闽南地震、台风风暴潮巨灾风险区；台湾地震、台风风暴潮巨灾风险区；珠江三角洲洪水、台风风暴潮、地震巨灾风险区；渭河平原地震巨灾风险区；四川盆地及周边洪水、地震巨灾风险区；滇中地震巨灾风险区（张业成和张立海，2008）。在重大基础设施隐患排查方面，2007年9月18日，国务院办公厅印发《国务院办公厅关于开展重大基础设施安全隐患排查工作的通知》（国办发〔2007〕58号），要求坚持专业排查与群防群治相结合、集中排查与日常监管相结合、全面普查与分类抽查相结合、政府督查与单位自查相结合，重点做好公路交通设施、铁路交通设施、水运交通设施、民航交通设施、大型水利设施、大型煤矿、重要电力设施、石油天然气设施、城市基础设施九个方面的排查工作。2020年4月，国务院安全生产委员会印发《全国安全生产专项整治三年行动计划》，推动建立健全安全隐患排查和安全预防控制体

① 习近平主持中共中央政治局第二十三次集体学习. http://www.xinhuanet.com/politics/2015-05/30/c_1115459659.htm，2015-05-30.

系，聚焦风险高隐患多、事故易发多发的煤矿、非煤矿山、危化品、消防、道路运输、民航铁路等交通运输、工业园区、城市建设、危险废物等 9 个行业领域，组织开展安全整治。在食品安全方面，我国正在建立食品安全风险监测评估体系建设，对包括乳品在内的重点食品建立从农田到餐桌的风险监测评估制度。这套评估体系将覆盖全国，并涉及食品经营各环节。评估体系的建立将提高我国对食品监测、检验、有毒有害物质鉴定排查、风险评估等方面的能力①。根据《食品安全法》和《中华人民共和国食品安全法实施条例》的规定，要求国家建立食品安全风险评估制度，运用科学方法，根据食品安全风险监测信息、科学数据及有关信息，对食品添加剂、食品相关产品中生物性、化学性和物理性危害因素进行风险评估。卫生部等 2010 年还公布了《食品安全风险评估管理规定（试行）》。该规定指出，我国设立国家食品安全风险评估专家委员会，并依法及时向社会公布食品安全风险评估结果。

近年来，各地在北京奥运会、国庆 60 周年庆典、上海世博会、广州亚运会等大型活动中也积极探索开展风险评估工作，并积累了宝贵经验。例如，借鉴国际惯例并采纳有关专家建议，自 2005 年起，北京奥运会安保情报中心主要针对国家安全层面开展了奥运安保风险评估，奥林匹克运动会组织委员会总体策划部主要针对赛事运行与场馆内部管理组织开展了奥运运行风险评估。2007 年 2 月，按照“树立科学的管理理念，创新管理模式，完善管理手段，落实严格的管理措施”，以及“把应急工作融入城市安全运行各个环节，以实现综合管理，有效应对各种风险”等要求，北京市全面启动第 29 届奥运会与第 13 届残奥会期间城市公共安全风险评估与控制工作。经过 1 年多全面细致的工作，北京市奥运期间风险评估工作共形成 73 份报告，约 270 万字，包括：1 份总报告、5 份分报告（社会安全、事故灾难、公共卫生、自然灾害和重点区域），以及 42 份专项报告和 25 份重点区域报告。针对每个方面的风险，分别按照风险描述、基本判断和控制措施三个要素进行了综合分析，提出了具体明确的对策措施②。2019 年，国庆 70 周年庆祝活动北京城市公共安全风险评估和控制工作也参考了北京奥运会的风险评估与控制模式和经验，由北京市应急管理局牵头完成了城市自然灾害和事故灾害风险评估与控制分报告各 1 份，结合公共卫生和社会安全的分报告，提交了风险评估与控制总报告 1 份及附件 4 套，以及两轮动态更新报告。

---

① 我国将统筹资源 加强食品安全风险监测体系建设. http://www.gov.cn/jrzg/2009-06/12/content_1338826.htm，2009-06-12.

② 徐飞鹏. 本市奥运期间突发公共事件风险评估工作启动. 北京日报，2007-02-14，（2）.

二、预防与应急准备

预防与应急准备是公共安全管理的重要环节，准备的充分性决定了防范和处置公共突发事件的效率和效果。我国的预防与应急准备机制主要包括三个方面：应急预案体系、应急物资和人员保障与社区和公众应急准备。

（一）应急预案体系

突发事件应急预案是为有效应对突发公共安全事件而预先制订的工作方案，是应急准备的重要环节。从内容上看，应急预案是对过去做法和经验教训的总结，是对突发事件应对工作的预先部署和安排；从功能上看，应急预案是应急管理体制、机制和法制的载体。2003 年 SARS 疫情之后，我国将应急预案的编制作为强化公共安全管理的重要抓手，在全国范围内组织编制、修订应急预案，建立健全各种预警和应急机制。截至 2005 年底，全国应急预案编制工作已基本完成，包括国家总体应急预案、25 件专项应急预案、80 件部门应急预案，共计 106 件，按照不同的责任主体，我国应急预案体系包括国家总体应急预案、专项应急预案、部门应急预案、地方应急预案、企事业单位应急预案、重大活动应急预案共六个层次（图 2.6），基本覆盖了我国经常发生的突发事件的主要方面，其中大多数都是根据经济社会发展变化和客观形势的要求新制定的（钟开斌，2012）。

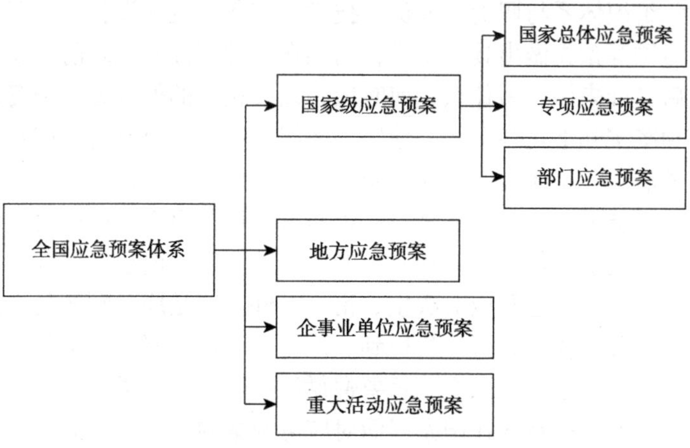

图 2.6　全国应急预案体系框架图

应急预案演练是检验和提高综合应急能力的重要途径。应急预案编制只是预案工作的第一步。应急预案如果要真正发挥作用，还必须经过演练。只有通过演练才能检验预案是否科学合理，才能及时发现预案中的缺点和不足，及时修订完善预案。只有通过演练才能把文本的知识和措施变成领导干部及相关人员的工作意识和能力。应急预案演练可以采取多种形式，既可以采用桌面推演的形式，也可以采用实战演练的形式；既可以是全面的综合演练，也可以是专项的某一功能演练；既可以按照事先准备好的脚本进行程序化的演练，也可以进行只给情况和程序而不给措施的“无脚本演练”（龚维斌，2017）。应急预案演练应重点突出指挥程序、响应流程、多部门联动处置等关键环节，通过演练检验预案的可靠性，磨合应急主体之间的协调性和沟通配合方式，提高应急处置综合能力。

随着我国应急预案编制工作的基本完成，我国预案管理逐步进入从数量发展到质量提升的过程，进一步加强了应急预案的动态管理，保持预案的针对性和适用性。2013 年 10 月，国务院办公厅印发《突发事件应急预案管理办法》，从五个方面提升了应急预案的管理水平①。

第一，明确了应急预案的概念和管理原则。该办法首次从国家层面明确了应急预案的概念，强调应急预案是各级人民政府及其部门、基层组织、企事业单位、社会团体等为了依法、迅速、科学、有序应对突发事件而预先制定的工作方案。这种定位包含了四个方面的内涵：一是应急预案是法律法规的必要补充，是在法律规范内根据特定区域、部门、行业和单位应对突发事件的需要而制定的具体执行方案。《突发事件应对法》要求“突发事件应对工作实行预防为主、预防与应急相结合的原则”，应急预案就是从常态向非常态转变的工作方案，目的是在既有的制度安排下尽量提高应急反应速度。二是应急预案是体制机制的重要载体。应急预案要对应急组织体系与职责、人员、技术、装备、设施设备、物资、救援行动及其指挥与协调等预先做出具体安排，明确在突发事件发生之前、发生过程中及刚刚结束之后，谁来做、做什么、何时做，以及相应的处置方法和资源准备等。所以，应急预案实际上是各个相关地区、部门和单位为及时有效应对突发事件事先制定的任务清单、工作程序和联动协议，以确保应对工作科学有序，最大限度地减少突发事件造成的危害。三是应急预案重点规范事发后的应对工作，适当向前、向后延伸。向前延伸主要是指必要的监测预警等，向后延伸主要是指必要的应急恢复，包括有效防止和应对次生、衍生事件。四是应急预案是立足现有资源的应对方案，主要是使应急资源找得到、调得动、用得好，而不是能力建设的实施方案。该办法明确了应急预案管理要遵循统一规划、分类指导、分级负责、动态管理的原则，这也是首次在国家层面对应急预案的管理原则提出要求。

① 本节内容部分来源于 2013 年 11 月 8 日闪淳昌教授对《突发事件应急预案管理办法》的专家解读。资料来源：深入推进全国应急预案体系建设的重要举措——专家解读《突发事件应急预案管理办法》，http://www.gov.cn/zwhd/2013-11/08/content_2524125.htm。

第二，规范了应急预案的分类和内容。该办法坚持继承和创新相结合，依据《突发事件应对法》关于“国家建立统一领导、综合协调、分类管理、分级负责、属地管理为主的应急管理体制”的原则，按照制定主体将应急预案划分为政府及其部门应急预案、单位和基层组织应急预案两大类，将政府及其部门应急预案分为总体应急预案、专项应急预案、部门应急预案三类，既没有对我国应急预案体系进行大的变动，又充分考虑了政府及其部门与单位和基层组织在应急工作中的不同分工。同时，为避免上下一般粗、体系性重复问题，《突发事件应急预案管理办法》从三个方面细化了预案内容界定：一是根据预案的不同种类界定应急预案的具体内容。对政府总体应急预案、专项和部门应急预案，以及单位和基层组织应急预案各自应规范的内容都做出了详细规定。二是根据预案的不同层级界定专项和部门应急预案的具体内容。例如，国务院及其部门应急预案重点规范国家层面应对行动，同时体现政策性和指导性；省级人民政府及其部门应急预案重点规范省级层面应对行动，同时体现指导性；市级和县级人民政府及其部门应急预案重点规范市级和县级层面应对行动，体现应急处置的主体职能；乡镇人民政府应急预案重点规范乡镇层面应对行动，体现先期处置特点。三是根据预案的不同任务界定有关应急预案的具体内容。例如，明确针对重要基础设施、生命线工程等重要目标物保护的应急预案，侧重明确风险隐患及防范措施、监测预警、信息报告、应急处置和紧急恢复等内容；针对重大活动保障制定的应急预案，侧重明确活动安全风险隐患及防范措施、监测预警、信息报告、应急处置、人员疏散撤离组织和路线等内容。

第三，规范了应急预案的编制程序。《突发事件应急预案管理办法》的一大亮点是在总结近年来应急预案体系建设实践经验、吸收最新理论成果、借鉴国际经验的基础上，规范了应急预案的编制、审批、备案、公布和修订程序，对保障应急预案质量，提高应急预案的针对性、实用性和可操作性有重要意义。例如，《突发事件应急预案管理办法》要求各级人民政府应当针对本行政区域多发易发突发事件、主要风险等，制定本级政府及其部门应急预案编制规划，既能保证尽可能覆盖本行政区域可能发生的各类突发事件，不留空白，又能促进应急预案之间衔接，形成体系；要求预案制定牵头单位组成预案编制工作小组，吸收突发事件应对主要部门，共同开展应急预案编制工作，既能保证应急预案符合现行法制、体制，又有利于预案的衔接和执行到位。

第四，建立了应急预案的持续改进机制。应急预案不是一成不变的，必须与时俱进。一定意义上，应急预案的生命力和有效性就在于不断的更新和改进。《突发事件应急预案管理办法》对此提出了明确要求，从多个角度推动建立应急预案的持续改进机制。一是明确了应急预案应当及时修订的七种情形，即有关法律、法规、规章、标准、上位预案发生变化的，应急指挥机构及其职责发生调整的，面临的风险或其他重要环境因素发生变化的，重要应急资源发生重大变化的，预案中的其他重要信息发生变化的，在突发事件实际应对和应急演练中发现需要做出重大调整的，应急预案制定单位认为应当修订的其他情况。二是要求通过应急演练修订应急预案。实践证明，演练对检验预案、完善准备、锻炼队伍、磨合机制有重要作用。《突发事件应急预案管理办法》要求根据实际情况采取实战演练、桌面推演等方式，组织开展人员广泛参与、处置联动性强、形式多样、节约高效的应急演练，并对演练的频率提出了明确要求。近年来，一些单位还积极推广“双盲”演练（不预告时间、不预告地点）等，高标准、严要求，及时发现预案中存在的问题，进而改进完善应急预案。三是要求通过建立定期评估制度和广纳意见修订应急预案。实践是检验应急预案是否有用、管用、实用的最好办法。《突发事件应对法》第六十二条规定，“履行统一领导职责的人民政府应当及时查明突发事件的发生经过和原因，总结突发事件应急处置工作的经验教训，制定改进措施，并向上一级人民政府提出报告”。进一步完善应急预案，有利于实现应急预案的动态优化。

第五，建立了应急预案的持续改进机制。《突发事件应急预案管理办法》要求各级政府及其有关部门要对本行政区域、本行业（领域）应急预案管理工作加强指导和监督。例如，针对生产安全、食品安全、校园安全、环境污染事故等，可由安全生产监管、食品药品监管、教育、环境保护等部门制定行业性的编制指南、实施办法；各地区也可出台指导基层组织编制应急预案的指南等。该办法同时提出，各级政府及其有关部门、各有关单位要指定专门机构和人员负责相关具体工作，将应急预案规划、编制、审批、发布、演练、修订、培训、宣传教育等工作所需经费纳入预算统筹安排。

（二）应急物资和人员保障

应急物资是指严重自然灾害、事故灾难、突发性公共卫生事件、社会安全事件及军事冲突等突发公共事件应急处置过程中所必需的保障性物资。从广义上讲，凡是在突发公共事件应对过程中所用的物资都可以称为应急物资。应急物资具体可划分为以下几类：一是保障人民生活的物资，主要指粮食、食油和水、电等；二是工作物资，主要指处理危机过程中专业人员所使用的专业性物资，工作物资一般对某一类专业队伍具有通用性；三是特殊物资，主要指针对少数特殊事故处置所需特定的物资，这类物资储量少，针对性强，如一些特殊药品。我国构建了中央和地方政府相结合的应急物资储备保障制度。国家建立健全应急物资储备保障制度，完善重要应急物资的监管、生产、储备、调拨和紧急配送体系。设区的市级以上人民政府和突发事件易发、多发地区的县级人民政府应当建立应急救援物资、生活必需品和应急处置装备的储备制度。县级以上地方各级人民政府应当根据本地区的实际情况，与有关企业签订协议，保障应急救援物资、生活必需品和应急处置装备的生产、供给。国家还建立健全了应急通信保障体系，完善公用通信网，建立有线与无线相结合、基础电信网络与机动通信系统相配套的应急通信系统，确保突发事件应对工作的通信畅通。

应急避难场所是应对突发公共事件的一项灾民安置措施，是现代化大城市用于民众躲避火灾、爆炸、洪水、地震、疫情等重大突发公共事件的安全避难场所，是应急物资准备的重要组成部分。应急避难场所具有应急避难指挥中心、独立供电系统、应急直升机停机坪、应急消防措施、应急避难疏散区、应急供水等 11 种应急避险功能，形成了一个集通信、电力、物流、人流、信息流等为一体的完整网络。我国地震应急避难场所建设的原则是“统一规划、平震结合、因地制宜、综合利用、就近疏散、安全与通达”，国家标准化管理委员会在此基础上于 2008 年发布了《地震应急避难场所场址及配套设施》（GB 21734—2008），提出了基本设施、一般设施、综合设施配置的基本标准，其中基本设施包括：救灾帐篷、简易活动房屋，医疗救护和卫生防疫设施，应急供水设施，应急供电设施，应急排污设施，应急厕所，应急垃圾储运设施，应急通道，应急标志，等等。2010 年，北京应急避难场所已达 92 处，以公园、绿地、广场、体育馆等为主，房山、门头沟、通州等区还专门兴建了设施齐备的应急避难场所。

应急救援队伍包括政府建立的综合性应急救援队伍和专业性应急救援队伍，还包括社会组织建立的由成年志愿者组成的应急救援队伍、单位建立的由本单位职工组成的专职或者兼职应急救援队伍。《突发事件应对法》规定县级以上人民政府应当加强专业应急救援队伍与非专业应急救援队伍的合作，联合培训、联合演练，提高合成应急、协同应急的能力。2018 年 3 月，国家在新一轮机构改革的过程中设立了应急管理部，对原有的隶属于不同部门的应急救援队伍进行了较大力度的整合，公安消防部队、武警森林部队通过转制，与安全生产等应急救援队伍一并作为综合性常备应急骨干力量，由应急管理部管理，实行专门管理和政策保障，制定符合其自身特点的职务职级序列和管理办法，提高职业荣誉感，保持有生力量和战斗力。

（三）社区和公众应急准备

城乡社区是基层防灾减灾、应急准备的中坚力量，创建全国综合减灾示范社区是开展社区减灾工作的重要抓手。社区是社会的基本单元，社区居民是各种灾害最直接的相关者，有计划地提升社区居民的防灾减灾意识和自救互救能力是减轻人员伤亡最重要的手段之一。自 2008 年以来，国家减灾委和民政部开展了全国综合减灾示范社区创建工作，2011 年国家减灾委发布了《关于加强城乡社区综合减灾工作的指导意见》，2012 年制定了《全国综合减灾示范社区创建管理暂行办法》，规定了全国综合减灾示范社区必须具备的基本条件：①社区近3年内没有发生因灾造成的较大事故。②具有符合社区特点的综合灾害应急救助预案并经常开展演练活动。③社区居民对社区综合减灾状况满意率高于70%。2013~2017年，国家减灾委、民政部审核公布的全国综合减灾示范社区数量如表2.2所示。2018年1月，民政部、中国地震局、中国气象局在2012年版本的基础上，共同修订完善了《全国综合减灾示范社区创建管理暂行办法》，实现从应对单一灾种向综合减灾转变。

表2.2 2013~2017年全国综合减灾示范社区建设情况

年份	2013	2014	2015	2016	2017
综合减灾示范社区数量/个	1 292	1 315	1 390	1 455	1 480

我国还建立了公共安全知识的宣传和教育体系，通过各种途径和形式不断提高公众的应急准备意识和自救互救能力。自2009年起，我国将每年5月12日设为全国防灾减灾日。通过设立防灾减灾日，定期举办全国性的防灾减灾宣传教育活动，有利于进一步唤起社会各界对防灾减灾工作的高度关注，增强全社会防灾减灾意识，普及推广全民防灾减灾知识和避灾自救技能，提高各级综合减灾能力，最大限度地减轻自然灾害的损失。各级各类学校把应急知识教育纳入教学内容，对学生进行应急知识教育，培养学生的安全意识和自救与互救能力。

三、监测与预警

自2003年SARS疫情结束以来，我国公共安全事件监测预警网络逐步完善，自然灾害、安全事故、公共卫生、社会安全、食品药品安全、环境安全等领域都加强了监测预警网络建设。据统计，截至2010年，全国高瓦斯矿井、煤与瓦斯突出矿井和97.5%的低瓦斯矿井已建立瓦斯监测监控系统，对65%的国家监控重点污染企业、7 810个重点污染企业和9 321个排污口实现监测监控。各级疾病预防控制机构突发公共卫生事件和传染病疫情的网络直报率达100%，县级以上医疗机构达到96.9%。全国349个地市初步完成了食品安全信息网的建设。公安系统建立了统一指挥的网上舆情监测工作体系和研判预警工作机制。三峡大坝、重要核设施、重要通信枢纽、铁路交通和油气管道等重要设施的监测监控和预警信息系统建设进一步得到加强。

在地震监测方面，“中国数字地震观测网络”项目于2004年6月开始实施，分为中国地震前兆台网、中国数字测震台网、中国数字强震动台网、中国地震活断层探测技术系统、中国地震应急指挥技术系统及中国地震信息服务系统六个分项目，项目设计与建设的核心目标是在数字化、网络化的基础上基本实现地震数据实时共享。截至 2007 年 10 月，中国地震前兆台网项目完成了国家重力台网等 5 大观测台网、2 个前兆台阵、1 个国家地震前兆数据中心和 31 个省级前兆台网部的建设，共建设前兆台 375 个；中国数字测震台网项目完成了国家测震台网、区域测震台网、流动测震台网、火山台网、科学探测台阵和 2 个固定台阵的建设，建设测震台 893 个。

在传染病和突发公共卫生事件监测方面，目前我国纵向信息主要来自疾控机构、卫生行政部门及政府报告系统三级监控体系。2003 年以后，我国逐步建立了“中国流感监测信息系统”，截至 2018 年 1 月，有国家级流感样病例监测点约 554 家，流感网络实验室 408 家，发布《中国流感监测周报》，我国的流感监测体系相对于 15 年前有了质的提升，特别是国家和升级层次的监测能力明显提升。原卫生部建立的全国食品污染物和食源性疾病监测网络监测点已经覆盖 15 个省区市 8.3 亿人口，已制定完成与国际接轨的食品卫生标准 400 余项。

2015 年 5 月，由国务院应急管理部门主导、中国气象局承办的国家预警信息发布中心正式运行，它将为国务院发布预警信息提供权威统一的发布渠道。这标志着我国突发事件预警信息发布工作进入了常态化运行阶段。国家预警信息发布中心是国家面向政府应急责任人和社会公众提供综合预警信息的权威发布机构，主要负责国家预警发布系统的建设及运行维护，为相关部门发布预警提供综合发布渠道。目前，发布中心已建立了国家、省、市、县四级综合预警信息发布业务，具备了对自然灾害、事故灾难、公共卫生事件、社会安全事件四大类突发事件预警信息的接受、处理和及时发布能力。该中心已与气象、海洋、地质灾害等各类预警信息发布平台开展对接，未来将陆续推进相关部委预警信息发布业务统一接入。

社会监测是专业监测的重要补充。在加强专业监测的同时，我国还不断强化各基层组织、单位和信息员的主体责任意识，广泛动员基层组织和群众的力量，提高突发事件社会监测能力。《突发事件应对法》第三十八条明确规定：县级人民政府应当在居民委员会、村民委员会和有关单位建立专职或者兼职信息报告员制度。2007 年底，国家有关部门颁布实施了《灾害信息员国家职业标准》，灾害信息员成为灾害管理领域内一个新的国家认证职业，是专门从事灾害信息的收集、传递、整理、分析、评估等工作的人员。截至 2013 年 12 月 31 日，全国灾害信息员人数达 69 万余名，全国灾害信息员职业持证人员总数达到近 8 万人，约占全国灾害信息员总人数的 11.5%，覆盖省、市、县、乡、村五级的灾害信息员队伍基本形成，并在灾情信息收集、报送和评估等方面发挥了重要作用。

四、应急处置与救援

应急处置与救援是处理公共安全事件的核心环节，主要包括信息报送机制、决策指挥机制和综合协调机制。

（一）信息报送机制

突发事件信息是领导科学决策的重要依据，是快速应对处置各类突发事件的先决条件。《突发事件应对法》十分重视事件处置过程中的信息报送。《国家突发公共事件总体应急预案》规定，特别重大或者重大突发公共事件发生后，各地区、各部门要立即报告，最迟不得超过 4 小时，同时通报有关地区和部门。应急处置过程中，要及时续报有关情况。

基层单位是突发公共事件信息报告的责任主体。突发公共事件发生后，基层单位要及时向有关单位和救援机构报告；县级人民政府及其有关部门要按照要求向上级人民政府和主管部门报告，紧急情况可同时越级上报。要畅通信息报送渠道，街道办事处和乡镇人民政府要建立和完善 24 小时值班制度，居（村）民委员会及社区物业管理企业要加强值班工作。要建立基层信息报告网络，重点区域、行业、部位及群体要设立安全员并明确其信息报告任务，同时鼓励群众及时报告相关信息。

国家还在公共安全管理的不同领域建立了突发事件信息报送制度。例如，SARS 发生之后，我国通过《突发公共卫生事件应急条例》建立突发事件应急报告制度。对发生或者可能发生传染病暴发、流行，发生或者发现不明原因的群体性疾病，发生传染病菌种、毒种丢失及发生或者可能发生重大食物和职业中毒事件等情形，省（自治区、直辖市）人民政府应当在接到报告 1 小时内，向国务院卫生行政主管部门报告。国务院卫生行政主管部门对可能造成重大社会影响的突发事件，应当立即向国务院报告。突发事件监测机构、医疗卫生机构和有关单位发现以上情形，应当在 2 小时内向所在地县级人民政府卫生行政主管部门报告；接到报告的卫生行政主管部门应当在 2 小时内向本级人民政府报告，并同时向上级人民政府卫生行政主管部门和国务院卫生行政主管部门报告，大大提高了信息报送和应急处置的速度。

为解决报告不及时，内容不完整，报告渠道单一，职责不清甚至漏报、瞒报信息的问题，国务院办公厅于 2006 年 12 月 30 日发布了《关于加强和改进突发公共事件信息报告工作的意见》。该意见明确了信息报告的内容和方式、信息报告的责任主体、信息报告的时限要求，要求拓宽信息报告渠道，建立信息报告通报制度和责任追究制度，成为突发事件信息报告的基础性文件。为解决横向信息传递之间条块分割、互不沟通的问题，我国开始在专业系统内部、政府不同部门之间、不同地域之间及军队与政府之间建立突发事件信息通报机制。《中华人民共和国传染病防治法》（2004 年修订）和《突发公共卫生事件应急条例》都规定了卫生系统内部的疫情横向信息通报制度（钟开斌，2012）。

（二）决策指挥机制

权威、统一、高效的决策指挥机制是应急处置和救援有序进行的核心机制。针对各行各业所发生的突发事件，各地区和各部门还分别建立相应的应急指挥中心。例如，2004 年 3 月，卫生部正式设立了卫生应急办公室（突发公共卫生事件应急指挥中心），负责全国卫生应急处理的日常管理工作，包括突发公共卫生事件应急指挥体系建设、监测预警、应对准备和应急处理组织协调等工作。2006 年 2 月 21 日，国家安全生产应急救援指挥中心成立，指导、协调特别重大安全生产事故灾难的应急救援工作；根据地方或部门应急救援指挥机构的要求，调集有关应急救援力量和资源参加事故抢救；根据法律法规的规定或国务院授权组织指挥应急救援工作。国家安全生产应急救援指挥中心的成立，为更加有效地开展安全生产应急管理和应急救援、防范事故灾难、减少事故损失、保障人民群众生命财产安全提供组织保证。国家安全生产应急救援指挥中心实现公共安全从被动应付型向主动保障型、从传统经验型向现代高科技型的战略转变。促进政府健全体制、创新机制，全面提升公共安全事件的应急处置与救援水平。

《突发事件应对法》第四条规定：“国家建立统一领导、综合协调、分类管理、分级负责、属地管理为主的应急管理体制。”属地管理、分级负责成为重要决策指挥的重要原则。地方政府为了有效应对各种公共安全事件，还成立了各种专项指挥部，如北京市成立了突发公共卫生事件、生产安全事故、森林防火、防汛抗旱、反恐和刑事案件、涉外突发事件等 21 个专项指挥部（图 2.7）。公共安全事件发生后，根据事件属性启动相关的专项指挥部工作机制，保证指挥机制责任明确、协调高效。

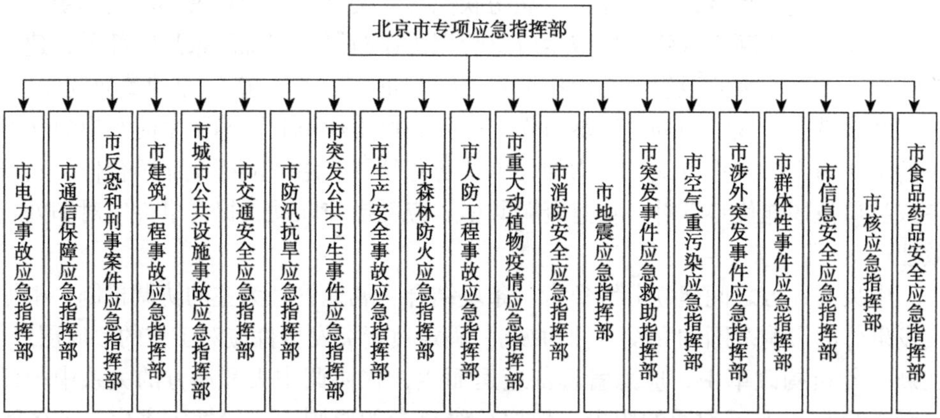

图 2.7 北京市专项应急指挥部

重大自然灾害等公共安全事件发生后，相关部门和当地政府还会成立临时指挥部，2013 年 4 月 20 日 8 时 2 分四川省雅安市芦山县发生 7.0 级地震，21 日凌晨 2 点，中国地震局成立现场指挥部，下设新闻宣传秘书组、后勤保障组、震情监视组和灾害评估组，安排部署应急处置工作。

随着科学技术的发展，我国公共安全管理中还采用了现代化的计算机技术为决策指挥提供辅助，涉及社会民生的行业（如水利、安监、海事）都有针对本行业的相关灾害的决策支撑系统，结合智能网格预报及政府部门间防灾减灾相关数据，利用统计分析算法、地理信息技术对数据进行整合、分析与展示，实现突发事件信息采集、传输、存储、危机判定、决策分析、命令部署、实时沟通、联动指挥、现场支持等功能的应急指挥系统。为决策者在灾情研判上提供了支撑和发挥的作用，大大提高了决策效率和准确性。

（三）综合协调机制

综合协调是指参与应急处置的各部门和单位产生协作行为的组织管理工作。综合协调有两层含义：一是政府对所属各有关部门，上级政府对下级各有关政府，政府与社会各有关组织、团体的协调；二是各级政府应急管理工作的办事机构进行的日常协调。综合协调的本质和取向是充分依托现有的资源，在分工负责的基础上，强化统一指挥和协同联动，以减少运行环节、降低行政成本，提高快速反应能力（钟开斌，2012）。

2018 年 3 月，在推进国家治理现代化的总体要求下，我国依据优化、协同、高效的原则进行了党和国家机构改革，设立了应急管理部。应急管理部整合了 13 个部门的职责，其中大部分涉及自然灾害，如森林草原火灾、地震等，加强了自然灾害和事故灾难的综合协调处置能力。

在卫生应急领域，我国建立了联防联控工作机制，实现相关部门间的统筹、协调和联动，不断完善跨区域卫生应急管理协作布局，围绕国家战略部署，建立毗邻地区不同层级的卫生应急协作机制，重点加强“一带一路”、京津冀协同发展、长江经济带三大战略布局的区域协作，联防联控工作机制明确了平时和应急状态下的工作内容、协作方式，着力加强事件防范处置、培训演练交流等合作，实现各成员单位职能优势互补、信息资源共享、应急措施联动，提升事件应对和处置效能。

中央与地方之间建立分级负责、条块结合、属地管理为主的协调机制，根据突发事件的影响范围和突发事件的级别，确定负责突发事件应对工作的政府层级。在新一轮机构改革中，应急管理部应运而生，在协调中央和地方的关系中担任了承上启下、上下沟通的职责。按照分级负责的原则，一般性灾害由地方各级政府负责，应急管理部代表中央统一响应支援；发生特别重大灾害时，应急管理部作为指挥部，协助中央指定的负责同志组织应急处置工作，保证政令畅通、指挥有效。

五、恢复重建与调查评估

恢复重建是指在突发事件发生后，为恢复正常的社会生活、生产秩序而展开的相关活动，主要包括修复各类生命线工程和公共基础设施，重新规划和建设受损的社区或城镇等。恢复重建机制就是指在突发事件应急处置和救援基本结束后，围绕受影响区域社会秩序及人民生活、生产的恢复，围绕受影响区域重建工作，建立一套从过渡性安置、调查评估、规划、实施到相关监督管理的工作流程（张欢和吴苏锦，2011），主要包括建立目标管理机制、规划工作运转程序、落实各类主体责任及资金来源等。

在公共安全事件的生命周期中，恢复与重建是“事后”的必要环节，突发事件的破坏性影响趋于下降，恢复重建与新一轮的预防准备过程有相互重叠之处，构成了完整的“准备→预警→应对→重建→准备→……”的循环过程。《突发事件应对法》中专辟第五章“事后恢复与重建”，要求“突发事件应急处置工作结束后，履行统一领导职责的人民政府应当立即组织对突发事件造成的损失进行评估，组织受影响地区尽快恢复生产、生活、工作和社会秩序，制定恢复重建计划，并向上一级人民政府报告”。“受突发事件影响地区的人民政府应当及时组织和协调公安、交通、铁路、民航、邮电、建设等有关部门恢复社会治安秩序，尽快修复被损坏的交通、通信、供水、排水、供电、供气、供热等公共设施。”①恢复重建是公共安全管理不可缺少的一个环节。

汶川地震的恢复重建工作极大地促进了我国应急管理体系中恢复重建机制的发展。2008 年 6 月 8 日，国务院发布了《汶川地震灾后恢复重建条例》。7 月 3 日，又发布了《国务院关于做好汶川地震灾后恢复重建工作的指导意见》。9 月 24 日，根据《中华人民共和国防震减灾法》和以上两个文件，以国家发展和改革委员会为组长单位的国家汶川地震灾后重建规划组公布了《汶川地震灾后恢复重建总体规划》。一系列政策文件建立了强有力的恢复重建机制，在短短两年时间内，我国坚持以人为本、科学规划、统筹兼顾、分类指导、分步实施、因地制宜、突出重点、尊重自然，保护特色和文化遗产，顺利完成重建任务，为巨灾之后的恢复重建积累了宝贵经验（闪淳昌，2010）。

在恢复重建的实践中，我国还发挥“集中力量办大事”的体制优势，发展了“对口支援”这种具有中国特色的恢复重建机制。对口支援泛指国家在制定宏观政策时为支持某一区域或某一行业，采取不同区域、行业之间结对形成支援关系，

① 资料来源：《突发事件应对法》第五十九条。

通过援助方输出人力、资源和技术等帮助受援方解决现实困难。对口支援是一项具有鲜明中国特色的资源横向转移与跨界合作治理机制。自20世纪60年代初首次出现，70年代末正式提出后，对口支援在实践中不断充实和完善，形成了多领域、多层次、多形式、多内容的网状支援格局（钟开斌，2013）。2008年汶川地震发生后，中央决定举全国之力加快灾后恢复重建，坚持一方有难、八方支援，自力更生、艰苦奋斗的方针，按照“一省帮一重灾县”的原则，合理配置力量，建立了对口支援机制，组织北京等18个省市对口支援四川什邡等18个市县（表2.3），广东省深圳市和天津市对口援建甘肃省和陕西省的受灾县市，保证了灾后重建的人力财力投入，顺利完成了灾后重建。

表2.3 汶川地震中受灾县市与对口援建省市关系表

序号	重灾县（市）	对口支援省市
1	北川县	山东省
2	汶川县	广东省
3	青川县	浙江省
4	绵竹市	江苏省
5	什邡市	北京市
6	都江堰市	上海市
7	平武县	河北省
8	安县	辽宁省
9	江油市	河南省
10	彭州市	福建省
11	茂县	山西省
12	理县	湖南省
13	黑水县	吉林省
14	松潘县	安徽省
15	小金县	江西省
16	汉源县	湖北省
17	崇州市	重庆市
18	剑阁县	黑龙江省
19	甘肃省受灾严重地区	广东省（主要由深圳市）
20	陕西省受灾严重地区	天津市

在重大公共安全事故发生后，事故调查评估机制对于分析原因和政策学习具有重要意义。我国法律法规明确要求和规定，一旦发生安全事故，必须进行事故调查。早期的事故评估机制过于强调责任追究，致使危机学习的功能有所弱化，而事故调查分析的根本目的是识别和描述事故的真实过程（发生事件和地点，以及发生了什么）、识别导致事故发生的各种因素（为什么发生），找到导致事故发生的直接或间接的各种可能原因。

2014 年修正的《安全生产法》第八十三条规定："事故调查处理应当按照科学严谨、依法依规、实事求是、注重实效的原则，及时、准确地查清事故原因，查明事故性质和责任，总结事故教训，提出整改措施，并对事故责任者提出处理意见。事故调查报告应当依法及时向社会公布。事故调查和处理的具体办法由国务院制定。"近年来，事故调查机制更加注重危机中的政策学习，针对上海外滩踩踏事件、"东方之星"客轮翻沉事件、天津港特别重大火灾爆炸事故等重大安全事故都展开了深入的调查学习机制，总结了事故发生的原因和事件处置的经验教训，并及时向社会公众公开了调查结果，对预防同类事故的发生起到了良好的警示作用。

六、公众沟通和舆情引导

公共安全事件一般具有不可抗拒、无法预料、破坏性强、瞬间聚众等特点，而政府或媒体对于突发事件的信息发布是否及时、真实，采取的处理措施是否得力、有效，都成为能否平息事件、安抚公众的关键因素，媒介融合的传播优势也在突发事件的危机公关中彰显出来。在政府公共危机处理过程中媒体的作用体现在三方面：在激发公众情绪中实现危机传播的基调统一，在设置舆论焦点中塑造政府危机管理的良好形象，在满足公众信息需求中保持社会正常运转。自 2003 年起，我国大众媒体在公共危机处理中已走出集体失语状态，对政府危机管理发挥越来越大的作用。

在应对公共安全事件的过程中，我国不断总结经验教训，逐步建立健全政务舆情的监测、研判、回应机制。2016 年 8 月，国务院办公厅印发《国务院办公厅关于在政务公开工作中进一步做好政务舆情回应的通知》，进一步明确政务舆情回应第一责任主体，舆情回应成为一项"一把手工程"；对舆情回应的时间做出明确规定，"对涉及特别重大、重大突发事件的政务舆情，要快速反应、及时发声，最迟应在 24 小时内举行新闻发布会。对其他政务舆情应在 48 小时内予以回应，并根据工作进展情况，持续发布权威信息"；加大业务培训力度，切实增强公开意识，转变理念，提高发布信息、解读政策、回应关切的能力；并建立了政务舆情回应激励约束机制。

我国从2003年开始逐步建立起新闻发言人制度，目前已经成为政府及时引导舆论的重要方式，在政府与公众沟通中体现了它的实际价值和效能。有利于政务信息的公开透明，有助于政府建立起贴近群众的有效沟通渠道，它对维护社会稳定、促进经济发展有着重要的作用。在面对各种突发事件、国际局势、国内外事务等方面，政府新闻发言人能够迅速及时地做出反应，为媒体提供权威性的信息，保持与公众的信息通畅，满足公众的知情权，引导社会舆论，促进社会稳定。

互联网技术的发展深刻地改变了公众沟通与舆情引导的媒体环境，在公共突发事件中，以论坛、贴吧、微博、微信等为代表的新媒体能够快速生成舆论并迅速传播。微博是一个基于用户关系的信息分享、传播及获取平台，具有信息传递快、保真性强的特点，创造性地解决了信息传递的点对点问题，同时还具有信息发送者和接收者双向沟通和讨论的特点。微博的兴起标志着以用户自建内容为主要特征的社交媒体时代的到来。普通大众人人都有麦克风，人人都是传播者。公共安全事件发生后，事件亲历者通过社交媒体发送事件信息，体现出事件信息传播的及时性、现场性和互动性。

基于互联网和社交媒体平台的个体化表达迅速成为公众行使知情权、参与权、表达权和监督权的重要渠道，中国公众在政治、经济和社会生活中扮演着日益重要的角色，出现了“网络问政”“微博问政”等新的意见表达形式，推动了社会主义协商民主的发展。但是，由于新媒体信息有发布门槛低、传播速度快、环境虚拟性等特点，近年来很多突发事件、热点事件都是在新媒体平台上发布，并造成较为严重的舆情风暴。个体化的表达常常带有个人偏好、个体情感等非理性因素，社交媒体并没有健全的个体信息审查机制，因此，公共安全事件中的一些个体信息常常引发舆情危机，通过社交媒体的传播和放大，造成了社会负面影响，对舆情引导提出全新挑战。

我国政府积极构建新媒体时代的舆情引导机制，各级政府及有关部门纷纷开设官方微博账号，作为权威信息发布的官方平台，对公共安全事件中的社会关切及时回应，在社交媒体环境中起到了稳定器的作用，有效地加强了舆情引导。截至2017年3月31日，经过新浪平台认证的政务微博已达到16.9万个，各级政府及其职能部门的政务微博纵横支撑，形成强大的矩阵效应，政务微博的主动策划能力、对突发事件的响应速度均有明显提升，建立健全了网民诉求表达机制、民意利益协调机制和群众合法利益的保护机制，引导网民依法行使权利、有序参与舆论、理性表达诉求、依法解决纠纷，从而化解社会矛盾。

网络管理的相关法律法规为网络舆情引导提供了有力保障。目前，我国初步形成了由网络法律、网络行政法规、网络部门规章、网络司法解释和网络规范性文件及地方性法规组成的网络舆论引导法律体系。这些法律法规界定了“非法言论”的范围。2011年12月16日，北京市公布实施《北京市微博客发展管理若干规定》。该规定提出，任何组织或者个人要在用真实身份信息注册后，才能使用微博客的发言功能。这是我国首个专门规范微博客管理的地方性法规。2016 年 11 月 7 日发布、2017 年 6 月 1 日实施的《中华人民共和国网络安全法》首次规定了网络运营者的基本责任义务，明确了网络实名制要求和网络身份认证的规定。近年来，政府有关部门对公共安全事件中的造谣者采取依法刑事拘留、行政拘留或教育训诫等方式，引导公民在网络环境中发表言论的规范化。

第三章 公共安全管理面临的新形势

第一节 当前我国公共安全发展态势

一、食品药品安全形势

民以食为天，食品安全关系到国民健康、经济发展和社会稳定。随着科技的发展，食品风险在早期的细菌、病毒、寄生虫、霉菌、毒素等的基础上，增加了农药、兽药、添加剂、环境污染物、放射性污染物、重金属、亚硝酸盐、过敏物质、转基因成分、有毒包装材料等因素。随着生产的规模化、工业化，食品污染涉及的范围越来越广；随着经济和贸易的发展，污染扩散的速度越来越快，造成的经济损失和社会影响越来越大。

虽然我国对于常规污染项目进行了比较有效的控制，但是仍然不能避免一些食品急性中毒事件的发生。近几年成百上千次的中毒事件中，蔬菜中有机磷农药（特别是甲胺磷）及其他农药兽药污染超标中毒事件占有较大比例；一些工地和学生食堂爆发的由微生物污染引起的中毒事件也屡屡发生。

食品污染对人体造成的慢性危害比急性中毒造成的危害具有更大的普遍性和长期性。长期食用含激素的动物产品而导致儿童发育早熟的现象已经有目共睹。因为长期食用含抗微生物药物的肉或鱼而导致许多抗生素在人体上的治疗效果减弱或丧失（抗药性）是全球共同关注的灾难。转基因产品的安全性已经引起了世界各界人士的重视。

由于我国食品生产源头为广大农户，生产、加工企业设备落后，人员素质和技术水平不高，尤其是检验设备落后，给我国食品安全控制增加了难度。另外，新技术、新工艺、新资源也带来了食品安全的新问题，如有些食品添加剂、包装材料与防霉保鲜剂、食品发酵工业中使用的新菌种等没有做安全性评价。我国转基因作物的研究发展迅速，达到国际先进水平，但安全性评价工作却远远滞后。新的问题急需新技术和高科技来解决，否则将带来更加严重的食品安全问题。

总体来看，食品安全的形势依然复杂严峻，特别是农药兽药残留超标的风险，环境污染造成食品中重金属超标的风险，粮食收购储存运输中霉菌污染的风险，还有非法添加非食用物质、食品添加剂的超范围、超限量使用的风险。另外，制假、掺假、售假违法案件仍然时有发生。

二、生产安全形势

1）安全事故总量仍然居高不下，屡屡发生的重特大事故更具突发性、灾难性和社会危害性

自颁布实施《安全生产法》以来，2002~2015 年安全生产形势逐年好转，事故起数由 2002 年的 107.3 万起下降至 2015 年的 28.2 万起，死亡人数由 13.9 万人下降至 6.6 万人，连续 13 年实现事故起数和死亡人数“双下降”。尽管安全生产事故总量和死亡人数得到有效控制，但是近年来重特大安全生产事故时有发生。2015 年 6 月 1 日，“东方之星”客轮突遇罕见强对流天气，在长江中游湖北监利水域沉没，共有 442 人遇难。2015 年 8 月 12 日，位于天津市滨海新区天津港的瑞海国际物流有限公司危险品仓库发生火灾爆炸事故，造成 165 人遇难，8 人失踪。一系列重特大安全生产事故的惨痛教训表明，我国的安全生产形式具有双重性：一方面总体平稳，另一方面严峻复杂。

在我国新型工业化、城镇化持续推进的过程中，安全生产工作还面临诸多挑战。一是经济社会发展、城乡和区域发展不平衡，安全监管体制机制不完善，全社会安全意识、法治意识不强等深层次问题没有得到根本解决。二是生产经营规模不断扩大，矿山、化工等高危行业比重大，落后工艺、技术、装备和产能大量存在，各类事故隐患和安全风险交织叠加，安全生产基础依然薄弱。三是城市规模日益扩大，结构日趋复杂，城市建设、轨道交通、油气输送管道、危旧房屋、玻璃幕墙、电梯设备及人员密集场所的安全风险突出，城市安全管理难度增大。四是传统和新型生产经营方式并存，新工艺、新装备、新材料、新技术广泛应用，新业态大量涌现，增加了事故成因的数量，复合型事故有所增多，重特大事故由传统高危行业领域向其他行业领域蔓延。五是安全监管监察能力与经济社会发展不相适应，企业主体责任不落实、监管环节有漏洞、法律法规不健全、执法监督不到位等问题依然突出，安全监管执法的规范化、权威性亟待增强。

2）核与辐射安全存在不少隐患，潜在风险较大，社会和经济后果影响深远

我国核工业在历经半个多世纪的发展，取得了举世瞩目的成就的同时，也留下了大量的放射性废物和等待退役的设施。出于历史的原因，对这些废物的管理存在着不同程度的隐患，特别是在江河附近的较大量中/高水平放射性废液储罐如果发生泄漏，将会对环境造成严重放射性污染，产生巨大社会影响和经济损失。同时，核电站运行过程中还不断产生放射性废物，等待最终安全处置。

我国已投入商业运行和在建核电机组共 62 台。在建造和运行过程中，由于是多国引进、多种堆型、多种标准、多种技术，给核与辐射安全监督管理带来很大困难。由于经验不足，技术限制，安全素养不够，管理不善，曾出现过一些与安全相关的重大质量问题和重大运行故障。我国大多数在役运行的民用研究性反应堆将在今后十年进入运行寿命末期，设备和部件严重老化，维修资金不足，故障频度上升，对核安全造成严重威胁。

核与辐射安全的特点是潜在风险大，公众敏感性高，社会和经济后果影响深远。首先，重大核事故不仅可能造成人员急性死亡，而且会对较大范围内受照射人员的健康和环境产生长远影响。对于大型商用核电机组的核事故，其影响范围可达数十千米。其次，核事故的影响没有国界。一个国家的核事故会对邻国产生影响。由于核事故的极大政治敏锐性，会对一个国家的外交和政治产生极为不利的影响。再次，重大核事故的经济损失十分严重，如苏联发生的切尔诺贝利事故其直接和间接经济损失据估计达 1 000 亿美元。最后，核事故造成的社会和心理影响巨大，一次核事故的社会和心理影响在相当长的时期内都难以消除，这将对这个产业和这个地区的经济发展带来长远影响。

由于核电是我国实现能源可持续发展的必然选择，核与辐射安全是确保核电产业稳定健康发展的基础和前提，因此，在战略研究中必须对我国的核与辐射安全予以充分重视。

3）爆炸和火灾频繁，对人和社会常常造成冲击

对爆炸事故的统计分析表明，凡是产品是民用爆炸品、可燃性气体、可被氧化的粉体，或以可燃性气体为原料、燃料以及以可被氧化的粉体为原料的企业或运营高温高压设备的企业都存在发生爆炸事故的危险。这类企业在我国的工矿企业中数量很多，有一些属传统产业，如煤矿、石油、化工企业、冶金、电力、化肥、造纸、食品加工等，影响国计民生；一些是关系到国家安全的企业，如军工、航天航空、纳米与超细粉体生产企业。

火灾是危害我国人民和社会最持久、最剧烈的灾害之一。随着我国经济的发展，火灾现象越来越复杂和多样化，主要表现如下：①城市化的发展使火灾发生更为集中。现代城市具有人口集中、建筑物集中、生产与经营集中、财富集中的显著特点，火灾也因此而更为集中。②可燃物类型发生了重大改变。大量人工合成材料的发明和使用，使得可燃物的种类增多，燃烧形式和燃烧产物更加复杂，火灾有毒气体的问题也日益突出。③诱发火灾的因素大大增加。各种新的能源利用形式和电器产品的出现，使得导致火灾的因素更为复杂、多样和隐蔽。④新型超规律建筑物不断涌现。城市建筑密集、高层建筑物和复杂建筑的不断增多，使得火灾扑救和人员疏散的条件恶化。⑤火灾环境从地面发展到地下（地铁火灾、地下商场火灾），从陆地发展到水上（舰船、海上钻井）和天上（飞机火灾），从固定环境（如建筑火灾）

发展到移动环境（如交通工具火灾）。⑥居所接近或进入林区/绿化区。绿地/林区与建筑火灾的耦合，使得火灾形式更加复杂，对公共安全的威胁从城市扩展到林区。⑦煤田与矿井自燃火灾和随着各种地下铁道、山体隧道、建筑通道等不断涌现的地下工程火灾也大量发生。煤田自燃火灾在我国新疆、内蒙古、宁夏等地较为严重，研究煤炭自燃的特性和防治方法已成为经济建设的紧迫需求。

三、自然灾害及其应对的形势

自然灾害具有突发性和严重性，一次重大灾害可能造成数万人甚至数十万人死亡，千百万人受到冲击，受灾面积可以达到几十万平方千米甚至上千平方千米，并可以引发其他灾害，造成社会动荡和严重社会安全问题，在极短的时间内造成巨大的灾害。例如，1976 年 7 月唐山地震在短短 30 多秒的时间内，造成了约 24.2 万人死亡、16 万人重伤。

我国重大突发性灾害频发，70%以上人口，80%以上工农业和城市，受到各种灾害的严重威胁，是世界上自然灾害最为严重的国家之一。根据 2018 年的报告[①]，我国每年由于自然灾害造成数千人死亡，经济损失达 2 026 亿元。其中，台风、暴雨和洪水灾害频发、规模大，每年造成上千亿元经济损失和数千人死亡。每年由于滑坡、泥石流灾害造成的死亡人数超过 1 000 人，经济损失超过 100 亿元，并且每年造成数十次重要铁路、高速公路干线的路基毁坏和交通中断；中西部 1/2 的地区和县级城市受到滑坡、泥石流灾害的严重威胁。我国还是遭受地震灾害最为深重的国家，20 世纪发生的破坏性地震占全球的 1/3，死亡人数占全球的 1/2，高达 60 万人。我国 22 个省会城市和 2/3 的百万以上人口的大城市均位于地震高危险区。因此，防灾减灾一直是我国政府重视的问题。但是，在当前经济社会中，由于某些方面存在盲目追求经济效益、忽视防灾减灾的严重倾向，人为加重自然灾害，使社会承受灾害的能力愈加脆弱；如果不加以重视，在未来一段时期内，重大自然灾害对于社会公共安全的威胁可能更加严重。

四、社会治安形势严峻，违法犯罪活动日趋组织化、职业化、智能化

近年来，我国犯罪形势向组织化、职业化和智能化的趋势发展，并呈以下特点。第一，违法犯罪总量仍高居不下，危害日趋严重。近几年来，刑事案件的总

① 2018 年我国公共安全行业市场规模、发展现状及弊端分析. http://jingzheng.chinabaogao.com/gonggongfuwu/11123O5422018.html，2018-11-12.

量仍居高不下，严重暴力犯罪案件突出：犯罪分子持枪作案明显增加；重大爆炸案件比重上升；带有恐怖色彩的谋杀、绑架人质案时有发生。第二，犯罪手段智能化，与传统犯罪不同的新型高科技犯罪不断出现，尤为突出的是网络犯罪、信息网络犯罪。借助网络和电信手段实现的欺诈、非法集资等案件具有涉及人数众多的特点，极易引发群体性事件。第三，违法犯罪形式趋向多样化、复杂化，以毒品犯罪最为突出。我国的违法犯罪种类和外延不仅明显增多、扩大，而且走向国际化。第四，违法犯罪活动日趋组织化、职业化。一些地区形成了以扒窃、拐卖儿童等犯罪活动为职业的犯罪团伙。

由于我国在今后一个较长时期内还将处于经济转轨、社会转型的特殊历史时期。在这期间利益重新分配，新旧观念相互碰撞，社会结构将发生剧烈变动，社会不稳定因素增加，各种矛盾更加突出。现代犯罪的特点大大增强了犯罪行为在时间和空间上的不确定性和手段上的对抗性，向传统的公共安全工作提出了挑战，对国家的安全和社会的稳定构成了极大的威胁。因此，从全球的视角看，在今后较长一段时期内，我国社会公共安全将面临更严峻的形势，在新形势下的社会安全科技问题的研究是一个亟待解决的问题。

出于各种原因，新型恐怖主义犯罪阴影笼罩全球，进一步危害国家和社会的安宁。目前我国国内外分裂主义、极端主义分子的“内乱裂变”活动一直不断。国际反恐怖组织掌握的情报显示，国际恐怖犯罪集团一直在研究有毒物质的用途，其中包括能侵害人的神经系统、皮肤和血液的生物、化学制剂。当前，新型恐怖犯罪活动不断增多，以核、生化恐怖的危害最为严重，整个国际社会都笼罩在大规模伤亡的阴影之中。

综上可以看出，我国的公共安全问题非常严重。随着社会与经济的发展，我国公共安全工作面临着更加严峻的考验。

五、公共安全面临的挑战

21 世纪前 20 年是我国重要战略机遇期，要全面建成小康社会，完成改革和发展的繁重任务，必须保持长期和谐稳定的社会环境与安定团结的政治局面。在现代化建设的进程中，我们应清醒地认识到，当前国际形势正发生深刻而复杂的变化，改革仍处在攻坚阶段的新形势下，传统与非传统公共安全威胁相互交织，政治与经济、社会问题相互影响，境内与境外因素相互作用，社会生活中的各种深层次矛盾不断显现，国内外不利于社会稳定和国家安全的因素明显增多，我国公共安全还面临着诸多挑战，随着经济和人口的增长、城市化进程的加快，现代社会功能的脆弱性、易损性和破坏连锁性正逐步显露出来，对公共安全的威胁日趋严重。

（1）危害公共安全的现象将越来越复杂，并呈现多样化、隐蔽化、智能化，涉及人数众多。城市化的发展使危及公共安全的事件、事故发生更为集中，诱发因素大大增加。

（2）影响公共安全问题的种类增多，事件、事故与灾害防范、处理的复杂性和技术性进一步增强，一旦发生问题造成的社会影响和经济损失更大，2019 年 7 月 13 日发生的北美纽约大面积停电就是例子。

（3）安全基础薄弱是公共安全面临的一大挑战。由于过去国家和企业在公共安全等方面总体投入不够，企业设备老化，技术落后的状况一时难以改变，事故隐患尚未得到根治。并且随着城市化进程的加快，城市建设向智能化、管网化发展，工业生产向专业化、大型化、高参数、长周期、高风险发展，生命线工程和大型特种设备增多，由此带来了高层建筑火灾、燃气管线、输油管线和大型、关键承压设备等重大危险源的大量出现，由于城市生命线工程抗御灾害能力脆弱，保证公共安全的难度加大。

（4）自然灾害形势严峻，社会承受灾害能力相当脆弱。由于我国特有的地质构造条件和地球物理背景，重大自然灾害事件的发生是很难避免的。今后一个时期，我国依然处于洪水、地震和台风等自然灾害频发时期，大规模的水利工程建设加剧了崩塌、滑坡和泥石流等地质灾害的发生。我国正在和即将兴建的许多重大建设工程，如三峡工程、南水北调工程、西气东输工程、西部铁路公路工程等多处于突发性自然灾害频发、群发区，重大突发性自然灾害对重大建设工程构成潜在威胁。另外，随着国民经济建设的发展，兴建的大型电网、水网、石油天然气管网、通信网及高速公路网，都不同程度存在抗御灾害的薄弱环节，大型水利设施、电网、石油天然气管网和化工企业存在诱发次生灾害隐患，容易造成灾害群发现象。随着我国城市化进程加快，城市复杂的生活保障系统各部分之间的相互依赖性越来越强，一旦发生灾害，就会产生连锁效应。

（5）随着我国改革开放和经济发展，以及工业和城镇化进程的高速发展，三亿农民涌入城市，经济成分、经营方式多元化，私营、个体企业大量涌现，使得公共安全的事故、事件发生形式变得更加复杂，影响因素和范围不断加大。

（6）公共安全问题所造成的影响具有更大的全球性。公共安全在国家安全和经济发展中将占据越来越重要的地位，越来越多地影响国家的形象、国家竞争力和国际贸易。在全球经济一体化和竞争国际化趋势下，恐怖事件和突发事件连续发生，对于人们的社会心理、国家政治、经济的发展造成严重的负面影响。例如，“9·11”事件对美国民众的心理产生前所未有的影响，并被迫逐步失去部分自由，如进入机场、航空旅行时受到种种限制。美国经济也受到严重威胁，恐怖行动不但造成数百亿美元的直接损失，而且使金融市场出现动荡，金价上涨，国际原油价格在两三个小时内暴涨到 33 美元一桶，并波及整个世界经济的发展。

（7）高技术和信息技术的高速发展，促进了公共安全科技进步，但信息技术在为国家和个人提供全新的发展机遇和生活空间的同时，也带来了前所未有的新的安全威胁。在信息化时代，一旦被敌对势力和恐怖分子入侵信息网络系统，轻则导致经济损失和社会生活不便，重则会使整个国家的政治、经济或军事陷入瘫痪，社会秩序失控，使解决公共安全问题的难度增大。

第二节 公共安全与国家安全

一、总体国家安全观

国家是由生活在一定区域内的人民以某种价值观念组成的拥有主权政府的实体。国家安全是一个综合的概念，从利益的角度可以给予国家安全一般性的界定：国家安全是指对内国家的社会状况、经济状况、环境状况等保持良性发展，对外国家主权不受侵犯，国家利益不受威胁。

党的十八届三中全会提出设立中央国家安全委员会，完善国家安全体制和国家安全战略，确保国家安全。2014 年 4 月 15 日上午，中共中央总书记、国家主席、中央军委主席、中央国家安全委员会主席习近平在主持召开中央国家安全委员会第一次会议时指出，“必须坚持总体国家安全观，以人民安全为宗旨，以政治安全为根本，以经济安全为基础，以军事、文化、社会安全为保障，以促进国际安全为依托，走出一条中国特色国家安全道路”①。首次提出“总体国家安全观”，并首次系统提出“11 种安全”，包括政治安全、国土安全、军事安全、经济安全、文化安全、社会安全、科技安全、信息安全、生态安全、资源安全、核安全。习近平总书记指出，“当前我国国家安全内涵和外延比历史上任何时候都要丰富，时空领域比历史上任何时候都要宽广，内外因素比历史上任何时候都要复杂，必须坚持总体国家安全观”①，要“贯彻落实总体国家安全观”，既重视外部安全，又重视内部安全；既重视国土安全，又重视国民安全；既重视传统安全，又重视非传统安全；既重视发展问题，又重视安全问题；既重视自身安全，又重视共同安全。

中央国家安全委员会的设立标志着改革开放以来国家安全在我国国家的总体战略布局中上升到前所未有的高度。总体国家安全观的提出意味着我国国家安全战略的重大调整。那么“国家安全”与“公共安全”到底存在怎样的区别和联系？

---

① 习近平：坚持总体国家安全观 走中国特色国家安全道路. http://www.xinhuanet.com/politics/2014-04/15/c_1110253910.htm，2014-04-15.

全面贯彻落实总体国家安全观，必须坚持统筹发展和安全两件大事，既要善于运用发展成果夯实国家安全的实力基础，又要善于塑造有利于经济社会发展的安全环境；坚持人民安全、政治安全、国家利益至上的有机统一，人民安全是国家安全的宗旨，政治安全是国家安全的根本，国家利益至上是国家安全的准则，实现人民安居乐业、党的长期执政、国家长治久安；坚持立足于防，又有效处置风险；坚持维护和塑造国家安全，塑造是更高层次、更具前瞻性的维护，要发挥负责任大国的作用，同世界各国一道，推动构建人类命运共同体；坚持科学统筹，始终把国家安全置于中国特色社会主义事业全局中来把握，充分调动各方面积极性，形成维护国家安全的合力。

国家安全工作要适应新时代新要求，一手抓当前、一手谋长远，切实做好维护政治安全、健全国家安全制度体系、完善国家安全战略和政策、强化国家安全能力建设、防控重大风险、加强法治保障、增强国家安全意识等方面的工作。要坚持党对国家安全工作的绝对领导，实施更为有力的统领和协调。中央国家安全委员会要发挥好统筹国家安全事务的作用，抓好国家安全方针政策贯彻落实，完善国家安全工作机制，着力在提高把握全局、谋划发展的战略能力上下功夫，不断增强驾驭风险、迎接挑战的本领。要加强国家安全系统党的建设，坚持以政治建设为统领，教育引导国家安全部门和各级干部增强“四个意识”、坚定“四个自信”，坚决维护党中央权威和集中统一领导，建设一支忠诚可靠的国家安全队伍。

“国家安全”是从国家使命的角度来定义，国家形成和建立的一项最高职责，即确保国家免于外来侵略，免受内部动荡。“国家安全”既是维护政权稳定和国家利益，同时又是对本国人民提供的一项基本保障。而“公共安全”则是从政府职能的角度来定义的，是国家建立以后，国家的行政管理系统为大多数公众正常的生活、生产活动提供保障的一项公共服务。从涵盖的层面上来看，“公共安全”是“国家安全”之下的一个次级概念，“国家安全”的概念相对宏大，但这并不代表，“公共安全”完全是“国家安全”的子集，如涉及较多人数的一次交通事故是一个公共安全事件，但是一般情况下，很难上升到国家安全的高度。而有些问题则既是“公共安全”问题，又是“国家安全”问题，如恐怖活动事实上损害了多数人的生命和财产，是一个公共安全问题，同时，又具有分裂国家的企图，也是一个“国家安全”问题。

“公共安全”与“国家安全”存在交集，一次较大范围的社会安全事件，扰乱了当地的公共秩序，妨碍了当地人民正常的工作和生活，这显然是一个公共安全事件，同时，如果这一事件隐藏着更高层次的权利诉求或政治诉求，那么就应该从“国家安全”和“国家利益”的角度来分析和处置事件。习近平总书记指出，总体国家安全观要“以人民安全为宗旨，以政治安全为根本，以经济安全为基础，以军事、文化、社会安全为保障，以促进国际安全为依托”[①]。可见，“国家安全”和“公共安全”的根本宗旨都是从人民安全出发的，在根本目标上是一致的，而是否危及国家政权、是否危害国家利益、是否妨碍总体稳定，是判别“国家安全”和“公共安全”的标尺。一些公共安全事件越过这一分水岭，就有可能上升为国家安全事件。

二、国家安全相关概念及范畴界定[②]

国家安全是国家生存与发展的基础。然而，随着我国国内外安全形势的巨大变化、传统与非传统安全互相交织、信息社会带来的时空概念的巨大突破，特别是中国实力的大幅度提高和国际环境的深刻变革，使得我国建立在传统现实主义国际政治理论基础上的传统国家安全观已经显得不合时宜。习近平总书记 2014 年 4 月 15 日主持召开中央国家安全委员会第一次会议时指出，“当前我国国家安全内涵和外延比历史上任何时候都要丰富，时空领域比历史上任何时候都要宽广，内外因素比历史上任何时候都要复杂，必须坚持总体国家安全观，以人民安全为宗旨，以政治安全为根本，以经济安全为基础，以军事、文化、社会安全为保障，以促进国际安全为依托，走出一条中国特色国家安全道路”[①]。因此，需要对传统安全观到现代安全观过渡和转变的特点、内容、趋势进行全面分析。

目前，对于国家安全的概念并没有一个统一的界定，较为权威的说法是“国家安全就是一个国家处于没有危险的客观状态，也就是国家既没有外部的威胁和侵害又没有内部的混乱和疾患的客观状态”。这是国家安全的基本含义。国家安全是随着国家产生而出现的一种社会存在和社会现象。从古到今，国家安全一直处于发展变化中，尤其在现代社会，国家安全的发展变化速度进一步加快，呈现出边界扩大化、内容与形式丰富化、问题复杂化的发展趋势。

关于国家安全的研究有许多概念需要从逻辑上进行批判性清理。按照理论研究的逻辑，可以把这些概念划分为三个层次：国家安全基本理论、国家安全分支理论、国家安全研究相关的新概念（表 3.1）。

表 3.1 国家安全理论研究相关的概念层次及其内容

概念层次	特点	概念内容
国家安全基本理论	国家安全研究走向科学的基本要求和条件	“国家”、“利益”、“安全”、“安全度”、“安全感”、“安全化”、“国家利益”、“国家安全”、“国家秘密”、“国家安全感”、“国家安全观”、“国家安全战略”、“国家安全保障”、“国家安全保障机制”和“国家安全保障体系”等

① 习近平：坚持总体国家安全观 走中国特色国家安全道路. http://www.xinhuanet.com/politics/2014-04/15/c_1110253910.htm，2014-04-15.

② 本小节部分内容已发表在《中国行政管理》2015 年第 9 期第 37-43 页，题为“我国国家安全战略管理体系建设的几点思考”。

续表

概念层次	特点	概念内容
国家安全分支理论	国家安全研究相关的分支学科或专业领域，除运用基本理论外，还有自身特点理论或专业概念	国家经济安全学、国家军事安全学、国家文化安全学、国家科技安全学、国家信息安全学、国家安全法学、国家安全保卫学、国际安全学、国内安全学、国家安全情报学、国家安全反间谍学等。例如，在国家军事安全学中，必然涉及“军事”、“国防”、“军事安全”、“国防安全”、“军事情报”、“军事工作”和“军事安全保障”等具有专业特色的概念
国家安全研究相关的新概念	复杂多变的安全现实和不断深入的安全研究，促生的新概念	作为学科建设必须解决的“国家安全学”、“国家安全学科”和“国家安全情报学”等，以及涉及具体理论的“安全度”、“国家安全度”、“国家安全构成要素”、“国家安全原生要素”、“国家安全史前要素”、“国家安全伴生要素”和“国家安全派生要素”等

三、构建国家安全战略管理体系①

国家安全战略管理体系是为保障国家安全战略的决策、实施与调整的实现而建立起的国家安全战略领导体制和科学运行机制，以及为其提供的法制、科技、资源等相关保障。国家安全战略管理体制发挥以下几个方面的功能：第一，国家安全战略领导体制是国家为了维护安全利益、消除各种安全威胁、实现国家安全战略目标而建构的领导组织体系及相应制度，它是国家领导体制的核心部分，也是国家安全战略顺利实施并达成既定目标的重要保障。第二，国家安全战略管理运行机制是为实现国家安全目标的工作流程与步骤以及相关手段与方法，对国家安全战略实现具有决定意义。其具体流程包括根据国家定位，提出国家的安全利益需求，分析国内外环境中的利弊因素，制定国家安全战略方针与战略规划，运用科学策略推进国家安全战略实施，最终实现国家安全战略目标。第三，国家安全战略实现过程的保障。除了传统意义上的法律、政策、科技、人才等“硬实力”保障外，还应当在网络迅速发展的全球化大背景下，重视信息化安全和对新媒体的利用，提升全球舆论传播等“软实力”。

我国在构建国家安全战略管理体系的过程中应从以下六个方面入手：第一，推进国家安全战略理念的转变，将研究国家的大战略、安全战略和国家利益作为一个重要事项列入重要议事日程。我国面临工业化和信息化带来的双重压力，发展困境、社会矛盾和利益关系调整同时出现，使潜在的和暴露出来的安全问题更为错综复杂。因此，必须在稳步发展的同时有所跨越、有所创新，既要超前谋划、实现跨越式发展，又要在安全谋划和战略布局上坚持实事求是，不搞一刀切。

第二，加强理论研究，推动完善国家安全战略学科理论体系建设。国家科技

① 本小节部分内容已发表在《中国行政管理》2015 年第 9 期第 37-43 页，题为“我国国家安全战略管理体系建设的几点思考”。

管理部门应当加大支持力度，依托有关科研单位、高等院校加强国家安全理论研究。国家安全研究是在冷战后越来越受到人们重视的，许多概念与相关理论也逐渐开始出现，在我国，虽然对国家安全理论的探讨才刚刚开始，但意义重大，而且必须不断深入下去。尤其要加强基础理论的研究，对国家安全研究领域会涉及的相关概念进行严格定义和论述。如果做不到这一点，国家安全研究就只能永远停留在“经验”的层次上，而不可能成为科学。

第三，不断加强国家安全战略领导机构建设，提高应对危机的能力。这包括：①在中央国家安全委员会的基础上，加强中央国家安全委员会建设。在借鉴国外现有经验的基础上，结合中国国情和时代特点，进一步加强对委员会的性质、组成和职能等方面的研究。②坚持底线思维，立足应对危机。③按年度发布《中国国家安全战略》报告。可以借鉴国际经验，并结合我国国情，将报告分为机要件和公开件，公开件对提高我国国民的国家意识和忧患意识具有重要意义。该报告至少应当包括国家安全利益、安全环境、目标与任务、指导方针、战略原则、战略能力、战略途径等内容。

第四，系统梳理涉及国家安全战略的重要领域，并且将之进行归类整理并评估，根据其重要性配置国家战略资源。首先，将涉及国家安全的各领域安全要素统统纳入国家安全战略的考虑范围，保证在战略的制定和实践过程中不出现偏颇和失衡的问题；其次，将所有安全要素统一评估、统筹排序，对资源进行科学、合理匹配，解决安全问题的“泛化”与战略资源稀缺之间的矛盾，真正做到“以人民安全为宗旨，以政治安全为根本，以经济安全为基础，以军事、文化、社会安全为保障，以促进国际安全为依托”。

第五，依赖制度化的和法治的力量，保障国家安全战略能力的持续性。中国本身并不缺乏对国家利益和国家安全战略的理解与实践，但问题是没有形成系统的理论和有效的制度。中华人民共和国成立以来，毛泽东、邓小平等国家领导人在国家安全问题上的战略意识和能力可谓运筹帷幄、炉火纯青，在国家危难之际，总能做出正确决策，转危为安、化危为机，但这都主要体现在领导人的个人能力上。要提升我国制定和实践国家安全战略的能力，既要有最高领导者的雄才大略，还需要形成规范的理论和有效的机制，将国家利益和国家安全战略的理解与实践以一种制度化的、法治的方式转化成为国家能力。

第六，加强文化安全建设，积极深入利用包括舆论宣传在内的多种方式来维护国家安全利益。在全球化时代，维护国家文化安全就是保障和捍卫国家文化主权的独立性和自主性。国家安全利益的实现需要硬性的经济实力、军事保障等，同时还需要以社会动员、政治动员和舆论宣传为代表的软实力，夯实国家安全的群众基础。媒体作为公共空间的重要成员和社会的重要公器，实时参与各类国家安全事件的处理过程，在此过程中作为一个重要角色渗透到社会的各个领域和世界的各个角落，具有相当的发展潜力与提升空间。

第三节　公共安全管理中的主要问题

从我国当前面临的新形势、新情况来看，公共安全管理中面临的主要问题包括：公共安全管理缺乏系统规划、公共安全管理忽视常态管理、公共安全管理法制效力不足以及公共安全管理社会参与不足。

一、公共安全管理缺乏系统规划

公共安全体系建设是一项错综复杂的系统工程。从构成要素来看，公共安全包括“4+1”的结构——“4”为发挥“柱”的功能性作用的食品药品安全、安全生产、防灾减灾救灾、社会治安防控四大专业领域，“1”为发挥“梁”的使能性（enabling）作用的应急管理综合性领域；从结构层次来看，公共安全处在承上启下的地位，下有个体、企业、团体等的私域安全，上有国家安全；从参与主体来看，公共安全既包括履行监管责任的政府，也包括承担主体责任的企业，还包括发挥重要作用的社会力量。系统工程要求进行“一盘棋”的系统化设计和综合性布局。我国传统的公共安全工作，是一种“各人自扫门前雪，莫管他人瓦上霜”的部门化、碎片化管理模式，部门业务分割、政府部门分割，公共安全体系各个子系统自成一体，相互独立，无法发挥整体合力作用。推进公共安全系统化，要求采取系统思维与系统方法，科学分析公共安全形势变化特点，做好公共安全体系建设的“顶层设计”和重大战略部署，制定中长期公共安全战略和公共安全体系建设规划，从全局和长远角度对公共安全体系建设的各方面、各层次、各要素统筹规划，解决系列性的、全局性的重大问题，而不是“一次改一个错”的零打细敲。

二、公共安全管理忽视常态管理

公共安全不是一项临时性、阶段性的活动，是一个包括源头治理、动态管理、应急处置等不同阶段在内的常态化的持续管理过程，不可毕其功于一役，不能临时抱佛脚。俗话说，“基础不牢，地动山摇；基础扎实，坚如磐石”。公共安全“功夫在诗外”，关键在平时，重点在细节。当前，我国不少地方的公共安全工作是一种突击式、运动式、灭火式的被动防范治理模式，重事后应对、轻事前防范，“有钱买棺材，没钱买药”，“不出事都不重视，出了事都重视”；一出事全面紧急动员，不是全面大清查就是全面大“关门”，“头痛医头，脚痛医脚”，“严格认真热闹一阵子，冷冷清清老样子”，救得了一时救不了长远。推动公共安全治理由运动式治理向常态化模式转变，关键在于抓好源头性、基础性工作，把日常工作做好、做实、做细，尽量不出事。为此，要按照“常态与非常态相结合”的原则，坚持关口前移、预防为主、标本兼治，建立健全公共安全风险评估和形势分析制度，完善日常监管、应急准备和应急处置机制；建立制度化的公共安全事件调查评估和学习改进机制，做到“发生一起事件，解决一类问题”，避免“好了伤疤忘了疼”。

三、公共安全管理法制效力不足

公共安全工作的效能来源于科学完备的制度保障，做好公共安全工作的关键在于建章立制，增加制度认同，强化制度刚性，提高管理的制度化、规范化、程序化水平。当前，我国公共安全法律制度还不够健全，法治化水平还不是很高；公共安全相关制度软化，刚性缺失，部分领导干部在公共安全工作中有时仍以经验式管理为主，过度依靠个人经验、能力甚至是直觉，不少法律法规、规章制度流于形式。党的十八届三中全会强调，法治中国是改革顶层设计的重要内容，是各大领域改革的聚合工程。党的十八届四中全会提出了加强公共安全立法、推进公共安全法治化的要求。推进公共安全法治化，要求我们在建设法治中国的大背景下，完善制度建设，让制度成为硬约束和自觉行动，最终建立精细化、制度化、科学化的管理模式。一方面，制定制度是基础。制度的威力在于切中问题实质。为此，要建立覆盖全面、内容科学、程序严密、配套完备、有效管用的公共安全制度体系。另一方面，执行制度是关键。制度的生命力在于严格的、不折不扣的执行。为此，要提高领导干部对公共安全制度的熟知度和认同度，真正让制度“硬起来”，成为领导干部开展公共安全工作的行为规范和行动准则。

四、公共安全管理社会参与不足

公共安全涉及人们工作和生活的各个领域、各个行业和各个角落，公共安全关系到所有人的生命安全和切身利益。做好公共安全工作，虽然是政府义不容辞的职责，但并不意味着排斥其他力量的积极参与。政府实际上无法也不必“大包大揽”“单打独斗”，企事业单位、社会组织、公众等社会力量同样也是公共安全至关重要、不可或缺的主体。长期以来，我国公共安全工作存在“强政府—弱社会”的问题，政府在公共安全工作中承担无限责任，全社会自发有序参与不足。推进公共安全社会化，要求改变传统公共安全工作中政府与社会这两条腿“一条腿长、一条腿短”的局面，强化全社会各方面力量有序参与机制，建立“强政府—强社会”的格局。基层的公共安全能力是全部公共安全的基础；群众的积极参与是公共安全体系的重要组成部分。为此，一方面，要从立法设计中明确政府、企业和个人在公共安全中各自的责任和义务，从制度规范上保证民间团体、企事业单位、公众等主体能合法、有序地参与公共安全工作。另一方面，要以社区、乡村、学校、企业等基层组织和单位为重点，推进公共安全重心下移、力量下沉、保障下倾，保证基层坚实稳固。

第四节　公共安全管理与社会发展挑战

在我国现阶段发展进程中，由于社会发展的特定发展阶段，一些领域的公共安全问题带来的挑战特别突出，本节选取三大重点领域展开专题研究：城镇化过程中的公共安全管理、老龄化背景下的公共安全管理和保险在公共安全管理中的作用。

一、城镇化过程中的公共安全管理

城镇化是我国经济社会发展的一个重要表现，城市、农村、城乡接合部等特定区域的公共安全风险都有所上升，城镇化和工业化交织产生的风险也日益突出。2011 年 12 月，《社会蓝皮书》发布，中国城市化率突破 50%，这意味着中国城镇人口首次超过农村人口，中国城市化进入关键发展阶段。城镇化是现代化过程中的必然趋势，但是也为公共安全管理带来了挑战，主要表现在以下方面。

第一，城市盲目扩张带来的安全隐患。一方面，在城镇化进程中，城市人口急剧膨胀，城市规模盲目扩张，功利驱使下的规划和建设使建设质量和规格不能符合现代城市的发展需要；另一方面，大量人口快速涌入城市，造成城市各项公共设施超负荷运行。人口拥挤、道路拥堵、资源匮乏、住房、就业、医疗、教育等方面出现诸多问题，城市社会治安状况恶化。

第二，城镇化与工业化交织发展，居民区与工业区交错布局，安全隐患和人口伤亡风险不断上升。在城镇化进程中，由于资金短缺，基础设施的改造跟不上城市人口增长和建筑群的扩张，老城区改造难度大；新城区规划建设在经济利益驱动下求大求全，居民住宅及密集商业区建筑都非常高，且建筑群极其密集，周围缺乏足够的空旷逃生地带，甚至一些居民区与危险性生产企业毗邻，突破安全防护距离，风险暴露度极高。2010 年“11・15”上海高层住宅大火、2013 年“11・22”青岛输油管道爆炸事件、2015 年“8・12”天津港特别重大火灾爆炸事故等重特大安全事故为城镇化过程中的公共安全管理提供了深刻教训。城市基础设施、居民区安全、城市生命线安全都成为城镇化过程中的重要课题。

第三，城镇化进程中的城市外来流动人口对公共安全管理的影响。截至 2016

年末，我国农民工总数已达2.82亿人，其中外出农民工1.69亿人，分别比上年增加424万人和50万人[①]。农民工从农村流向城市，集中向大城市流动，如深圳户籍人口仅占常住人口的 31.2%，将近七成为外来务工人口。从流动区域来看，农民工从中西部地区向东部地区流动，从流动周期来看，农民工在迁入地工作的时间越来越长，在流动方式上，举家流动的比例越来越高，组织性越来越强。农民工作为城市中的弱势群体，其权益受到侵害，影响公共安全。例如，农民工长期被拖欠工资的情况仍旧长期存在。每到年终岁末，农民工在追讨工资无望的情况下，除以伤害自己身体、自杀等方式相威胁外，甚至采用非法手段解决问题，如聚众堵塞交通，毁坏道路设施，盗窃、抢劫，故意伤害或绑架包工头等，类似的群体性事件和刑事案件时有发生。

第四，城镇化进程造成失地农民增多，易引发社会群体性事件。失地农民在城镇化进程中经受经济损失，拆迁补偿数额不高，同时还面临安居、就业、生活方式转变等适应城市生活的挑战。尽管有些地区经济发展很快，农民失地后得到的补偿也比较高，但有关调查显示，46%的失地农民失地后生活水平下降，部分失地农民成为“种田无地、就业无岗、保障无份、创业无钱”的群体，由此引发诸多社会矛盾。[②]

二、老龄化背景下的公共安全管理

当前，我国正处在人口老龄化快速发展的阶段，并且将很快进入和长期处于老龄社会与高龄社会。这是我国公共安全管理必须考虑的一个重要背景和内生变量。在经济社会转型期，庞大的人口基数、3%以上的年均老化速度、区域发展不平衡和“未富先老，未备先老”的特殊国情，使老龄化问题呈现更多的不确定性，蕴含的社会风险非常高。

按照联合国的标准，60岁以上的人口占总人口比例达到10%，或65岁以上人口占总人口的比重达到 7%，就标志着这一国家或地区进入老龄化社会。如果65岁以上人口占总人口的比重达到14%和20%，则分别进入老龄社会和高龄社会。截至2016年底，我国60岁及以上老年人口达23 086万人，占总人口的16.7%，其中65岁及以上人口15 003万人，占总人口的10.8%[③]。而且，我国人口老龄化程度区域、城乡之间不平衡，尤其是农村养老问题突出，农村老年人口占全国老年人口比例达到56.4%，比城镇高12.8个百分点。可以预见，我国这种老龄化趋

① 全国农民工总量达到2.82亿. www.xinhuanet.com/fortune/2017-03/14/c_1120627561.htm，2017-03-14.

② 韩俊：尊重农民的土地权益很重要. 人民日报，2008-03-26.

③ 2016年社会服务发展统计公报. http://www.mca.gov.cn/article/sj/tjgb/201708/20170815005382.shtml，2017-08-03.

势还将继续发展，这种地域不平衡的趋势仍将持续。

老龄化带来的公共安全管理问题主要表现为以下几个方面：第一，老年人社会保障不足的社会风险。在个体层面上，人在老年阶段会面临疾病和失能的风险，少部分老人还面临贫困。这些风险应分别由养老、医疗和长期照护(long term care，LTC)保险来化解。但我国目前的养老保险和医疗保险覆盖范围和保障水平还相对较低。如果不能尽快建立起社会化的长期照护保障体系和相应的制度，大量“老无所依，老无所养”的老年人口的形成必将会引发公共安全与社会稳定问题。

第二，老年人有可能经历的经济风险。近年来，一部分老年人开始使用手机和网络等先进技术，但是由于缺乏足够的风险防范意识，常常成为电信诈骗、非法集资等犯罪行为的主要对象。老年人经济收入低，抗风险能力弱，一旦遭受经济诈骗等损失，容易产生过激行为和对自己的伤害。

因此，在老龄化背景下讨论未来公共安全管理的挑战和趋势具有特别重要的前瞻意义。

第四章　城镇化过程中公共安全管理

2014 年 3 月 16 日，《国家新型城镇化规划（2014—2020 年）》正式发布，明确了未来城镇化的发展路径、主要目标和战略任务，表明我国城镇化已步入新的发展阶段。但随着城镇化进程的推进，城镇公共安全形势日趋严重，已经成为全社会普遍关注的问题。本章阐述了以人为核心的城镇化对公共安全的挑战，对于我国城镇化进程中的典型公共安全风险进行了系统分析，并提出了新型城镇化进程中加强公共安全的对策措施建议，可为未来城镇化发展过程中的公共安全管理工作提供参考。

第一节　城镇化与公共安全的关联性及影响分析

本节主要归纳了国内外城镇化的发展历程及典型特征，分析了公共安全管理在城镇化进程中的重要地位，研判了城镇化对公共安全的挑战。

一、国内外城镇化的发展历程及典型特征

（一）城镇化的概念及核心指标

城镇化是由以农业为主的传统乡村社会向以工业和服务业为主的现代城市社会逐渐转变的历史过程，具体包括人口职业的转变、产业结构的转变、土地及地域空间的变化。城镇化的实质是经济结构、社会结构和空间结构的变迁。

城镇化的核心指标之一是城镇化率，其定义为住在城镇内的人口占总人口的比率，通常包括常住人口城镇化率（指全年居住 6 个月以上，国际通用指标，本书采用该指标进行分析）、户籍人口城镇化率。

（二）国内外城镇化发展历程

从城市的起源、发展动力和推进模式的角度，可以将人类城镇化进程分为工业革命前、工业革命后至第二次世界大战期间、第二次世界大战后三大发展阶段。

世界典型国家的城镇化历程如图 4.1 所示。城镇化发展具有明显的阶段性特征，根据美国学者诺瑟姆对一些发达国家城镇化发展历史轨迹的研究，将城镇化进程分为按照 S 形曲线增长的三个基本阶段，分别以 30%和 70%的城镇化率为分界线。

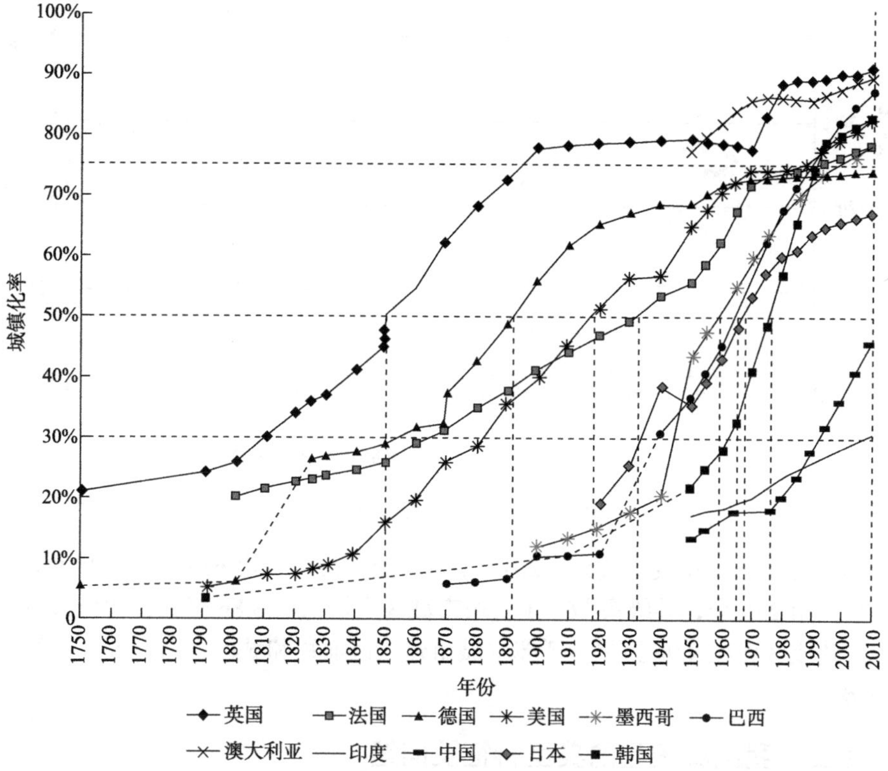

图 4.1　世界典型国家的城镇化历程

资料来源：李浩. 城镇化率首次超过 50%的国际现象观察——兼论中国城镇化发展现状及思考. 城市规划学刊, 2013,（1）: 43-50

我国城镇化历程较为曲折，图 4.2 为 1949~2014 年我国城镇化率及年增长值的变化曲线，从图 4.2 中可以看出大体分为三个阶段：①中华人民共和国成立初期，工业和基本建设急剧膨胀，城镇化基本处于稳步增长状态。②三年困难时期及“文化大革命”时期，由于自然灾害及国家政策影响，城镇化基本处于停滞状态，期间甚至有所下降。③改革开放以来，随着社会主义市场经济体制的建立及产业结构的优化，我国城镇化进程明显加快，1978~2014 年，我国城镇常住人口从 1.7 亿人增加到 7.49 亿人，城镇化率从 17.9%提升到 54.77%，年均提高 1.02 个百分点。1998 年我国城镇化率首次超过 30%，进入城镇化的快速发展区间，2011 年我国城镇化率首次超过 50%，意味着我国城镇化进入关键发展阶段，2012~2014 年，城镇化率年增长值呈下降趋势，基本保持在 1 左右。

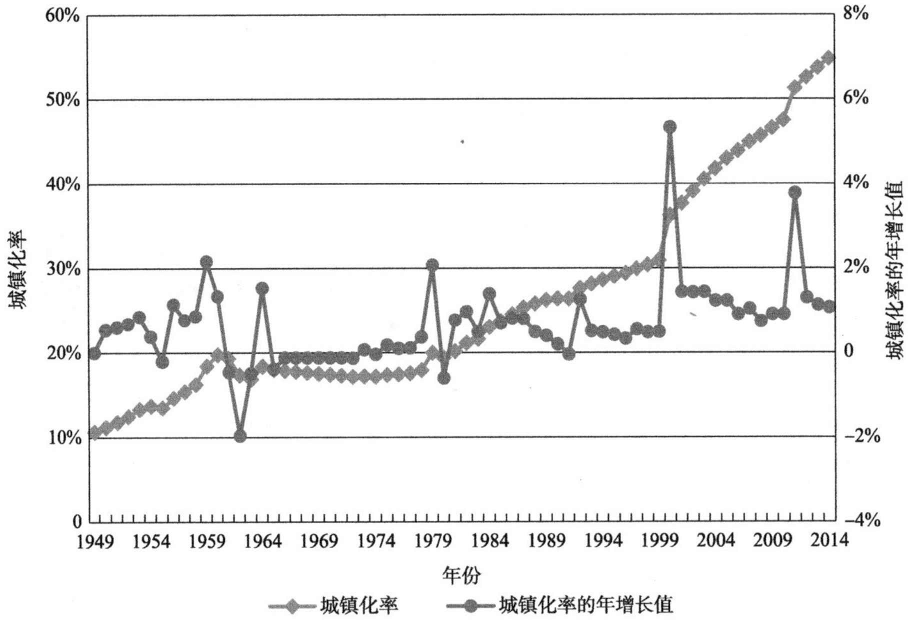

图 4.2 1949~2014 年我国城镇化率及年增长值

据住房和城乡建设部统计，2014 年末，全国设市城市 653 个，其中直辖市 4 个、地级市 288 个、县级市 361 个。城市城区户籍人口 3.86 亿人，暂住人口 0.60 亿人，建成区面积 4.98 万平方千米。城市建成区面积和城区人口近 5 年呈稳步增长态势。

（三）我国城镇化的典型特征及问题

由于我国国情的特殊性，如经济社会发展的整体水平相对较低，产业结构不尽合理，人口众多，幅员辽阔，资源相对短缺，环境较为脆弱，城乡“二元”分离，我国城镇化进程、特点及模式与欧美发达国家存在很大差异，呈现很多典型特征及问题，如政府主导大于市场导向、城镇化滞后于工业化、农业人口市民化进程滞后等，其中城镇公共安全问题尤为突出。

城镇化对公共安全的挑战具有全局性、长期性和复杂性。我国 70% 以上的大城市、半数以上的人口分布在灾害频发区，城镇面临各种灾害事件的巨大威胁。同时，各种极端灾害往往不是单一灾害作用而是伴随着多种灾害的次生、衍生或耦合，另外，科技发展和应用加速了城镇新安全问题的产生，城镇经济发展迅速和不平衡使社会不安因素增多，各种人为破坏事件多发，对城镇安全发展和可持续发展产生了很大影响。

二、公共安全在城镇化进程中的重要地位

党的十八大和十八届三中、四中全会把公共安全作为全面深化改革和推进依法治国的重要内容，城镇公共安全是城镇经济社会发展的重要基础和保障，公共安全保障能力是城镇化发展水平的重要指标，城镇公共安全治理体系是社会治理体系的重要组成部分，必须将公共安全管理工作贯穿城镇化进程的始终，将安全发展作为保障城镇化发展的重要前提和基础。

（一）公共安全是城镇化进程中人口聚集生活的基本保障

城镇化进程中，城镇空间规模不断扩大、人口总数不断增加、人口聚集密度越来越高，在这一背景下，公共安全成为人口聚集过程一个重要的保障因素。一方面，人口向城镇聚集生活，是因为城镇有良好的生活、就业和公共服务环境，有较好的公共安全保障；另一方面，人口的聚集又加大了城镇公共安全管理的压力，发生重大突发事件造成人身伤害的概率增加，程度也会比分散状态下更加严重。因此，为保证城镇的稳定和发展，以及人民生活的安康，加强城镇公共安全管理都是必不可少的因素。

（二）公共安全是城镇化进程中经济社会发展的基本要求

产业结构调整是城镇化进程的基本特征，由工业生产安全扩大、衍生而来的城镇公共安全成为经济社会发展的重要影响因素。由于城镇人口的聚集性特征，突发事件所造成的人身伤害将直接影响到工业生产。同时由于工业生产的密集性，火灾、爆炸等突发事件对工业生产的损害也是巨大的。此外，伴随着工业生产的废物处理、废水排放、空气污染等对工业本身和人民生活都造成了伤害，因此，从公共安全管理出发的城镇综合治理成为保障经济社会安全发展的基本条件。

（三）公共安全是公共服务体系的重要组成部分

公共安全水平是衡量一个国家的经济发达程度、文明程度的一个重要标志，我国以城镇公共服务体系为代表的公共管理理念逐步得到政府和广大人民群众的重视。城镇生活可以享受到大量的公共服务产品，其中，公共安全服务与保障比农村更加完善。因此，公共安全管理的深入、公共安全意识的强化、公共安全防范体系的建立将丰富整个国家的公共服务体系。

（四）公共安全是新时期建设和谐社会的重要内容

社会主义和谐社会是民主法治、公平正义、诚信友爱、充满活力、安定有序、

人与自然和谐相处的社会，城镇化快速发展过程中，公共安全问题不断凸显，城镇发展面临整体性风险，与社会主义和谐社会实现安定有序的目标是相悖的，化解城镇化进程中的公共安全问题、保障稳定的社会秩序已成为新时期建设和谐社会的重要方面。

三、我国城镇化对公共安全的挑战

城镇化不仅表现为人的地理位置的转移、职业的改变和由此引起的生产生活方式的演变，同时也表现为城镇人口和城镇数量的增加、城镇规模的扩大及城镇经济社会现代化和集约化程度的提高。在我国城镇化快速发展进程中，城镇人口密度、财产密度、物流密度、危险能量和物品高度集中，但现阶段我国城镇公共安全意识淡薄、安全基础设施建设滞后、安全防护标准低、应急能力欠缺，公共安全体系尚不适应新型城镇化的发展要求，以人为核心的城镇化给城镇公共安全带来了新的挑战。

（一）人口的高度集中对城镇公共安全的挑战

城镇人口比重的提高是城镇化率提高的重要标志，按照《国家新型城镇化规划（2014—2020 年）》的目标，2020 年我国常住人口城镇化率达到 60%左右，实现 1 亿左右农业转移人口和其他常住人口在城镇落户。我国城镇人口高度密集，据统计，深圳以 17 150 人/千米^2 的人口密度列于全球人口最稠密城市排行榜第五位，此外还有上海（13 400 人/千米^2）、北京（11 500 人/千米^2）和天津（10 500 人/千米^2）等特大城市，城市群、超大城市、特大城市数量不断增加，人口密度不断加大。

大量的外来人员向城镇集中，而相应的管理资源不足，容易形成公共安全管理的盲区，以安全生产监管为例，2014 年全国实有各类市场主体 6 932.22 万户，其中企业 1 819.28 万户，个体工商户 4 984.06 万户，城镇就业人员 3.93 亿人，而相应的省、市、县三级政府安全生产监管人员只有 8 万人。同时，人口在城镇之间及城镇内部的流动性大增，发生群死群伤的可能性增加，特别是城中村、城乡接合部等地区大多外来人口高度聚集，人员素质相对较低，环境杂乱、交通拥堵、危楼林立，低端产业无序发展，“三合一”“多合一”等危险场所多，非法违法从事生产经营活动屡禁不止，成为交通运输安全、生产安全、消防安全、社会治安等管理的难点。此外，与快速增长的人口相比，城镇建成区规划设计存在缺陷，油气管线、工业园区等危险源与城镇市政基础设施及居民区交叉、重叠、安全间距不足等问题突出，同时城镇安全基础设施规划和建设相对滞后，欠账较多。

（二）人的需求对城镇公共安全的挑战

据测算，城镇化率每提高一个百分点，将拉动能源消费约 8 000 万吨标准煤。这意味着，我国城镇化率由 2014 年的 54.77%提高到 2020 年的 60%时，将拉动全国新增 4 亿吨标准煤的能源消费，约占我国 2020 年一次能源消费总量的 8.3%。我国城市人均能源消费为农村人均能源消费的 1.4 倍，城镇化生活方式需要更多的天然气、电力、汽油、柴油、水资源供应，同时，在人口从农村到城镇的转移过程中，住宅、交通、公共服务等基础设施需求增加，城镇建设速度日新月异，我国 2014 年房屋施工面积 726 482 万平方米，比上年增长 9.2%，硬件设施的大规模建设消耗大量钢铁、水泥、建材，成为增加能源消费总量的动力。此外，人口向城镇聚集生活是因为城镇有良好的生活环境，有就业机会，公共服务基础设施好，有较好的公共安全保障。

显然，我国城镇化进程中庞大的能源需求势必会使国内矿产资源的勘探开发及生产力度加大，在此情况下，煤矿、非煤矿山、石油化工、电力等能源领域的生产安全工作将面临严峻挑战。城镇大规模建设所带来的建筑施工、生产安全、消防、人员密集场所、城镇生命线等方面的危险性越来越高，同时建设过程中的征地、拆迁也引发了诸多社会安全问题。此外，相关的卫生、教育、交通等公共基础设施无法满足大量城镇人群的日常需求，也可能引发相应的公共卫生、交通安全问题。社会公众对公共安全保障的需求也对城镇公共安全管理提出了更高要求。

（三）人的社会经济活动对城镇公共安全的挑战

城镇化的过程也是产业演进的过程，带来产业结构的调整。据统计，2014 年我国第一产业增加值占 GDP 的比重为 9.2%，第二产业增加值比重为 42.6%，第三产业增加值比重为 48.2%，第三产业增加值占比逐年加大。此外，据不完全统计，全国每天同一时刻，有 800 多万人在矿井下作业、有 4 000 多万人在建筑工地施工、有 100 万人在乘坐飞机、有 1 000 多万人在乘坐火车、有 4 000 万人在乘坐地铁、有 1 亿多人在公路上出行，而且这些数字还在不断增长。

人的社会经济活动对城镇造成了多种影响，导致地域环境和城镇内部环境的恶化，人口高度聚集的城镇对自然灾害的敏感性及风险性陡然剧增。我国产业结构中工业占比仍然较大，易引发生产事故的采掘业、重化工、建筑业、制造业等高危行业在经济结构中比重过大，同时，城镇化带动了产业的积聚和工业集中区的形成，而多数工业园区未进行安全布局设计及区域风险评估。此外，我国东中西部城镇经济发展水平和产业结构差别明显。人的社会经济活动带来的城镇洪涝灾害、环境安全、交通运输安全、消防安全、建筑施工安全、工业园区（特别是化工园区）和新兴产业自身的新型生产安全问题等日益显现，诱发事故和事件的各种不确定因素大量增加，给城镇公共安全带来了巨大挑战。

（四）人的素质意识对城镇公共安全的挑战

第八次中国公民科学素养调查结果显示，2010 年，我国具备基本科学素养的公民比例为 3.27%，仅相当于日本、加拿大和欧盟等主要发达国家和地区在 20 世纪 80 年代末的水平。根据北京市公共安全意识调查研究，63.7%的人对自己工作和生活环境安全程度的了解处于“一般”水平，“很了解”的人比例只有 26.6%，说明公众的安全意识还没完全深入日常工作和生活中，对周围风险事件的敏感性与识别能力不够。

公共安全意识是公众应对突发公共事件所应具备的综合素质，包括警觉的心理状态、面对突发事件的心理承受能力、所掌握的应急知识和自救互救技能等。我国公民安全教育不足，公共安全意识淡薄，违法从事生产经营活动、违章作业现象严重，屡屡发生安全事故，给国家经济和人民生命财产带来巨大的损害。同时，基层公共安全管理人员相对其自身职责来讲，总体业务素质和能力还有待进一步提高。

第二节　新型城镇化进程中城镇公共安全风险研判

本节分析了新型城镇化进程中公共安全风险的综合成因，对与新型城镇化密切相关的公共安全风险进行辨识及评估，针对不同规模城镇风险特征、城镇公共安全规划、城镇安全基础设施、化工园区安全、农民工安全管理、农村地区安全、城镇公共安全信息化管理、东中西部差距等重点领域和关键环节做了系统分析。

一、综合风险成因分析

我国城镇化已步入快速发展阶段，同时进入城镇化转型发展的关键时期，在城镇化与工业化、信息化和农业现代化同步发展进程中，随着城镇规模的不断扩张、大量人口的高速涌入，人口、资源、环境与发展之间的矛盾使得“城市病”日益突出，各类风险逐渐累积、日趋复杂，给城镇公共安全带来了诸多问题。

（一）城镇特定地域空间环境特征加大了公共安全风险

由于土地资源紧缺，城镇核心区高层建筑林立，城中村、旧城区、旧工业区等场所分布广、建筑密度大，加油加气站和成品油、液化石油气和液化天然气等危险化学品仓储点多、储量大、分布范围广，高压、次高压燃气管道穿越人员、财产密集场所，发生火灾、爆炸事故风险高。海陆空铁各种交通方式的旅客、货物运输量巨大，道路车辆密度高，水域通航环境日趋复杂，交通事故风险相对较大。频繁发生的洪涝、暴雨、台风等自然灾害对城镇基础设施、生产生活设施可能造成巨大破坏。

（二）经济社会发展过程中形成并累积了大量公共安全风险因素

城镇早期规划建设方面存在先天不足，早期高层建筑防火等级低，不符合现行防火设计规范，城中村、旧城区、旧工业区等场所的部分建筑布局不合理、建筑密度大、违法建筑较多，消防基础设施差，消防水源不足，住宿、仓库、厂房“三合一”问题突出，加大了城市火灾风险。城镇地下管线网络密布，纵横交错，高负荷运转，早期建设的城镇基础设施普遍存在规划混乱、建设标准低、设施老化等问题，增加了城镇生命线系统的脆弱性。化工聚集区快速发展，生产储存装置日趋大型化，重大危险源密度高、数量大，危险化学品事故风险增大。以第二产业为主的产业结构，以及数量众多的以低端生产、粗放经营、劳动密集型为主的中小企业，使生产事故风险增大。数量庞大的既有建（构）筑物，城镇生命线系统设施设备，以及特种设备，因日久老化与维护保养不到位，存在大量的事故隐患。

（三）城镇化快速发展带来新的公共安全风险

随着城乡一体化迅速推进，城市轨道交通、高速公路、隧道、桥梁等大型基础设施及水、电、气、热等生命线工程的建设步伐加快，建筑施工、交通运输、加工制造等风险较高行业持续增长，传统行业领域的安全风险仍在增大。生物、新能源、新材料等战略性新兴产业项目实施，可能出现新的生产工艺、生产方式，产业转型升级在减少某些传统风险的同时也可能带来新的风险。城镇系统间的关联性越来越强、人员财富高度密集、脆弱性不断增大，事故灾难的链式反应效应增强，事故灾难的后果严重性增大。大力发展现代物流业、现代化服务业，将对交通安全和人员密集场所安全提出更高要求。数量庞大且流动频繁的外来人口，对高素质劳动者队伍的培养与稳定发展带来巨大挑战。

（四）公共安全管理模式和人员素质尚不适应经济社会发展需求

城镇公共安全发展战略和规划还不够完善，尚未形成以风险管理为导向的城镇安全预防体系；中小企业安全生产主体责任没有完全落实，非法违法生产经营建设行为导致事故多发；安全生产监管体制机制还不健全，安全生产监管任务十分艰巨；应急管理工作统筹协调力度不够，应急准备与保障能力亟待加强；从业人员及社会公众的安全素质有待提高，农民工的安全培训教育问题突出，广大市民的安全防范和自救互救能力不强。与此同时，人民群众对工作环境、居住环境和交通出行等方面的安全要求也越来越高，社会舆论对公共安全的关注和政府安全保障能力的期望值也越来越强，突发事件防控面临新、旧风险并存的挑战。

二、新型城镇化进程中公共安全风险综合研判

城镇化进程不仅有促进文明发展、社会进步的一面，也有矛盾与问题日益积累，因而蕴含着巨大风险的一面。我国的城镇化进程发展迅速，用几十年的时间完成了西方国家近百年的城镇化历程，城镇化在带给人们更多文明成果的同时，也难以避免地使各类事故、灾害风险相伴而生。对当前和今后一定时期内与新型城镇化密切相关的城镇公共安全风险进行全面系统的辨识及评估，按不同突发事件类型可分为以下几个方面。

（1）自然灾害风险，主要包括洪涝灾害风险、气象灾害风险、地震灾害风险、地质灾害风险、海洋灾害风险等。

（2）事故灾难风险，主要包括生产安全事故风险、火灾事故风险、交通运输事故风险、城市生命线运行安全事故风险、人员密集场所安全事故风险、公共设施安全事故风险、环境污染和生态破坏事件风险、核事故和辐射事件风险等。

（3）公共卫生事件风险，主要包括传染病疫情风险、食品安全事件风险、职业病风险、重大动物疫情风险等。

（4）社会安全事件风险，主要包括群体性事件风险、社会治安事件风险、恐怖袭击风险等。

（一）自然灾害风险

城镇人口密度迅速增加，基础设施承载负荷不断加大，自然灾害对城市的影响日趋严重，广大农村城镇化地区尤其是中西部地区，经济社会发展相对滞后，设防水平偏低，抵御灾害的能力较弱。自然灾害引发次生、衍生灾害的风险仍然很大。城镇化进程中的灾害防范不可忽视，应对极端自然灾害的威胁成为一大挑战和考验。应急管理部公布，2019 年我国自然灾害以洪涝、台风、干旱、地震、地质灾害为主，森林草原火灾和风雹、低温冷冻、雪灾等灾害也有不同程度发生，经会商核定，全年各种自然灾害共造成 1.3 亿人次受灾，909 人死亡失踪，12.6 万间房屋倒塌，农作物受灾面积 19 256.9 千公顷，直接经济损失 3 270.9 亿元。

1. 洪涝灾害风险

随着城镇化进程的不断加快，城镇洪涝灾害的成灾特性发生了深刻变化，主要表现：城镇化进程中城市道路及建筑物密度的增加，增加了城市不透水面积及比例，加之地表植被破坏，导致洪涝灾害成灾风险水平提高；非法侵占河道、过

量超采地下水造成的地表沉降等破坏性的人为活动，导致城市排泄洪能力降低，加剧了洪涝灾害的致灾强度；快速发展的城镇化进程中普遍存在市政、防洪基础设施建设速度滞后于城市发展速度的状况。

我国城镇内涝问题日益凸显，2008 年以来，我国每年洪涝成灾的城市都在 130 个以上，2013 年全国各省（自治区、直辖市）不同程度出现洪涝灾害，县级以上城市受淹 234 个。2010 年住房和城乡建设部对 351 个城市的内涝情况调研结果显示，213 个城市发生过不同程度的积水内涝，占被调查城市总数的 62%，内涝灾害一年超过 3 次的城市就有 137 个，甚至扩大到干旱少雨的西安、沈阳等西部和北部城市，内涝灾害最深积水深度超过 50 毫米的城市占 74.6%，积水深度超过 15 毫米的城市超过 90%，积水时间超过半小时的城市占 78.9%，其中有 57 个城市的最长积水时间超过 12 小时。

2. 气象灾害风险

城镇化改变了地面的自然状态，产生的局地大气环流对自净能力不利，加大了极端气象条件产生的概率。城镇化使得工业和机动车排放的气溶胶增加，在特定的风场和大气层下产生雾霾等灾害。城镇的高层建筑易导致狭管效应使局部风速增大、风灾易发。在快速城镇化过程中，部分中小城镇在气象环境条件不适宜城镇化的地区进行城市建设；在新城镇的人口聚集和气象致灾易发地区，气象雷达、地面和高空观测站观测范围无法覆盖；中小城镇基础、防御设施建造简陋，质量不过关，难以经受灾害冲击。同时，快速城镇化对气象灾害有扩大作用，导致中小城镇成为防范气象致灾的薄弱地区。

3. 地震灾害风险

城市地震灾害伴随城镇化进程的加快日趋严重，很多大中城市位于高地震烈度的地区，发生地震的概率和破坏程度均非常大。城乡建筑物的抗震设防能力不足，城市新建建筑尚能达到抗震要求，但部分老旧建筑达不到抗震设防要求，同时乡村地区往往成为不设防的空白地区；现代化建设增强了城市地震灾害的易损性，一旦发生地震，单位面积所承受的损失大大增加；信息化时代地震后城市的瘫痪系数增加，一旦发生破坏性地震，导致现代城市各种生命线系统遭到破坏，可能使城市陷入瘫痪状态；城市地震造成的建筑物和工程设施的倒塌可能会引发大量的火灾、爆炸、煤气和有毒气体的泄漏等次生、衍生灾害，这些灾害许多时候比地震本身的灾害要严重许多。

根据中国地震台网监测结果，2014 年中国及沿岸近海 3 级以上地震共发生了 703 次，其中 3.0~3.9 级 552 次，4.0~4.9 级 121 次，5.0~5.9 级 24 次，6.0~6.9 级 5

次，7.0 级以上 1 次。最大地震是 2014 年 2 月 12 日新疆于田 7.3 级地震，但灾害损失最严重的是 2014 年 8 月 3 日云南鲁甸 6.5 级地震，该地震共造成了 600 多人死亡、3 000 多人受伤，直接经济损失超过了 200 亿元。

4. 地质灾害风险

城镇规划布局、建设和发展依赖于地质环境并受到地质环境条件的制约；另外，城镇建设和发展又不断地改造地质环境，当城镇资源开发和人类工程活动强度超过地质环境承载力时，地质环境的自然平衡状态就会被破坏，地质环境质量恶化，甚至产生滑坡、崩塌、泥石流等各类地质灾害。我国地质地貌复杂，城镇化、工业化和农业现代化过程中人类工程活动强烈，叠加地质灾害隐蔽性强、突发性强、破坏性强等特点，使得地质灾害问题一旦出现，轻则造成城镇扩张成本增加，重则造成城镇发展停滞，甚至整个城镇不得不整体搬迁，严重制约城镇的可持续发展进程。

据国土资源部《2014 中国国土资源统计公报》，2014 年，全国共发生各类地质灾害 10 907 起，其中滑坡 8 128 起、崩塌 1 872 起、泥石流 543 起、地面塌陷 302 起、地裂缝 51 起、地面沉降 11 起，造成 349 人死亡、51 人失踪、218 人受伤，直接经济损失 54.1 亿元。

5. 海洋灾害风险

随着城镇化的快速推进，沿海城镇规模日益扩大，人口加速集聚。全国共有 53 个沿海城市，大量工业园区、滨海旅游区和大型基础设施在滨海沿岸一带布局建设。沿海投资密度加大，各类要素集聚，一方面，对沿海自然环境和生态系统造成一定程度损害，风暴潮、灾害性海浪等灾害发生频度和强度有所增大，海啸灾害的潜在风险加大，海水入侵、海岸侵蚀等现象时有发生；另一方面，自然灾害及其引发的海上溢油、危险化学品泄漏、核泄漏等海洋次生灾害，对沿海城镇造成的威胁不断加剧。

据国家海洋局统计，2014 年海洋灾害总体发生频率较低，但过程强度屡破历史纪录。影响我国的海洋灾害以风暴潮、海浪、海冰和赤潮为主，绿潮、海岸侵蚀、海水入侵与土壤盐渍化、咸潮入侵等其他灾害也偶有发生。各类海洋灾害造成直接经济损失 136.14 亿元，死亡（含失踪）24 人。

（二）事故灾难风险

随着城镇经济快速发展，重点行业生产规模日益扩大，生产系统及工艺流程日益复杂，危险物质数量或能量相对集中，事故呈现多样性、突发性、连锁性、严重性、放大性等特点，生产安全事故风险不断增加。随着城镇化快速推进，大量农村剩余劳动力向城镇转移，大多数又从事采矿、建筑和运输等高风险产业和劳动密集型产业，安全监管难度加大；新技术、新材料、新工艺、新设备等“四新”带来的新风险不断涌现；自然灾害频率增多、强度增加，对城镇生产经营活动造成的直接影响和威胁日益严重；城乡一体化迅速推进，关联性越来越强，对交通运输等基础设施及水、电、气等生命线工程安全提出更高要求。加快转变经济发展方式,风险防控的重点将逐步从工业事故转向城镇基础设施和服务业安全,事故灾难防控面临巨大的挑战。

1. 生产安全事故风险

安全生产是城镇化、工业化过程中必然遇到的问题，发达国家普遍经历了从事故多发到逐步稳定、下降的发展周期，安全生产的这种阶段性特点，反映了安全生产与经济社会发展水平、产业结构、安全监管体制、安全法制建设、科技投入水平、社会福利制度、教育普及程度、安全文化等因素密切相关，其中城镇化水平是一个极其重要的影响因素。图 4.3 为英国、美国、日本工伤事故死亡人数与城镇化率的历史变化曲线。一般来说，当城镇化进程处于 S 形曲线的加速增长阶段时，即城镇化率为 30%~60%时，是安全生产事故的高发期，其后逐渐下降，这种现象以 20 世纪才进入城镇化加速增长阶段的日本尤为明显。

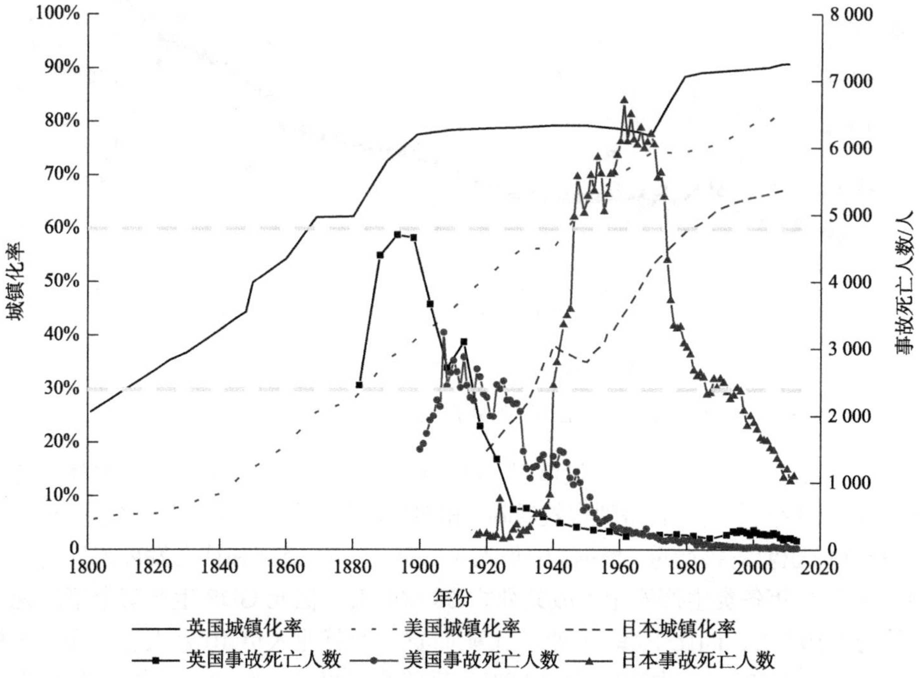

图 4.3　英国、美国、日本工伤事故死亡人数与城镇化率的关系

中华人民共和国成立以来，安全生产状况也经历了曲折的历史发展过程。分析我国工伤事故死亡人数与同期城镇化率有关数据，如图 4.4 所示，可以看出，我国安全生产状况相对于城镇化率，总体呈非对称抛物线函数关系，具有阶段性特点。与发达国家不同的是，我国在城镇化率为 20%左右的时候即进入了事故高发期，并呈现大幅波动，而在城镇化率为 40%左右的时候开始实现逐渐下降，说明我国城镇化进程中安全生产工作呈现后发加速趋好的特征。这一方面是由于随着经济、社会及科技的发展，对城镇化及安全生产发展规律的认识不断加深；另一方面说明近十年来，我国坚持“安全发展”理念，从安全生产责任、法规制度、监管体系、科技投入、应急救援等方面入手，多措并举推动了安全生产形势持续稳定好转。我国目前正处于工业化、城镇化快速发展进程中，仍处在生产安全事故易发多发的特殊时期，安全生产形势依然严峻。

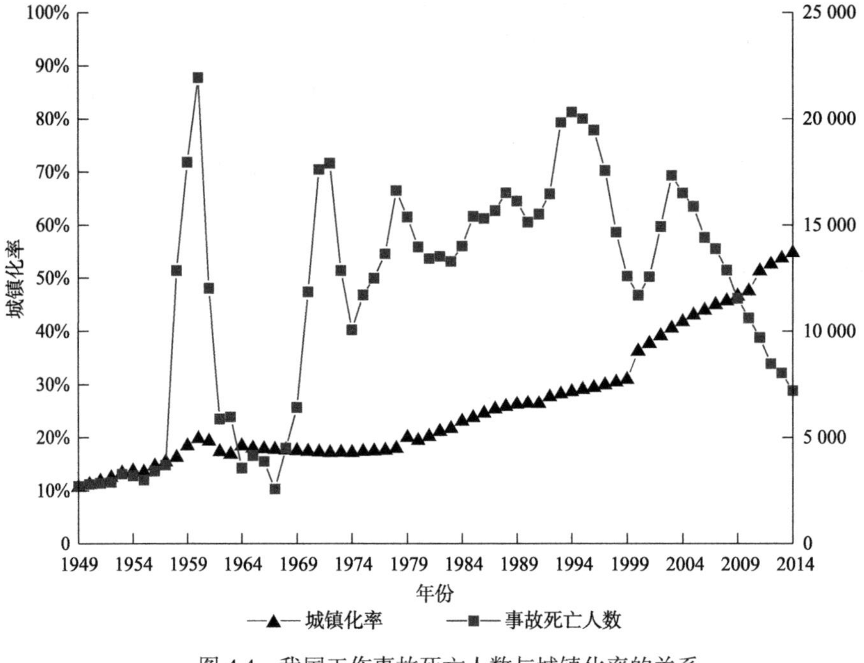

图 4.4 我国工伤事故死亡人数与城镇化率的关系

城镇化进程中生产企业数量增多、高危行业增多、从业人员增多，总体形势依然严峻，重特大事故没有得到有效遏制，相对指标与世界先进国家相比还存在着很大的差距，职业危害严重。根据《中华人民共和国国民经济和社会发展统计公报》，2014 年，全年各类生产安全事故共死亡 68 061 人。亿元 GDP 生产安全事故死亡人数为 0.107 人，同比下降 13.7%；工矿商贸企业就业人员 10 万人生产安全事故死亡人数为 1.328 人，同比下降 12.9%；道路交通事故万车死亡人数为 2.22 人，同比下降 5.1%；煤矿百万吨死亡人数为 0.255 人，同比下降 11.5%。至 2019 年，全年各类生产安全事故共死亡 29 519 人。工矿商贸企业就业人员 10 万人生产安全事故死亡人数 1.474 人，同比下降 4.7%；煤矿百万吨死亡人数 0.083 人，同比下降 10.8%。道路交通事故万车死亡人数 1.80 人，同比下降 6.7%。。

1）煤矿事故风险

煤炭在我国一次能源消费总量中长期占主导地位，2014 年全国原煤产量 38.7 亿吨，煤炭占我国一次能源消费的比重为 64.2%，预计到 2020 年，煤炭消费总量在 42 亿吨左右，煤炭占我国一次能源消费的比重要控制在 62%以内。煤炭刚性需求扩大及煤炭市场格局变化使煤矿安全生产应急管理面临较大压力。开采煤层自然条件的恶化导致煤矿灾害越发严重，复杂煤层及深井开采过程中煤与瓦斯突出危险与冲击地压灾害耦合现象将会更加突出。中国煤炭行业协会《关于 2014 年上半年煤炭经济运行情况的通报》显示，由于煤炭供大于求，库存居高不下，全国整个煤炭企业亏损面超过 70%。截至 2019 年，我国煤矿数量降至 5 900 处以下。其中，30 万吨及以下小煤矿仍有 3 113 处，占全国煤矿总量的 53%，产能为 4.6 亿吨/年，占比为 8.9%；9 万吨及以下小煤矿仍有 1 344 处，占全国煤矿总量的 23%，产能为 0.9 亿吨/年，占比为 1.7%。由于工作风险较高、环境较差、收入较低，煤矿专业技术人才队伍短缺，采掘一线职工主要为农民工，其文化程度相对较低，老龄化逐步凸显，且流动性高，难以形成长期稳定的高素质从业人员队伍，自救互救能力有待提高，难以发挥现场第一时间救援作用。按照《30 万吨/年以下煤矿分类处置工作方案》的目标，通过三年时间，力争到 2021 年底全国 30 万吨/年以下煤矿数量减少至 800 处以内。

根据原国家煤矿安全监察局统计，1978~2018 年，全国煤炭年产量由 6.18 亿吨增至近 36 亿吨，净增长 4.8 倍；煤矿数量由 8 万多处减至 5 900 处以下，减少 92.6%以上；煤矿事故死亡人数由最多时 7 000 人左右降至 333 人，下降 95%左右；重特大事故由 1997 年的 95 起降至 2 起，下降 98%；百万吨死亡率由 9.71 降至 0.093，下降 99%[①]。

2）非煤矿山事故风险

城镇化进程中我国将加大非煤矿产资源的开发利用，2014 年与 2010 年相比，铁矿石产量从 10.7 亿吨增长到 15.1 亿吨、原油产量从 2.03 亿吨增长到 2.11 亿吨、天然气产量从 967.6 亿立方米增长到 1 301.6 亿立方米、水泥产量由 18.8 亿吨增长到 24.8 亿吨，铜、铝、铅、锌等十种有色金属产量从 3 092 万吨增长到 4 380 万吨。截至 2014 年底，全国共有金属非金属矿山 60 947 座，尾矿库 11 359 座。金

① 改革创新 担当作为 奋力提升煤矿安全生产水平. http://www.chinacoal-safety.gov.cn/xw/mkaqjcxw/201901/t20190125_224053.shtml，2019-01-25.

属非金属矿山的尾矿库溃坝及采空区地质灾害事故风险较高，且原有的病库、险库、危库没有得到根本治理；深海油气、含硫天然气、页岩气、煤层气、可燃冰（天然气水合物）等非常规油气资源开发的难度和复杂性较高，给安全工作带来了新的挑战。我国矿山中90%以上是小型矿山，企业大多规模小、分布散、基础差、隐患多，安全技术、装备、管理落后，抵御风险能力及现场基础设施条件较差。违规违法开采现象没有得到有效遏制，使得非煤矿山安全面临巨大压力。

据统计，2014年，全国金属非金属矿山共发生各类事故534起、死亡640人，同比减少124起、150人，分别下降18.8%和19.0%。

3）危险化学品事故风险

城镇化进程中我国化学品的生产和使用量持续增加，我国现有危险化学品生产经营企业约30万家，新老化学品生产、加工、储存、运输、使用、回收和废物处置等各个环节的安全生产风险日益加大。化工生产装置和储存设施日益大型化、集约化和一体化，同时具有高能量、高毒性等特征，事故后果严重，影响范围大，社会影响恶劣。煤制油、煤制气等新型煤化工行业发展迅速，但技术、装备、标准及人才储备尚显不足，中西部地区新型化工行业快速发展与人才匮乏的矛盾特别突出，此外，对医药化工、生物化工等新兴产业的安全风险分析评估尚不到位，给安全工作带来了新的问题。随着城镇快速扩张，众多老化工企业逐渐被城镇包围，对城镇公共安全构成威胁，城镇建成区内功能不同的危险化学品输送管网纵横交错，外部第三方活动严重影响其安全运行。化工园区数量与日俱增，园区内重大危险源众多，事故极易造成严重后果，且引发连锁反应；危险化学品公路运输占90%，每年危险化学品公路运输量为2.5亿吨以上，运输车辆构成了大量的移动危险源，发生事故的时间和地点难以预知，且普通交通事故也可能引发化学品泄漏及火灾爆炸，安全管理困难。油气输送管道快速发展，我国已建成石油天然气管道达12万千米，城市燃气管线长度达50余万千米，管道易受到第三方破坏、腐蚀和自然灾害的影响，潜在危险很大，有2万千米的管道管龄已经超过20年，事故隐患大量累积，且随着城镇化快速发展，油气管道与城市功能区及基础设施的相互影响日益严重，管道被厂房、居住区包围和违章占压现象非常严重，非法占压、交叉穿越等重大隐患近7 000项，事故风险高。

根据应急管理部的全国危险化学品和烟花爆竹安全监管工作视频会议通报，2018年，全国共发生化工事故176起，死亡223人，同比减少43起、43人，分别下降19.6%和16.2%。其中，发生较大事故11起，死亡46人，同比减少4起、11人，分别下降26.7%和19.3%；发生重大事故2起，死亡43人，同比起数持平但人数增加23人，上升115%；未发生特别重大事故，同比持平。

4）工商贸企业事故风险

我国工商贸领域主要包括冶金、有色、建材、机械、轻工、纺织、烟草、商贸等行业。随着工业化、城镇化的快速推进，工商贸企业蓬勃发展，与矿山和危化领域基本都是规模型企业不同，工商贸企业点多面广，且多数是小微企业和个体工商户，属于劳动密集型产业，生产条件相对较差，安全风险参差不齐，在落实隐患整改、承担主体责任等方面的能力都严重不足，是生产安全事故的易发领域，特别是食品加工、金属加工等行业，火灾、粉尘爆炸等重特大事故近年频发。

5）建筑施工事故风险

在我国城镇化加速推进的过程中，无论是建设住房、学校、医院，还是城市配套的基础设施，都离不开建筑业的支撑。2014 年，全社会建筑业增加值 44 725 亿元，比上年增长 8.9%，建筑业从业人员约 4 000 万人，主要为农民工，素质整体偏低，出现违章指挥、违章作业和操作失误现象比较普遍。此外，因现场管理及安全培训不到位、赶工期等因素，可能引发建筑施工事故，特别是轨道交通、隧道、桥梁建设存在高大模板工程、深基坑工程等危险性较大的分部分项工程，可能导致群死群伤。

根据住房城乡建设部办公厅发布的《房屋市政工程生产安全事故情况通报》，2014 年，全国共发生房屋市政工程生产安全事故 522 起，死亡 648 人，比上年同期事故起数减少 6 起，死亡人数减少 26 人，同比分别下降 1.14%和 3.86%。

6）特种设备事故风险

随着城镇化进程的不断推进，电梯、客运索道及锅炉、压力容器等特种设备与城市居民的日常生活联系日益紧密。截至 2014 年底，全国特种设备总量达 1 036.46 万台，较 2013 年上升 10.63%。其中，锅炉 63.89 万台、压力容器 322.79 万台、电梯 359.85 万台、起重机械 226.26 万台、场（厂）内专用机动车辆 61.66 万辆、大型游乐设施 1.92 万台（套）、客运索道 925 条，另有气瓶 14 250 万只、压力管道 92.47 万千米。特种设备具有高压、高温、高空、高速等特点，在使用时存在较大的危险。长期以来，由于生产、经营、使用等环节存在着种种问题，再加上监管不到位和相关制度缺失，进一步放大了这种危险。

根据《市场监管总局关于 2019 年全国特种设备安全状况的通告》，2019 年，全国共发生特种设备事故和相关事故 130 起，死亡 119 人，受伤 49 人。与 2018 年相比，事故起数减少 37 起，降幅达 22.2 %；死亡人数减少 34 人，降幅达 22.2%；受伤人数减少 11 人，降幅达 18.3%。万台特种设备死亡率为 0.11。

2. 火灾事故风险

人口城镇化和小城镇的大幅发展使得城镇中的火灾隐患增加，火灾事故风险源在城镇中分布十分广泛，同时致灾因素与事故隐患众多，主要有高层、地下、大空间建筑多，人员密集场所多，易燃易爆场所多，工业园区和“城中村”多等，且消防安全基础设施规划和建设相对滞后，欠账较多。2019年全年共接报火灾23.3万起，死亡1 335人，受伤837人，直接财产损失达36.12亿元。与2018年相比，四项数字分别下降4%、8.7%、0.8%和1.9%，火灾总量没有出现波动，总体保持稳中有降的态势，是近七年来火灾起数和伤亡人数最少的一年[①]。

1）高层建筑火灾事故风险

据不完全统计，目前我国共有高层建筑10余万幢，其中100米以上的超高层建筑近万幢，且功能多样，集办公、商贸、宾馆、餐饮、娱乐等于一体。高层建筑内人员高度密集，人员疏散困难，灭火救援装备缺少，灭火难度大，事故风险高。

2）三小场所火灾事故风险

家庭式小作坊、小旅馆、小娱乐场所、小档口、废品收购站（点）等三小场所数量多，主要从事劳动密集型加工生产，用火、用电不规范，场所空间狭小，货物堆放密集，不符合消防要求；从业人员流动性大，安全意识薄弱，消防设施不完善，消防通道不畅，消防取水困难，且“三合一”“多合一”问题突出，人员密集，施救困难，事故风险高。

3）城中村火灾事故风险

城中村出租屋是城镇化进程中农民工集中居住的地方，居住者安全意识较差，电器隐患严重，火灾隐患多，由于城中村普遍存在布局不合理、建筑密度大、违法建筑较多的现象，发生火灾事故可能导致“火烧连营”现象发生。城中村消防基础设施条件较差，建筑大多未通过消防审批，无消防通道，一旦发生火灾，消防队很难及时到达现场施救，容易导致群死群伤事故。

4）农村火灾事故风险

新型城镇化进程中一个重要方面是推进城乡一体化，建设社会主义新农村，而农村消防发展水平仍然较低，现有消防基础设施建设、消防装备和消防管理制度已不能满足新农村建设的需要和广大农民群众日益增长的消防安全需求，农村火灾形势十分严峻。

5）公交车辆火灾事故风险

城镇公交线路及运营车辆众多，每天运送大量乘客，公交车运行时间长，发动机散热情况差，易造成车辆自燃；公交车一般使用年限长，易发生线路老化、短路等，造成车辆自燃；乘客携带易燃物品上车等外来因素也是公交车火灾的原因之一，公交车辆人员密集，火灾事故可能造成群死群伤。

① 2019 年全国接报火灾 23.3 万起 伤亡人数近七年来最少. http://society.people.com.cn/n1/2020/0111/c1008-31544259.html，2020-01-11.

6）地铁火灾事故风险

地铁在城镇中承担着繁重的人员输送任务，地铁工程及车辆材料阻燃不达标、旅客携带易燃物品进站上车、工作人员违反安全操作规范、电气火灾等，可能导致地铁火灾事故，而地铁位于地下，空间狭小，人员密度大且组成复杂，一旦发生火灾，浓烟不易排出，温度上升快，人员混乱程度高，施救困难，可能造成大量人员伤亡。

3. 交通运输事故风险

城镇化进程离不开交通的现代化，须有中心城市和立体交通网为载体和依托，形成空中、水上、地上、地下一体的交通运输网。随着城镇规模和交通运输快速扩张，城镇公共交通领域潜在危险因素众多，在积累过程中事故显化趋势明显。

1）道路交通事故风险

新型城镇化进程中道路交通越来越繁忙，城市汽车保有量及道路车辆密度逐年高速攀升，统计结果显示，2014 年全国公路通车总里程 445 万千米，机动车保有量 2.64 亿辆，机动车驾驶人突破 3 亿人，其中，汽车保有量达 1.56 亿辆，每天公路出行约 1 亿人，同时道路基础设施建设、交通管理等方面滞后于城镇发展，存在普通公路人车混行、行人或机动车驾驶员安全意识淡薄等因素，导致重大道路交通运输事故频发，特别是客运、公共交通车辆乘客数量多，一旦发生交通事故，可能造成重大人员伤亡。个人交通工具发展迅速，特别是摩托车、电动车，由于使用方便，在城市中数量众多，大量电动自行车超出国家标准，速度可达 50 千米以上，非法营运、无证驾驶、闯红灯、争道抢道、不按车道行驶、不戴头盔等行为易造成交通事故。此外，隧道、校车等交通事故也是城镇化进程中的典型道路交通事故风险。

2）水上交通事故风险

水运是交通运输网络的重要组成部分，截至 2014 年，全国内河航道通航里程 12.59 万千米，运输船舶 17.26 万艘，船员 155 万名，累计完成水路客运量和旅客周转量分别为 2.5 亿人和 69.2 亿人公里，同比增长 2.5%和 8.7%；完成水路货运量和货物周转量分别为 54.5 亿吨和 84 056 亿吨公里，同比增长 6.8%和 16.0%。城市港口水域通航条件复杂，船舶类型多、密度大，航道拥堵，小型船舶技术状况较差、船员素质较低，公司管理较差，超载和低成本营运的情况普遍，从事水上休闲运营的船舶状况和船员素质依然处于较低水平，港口公用基础设施和水上支持保障系统还不完善，海上执法力量、预警预控设备和监管设备设施不足，事故风险较高。此外，危险化学品船舶数量众多，大型化趋势明显，由于事故应急救援体系尚不完善，一旦发生燃油或危险化学品泄漏，可能造成海洋环境严重污染。

根据2020年全国海事工作会，2019年全国共发生一般等级及以上中国籍运输船舶水上交通事故128件，死亡失踪140人，沉船42艘，直接经济损失达1.7亿元，同比分别下降32.3%、40.9%、49.4%、42%，为五年内最低值。

3）铁路交通事故风险

2014年底，我国铁路营业里程达到11.2万千米，里程长度居世界第二位，同比增加了8 676千米，增长8.4%。高速铁路营业里程已达到16 000千米，里程长度居世界第一位，同比增加了5 428千米，增长了49.0%。高速铁路的快速发展与高铁运营及技术设备研发设计的管理滞后之间的矛盾仍然突出，道口平改立工作难度越来越大，机动车闯越道口存在监管盲区，铁路沿线安全宣传教育还有待进一步加强，可能导致铁路列车冲突相撞事故，引发火灾等次生灾害，毁坏列车和其他设施，造成大量乘客死亡。此外，人员在线路上行走或横越线路造成铁路交通事故多发。

根据国家铁路总局发布的《2019年铁路安全情况公告》，2019年全国铁路未发生铁路交通特别重大、重大事故；发生较大事故4件，同比增加3件。铁路交通事故死亡人数为788人，同比减少死亡69人，下降8.1%；10亿吨公里死亡率为0.173，同比下降13.1%。

4）城市轨道交通事故风险

2014年末，全国22个城市共开通城市轨道交通运营线路长度3 173千米，据不完全统计，全年客运总量126亿人次，比2013年增加16亿人次，增长了15%，此外，我国城市轨道交通在建城市40个，在建线路4 073千米。外部原因导致地铁车站及区间隧道等结构受损或地面设施破坏，再加上设备、人员、管理等方面的缺陷，以及信号故障、调度不当等原因，可能导致地铁列车冲突相撞事故，造成大量乘客死亡，引发火灾等次生灾害，使列车和其他设施毁坏，造成重大财产损失和不良社会影响。

4. 城市生命线运行安全事故风险

水、电、气、热、通信等生命线工程是维持现代城镇生产、生活正常运转的基础，随着城镇化进程加快，城镇规模不断扩张，大量人口高速涌入，城镇生命线工程建设项目日新月异，相伴而来的是更多的灾害隐患。以城镇燃气地下管网为例，我国城镇用气人口达5亿人，燃气管道总长度达50余万千米，而国务院安全生产委员会组织开展的油气输送管线及城市燃气安全专项整治发现的城市燃气安全隐患达3.6万处，其中的2.3万处截至2014年5月仍未整改。2014年末，全国供水管道达67.7万千米，排水管道达51.1万千米，供热管道达18.7万千米。我国城镇快速发展过程中普遍存在生命线系统规划不完善、基础设施建设落后于城市功能需要的现象，生命线系统建设标准普遍偏低、缺乏自我保障能力，同时现代城镇对生命线的依赖日益增强，一旦破坏，容易因单一或一连串灾难性事件造成次生、衍生灾害，造成的功能破坏及次生灾害更甚于其结构破坏，成为城镇运行面临的严重问题。

据中国城市规划协会地下管线专业委员会2009~2013年中国地下管线事故统计报告，依媒体公开报道且影响较大的原则，典型事故总计75例，其中直接因城镇地下管线事故而造成死伤的事故案例共27起，死亡人数达117人。单就致死伤的地下管线事故而论，呈逐年增多趋势，2009年发生两起人员死伤事故，2013年则达到9起。其中，最易出事的是燃气管线，75例事故中燃气管线事故占比逾半，其中有11起燃气管线事故出现死伤。

5. 人员密集场所安全事故风险

随着城镇规模不断扩大，人口高度集中，第三产业蓬勃兴起，人员密集场所在城镇中分布广泛，人群密度越来越高，大型活动日渐增多，人员密集场所在数量、种类、规模和结构的复杂程度等方面呈上升趋势，具有人员相对聚集、流动性大、人群组织程度低等特点，火灾和人员拥挤踩踏事故多发。

据不完全统计，我国1960~2010年共发生217起人群拥挤踩踏事故，20世纪80年代发生20起，死亡1 129人；90年代发生29起，死亡2 910人，进入21世纪的10年间共发生155起，死亡3 773人，事故起数及死亡人数呈显著上升趋势（吴宗之和郭再富，2014）。

6. 公共设施事故风险

城镇公共设施是城镇化进程中公共服务的基础条件，城镇在公共设施抗御灾害方面的能力先天不足、储备不够，应对突发事件的能力极其脆弱，已经成为城镇建设中的短板。

1）桥梁垮塌事故风险

城镇中公路桥梁及高架桥数量众多，据不完全统计，我国现有各类桥梁约50万座，每年开工建筑的桥梁为1万余座，由于部分桥梁年久失修或日常管护不到位、桥梁设计不合理、施工质量问题、外部碰撞、超载超限车辆上桥等，可能造成桥梁垮塌，致使桥上车辆及人员坠落，并给桥下车辆及人员带来危险，造成巨大财产损失。

2）路面坍塌事故风险

道路是城镇的血脉，2014年末全国城市道路长度达35.2万千米，比上年增长4.8%。受地下工程施工、水文、地质等条件影响，路面塌陷事故多发生在道路、街巷，特别是地下交通、电力、电信、供热、水、燃气等管线施工工地周边，会造成严重经济损失，并可能造成较大人员伤亡。

近年来全国大范围、高频次、导致多人死伤的恶性塌陷事故接连发生，造成了重大的生命财产损失和恶劣的社会影响。2020 年 1 月 13 日下午 5 点多，青海省西宁市城中区南大街一处公交站附近发生路面坍塌事故，一辆公交车坠入坑中。截至 1 月 14 日 22 时 10 分，事故已致 9 人遇难，仍有 1 人失联，17 名伤者送医治疗[①]。

3）既有建筑垮塌事故风险

城镇存在大量既有建筑，由于原建设标准低，或者受当地地质条件、城镇工程施工等因素影响，许多建筑物已成为危房，部分老旧建筑已出现楼板开裂、墙体裂缝等问题，一旦发生既有建筑的整体或局部垮塌，对建筑内部和周边人员都会构成重大危险，且会造成极大的财产损失。

4）供水基础设施工程垮塌事故风险

供水基础设施是城镇运行必不可少的支撑，城镇建有大量取水水库大坝、拦河堤坝、取水涵管等供水基础设施，设施自身质量安全问题、外界因素影响、运行维护不到位等，可能导致供水基础设施工程垮塌，不仅影响城镇供水区的供水，下泄的洪水还会给下游居民带来毁灭性的灾难。

7. 环境污染和生态破坏事件风险

我国经济高速发展和城镇化持续推进的过程中，产生了大量污染物，造成了严重的环境污染，城镇发展与资源能源消耗、环境污染之间的矛盾显得越来越尖锐。从 1999 年开始，中国城镇生活污水排放总量就已经超过了工业废水排放总量，生活源的 COD（chemical oxygen demand，化学需氧量）、氨氮、总磷等主要污染物的排放成为造成水体污染的主要原因。机动车数量快速增加，机动车尾气已经成为大城市空气污染物的主要来源，空气污染问题逐渐从煤烟型转化为煤烟型与机动车污染型的混合型。城镇垃圾的处理水平较低，大量垃圾未经合理、安全的处置就堆放在城镇周边地区，造成了严重的土壤、水体污染。此外，现代城镇的自然生态系统受到了严重的破坏，生态失衡问题严重，自然绿地减少、“城市热岛”等问题十分突出，城镇自然生态系统的退化进一步降低了环境承载力，加剧了资源环境供给和城镇经济社会发展之间的矛盾。

据环境保护部通报，2014 年，全国共发生突发环境事件 471 起，较 2013 年减少 241 起，其中重大事件 3 起，较大事件 16 起，一般事件 452 起。

---

① 路面塌陷频发，究竟是天灾还是人祸？. https://baijiahao.baidu.com/s?id=1655951792265268624&wfr=spider&for=pc，2020-01-17.

8. 核事故和辐射事件风险

城镇化进程中，核电站等核设施的建设从本质上将增大核事故发生的可能性，核泄漏事故导致大量放射性物质外泄，容易对人员生命健康、周边环境生态造成严重影响，并引发经济、社会、政治等方面的严重后果。同时，相关放射源的数量及应用范围可能进一步扩展，一旦管理不当，可能增大辐射事件发生的可能性，放射源失控辐射事故可造成人员损伤及环境污染，引发社会恐慌。

（三）公共卫生事件风险

在公共卫生领域，城镇化的速度远远快于公共卫生发展的速度，为公众健康管理、基础免疫和重点传染病防控等工作增加了难度，公共环境卫生和食品安全保障任务加重。城镇常住人口的快速增长，超出了基础设施和发展要素的承载能力，公共卫生机构资源不足、服务能力不强，极大地影响了疾病防控和卫生监督等中心工作的开展。快速城镇化加剧了人口的流动性，而基层卫生服务机构不能有效履行基本公共卫生服务职能，突发公共卫生事件风险加大。

1. 传染病疫情风险

全球经济一体化、城镇化、生态环境变化及人口大流动等因素增加了传染病流行的反复性、复杂性。2014 年，我国春运期间全国旅客发送量达 36 亿人次，暑期旅游每年也都以数亿人次计算，大规模人口流动使得传染病的传播更加容易，各地发展不平衡等造成各地防控传染病的能力不平衡，制约了传染病防控能力的提高。

据国家卫生和计划生育委员会统计资料，2014 年，我国（不含港澳台）共报告法定传染病 7 184 391 例，死亡 16 629 人，发病率为 530.15/10 万，死亡率为 1.23/10 万。

2. 食品安全事件风险

城镇化进程中经济的高速增长、农业生产力的显著提高和消费模式的转变，使中国的食品生产、流通和消费模式发生了巨大变化，新的食品安全问题正在涌现，反映出中国食品体系在城镇化和工业化过程中受到的压力，包括某些产品部门的快速扩张、供应链的延长和人们对加工食品更多的需求。这些因素与社会诚信缺失及监管能力不足交织在一起，导致食品安全成为一个极具挑战性的管理问题。

据全国食品经营监管工作会议公布的数据，2014 年，全国食药监系统共查处不符合食品安全标准的案件 8.45 万件，查处食品 146.16 万千克，移送司法机关违法案件 738 件。

3. 职业病风险

我国正处在职业病高发期和矛盾凸显期，职业病危害问题在全国范围内具有一定普遍性，肺尘埃沉着病、急性职业中毒等重点职业病发病率居高不下，职业病危害接触人数、患病人数和新发病人数均居世界前列，2001 年以来，每年报告职业病都在一万例以上，且总体呈上升趋势。另外，近年来群发性职业病事件屡屡发生，如广西马山县 225 人罹患硅肺病、苹果公司代工厂 137 名员工正己烷中毒等，造成了恶劣的社会影响。严重的职业病危害不仅造成了劳动者个人和家庭的悲剧，还会影响整个社会经济的全面、可持续发展，职业健康问题已经成为严重的社会问题。

国家卫生和计划生育委员会发布的《2014 年全国职业病报告》显示，我国 2014 年共报告职业病 29 972 例，其中近九成为职业性尘肺病。从行业分布看，煤炭开采和洗选业、有色金属矿采选业和开采辅助活动行业的职业病病例数较多，分别为 11 396 例、4 408 例和 2 935 例，共占全国报告职业病例数的 62.52%。

4. 重大动物疫情风险

随着工业化和城镇化加快、居民收入提高，中国对肉、蛋、奶等畜产品的消费需求正不断增长，已成为全球肉、蛋最大生产国。随着养殖规模扩大，畜产品流通加快，动物疫病流行、传播的范围和速度也不断扩大、加快。特别是高致病性禽流感、口蹄疫等重大动物疫病的流行和爆发，直接关系到畜牧业的发展和肉、蛋、奶市场供应能力，甚至危及社会公共卫生安全和社会稳定。

（四）社会安全事件风险

城镇化快速发展过程中，由于经济发展不平衡、政治与社会改革滞后、传统道德文化体系受到冲击、生态环境急剧恶化等，出现了社会阶层结构分化严重、农民失地失业和城镇贫民窟、伦理道德危机、城乡人口流动带来的风险等问题。这些问题已成为当前我国各种社会安全事件风险和公共危机事件爆发的根源。

1. 群体性事件风险

在快速城镇化背景下，由政策不完善、制度不健全、诉求渠道不畅、表达机制缺乏、法治信仰缺失、群众利益受损、环境污染等因素引发的群体性突发事件已成为影响我国社会稳定的一个突出问题，并呈现出数量越来越多、规模不断扩大、组织化程度越来越高、所涉及的问题越来越复杂、突发性越来越强、行为方式日趋激烈、演变程度加剧、处置难度越来越大等特点。农村土地征用、村庄拆迁安置、城乡接合部城镇拆迁安置、失地农民安置等引发的群体性事件较为突出，以贫富差距为核心的社会不公平问题是引发群体性事件的根本原因。

根据中国社会科学院法学研究所发布的《法治蓝皮书：中国法治发展报告No.12（2014）》，2000~2013年，百人以上群体性事件有871起，其中，2010年、2011年和2012年是群体性事件的高发期。导致百人以上群体性事件的原因众多，其中，劳资纠纷占三成，执法不当占两成，拆迁征地占一成。环境污染是导致万人以上群体性事件的主要原因，其导致的群体性事件在所有万人以上的群体性事件中占50%；劳资纠纷是导致千人至万人群体性事件的主要原因，其导致的群体性事件在所有千人至万人群体性事件中占36.5%。

2. 社会治安事件风险

城镇化在推动社会进步的同时，也给社会治安带来一定的负面效应，城镇化加速了城市违法犯罪的恶化程度。城镇人口密集，土地紧张，人员疏于往来，邻里关系淡薄，彼此缺乏了解。城镇外来人口的不断增加，城镇间人口流动的加速，以及城镇人口在就业、迁徙方面选择难度和次数的增加，使得城镇社会形同于陌生人社会，使城镇在社会治安方面遭遇了严重的危机。城镇大量存在的繁华商业店铺和娱乐场所，对违法犯罪人员是一种诱惑。外来人口犯罪已成为困扰政府和城镇社会的一个重大治安问题，这一问题也与城镇化密切相关。

据《中国统计年鉴2014》，2013年全国公安机关立案的刑事案件共6 598 247起，比2012年（6 551 440起）有所增长；受理治安案件13 307 501起，查处治安案件12 746 493起，每万人口受理案件97.3起。

3. 恐怖袭击风险

为了追求轰动效应，目前恐怖袭击的主要目标是城镇，特别是大城市和中心城市，尤其是对国家政治乃至全球具有影响力的城市。城镇人口众多且流动性大，标志性建筑物突出，公共设施发达，公众对公共设施的依赖程度比较大，城镇恐怖袭击可以用伤亡大、效应强、预防难来概括。对于中国城镇化进程而言，反恐已经是城镇公共安全的关键问题之一。2008年以来，我国发生过暴力恐怖袭击的城镇大多分布在新疆、北京、西藏和云南等地。

（五）城镇化带来的新型风险

除上述风险之外，城镇化进程也带来了一些新型风险，包括粮食安全、金融安全、信息安全等。

1. 粮食安全

城镇化从粮食需求和粮食生产两方面影响粮食安全。城镇人口增多导致食品消费结构改变，对粮食产量造成一定影响。在粮食生产方面，城镇化会直接对耕地面积和农业劳动力这两个农业中的基本生产要素产生负面影响。

2. 金融安全

由于土地收入下滑、地方财力有限、民间投资乏力，银行信贷或将成为新型城镇化的主要资金来源、新型城镇化融资存在一定风险，包括地方政府隐性债务风险、新兴企业信贷风险、创新金融产品的风险等，可能使金融系统出现问题，引发社会动荡。

3. 信息安全

当前国内智慧城市建设步伐加快，建设过程中数字城管、平安城市、平安交通、数字物流、电子政务等多个数据平台有待融合。以往各个系统里的内容是相对封闭的，一般只供有限范围使用，但随着越来越多的系统融合在一起，一旦系统出现故障，可能给整个城市带来灾难性影响。

三、重点领域和关键环节风险及问题分析

（一）不同规模城镇风险特征

国务院于 2014 年 11 月下发《国务院关于调整城市规模划分标准的通知》，以城区常住人口为统计口径，将城市划分为五类七档，城区常住人口 1 000 万以上的城市为超大城市，500 万以上 1 000 万以下为特大城市，100 万以上 500 万以下为大城市，50 万以上 100 万以下为中等城市，50 万以下为小城市。城市群、超大城市、特大城市、大城市、中小城市、小城镇等不同规模和类型的城市的功能定位、产业布局、人口构成、空间形态、资源条件、承载能力等方面具有巨大差异，因此其风险特征也各不相同，在城镇公共安全管理过程中需要有针对性地加以考虑。

1. 大型城市

目前我国 100 万人口以上的城市已达 142 个，其中 1 000 万人口以上的城市有 6 个，500 万以上 1 000 万以下的城市有 10 个。大型城市的人口高度密集、流动性强，经济要素高度积聚，政治、文化及国际交往活动频繁。在大型城市风险

中，既包括高度集中的生产安全、火灾、交通等传统风险，也包括雾霾、恐怖袭击、金融安全等特殊的都市风险，其灾害风险形态产生了质的变化，具有以下一些新的特征。

（1）放大效应。由于人口、财富和基础设施高度集中于一个相对狭小的地区，城市脆弱性突出，即使一般的事件也会造成很大的灾害效应，并会扩散至更大的区域，造成更严重的损失。

（2）综合性。自然灾害与人为灾害界限日益模糊，任何突发事件都可能引发经济社会危机。大型城市资源的超强度开发、布局不合理、管理不善等易产生混合性灾害。

（3）系统性。大型城市的任何一个子系统被破坏都会殃及整个城市的运转。例如，地震后供电系统被破坏，会影响交通、供水、能源等系统的恢复，波及消防和居民生活系统，引起次生灾害。

（4）隐蔽性。由于城市规模过大，管理难以完全覆盖，且灾害的潜在致灾因素众多，使灾害的起源、发生及发展过程难以确定，大型城市公共安全隐患普遍存在且难以察觉。

2. 中小城镇

根据《国家新型城镇化规划（2014—2020年）》，截至2010年，全国共有100万人口以下城市518个，建制镇19 410个。中小城镇是宏观和微观、工业和农业、城市和农村的重要结合点，是我国新型城镇化的发展重心。中小城镇独特的区域位置、人口构成、承接功能，使它与大城市和农村相比，除了突发性、公共性、危害性等共同风险特征外，又具有典型的前沿性、多样性、高发性、复杂性和关注性等。

（1）前沿性。我国中小城镇是城市与农村的交汇处，既具有城市的功能，又与农村紧密相连，是突发事件的前沿地带，绝大多数突发事件都发生在中小城镇。

（2）多样性。中小城镇农业、工业、现代服务业等产业齐全集中，人流、物流密集，使中小城镇突发事件呈现多样性，各种类型的突发事件在中小城镇都会发生。

（3）高发性。与大城市相比，中小城镇基础设施落后，技术手段匮乏，防灾救灾能力和水平不高，人员素质参差不齐，城市应急体系较为脆弱，因而突发事件呈高发、频发态势。

（4）复杂性。中小城镇人口情况复杂且相互关联，突发事件会引起连锁反应。突发事件诱发因素大多是各种矛盾相互交织的结果，呈现出一果多因、牵一发动全身的复杂状态。

（5）关注性。中小城镇处在宏观和微观的结合点，既是国家各项宏观政策落实到基层工作的中转站，又是基层工作实践反馈到宏观决策的重要渠道，突发事件极易引起广泛的社会影响。

3. 城市群

《国家新型城镇化规划（2014—2020 年）》明确了城市群是我国新型城镇化的主体形态。城市群是以 1~2 个特大型城市为核心，由核心城市及周围若干个城市组成的内部具有垂直或横向经济联系的经济区域。由于城市群内既有特大城市，也有中小城镇，在涵盖其风险特征的基础上，城市群呈现一些新的风险。

城市群人口、产业、基础设施高度集中，使得气候变化和城市化这两大使人类更容易遭受灾害影响的因素叠加，洪水、台风、暴雨等突发性灾害及土地盐碱化、湿地生态退化等缓发性灾害叠加，引发灾害链、灾害群的可能性增加。同时，气候变化对城市群所在区域的生态、环境、农业、供水、交通等产生一系列影响，使城市受到间接威胁，使得城市群成为容易遭受自然灾害侵袭并造成重大损失的高风险区。城市群内铁路、公路、运河、航空等城际交通网络的建设是城市群发展的基础，相应也带来了城市间的交通运输安全风险。城市群高密度的聚集导致高强度的相互作用，在拉动城市群高速度成长的同时，造成了高风险的生态环境威胁，特别是大气污染、水环境污染；城市群作为人类聚居的一种高级空间形态，与乡村地区和一般城市地区相比，在多个环节增加了社会风险发生的可能性；此外，在城市群内人口和产业疏散转移过程中也存在相应的安全风险。

（二）城镇公共安全规划

在国家、各省市陆续发布的城镇化规划中，城镇公共安全规划的相关内容欠缺，说明城镇化进程中的公共安全问题尚未引起政府和社会充分重视，需要从国家层面进行通盘考虑，开展自上而下的顶层设计。

在城镇层面，以往城镇规划体系中涉及城镇公共安全领域的内容主要有以下几方面：在城市总体规划层面，通常编制较全面的防灾减灾专业规划，其中对于地震、洪水等各类自然灾害的探讨和研究比较深入和透彻，侧重于避难场所等设施的空间布局。在城市综合规划方面，安全生产规划、应急体系规划等综合性规划对城市安全问题有总体性、科学性的规划设计。在专业规划方面，通常结合其专业特点制定相关规划，如消防安全规划、道路交通安全规划等。此类规划中对城镇公共安全虽有涉及，但也存在一定的不足，如内容分散，各自为政，不能满足城市安全发展的客观需要；尚未与城市总体运行的公共安全体系相衔接，规划之间不能互相协调，可能造成资源浪费；部分关键领域未充分体现或不够深入，如城市生命线系统、安全基础设施等方面，缺乏统筹谋划及协同推进，不能满足城镇安全发展的客观需要。

（三）城镇安全基础设施

多年来，我国城镇经济迅猛发展，但城镇安全基础设施规划和建设相对滞后，欠账较多，公共安全基础设施与经济社会快速发展的需求不相适应。

据调查，我国70%以上的城市排水系统建设设计的暴雨重现期小于1年，相比于国外5年、10年乃至15年的标准明显偏低，90%的老城区的重点区域甚至比规范规定的下限还要低。老旧建筑、老旧设备安全等级不达标，1995年以前的老旧高层建筑设计不符合目前施行的高层建筑防火设计规范，在耐火材料、防火设计、火灾探测系统等方面存在安全隐患。城市中运行时间超过15年的电梯为数众多，有的已不符合现行国家标准，且零部件老化严重，故障事故频发，存在安全隐患。消防管网、消防站的数量较少、分布不科学，消防站布局不合理、责任区面积过大，消防车数量不足、种类不齐，灭火救援装备亟待更新和升级。部分人员密集场所安全设施陈旧、通道不畅、照明不足、安全标识不清。城中村及农村消防基础设施条件较差，建筑大多未通过消防相关程序审批，乱拉电线现象严重，火灾隐患问题突出，城中村、出租屋和违法建筑等改造难度大。

（四）城镇化工园区安全

化工园区是化工行业取得长期发展的主导方向。随着我国经济的迅猛发展和化工园区建设热潮的兴起，化工园区的数量与日俱增。初步统计，2013年全国主要化工园区和以石油与化工产业为主的工业园区达到490余家。其中，国家级园区30家，地市级以上园区280多家。

化工园区的建设与发展在促进当地经济和化工产业发展的同时，也带来了新的安全问题，由于化工园区内多为石油化工企业，生产、储存、使用、经营、运输和处置着大量易燃、易爆、有毒危险化学品，且园区内重大危险源众多，一旦发生火灾、爆炸或危险化学品泄漏扩散事故，极易造成严重的后果。另外，化工园区内企业相对密集，如果某一单个化工企业发生重大事故就很有可能波及与之相邻的企业，从而引发灾难性的“多米诺骨牌”连锁效应。同时，部分化工园区安全规划与企业布局相对落后，没有科学的安全规划体系，与民用设施、居民区及江河湖泊等脆弱环境的安全距离严重不足，园区存在安全隐患，尚未建立合理的风险管理体系。

（五）农民工安全管理

农民工是我国工业化、城镇化进程中涌现出的一支新型劳动大军，是推动我国社会经济发展的重要力量，为我国农村发展、城市繁荣和现代化建设做出了重要贡献。2014年全国农民工总量达到2.74亿人，其中一半以上从事采矿业、制造业、建筑业等第二产业，仅30%左右接受过技能培训。

农民工承担了80%以上的高风险作业，由于整体文化素质较低，安全意识淡薄，缺乏必要的安全知识和自我防范能力，相关事故伤亡总人数中80%以上是农民工。因此，加强农民工安全管理已经成为当前解决农民工问题、保护农民工根本利益和促进安全生产形势稳定好转的一项紧迫任务。

（六）农村地区安全

全国大中城市的建设有一定的安全防灾保障，而数量多、面积广的农村缺少本质安全的设防，不抗震、不防火、无法应对地质灾害等都成为农村地区城镇化发展的障碍。

农村经济社会发展水平仍然较低，缺少从事公共安全管理的专职工作人员，存在大量管理空白和管理盲区，公共安全基础设施建设和管理已不能满足发展需求，此外，日益增多的群体性事件已经成为影响农村公共安全的主要问题之一。以火灾事故为例，“十一五”期间我国60%以上的火灾和60%以上的火灾伤亡发生在农村和乡镇，而农村消防基础设施（如消火栓）的欠账在90%以上[①]。

（七）城镇公共安全信息化管理

随着城镇规模的扩大，城镇组织和结构的日益复杂化，为城市信息化和信息产业的发展提供了特别有利的环境，另外，依靠信息技术管理城市，可以取得更好的效果。城镇公共安全管理迫切需要信息化支撑。

我国城镇公共安全大信息化体系构架缺少顶层设计，早期建设的管理平台缺乏统一性，给平台体系的互联互通及资源共享增加了难度；公共安全信息化基础薄弱，特别是软件开发、系统应用及数据库建设相对薄弱，信息资源利用严重滞后；各地区发展不平衡，信息化技术支撑体系相对落后。

（八）东中西部差距

由于发展历史、经济区位和发展条件的差异，东中西部各地区在城镇化速度和城镇化率方面具有明显的差异。2014年，东部地区城镇化率已经达到62%，而中部地区为48%，西部地区为44.5%，和东部地区还有约18个百分点的差距。如果未来每年增长1个百分点，就意味着中西部和东部有18年的差距。

东部地区工业化和城镇化水平较高，公共安全状况较好，但道路交通、建筑、制造业等行业事故比重相对较高；中部地区经济社会发展处于中等水平，60%以

① 黄庆畅. 新《消防法》带来五大变化. http://www.npc.gov.cn/zgrdw/npc/xinwen/lfgz/2008-11/05/content_1456852.htm，2008-11-05.

上的农村人口仍然停留在传统生产方式之中，安全形势比较严峻；西部地区经济发展水平较低，第一、第二产业比重较高，以矿产资源开采为主导产业，矿山事故较为突出。因此，中西部地区在产业转型升级及高危行业转移过程中应充分吸取东部发展过程中的经验教训，避免走弯路。

第三节　新型城镇化进程中加强公共安全的对策建议

本节在前述分析基础上，从提升全社会的公共安全意识、素质及能力，同步推进城镇公共安全顶层设计、体系完善及基础设施建设，创新城镇公共安全治理模式及手段，强化重点领域的公共安全管理四个方面提出了新型城镇化进程中加强公共安全的对策建议。

一、提升全社会的公共安全意识、素质及能力

（一）强化红线意识，实施安全发展战略

安全生产的“底线思维”和“红线意识”在城镇化过程中要充分体现并始终坚持，应树立安全发展的科学理念和正确的安全观，自觉坚守“发展决不能以牺牲人的生命为代价这条红线”，始终把人民群众的生命安全放在首位，不能为了追求一时发展而降低安全门槛、放宽安全标准；要真正把安全作为发展的前提、基础和保障，城镇发展规划及开发区、工业园的规划、设计和建设，都要遵循“安全第一”的方针。把安全生产与转方式、调结构、促发展紧密结合起来，从根本上提高安全发展水平。

（二）加强城镇安全文化建设

安全文化是城镇公共安全的发展方向，应将安全文化上升到城镇总体层面和全社会，倡导安全第一、生命至上的安全价值观，推动社会、公众提升安全素质及能力；改进宣传教育培训的方法、形式及内容，增强安全宣传教育培训的针对性、实用性，提高宣传教育培训效果；开发各种形式的安全文化产品，深入开展风险管理知识进企业、进机关、进学校、进社区、进家庭行动，引导市民增强风险意识和自救、互救能力；推进安全文化建设示范企业、安全社区创建活动，广泛深入开展“安全生产月”“安全生产万里行”“消防 119”等宣传教育活动，提升安全文化建设水平。

（三）强化农民工的安全培训和管理

农民工已经成为我国产业工人的重要组成部分，需要建设农民工职业技能培训网络体系，形成政府指导、企业负责、中介机构支持的培训工作机制，完善农民工向产业工人转化过程的培训要求；整合城镇高危行业从业农民工的基本信息、培训信息、违法及事故信息和企业情况，形成农民工的永久记录信息，建设农民工信息管理系统；建立预防、补偿和康复机制有机结合的科学工伤保险制度，建立工伤社会保险为主、商业性的雇主责任保险为辅的多层次的职业伤害保障体系，完善工伤保险费率体系，激励企业重视工伤预防。

二、同步推进城镇公共安全顶层设计、体系完善及基础设施建设

（一）推进城镇公共安全顶层设计

应针对城镇公共安全进行自上而下的系统规划设计，创新公共安全管理理念，理顺管理体制机制，实现公共安全与城镇化发展同时规划、同时实施、同时检查。应在国家层面对我国城镇公共安全发展进行顶层设计，深入分析城镇化进程中公共安全面临的问题，制定指导城镇公共安全体系建设的宏观性、基础性战略规划，以顶层设计为指导，在地方层面建立以城镇总体规划为基础、以城镇公共安全综合规划为统领、以行业和领域专项安全规划为支撑的城镇公共安全规划体系，并将公共安全方面的核心内容纳入各级政府的新型城镇化规划，更好地发挥规划对城镇公共安全领域建设的调控、引领和约束作用。

（二）创建安全发展示范城市

安全发展示范城市的概念及内涵应进一步扩展至城镇公共安全领域，通过深入调研我国城镇安全现状，厘清安全发展示范城市的理念、基本内涵、范围及特征，分析建设安全发展示范城市存在的问题及面临的挑战；借鉴全国文明城市、国家卫生城市、国家环境保护模范城市等方面的先进经验，建立安全发展示范城市的评估指标体系，并从国家层面提出安全发展示范城市的创建标准，明确安全发展示范城市的创建要求；出台安全发展示范城市创建的配套政策，鼓励各地积极申报并创建安全发展示范城市，引导我国城镇化进程中城镇的安全发展，建设安全保障型社会。

（三）完善突发事件应急管理体系

应推动突发事件应急管理工作从事后应急救援向事前应急准备转变，完善应急管理体系；建立建制设置合理、法定职权明确、履职能力完备的城镇应急管理综合监管机构，完善统一指挥、反应灵敏、协调有序、运转高效的应急管理机制；巩固现有应急救援队伍基础并扩展功能，进一步提升应对各类复杂突发事件的救援能力，强化重点行业领域与企业自身应急能力建设，提升企业事故先期处置水平；增强应急预案的实用性和可操作性，有效保障应急救援经费投入及应急物资储备。

（四）推进城镇公共安全基础设施建设

城镇公共安全基础设施是城镇可持续健康发展所必须具备的基本条件，应加大公共安全基础设施投入，统筹规划建设布局合理、功能齐全、技术先进、适应安全发展需要的现代化城镇安全基础设施体系，推进事故预防、监测预警、应急响应、服务延续、快速恢复等方面的基础装备和系统平台“硬件”建设，大幅提高城镇建筑、公共服务设施、重大工程的公共安全设防标准，增强城镇突发事件风险抵御能力和应急准备水平。

三、创新城镇公共安全治理模式及手段

（一）推进城镇公共安全管理法治化

我国公共安全法律法规体系尚不健全，有法律法规缺失、内容不适用、落实不力、存在管理空白和盲区等问题，建议结合《突发事件应对法》《安全生产法》《中华人民共和国消防法》等公共安全相关法律，及时制定配套行政法规、地方性法规规章及规范性文件，提高公共安全法律法规体系的衔接度和可操作性，做到有法可依、有法必依，推进公共安全法治化进程。

（二）实施城镇公共安全事件风险评估

全面推广实施城镇公共安全风险评估工作，以风险管理为导向，以发现和解决问题为核心，以预防和减少增量风险、消除或控制存量风险为目的，针对城镇化进程中各类自然的和社会的、传统和非传统的风险，对贯穿于城镇规划、建设、运行和发展各个环节的公共安全风险进行系统辨识，全面、客观地分析各类风险的可能性与后果，评估城镇可能面临的不可接受风险，提出风险防控对策，逐步建立健全城镇风险管理体系。

（三）加强城镇公共安全信息化管理

依托智慧城市建设，整合现有的行业领域安全管理系统平台资源，建立基于物联网、云计算、大数据的互联、互通和数据共享的城镇公共安全信息化综合管理平台体系，实现城镇公共安全管理的信息化和智能化；充分利用物联网、无线数据传输等先进技术，对事故风险等级高的企业、场所和设施设备实行信息化监管监控；建设城镇突发公共事件预警信息发布平台，实现权威、畅通、规范、高效的预警信息发布，提高及时性和覆盖率。

（四）推动保险业服务城镇公共安全

全面深化保险体制机制改革，着力加强保险产品服务创新，努力构建种类丰富、覆盖广泛、保障全面、优质高效的城镇化公共安全保险服务体系，为推进中国特色的新型城镇化安全发展提供有力的保险保障。应推动建立国家政策支持的巨灾保险制度，加强新型城镇化进程中的自然灾害风险管理；辅助政府创新城市治理方式，大力发展与公众利益密切相关的责任保险，充分利用保险费率杠杆的激励约束机制，构建市场化的公众权益保障和矛盾调处新模式。

四、强化重点领域的公共安全管理

（一）强化农村地区安全

城镇化建设要抓住时机，改变“不设防的农村”的窘迫局面。应在农村地区配置专职或兼职工作人员，落实安全责任制，开展日常公共安全管理工作，并发展多种形式的应急队伍，提高突发事件监测预警、信息报告及先期处置能力；加强农村抗灾救灾、消防、交通、卫生、社会治安等公共安全基础设施建设，加快农村危房改造力度，提高农村民居抗震能力；加强农村公共安全宣传教育，普及实用性强、有针对性的安全常识，增强安全意识，提高安全防护能力。

（二）加强城镇生命线系统运行安全管理

开展城镇地下管网普查，建立城镇地下管网综合信息管理系统，实现地下管线信息交换、共享及动态更新，为城镇规划、建设、管理及应急救援决策提供信息支撑；依托行业部门的专业信息系统及在线监测报警装置，实时监测城镇生命线系统的关键运行参数，搭建城镇生命线系统安全运行监控平台，实现智能监控、实时监视、自动报警及联动发布；合理规划、布置、建设城镇生命线工程，提高生命线工程设计标准及防护水平，完善给排水、供配电等城镇生命线系统的服务能力，制定加强城镇生命线系统保护的规章制度。

（三）建设化工园区风险防控体系

建立化工园区安全监督管理专门机构，形成符合园区特色、运转高效合理的安全监管体系；建设风险评估与风险监管系统，开展常态化的区域安全风险评估；开展化工园区危险化学品重大事故情景构建，提出化工园区情景事件的应对措施和应急准备方法；建设完善园区整体应急响应中心，满足园区日常综合监督管理和事故应急救援协调指挥的需求；建设区域应急预警通知平台，实现事故状态下快速将警情、疏散与保护措施通知到周边区域受到威胁与影响的人员。

（四）完善医疗急救网络建设

建立完善市级急救中心、县级医疗急救分站、乡镇医疗急救点和由相关医院覆盖城乡的医疗急救网络，形成布局合理、装备精良、反应快捷、服务良好、覆盖城乡、与各级医疗机构紧密结合、可持续发展的应急医疗救援体系。建立农村医疗急救圈，形成城乡多地区、多部门一体化救护网络联通体系，实现急危重病人院前急救、转运、院内急救及突发公共卫生事件的紧急医疗救援“无缝救治”。

第五章　老龄化背景下的公共安全管理

第一节　我国人口老龄化的现状与趋势

当前，我国正处在人口老龄化快速发展的阶段，并将很快进入和长期处于老龄社会与高龄社会。这是我国经济社会转型必须面临的一个社会现实，也是公共安全研究必须考虑的一个重要背景和内生变量。在经济社会转型期，庞大的人口基数、3%以上的年均老化速度、区域发展不平衡和“未富先老，未备先老”的特殊国情，使老龄化问题呈现更多的不确定性，蕴含的社会风险非常高。

同时，由于身体、认知和心理机能的下降，老年人更易遭受公共安全风险和突发事件的打击，同样的打击对他们也具有更大的伤害性，更易造成严重后果。急需对人口老龄化相关的各种社会决策进行系统的、前瞻性的研究、评估和预警，构建针对老年人群体的应急管理和制定应急措施具有非常重要的现实意义。

一、人口老龄化的概念

“人口老龄化”是一个人口学概念，描述当代世界的一种人口事实，即以标准化的“年龄”准则来描述人口年龄结构的趋势性变化。具体地讲，人口老龄化是指人口结构中老年人口相对增多，在总人口中所占比例不断上升的动态过程和状态。按照联合国的标准，60 岁以上的人口占总人口比例达到 10%，或 65 岁以上的人口占总人口的比重达到 7%，就标志着这一国家或地区进入老龄化社会。如果 65 岁以上人口占总人口的比重达到 14%和 20%，则分别进入老龄社会和高龄社会。

人口老龄化是人类追求健康长寿理想的必然结果。人口老龄化一方面是生活水平和医疗条件提高使得人类寿命延长，是社会转型的一个必经过程；另一方面也是少子化这一世界性人口现象发展的客观结果。

二、老年人与老龄化的特征

老年人会在生理与心理上发生一系列的变化，主要体现为个体各种指标的衰退过程。

1. 老年人的生理特征

老年人生理状态大致可以分为两种：自然老化（chronological aging）和生物老化（biological aging）。自然老化即人自出生后便一直进行的老化过程（发展、成熟到衰老），如图 5.1 所示。每个人的老化程度与时间不同，通常自然老化的过程主要表现如下：①机体内环境稳定机制减退。随着年龄增长，葡萄糖耐量降低，自主神经系统功能减退，酸碱的适应能力降低。②机体储备功能减退。各个系统脏器储备功能减退。③机体抵抗力减弱。防御、自身稳定、监视、免疫等功能和承受高温、冷冻、创伤、射线、疲劳等伤害性刺激的能力下降。④机体活动及适应能力下降。体力下降，反应迟钝，运动的灵敏性、准确性下降。

图 5.1　老年人生理状态分析

老年人的年龄可以用三种形式来表示，第一种是实足年龄（自然年龄，chronological age）：为出生后按日历计算的年龄；第二种是生物或生理年龄（biological or physical age）：可以根据人体生理状态所推算出来的年龄，如外表可以用来预估未来的健康状况，来估计其寿命；第三种是心理或社会年龄（psychological or social age）：根据人的行为进行标准化心理测验量表测得的结果，可以衡量人的心理状态，而心理状态也会影响一个人的老化速度。

生物老化指的是物理上的改变，其降低了器官系统的使用效率。例如，心脏及循环系统，随着有机体自然老化，细胞繁殖数会减少，又称功能性老化（functional aging）。生物老化的主要原因包含：①随着人本身自然而然的老化，细胞繁殖数减少；②体内失去某几类不再繁殖的细胞。

人类进入老年期后，会逐渐老化，而老化是人生必经且不可逆的过程。当进入老年期阶段时，虽然每个人老化速度不同，但是身体各方面的功能都会自然地逐渐呈现下降的趋势。老年人的皮肤外观、感官功能、消化系统、呼吸系统、心血管系统、肌肉骨骼系统、泌尿系统及生殖系统等身体系统都会随着年龄的增长而逐渐衰退。

一般老年人有上述身体功能与生理的退化，这是属于比较偏向于外显性退化行为的表现，另外还包含内隐的退化表现，如失智老年人。失智症是一种大脑进行性、退化性的疾病，由各种原因引起的脑细胞死亡会使老年人出现记忆障碍、认知障碍、判断力与理解障碍、执行能力障碍等，引起种种精神问题，如不安焦虑、幻觉妄想、忧郁、游走、粗暴亢奋等。同时，失智症具有患病率高、病程长、医疗费用高、致残率高等特点，是一种不可逆的渐进式脑部病变，会逐渐破坏患者的记忆与思维能力，最终导致患者失去日常生活的能力。引发失智症的原因很多，大致分两类，具体如下。

可逆性的失智症：生理代谢失调、创伤、毒物（酒精、重金属、有机毒素）、感染、自体免疫性疾病、药物、营养失调、忧郁、常压性水脑症，经治疗后可以改善，但并不保证可以完全改善。

不可逆性的失智症：中枢神经系统的退化性疾病，如阿尔茨海默病、帕金森氏症；血管性异常现象，如多发性血梗死失智症、心衰竭引起缺氧症等；创伤，如头颅大脑伤害、拳击性失智症；感染，如后天免疫不全症候群、进行性多发性血脑病变、脑炎后失智症等。

失智症老年人通常有以下身体与行为退化的表现：学习困难，经多次学习，仍难以记住最近的对话、事件、约会，经常把东西放错地方；处理复杂任务有困难；合理化能力降低，无法以合理方法对问题做出反应，如地板湿了不会处理；对社会规范显示出不关心、忽视，如随地大小便或暴露性器官；空间能力和导向失调，认路困难，会迷失，不知回家的方向或道路；语言表达困顿，选用文字表达其想法或与人对话显得日益困难；行为迟钝，表现出消极或较没有反应的态度，易怒、多疑，对于看到或听到的事物，做错误的诠释。

2. 老年人的心理特征

老化的生理和心理是相关的，生理的老化会影响到心理的老化，而生理的老化是一种无可避免的自然现象。老年生理上的变化会带来心理上的变化，由于身体机能的退化会造成日常生活的不便，因此，生理方面的衰老会影响到老年人的情绪。

老年的心理特点与变化包含感官和知觉过程的变化、心理功能的变化（如记忆力、学习能力及智能）、适应力的变化及人格的变化。记忆随年龄增加而衰退，人类记忆的编码—储存—提取各个阶段出现困难，都有可能造成记忆障碍；老年人的情绪表现更倾向于控制，但是消极、悲观等负面情绪可能逐渐增多；年轻时性格的延续，保持稳定的一面，随着年龄增长，对待外部世界可能由主动变为被动等。

通常由老人自己的身心状况改变带来的心理问题有多个方面：第一是身心功能的减退。个体身心功能会随着年龄的增加而逐渐减退，如视力、听力的退化，老人会出现任性、顽固等以自我为中心的一面，也会因为对外界感知能力降低而产生猜疑、别扭、嫉妒。记忆、学习能力的减退会使人趋于保守，固执于过去的习惯，逃避学习新观念。第二是老化的自觉。牙齿掉落、皱纹和白发增加、秃头、活动力降低、容易疲劳、性欲降低、步行困难等身体特征的改变，会让人感觉到自己的老化，老化的自觉可能使人变得消极、丧失希望。第三是面临死亡的焦虑。人自觉老化或身旁老友、老伴去世之后，就会意识到自身死亡的到来，对死亡的不了解会让人产生不安，死亡的到来也会让人检视自己的一生，若对人生有遗憾悔恨，就会产生无奈与焦虑感。

3. 老龄化的特征

一般来说，老龄化是一个社会性指标，是指老年人口在全部人口中所占比例的上升趋势。按照联合国的标准，60 岁以上的人口占总人口的比例达到 10%，或 65 岁以上人口占总人口的比重达到 7%，就标志着这一国家或地区进入老龄化社会。如果 65 岁以上人口占总人口的比重达到 14%和 20%，则进入老龄社会和高龄社会。

三、国际老龄化现状

世界上很多发达国家的老龄化趋势越来越明显，各国的情况各有不同，表现在老龄人口比例与人口结构等各个方面。

1）美国

2017 年，美国 65 岁及以上老年人口为 5 087 万人，占全国人口的 15.61%左右，2050 年将达到 20.7%，其中，85 岁及以上人口数量将达到 1 800 多万人，是 1995 年的将近 6 倍。

在预期寿命方面，根据美国人口调查局的资料，1900 年出生的人口预期寿命是 47 岁，1950 年出生的人口预期寿命为 68 岁，而 2000 年出生的则为 77 岁。2016 年，男性和女性 65 岁老人的预期剩余寿命分别为 18 年和 20.5 年，而在 20 世纪初分别为 11 年和 12 年，分别增长 36.4%和 70.8%。

在医疗需求方面，美国约 40%的老人需要在医院或其他护理机构度过一段时间，而约有 4.5%的老人将在那里度过余生。而且，根据目前的增长速度估计，2030 年美国人住护理院的人数将达到 300 万人，约为 1995 年的 2 倍。这些都预示着人口老龄化会给国家带来前所未有的压力。

2）日本

日本人口的现状可概括为“超老”“超高龄”。日本是一个长寿国，2003 年统计的平均寿命为男 78.36 岁、女 85.33 岁，65 岁以上的老年人口占 19.24%，目前还在呈上升趋势。专家预测，2050 年 65 岁以上的老年人口比例将上升到 33.7%。同时，2003 年未满 15 岁的人口占人口总数的 14.03%，表明日本人口另一重要特点是“少子化”。

日本作为全世界最高寿的国家，同时也是人口老龄化速度最快的发达国家，1960~1990 年，日本的老龄人口所占比例增加了 6.4%，美国、德国、法国和英国分别只增加 3.3%、3.5%、2.4%和 4.0%。日本虽然到 1970 年才达到老龄化国家标准，而美欧发达国家在第二次世界大战以前就达到这一标准了，但是，就 65 岁以上人口占总人口比重由 7%上升到 14%所需的时间而言，日本却比美欧任何一个发达国家都快。

3）欧盟

欧盟委员会发表的欧盟人口绿皮书显示，到 2030 年欧盟人口总数将达 4.687 亿人，劳动力人口的缺口将达 2 080 万人。届时，2 名劳动力人口（即年龄 15~64 岁的人口）要养活 1 名非劳动力人口（65 岁以上）。2005~2030 年，欧盟 65 岁以上老龄人口将增加 52.3%，而 15~64 岁的人口则将下降 6.8%。要想弥补老龄化带来的就业缺口，欧盟平均就业率必须达到 70%，而 2001~2003 年欧盟的平均就业率仅为 63%。从德国与芬兰两个国家的情况，可以对欧盟的总体情况有所了解。

人口结构的变化也改变了德国。如今德国的预计人均寿命前所未有的高，而且估计还会有所增长。同时，由于出生率持续低迷，德国人口数量还在下降。其后果就是导致德国明显出现社会老龄化趋势。根据德国联邦统计局的估测，到 2030 年，德国人口中将有一半超过 50 岁，有接近三分之一超过 65 岁。与几十年前相比，现在的老年人大多接受过更好的教育，更有工作能力，更加充满活力。越来越多的离退休人员都可以、也愿意积极参与社会生活，直到很大的年龄段。个性化的生活方式和丰富多彩的生活内容已经取代了因循守旧、晦暗沉闷的老年生活情景。在联邦政府的第 6 份老年人报告中已经着重介绍了这方面的情况。

芬兰人口老龄化的速度快于欧盟其他国家，全国 530 万人口中 65 岁以上人口占 15%，女性的平均寿命为 81 岁，男性为 74 岁。同时，芬兰在解决人口老龄化问题上较其他西方国家先行一步。

四、我国的现状

我国自 20 世纪就进入老龄化社会。同时，人均预期寿命持续增长，根据世界卫生组织发布的 2015 版《世界卫生统计》，2013 年我国男女平均寿命分别为 74 岁和 77 岁，比 1981 年分别增长了 7.6 岁和 7.7 岁。高龄老人成为老年人口中增长最快的群体。2010 年 80 岁及以上老年人口为 1 904 万人，这一群体预计 2020 年将达到 3 067 万人，占 60 岁及以上老年人口的 12.4%，2050 年将达到 9 448 万人，占 60 岁及以上老年人口的 21.8%。

根据陈彦斌等（2012）的研究，在 2050 年前，我国的老龄人口都将呈高速增长趋势，60 岁及以上老年人口在 2026 年将突破 3 亿人，2037 年将突破 4 亿人。这几个阶段老龄人口每增加 1 亿人所需要的时间跨度分别为 23 年、12 年和 11 年。2050 年老年人口到达顶峰，之后其人口规模及人口比重均在高位运转。

同时，失能、患慢性疾病与职业病的老年人口比例呈迅速上升的趋势。2000~2006 年，完全失能的城乡老年人由 799 万人增加到 940 万人，其中城市由 154 万人增加到 194 万人（占城市老年人口的 5.0%），农村由 645 万人增加到 746 万人（占农村老年人口的 6.9%）。2010 年底，全国 60 岁及以上部分失能和完全失能老年人约为 3 300 万人，占总体老年人口的 19%；其中完全失能老年人 1 080 万人，占总体老年人口的 6.23%。2010 年第六次全国人口普查汇总数据显示，生活不能自理的老年人的比例在 70 岁及以上老人中有所上升，在 80 岁及以上的高龄老人中明显提高，特别是在女性群体中，长期护理需求大大增加。

社会系统（含科技经济系统）取代自然环境和生产系统成为社会风险或公共安全的重要研究对象。人类社会的决策和行动对自然和人类社会本身的影响增强，使得风险构成中由自然风险占主导逐渐演变成人为的不确定性占主导（赵延东，2007）。其中，人口老龄化、城镇化、全球化、科技革命、经济社会转型等是使其向风险社会发展的最主要宏观因素。

人口老龄化，加上少子化、家庭小型化、人口流动性提高等人口和社会结构的改变，将从根本上改变经济社会系统运行的基础，对现有经济社会系统及公共安全造成压力。最直接的压力结果首先是持续增长的养老、护理和医疗需求对社会保险与保障体系的冲击；其次是人口红利的消失对经济发展动力的冲击。当老年人口成为生产和消费主体后，会对社会需求结构和生产结构，以及经济形态、教育、文化、城市建设和社会管理产生深刻影响。

五、趋势判断

1）老龄化速度加快，老年人口规模持续增长

由于计划生育政策，虽然人口总数增长速度得到了控制，但少子化与独子化使得老年人口所占比例急剧上升，由于我国人口基数大，老年人口总体规模庞大。据《国民经济和社会发展统计公报》公布的数据，如表 5.1 所示，老年人口占比呈现逐年增长的趋势。截至 2011 年底，我国 60 岁及以上老年人口共 18 499 万人，占总人口的 13.7%，65 岁及以上老年人口共 12 288 万人，占总人口的 9.1%；截至 2019 年底，我国 60 岁及以上老年人口共 25 388 万人，占总人口的 18.1%，65 岁及以上老年人口共 17 603 万人，占总人口的 12.6%。预计到 2025 年，60 岁及以上老年人口将达到 3 亿人，2030 年将增至 3.71 亿人，占总人口的 25.4%。

表 5.1 2011~2019 年我国 60 岁和 65 岁人口数量及比重

项目	2011 年	2012 年	2013 年	2014 年	2015 年	2016 年	2017 年	2018 年	2019 年
60 岁及以上人数/万人	18 499	19 390	20 243	21 242	22 200	23 086	24 090	24 949	25 388
60 岁及以上人口比重	13.7%	14.3%	14.9%	15.5%	16.1%	16.7%	17.3%	17.9%	18.1%
65 岁及以上人数/万人	12 288	12 714	13 161	13 755	14 386	15 003	15 831	16 658	17 603
65 岁及以上人口比重	9.1%	9.4%	9.7%	10.1%	10.5%	10.8%	11.4%	11.9%	12.6%

2）老化指数持续增加

除了老年人口占总人数的比例外，人口老化指数是构建老龄社会的重要指标，人口老化指数指 65 岁及以上人口数与 0~14 岁少儿人口数的比率，当该指数超过 100%时即代表老年人口数已超过少儿人口。人口老化指数数值越高，则该社会人口老化的情况越严重。

以北京市为例，由表 5.2 的统计数字可以看出北京市的人口老化指数演变过程，2010 年北京地区的人口老化指数刚突破 100%，为 101.3%，也就是少儿人口与老年人口的总数相差不远；但这样的差距逐年拉大，也因此其老化指数逐年提高，2015 年推估的数值为 139.7%，2020 年增至 174.6%，2030 年则增至 237.7%。

表 5.2　北京市人口老化指数

年份	少儿人口数/万人	老年人口数/万人	老化指数
2010	168.7	170.9	101.3%
2015	195.5	273.1	139.7%
2020	224.6	392.2	174.6%
2030	223.9	532.2	237.7%

资料来源：北京市科学技术研究院与台湾工业技术研究院共同合作的调研报告，2012

3）老年人口抚养比

老年人口抚养比是指 65 岁及以上人口占 15~64 岁具有生产力的人口（青壮年人口）的比率，由此数据可看出具有劳动能力的人口所需赡养的老年人数。同样以北京市为例，从表 5.3 中可以看出抚养比的变动趋势。

表 5.3　北京市老年人口抚养比

年份	青壮年人口数/万人	老年人口数/万人	老年人口抚养比	老年人口与青壮年人口比
2010	1 621.6	170.9	10.5%	1：9.5
2015	1 516.8	273.1	18.0%	1：5.6
2020	1 562.7	392.2	25.1%	1：4
2030	1 472.8	532.2	36.1%	1：2.8

资料来源：北京市科学技术研究院与台湾工业技术研究院共同合作的调研报告，2012

2010 年，平均每 1 位老年人还有 9.5 个青壮年人赡养，2020 年每 4 个青壮年人就需赡养 1 位老年人；到了 2030 年，每 2.8 个青壮年人就需赡养 1 位老年人。此处提供的数据为北京常住人口数，而非户籍人口数，若只看户籍人口数，相信青壮年的人数会再下降，呈现出的养老负担将会更重（北京市的外来人员多为年轻人，流动人员拉低了北京市的老龄化程度）。

4）空巢化趋势明显

随着城市化和现代化进程的加快、独生子女政策下家庭规模的缩小，家庭照顾老人的功能弱化，传统的家庭养老方式难以应对老龄化的挑战。家庭规模从 1982 年的 4.41 人减少到 1990 年的 3.96 人和 2010 年的 3.10 人。目前独生子女家庭占全国家庭总数的三分之一。独居、空巢老年人家庭持续增加，如 2000~2010 年，城镇空巢老人的比例由 42%上升到 54%。未来城市家庭中的“四二一”格局（即一对夫妇养四位老人、一个孩子）将更为普遍，使得家庭难以满足老年人日渐增长的长期照料需求。

第二节 人口老龄化对公共安全的挑战

2015 年 5 月 25 日 20 时左右，河南省鲁山县城西琴台办事处三里河村的一个老年康复中心发生火灾。截至 2015 年 5 月 26 日凌晨 4 时 30 分，抢险人员共抢救出 44 人，其中，38 人死亡、4 人轻伤、2 人重伤。这些死难者全部为入住老年康复中心的老年人①。

无独有偶，2015 年 5 月 15 日 15 时 27 分左右，陕西省西安相伴商贸有限公司租赁的一辆私人大客车，行驶至咸阳市淳化县一处下坡转弯路段时冲出路面，坠下右侧 35 米深崖，造成 35 人死亡、11 人受伤。这次交通事故的背景是陕西西安一家保健品公司以组织外出旅游为名，租赁非运营车辆，组织 193 位中老年人赴西安周边的淳化县旅游，目的是向老年人推销保健品，其中一辆大巴车在返回途中失控冲下山崖，造成 35 名 50~80 岁中老年人丧生的悲剧②。

2015 年 6 月 1 日深夜 11 点多，一艘载有 400 多人的客轮突遇龙卷风，在长江湖北监利大马洲水道段倾覆。据了解，该客轮名为“东方之星”，隶属重庆万州，由南京开往重庆。长江海事局有关负责人介绍，船上乘客多为上海某旅行社组织的“夕阳红”老年旅游团成员，年龄在 50~80 岁③。

据王学义（2010）对“5・12”汶川地震致残人员的调查，截至 2009 年 7 月 30 日，汶川地震致残人员为 5 756 名（不含会理、攀枝花“830”地震致残者），其中 60 岁及以上的老年致残者为 1 528 人，占汶川地震致残总人数的 26.55%。另据杨戎等（2009）的调查，汶川地震后 1 周内，德阳市人民医院收治的伤亡人员中，老年死者占死亡总人数的 29.17%，老年伤者占受伤总人数的 26.19%。2007 年日本西北海岸地震，造成 9 死近千人受伤，死者全部为高龄老人。

通过以上案例可以看出，无论是天灾还是人为事故，老年人受到伤害的概率要远远大于年轻人。这与老年人的某些特质是相关的，老年人由于生理机能的衰退，对突发事件和自然灾害的预警能力、应对能力、逃避能力严重不足，难以做出及时的反应，可见老年人是公共安全事件的重要载体，需要进行专门研究，来降低突发事件及自然灾害对老年人的伤害。

---

① 河南平顶山“5・25”特别重大火灾事故调查报告. http://www.daishan.gov.cn/art/2016/9/29/art_1334356_11382497.html，2016-09-29.

② 国务院安委会办公室关于陕西咸阳“5・15”特别重大道路交通事故情况的通报. https://www.mem.gov.cn/gk/gwgg/tb_01/201505/t20150518_239523.shtml，2015-05-18.

③ “东方之星”客船翻沉事件. http://www.xinhuanet.com/tssj/20150601/.

一、人口老龄化带来的公共安全问题

老年群体是公共安全事件的重要载体和侵害对象，人口老龄化提高了公共安全问题发生的概率，对公共安全管理提出了挑战。

"公共安全"一般是指不特定人或多数人的生命、健康或重大财产的安全。在我国，公共安全的概念比较宽泛，一方面公共安全与国家安全紧密相关，另一方面公共安全风险往往引发突发事件甚至灾难事件，主要涉及自然灾害、事故灾难、公共卫生事件和社会安全事件四个大的方面。如果将突发事件、承载载体、应急管理和灾害要素等联系起来，不难发现老年群体容易受到突发事件威胁，老年群体在这几种情况下都是承灾载体，老年群体的安全水平与能力较差，从突发事件的孕育、发生、发展到突变的演化过程中，老年群体都会卷入其中。

人口老龄化会给经济社会系统带来根本性的变化，进而会带来全新的公共安全风险或灾害要素，在一定的条件和环境下，老年群体会引发突发事件，突发事件会导致老年群体受到伤害，引发老年服务保障体系，甚至经济社会系统的失效、动荡或退化，从而对应急管理提出新的要求。目前，中国社会仍处于转型期，受到不同程度现代风险和传统风险的影响，公共安全问题不断显现，并随着人口老龄化进程的加速而由"初显"逐渐发展为"凸显"，快速的老龄化进程在无形中加剧了社会与经济压力。因此，中国的公共安全，特别是老龄化社会背景下的公共安全问题，开始进入人们的视野。

首先，中国的老龄化超前于现代化，"未富先老"仍是中国当前的阶段性特征。这种快速的老龄化与相对滞后的经济发展之间的矛盾，将使老龄化社会的社会风险积聚、发展。特别是在欠发达地区，逐渐加深加快的人口老龄化很可能使其落后的经济难以为继，从而在带来严重的地方财政危机的同时，引发公共安全危机。美国著名智库战略与国际研究中心（Center for Strategic & International Studies，CSIS）在 2008 年与 2009 年相继发布了《银发中国》和《中国养老制度改革的长征:〈银发中国〉再探》。两份报告均指出，中国将在 2020 年前后达到老年抚养比的峰值，由此产生的财政负担会让年轻一代承受日益沉重的压力，并构成社会的不稳定力量。

其次，老龄化所导致的人口年龄结构变化，可能使不同年龄群体之间产生利益冲突。老年人口的大幅度增加必然在中国形成一个重要的压力群体，未来老年人的参政意识将会不断增强，这使得维护老年稳定十分重要。从代际冲突的角度来看，政府完全有可能为了维护当代人，特别是当代老年人群体的利益，而不得不牺牲其他群体利益，这自然会给未来的社会稳定和公共安全埋下隐患。此外，全球化、城市化、世界性的资源紧张等社会与经济趋势也都不同程度地放大了中国人口老龄化对社会稳定的影响。城市化和农村劳动力向城市和发达地区的集聚，势必造成农村人口老龄化的加剧。农村老年人本已面临低收入、少社保的窘境，又遭遇严重的“空巢”问题。同时，那些农村迁城的劳动适龄人口因户籍制度等因素的制约而难以获得城市居民的资格或享受与城市居民一样的公共服务，从而在原有城乡二元体制的背景下出现城市内部的新二元结构。不难想象，这些积累的问题一旦爆发，将会对公共安全产生极大的冲击。

总体来说，人口的老龄化会带来诸多社会风险，包括社会保障体系、适老化公共设施和服务、经济转型和可持续发展、政治和舆论形态等方面。

1）社会保障体系的社会风险

在个体层面上，人在老年阶段会面临疾病和失能的风险，少部分老人还面临贫困的难题。这些风险应分别由养老、医疗和长期照护保险来化解。从 20 世纪 90 年代起，我国逐渐建立了养老保险和医疗保险，但覆盖范围和保障水平还相对较低。我国还没有长期照护保险制度，即使在目前的保障水平下，老年人口年均3%以上的增长速度已经使社会保险体系面临越来越大的压力和社会风险。从长远来看，劳动力结构和抚养比例的变化，更是会从根本上动摇社会保险制度的基础。近几年关于养老金缺口和延迟退休年龄的争论就是对这一问题的反映。

在“未富先老，未备先老”的国情下，如何制定适老化的社会保险制度是一个巨大的挑战。据陈沁和宋铮（2013）的测算，2020 年后，我国将面临巨大的养老金缺口，城市化过程中农村人口迁移和放开计划生育政策会较大幅度地缓解这种状况，但并不能从根本上扭转趋势，只有延迟退休年龄才能从根本上解决这一问题。

为患有身心疾病和功能障碍的老年人提供基本安全照护服务是老龄化社会的一个刚性需求。如果不能尽快建立起社会化的长期照护保障体系和相应的制度，大量“老无所依，老无所养”的老年人口的形成必将会引发公共安全与社会稳定问题。

目前国际上主要的长期照护模式有以政府税收作为资金来源的救助型和普惠型税收模式、以社会保险保费和国家补助为资金来源的社会保险模式和以个人保费为资金来源的商业保险模式（表 5.4）。近十多年来，以上几种老年照护制度均显露出弊端，发达国家纷纷对其老年照护保障制度进行改革，主要目的是遏制费用过快增长、提高照护效率、提高服务的连续性及水平，筹资模式开始由单一模式向混合模式转变，将责任更多地转给个人、家庭、市场和非营利机构，同时提高准入标准并强化监管。例如，瑞典将过去的单一年龄准入标准改成侧重于对严重失能、高龄老人的照护，减少面向全民的免费长期照护，同时大力培育民营照护机构，实行合理竞争，给被照护者更多选择。荷兰则考虑重新引入资产调查。日本通过改革使机构照护中的食宿费由免费变为有偿。德国则在给予机构现金补助中，采取了限制成本额度的办法，使照护费用更合理。

表 5.4　国际主要长期照护模式及特点

筹资模式	税收		社会保险	商业保险
	救助型	普惠型		
资金来源	地方+中央政府税收	地方+中央政府税收	雇员+雇主强制保费+（税收补助）	个人自愿保费
覆盖范围	低收入、有长期照护需求的各年龄群体，需进行家计调查	有长期照护需求的各年龄群体，普遍程度高	法定参保人（全民或老年人），普遍程度不完全	自愿参保人（一般为中高收入、较低健康风险、非高龄群体），与健康等相关
照护水平	有限，保障基本需求	较高，不同经济发展水平有差异	保障基本需求，不同经济发展水平有差异	高，不同产品和保费有所不同
政府责任	政府主导	政府主导	社会主办，政府以法律的形式主导	市场主办，政府监管
政府财政负担	较轻	重	视补贴与行政成本而定	轻
风险分担	风险集中	风险集中	全民共担风险，分散	群体内风险共担，逆向选择风险
社会公平性	高	高	中	低
主要代表国家	英国的社区照护，美国的医疗救助	丹麦、挪威等北欧国家	德国、日本、荷兰、韩国、以色列	英国、美国、法国

2）适老化公共设施和服务的社会风险

在老龄化社会下，适老化安全的公共设施和服务能力短缺将是一个重要的安全风险来源。根据世界卫生组织（2007）的老年友好城市标准，这些设施和服务至少包括户外空间与建筑、交通与出行、老人住宅、社会参与、尊重和社会包容、公民权利与就业、通信与信息、社区支持和健康服务等几个方面。其中，老人住宅包括各类养老机构，是养老服务的刚性需求。在未备先老的状态下，我国养老机构的床位供给远远低于需求，且服务水平较低。同时，随着家庭小型化的发展，家庭养老功能减弱，难以为继，而社区居家养老发展落后，老年服务体系已经在面临越来越严峻的挑战。如果长期得不到缓解，将会造成巨大的社会风险。不论是国内还是国外，社区居家养老正在成为主流的老年长期照护模式。

如何在硬件方面对老人的社区和居家生活给予足够的支持，是社区居家养老服务需要解决的重要任务之一。目前，广场舞、老年人占道锻炼等引发的代际冲突从本质上是老年公共服务供给不足的问题。在老年人口的高龄化、失能化和空巢化趋势日益发展的情况下，社区和居家养老设施不足会引起比广场舞场所冲突更严重的社会问题和公共安全事件。

3）经济转型和可持续发展的社会风险

在劳动力结构的重建过程中更多地发挥老年人群的作用是经济转型和保持可持续发展的重要议题。改革开放以来经济的增长在很大程度上得益于有利政府环境下的“人口红利”，形成的“少儿抚养比与老年抚养比较低、劳动年龄人口占总人口比重较大”的“中间大，两头小”人口结构，为经济社会提供了充足的劳动力。

图 5.3 显示了 2007~2017 年我国少儿抚养比、老年抚养比和总抚养比数据，其中老年抚养比最低，呈缓慢上升趋势，少儿抚养比和总抚养比则呈下降趋势，总体呈一种平稳变化的趋势。但从北京等人口老龄化程度较高的地区情况来看，情况则完全不同。从北京的情况来看，少儿抚养比低于老年抚养比，由于老年抚养比的快速上升，总抚养比在快速上升，人口老龄化的形势较为严重，基本上代表了未来几十年内全国的趋势。

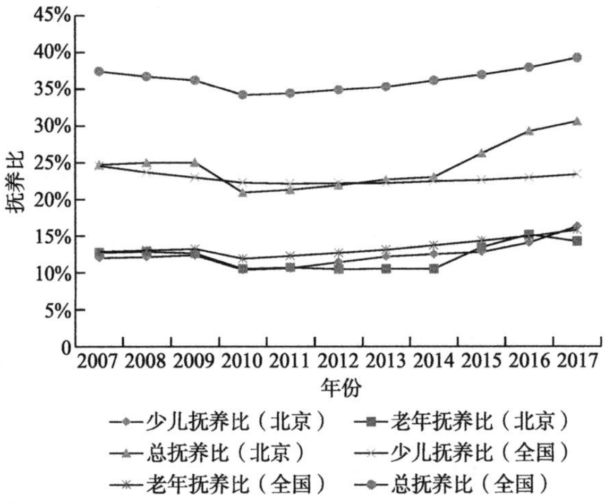

图 5.3　2007~2017 年全国及北京市抚养比变化趋势折线图

在这种情况下，越早意识到老年人力资源开发的重要性，越早做好准备，就越能避免人口红利消失和老龄化带来的经济风险。目前，“老年人口是一种建设性的社会经济资源”“健康、有知识、有技能、有爱心的老年人是老龄时代极为宝贵的社会财富”等已经得到普遍认同。20 世纪末，欧盟提出了积极老龄化的政策框架，主张老年人要有健康的生活方式，工作更长时间，更晚退休，在退休以后继续积极地参与社会，尽可能长时间地保持活力，实现生活上的自理和自主。1991 年制定的《欧洲联盟条约》规定了反对年龄歧视的内容，要求各国政府通过各种方式为老年人参与社会创造条件，目的是使老年人能更好地适应老龄化社会的发展变化。在其他国家，这一问题也受到高度关注，如美国对退休人员年龄不再设限，韩国和加拿大政府对雇佣老年失业者的企业给予一定的补贴，德国为了解决老年雇员就业问题实行弹性退休制度等。

实际上，由于老年人力资源具有高知识资本、高社会网络资本的特点，在发达国家，讨论的重点已经不是老年人如何发挥余热和如何保障基本安全，而是如何发挥老年人优势开展创新和维护社会公共安全。城市老年人在社区发展中的重要作用主要体现在以下两个方面：一方面，城市老年人是维护城市社区稳定的重要力量。在离退休后，城市老年人大都赋闲在家，他们每天的大多数时间基本上是在社区内度过的。与此相对应的情况则是，社区内青年人和中年人将自己的主要时间和精力都倾注在了学习和工作中，他们白天在社区活动的时间很有限，即使在周末也是如此。从上述的情况不难看出，老年人有足够的时间来为社区的稳定做出自己的积极贡献。同时，在调研中也发现，大多数的城市老年人都有很强的社会参与积极性，他们愿意为社区的稳定贡献出自己的一分力量。在不少城市社区，一些离退休的老干部和老党员义务担当起了社区的治安巡逻员，协助社区治安员努力消除社区内存在的不安全、不稳定的因素，为社区的持久稳定做出了自己的积极贡献。与此同时，积极融入社会的城市老年人的思想状态大多是积极向上的，他们对其他家庭成员的影响也就多是正面的，从而有助于社区内各类群体的思想和情绪的稳定。

另一方面，城市老年人也是推动社区发展的一支不可或缺的力量。城市老年人在推动社区发展方面所起的重要作用主要体现在以下几点：其一，城市老年人通过在社区内的企事业单位中继续工作的方式为社区的发展做出自己的贡献。据统计，我国各类离退休的科技工作者已经达到 600 多万人，约为在职科技工作者的 20%。这些老年知识分子有足够的事业情节和献身精神，只要能够为这些老年知识分子创造出良好的发挥余热的条件和环境，他们就能够为社区的持续发展做出贡献。其二，城市老年人通过加入社区党支部或居委会的方式来为本社区的发展贡献力量。为了做好社区内各方面的工作，切实化解人力不足的难题，社区居委会应当积极吸收本社区内离退休的热心于社区服务工作的老年人，让他们承担一部分社区内的日常服务工作，尤其是针对老年人所开展的专项服务工作。由老年人为其他需要帮助的老年人提供服务，由于他们更懂得同辈人的心理和思想特点的发展变化，工作的成效也就会更加突出。其三，城市老年人以社区志愿者的身份来为社区的发展贡献一分力量。例如，通过老年志愿者的上门服务，将社区内“高龄空巢”等特殊老人的需求及时传递给居委会。这一模式不仅弥补了社区服务人员的不足，还给“年轻老人”创造了一个发挥余热、实现自我价值的机会。老年人是维护公共安全的重要力量，但远未引起重视和加以组织。

4）政治和舆论形态的社会风险

随着时间延伸和代际更替，占总人口 20%~30%甚至更高的老年人群拥有舆论话语权和参与政治生活是一个必然。在这种情况下，社会风险的内容和结构会发生改变，老龄相关的问题将成为重要的社会和政治议题，代际竞争和冲突也可能会增加。老年人成为政治和舆论主体，如何做好这种情况下的应急管理，应是公共安全研究的重要议题。

网络越来越成为大多数人发表意见的平台，网络媒体本身传播方式的复杂性和交互性，使得网络上出现了各种不同的声音。特别是微博等自媒体的出现，以其门槛低、互动性强、平民化、病毒式传播等特点，打破了舆论监督可控制性强的特点，舆论出现了多方意见汇集的现象。每一个人都在独立获得的资讯中对事物做出判断。这种情况使传言变成谣言，进而演化为公共安全危机的概率大增。

在《中国新媒体发展报告（2014）》选取的100个热点舆情案例中，与反腐相关的占20%；司法案件和灾害事故等类型的舆情也备受社会各界关注，均占10%。其余还包括公共卫生、恐怖袭击、政策争议、网络谣言、社会道德、经济事件、媒体事件和领导人形象等。

从新闻与传播学的角度来看，新媒体的主体是所有能够接触到网络的公众，客体依然是来源于现实社会中的某些现象和问题。据王通文（2011）的研究，网民的愿望、利益诉求或想借助网络媒体形式实现的目的分为四类：一是对以政府为代表的公权力进行舆论监督，希望通过施加影响解决涉及切身利益的公共问题。二是对造成负面影响的社会公共事件进行问责。这类诉求在自然灾害、人为事故、公共安全、生化危机等突发事件中最为常见，表现为借助新媒体聚集舆论压力，迫使相关事件负责人担负法律和道义责任。三是对特定或者不特定的事件进行情绪宣泄，这类诉求主要是发生在各种网络“群体”，如QQ群、博客圈、微博群等。四是社会特殊群体的权益维护，包括复转军人、代课教师、失地农民、下岗工人、出租车司机、特殊疾病人士等，诉求表现相对激烈，持续时间也较长。

在这些热点舆情案例中，虽然有部分涉及老年人，但老年还未成为一个专题。但随着老龄化的快速发展，与老龄相关的话题成为热点舆情是一个必然，老龄人群加入网民队伍中指日可待，需要提前准备应对措施，将老龄问题纳入重点关注对象已经时不我待。

二、老年人作为各类公共安全事件承载体的特点

老年人自身的生理与心理衰退，使其逐渐成为各类公共安全事件的承载体，在自然灾害、事故灾难、公共卫生事件、社会安全事件等风险事件中，老年人都是受到伤害的主要现实与潜在对象。

1）自然灾害

在地震、台风、滑坡、泥石流、森林火灾等自然灾害面前，老年人由于身体机能的下降，更易受到伤害。老年群体在灾难事件中处于弱势地位常常与他们自身身体条件（如移动能力、逐渐减弱的感知意识的能力等）、一些慢性疾病（如高血压、心脏病等）及有限的社会经济地位等因素相关联。这些因素阻碍了老年群体在灾难事件中做足充分准备，同时也降低了他们对于灾难事件发生后的调适和处理能力。这种来自生理、认知、心理、经济、社会等方面的局限，常常使其处于高风险的境地（Fernandez et al.，2002）。

在生理层面，个体老化最为明显的表现是身体能力的下降。许多老年人平衡能力不足、身体机能不够、物理忍耐力缺乏，个人自我照料能力受限。行走、外出、饮食、通信设备的使用及其他行为能力均会随年龄增长而退化。当遭遇疾病困扰时，这些来自生理本身的退化会加剧，需要不同程度的医疗照顾或者药物（Fernandez et al.，2002）。由于身患慢性疾病，老年人五官的感受力也会随之下降。视力的降低使老人在不熟悉的环境中，常常难以迅速地做出有利于自己的行动。听力不足也特别常见，处于非机构养老领域中 75 岁及以上的老年群体中超过 50%的男性、灾难事件的受害者及超过 35%的女性都不同程度地患有听力障碍（Hobbs and Damon，1996）。当发生灾难事件时，背景声音总是非常嘈杂，这些可能会影响老人对危险的评估和判断。此外，如果一些老人嗅觉和味觉有问题，在灾难事件中，也常常会吃到一些霉变的食物而不知晓。

当一些灾难事件突然发生时，那些原本身体受限的老人更会处于非常不利的境地，不能及时有效地对眼前发生的一切做出回应。有时常常需要依赖外部的设备和其他人员的帮助，而这些在突发性灾难事件中常常很难保持充足，因而灾难事件常常使得老年群体处于一种风险压力之中。

一项调查显示，我国 65~69 岁、80~84 岁、90~94 岁与 100~105 岁的老年人不能自理的比例分别是 5%、20%、40% 和大于 60%（姜向群等，2006）。生理功能衰退直接影响到老年人在灾害中的逃生与自救能力，随着年龄的增大，老年人的逃生与自救能力相应降低。如何在灾难现场救助失能的老年人，如何能让老年人记住安全和应急知识等都应是公共安全研究的重要内容

在心理健康状况方面，老年群体的心理伤害修复过程较长。一项调查显示，“5・12”汶川地震后，96.6%的老年人出现了心理不适应，其中，有中度及以上症状的占 61.4%（陶书毅，2014）。据吴胜涛等（2009）针对“5・12”汶川地震中老年群体的研究，与灾区年轻人相比，灾区的老年人表现出较高的抑郁情绪、躯体化症状，但还保有较高的心理韧性；但后者并未能够帮助其有效地缓解抑郁情绪和躯体化症状，甚至有时还阻碍了其得到社会支持。韩布新等（2009）针对四川地震一个极重灾区的研究发现，灾民在一周后接受的 SRQ（stress-reaction questionnaire，应激反应问卷）、PTSD（post-traumatic stress disorder，创伤后应激障碍）平民版及汉密尔顿抑郁量表（Hamilton rating scale for depression，HRSD）总分差异显著，其中 56~65 岁的中老年年龄段的灾民得分最高，并且距离灾难发生地越近，受灾群体越可能患有慢性重度创伤性后应激反应。

另据韩布新等（2009）的综述性研究，灾难发生时，老年人因不愿迁移、身体虚弱、生活变动、适应性相对较差等易受伤害。而灾难发生后，幸存者都会情绪低落、自信心不足、悲伤哀恸。这是对非常态环境短暂的正常反应。创伤适应过程中的身心反应，大多自然、适度而非病态，除非持续太久、停滞或明显影响日常的功能。

据 Thompson（1993）对 831 位灾区居民在雨果飓风（Hurricane Hugo）中心理应激的研究，无亲身经历者中，年轻人的应激症状最多；有亲身经历者中，中年人的应激症状最多。飓风 1 年后，50~64 岁组抑郁、焦虑、躯体化等个别症状和总体精神症状与受伤、生命威胁、财产损失、灾难经历四个维度皆显著相关；35~49 岁组主要在受伤维度、65 岁以上组主要在生命威胁和灾难经历上显著相关；而 18~34 岁组皆不相关。

灾难在老年人社会生活方面的影响，主要表现为灾害造成老年人社会支持网络的改变。社会支持网络是个人能借以获得各种资源（如金钱、情感、友谊等）的社会网络。通过社会支持网络的帮助，人们可以解决日常生活中的问题和危机，并维持日常生活的正常运行（贺寨平，2001）。对于老年人而言，其社会支持网络可以包括正式和非正式两大支持系统，正式的支持系统包括社区、机构、国家可能提供的社会支持，非正式的支持系统包括家人、邻里、朋友等可能提供的社会支持。袁阳等（2013）的调查指出，“5・12”汶川地震这种突发的重大灾害使得老年人的社会支持网络受损或出现变化。

2）事故灾难

由于年老体弱、自理能力减退等，老年人发生意外伤害、跌倒、突然生病不能被及时发现和救治的危险性很高。单身独居老人在家中去世多日才被发现的悲剧不时见诸报端。

目前，跌倒是我国伤害死亡的第四位原因，而在 65 岁及以上的老年人中则为首位，也是老年人意外伤害最主要的形式。在北京城市系统工程研究中心课题组对北京市新街口街道的调查中，2008 年老年人伤害共 214 例，其中跌倒/坠落 103 例，占到了老年人伤害的近 48%。老年人发生伤害的地点多集中于家中、公路/街道、体育运动场所。

另据对北京市海淀区羊坊店街道有色设计院社区 905 位老年人的调查，空巢老人占社区老年人调查总数的 55.8%；单身独居老人 232 人，占空巢老人的 45.9%。其中，71.2%的老年人不同程度地患有各种疾病，其中高血压、冠心病、骨质疏松和颈椎腰椎病是高风险疾病，很容易发生突然发病、摔倒等意外伤害和危险。而由于与子女分居或子女忙于工作，生活照料和发生意外时的紧急救助成为老年人生活中的难题。

除了老年人意外伤害和应急处置困难外，老年人安全生产问题可能是一个必须重点考虑的问题。人口老龄化对劳动力市场的影响，一般表现在三个方面：一是对劳动力资源总量的影响，二是对劳动力年龄结构的影响，三是对劳动力参与率的影响。

3）公共卫生事件

公共卫生事件是指突然发生的，造成或可能造成社会公众健康严重损害的重大传染病疫情、群体性不明原因疾病、重大食物中毒和职业中毒及其他严重影响公众健康的事件。人口老龄化与公共卫生事件相关的研究甚少。

从常识来看，在公共卫生事件中，老年人应该也是最易受到伤害的对象。特别是在农村地区，老年人口健康水平不高，医疗保健条件差，文化科学素质相对较低，更容易遭受传染病攻击。例如，患禽流感的老人死亡比其他患者增多，通常情况下，老人免疫力低，感染发病率高。公共卫生事件预防和应急工作，可能需要充分考虑老年人的特点，增加适老化的内容。养老院等老年人群密集的地方，也应作为公共卫生事件预防的重点场所予以重点监控和管理。

老年人由于运动、感觉、神经等身体系统退化造成的意外伤害，以及心理和社会老化造成的安全感下降（如担心会发生磕碰、滑倒、突发急病无人救助等）、失落、自卑、孤独等心理问题，至今还未引起广泛的关注。另外，在经济发达国家，老年人自杀率居高不下一直是一个重要的社会问题。在老龄人口激增的情况下，老年人的意外伤害和精神问题会越来越多，如果不能很好地预警、干预和控制，在一定的条件和环境下，很容易成为公共卫生事件甚至社会安全事件。

4）社会安全事件

社会安全事件既包括刑事案件、恐怖袭击，也包括大规模的群体事件和经济安全事件。老年人由于心理和社会老化，较容易成为刑事和经济犯罪的对象，如受骗、跟风炒股（基金）、集资损失等。另外，老年人也容易被利用参与各种群体性事件。而老年人作为弱势群体，又很容易激发公众的社会同情心，涉老的事件很容易被炒作和蔓延，将一般的刑事经济案件或上访事件演变成大规模的群体性突发事件。

据宁波市北仑区的一个调查，2009~2011 年老年人信访 182 批次共计 998 人，其中群访事件 30 批次 782 人。在群访事件中，70 岁左右及以上老年人占 80%以上，但反映老年人个体或群体利益的不到 10%，绝大多数的高龄老人，都是有组织地“被上访”。其中，上访所涉及问题复杂，特别是拆迁补偿安置等现实矛盾与知青、退伍军人等历史遗留问题纠结在一起，处置难度大，很难一次性解决，加上老年人身体、心理承受能力有限，在群访过程中很容易发生“意外”导致事态升级。

老年犯罪是老龄化社会带来的另外一个公共安全问题。根据犯罪学相关研究，在个体层面，随着年龄的增长，人到老年之后，实施犯罪的倾向性会显著降低，随着年龄的增加，老年犯罪的比例逐渐降低；在整体层面上，老年犯罪所占的比重在犯罪总数中也较低，如表 5.5 所示。但随着老年人口数量的增加，老年犯罪人口的数量会不断上升。

表 5.5 犯罪人口年龄分布

年份	青少年	中年	老年
1990	63.1%	34.7%	2.1%
1993	56.6%	41.5%	2.0%
1996	50.0%	48.2%	1.7%
1999	41.3%	56.4%	2.3%
2002	36.2%	61.5%	2.3%

注：表中数据进行过舍入修约

从犯罪类型来看，主要是财产犯罪、性犯罪、杀伤犯罪、经济犯罪和危害公共安全罪。从犯罪人的特点来看，老年男性比例较高，60~69 岁年龄段的老年人实施犯罪行为的比例较大。老年犯罪人文化程度较低，财产犯罪人的文化程度在老年犯罪人总体中的文化程度最低（郭晓红，2010）。应当说，从犯罪后果来看，老年犯罪与其他人犯罪在性质上是相同的，但由于违法犯罪主体的特殊性，形成不同于其他人犯罪的特点和社会危害。在公共安全研究中，应该未雨绸缪，像关注少年犯罪那样关注老年犯罪，积极分析老年犯罪的原因，制定相应控制与预防的对策，减少老年犯罪现象。

三、人口老龄化给公共安全管理带来的挑战

老年人是各类公共安全事件的承载体，我国老龄化程度的不断加深，也给公共安全管理带来了挑战。

1）老龄化给公共安全管理带来了新的要求

目前的公共安全管理体系、机制、应急措施对老年人群体的关注不够，对老龄化社会的适应度不够。在老龄化程度日益加深的今天，公共安全管理体系要进一步健全，增加针对老年人的内容与机制，应急措施也应对老年群体提供足够的关注，在应急管理的各个环节也需要考虑老年群体的特点和个体差异，特别是老

年人状况的异质性非常高，个体差异非常大，这使组织老年群体进行风险控制十分不易，建立适老化的防灾减灾和应急管理体系是一个巨大的挑战。在机制方面，老年人除了作为灾害弱者需要得到国家和社会的特殊照顾外，老年人作为防灾减灾的人力资源应得到重视。据日本 1999 年的一项调查结果，老年人的灾害应对意识要高于年轻人，老年人的这一特点有助于其在社区互助中做出更大的贡献。根据日本总务省统计局 2011 年的统计，老年人参与灾害志愿者活动的人数在老年人口总人数中的比率如下：60~64 岁老年人为 3.4%，65~69 岁老年人为 3.2%，70~74 岁老年人为 2.3%，75 岁以上老年人为 1.1%。60~69 岁老年人参加志愿活动的比例高于 10~19 岁的青少年。

2）各类公共政策的制定要充分考虑老年人的需求

随着退休年龄的延迟和老年人健康水平的提升，越来越多的老年人会留在劳动力大军之中，由老年人引发或涉及老年人的安全生产事件也会越来越多，需要制定相应的政策来保障老年人的利益和安全。老年人的生理特点决定了他们并不适合承担风险太大的工作或从事超额劳动，需要劳动条件和环境较好、流动性较小的岗位，以避免劳动本身给老年人带来不利影响。在设计老年岗位时，需要充分考虑老年人的特点，采取弹性工作时间（包括在家工作）和灵活的休假方式。这样对于老年员工来说，可以减轻工作的压力，对那些希望晚些退休的员工有很大的吸引力，是一种很有借鉴价值的工作方式。

例如，德国为了解决老年雇员失业问题实行了弹性退休的制度。按规定老年人应该 65 岁退休，弹性退休政策就规定，从 55 岁开始老人就可以一周只工作 4 天，老板只付 4 天的工资，另外一天去领养老金。55~65 岁被分为五个阶段，到最后两年，企业只需支付老人 1/5 的工资，直至 65 岁彻底离开企业，这样企业的劳动力成本下降，雇用老年雇员的成本也不会太高。

还要设计必要的老年福利制度，提高老年人的生活支付能力，减少老年人的工作时间。同时要做好老年人的健康管理，这也涉及卫生管理政策的完善，建立起一套完善的老年健康管理与监测体系，一方面有利于提高老年人的健康水平，延缓老年人进入养老机构的时间，增加老年人的独立性，另一方面也有利于降低总体公共安全风险水平，减少针对老年人的伤害事故发生的概率。

3）要通过科普教育，增加老年人应对突发事件的能力

通过教育，让老年人了解灾害的知识、培养防灾减灾的意识、掌握防灾减灾的技能，增强其自救和互救的能力，使其在灾害发生时可以迅速反应、及时判断，保障自身、家庭和邻里的生命财产安全，是预防灾害，进而降低灾害风险的重要措施。就老年人而言，由于社区是其主要的活动场所，防灾教育可以融合在以社区居民为对象的社区防灾教育或演习之中，也可以依托已有的老年教育机构展开，如我国台湾依托乐龄大学、乐龄学习中心增设灾害教育课程。

除了防灾教育之外，灾前预防的另一个有效措施是成立社区互助组织。例如，美国的“社区应急反应队”与“公众服务队”，日本的“消防俱乐部”与“居民防灾议会”等自主防灾组织，其中老年人都是重要的参与力量。这些组织在灾前的预防与演习、灾时的及时反应与互助、灾后的社区重建等环节均发挥了重要作用。

4）要加强老年人的法律知识，提高守法意识

人的老化容易带来认知能力的下降，同时出现其他不稳定的心理的特征。很多老年人会变得更加情绪化，性格也会出现极端化的情况。老年人更容易受到蛊惑，被不法分子利用，从而做出一些违法的事情来。随着社会的老龄化，老年人的各种违法犯罪现象也出现急剧增长的趋势。所以要加强老年人的法律知识，提高老年人的守法意识，减少公共安全事件的发生。

法律知识的普及与守法教育活动是一个重要的渠道，应通过法律讲堂、法律知识竞赛、法律知识展览、案例宣传等形式做好老年人的普法工作。在普法过程中，要注重发挥老年人的作用，切实提升普法效果。

第三节　中国人口老龄化特征与公共安全问题

老年人口比例的提高对公共安全带来了巨大的挑战。中国是世界上人口数量最多的国家，也是世界上最大的发展中国家，中国社会的老龄化具有一些独有的特征，这些特征与公共安全问题具有千丝万缕的联系，要研究老龄化背景下的公共安全管理问题，就必须认真分析中国老龄社会的本质特征。

一、区域不平衡

由于经济增长、社会发展水平和生育状况等差异，我国人口老龄化发展进程呈现出区域间不平衡的特点，特点是从东向西，呈阶梯分布。其中，东部沿海省份的农村进入老龄化的时间比中部及西部省份早，速度也比中西部地区快。而边远的西部各省份是中国进入老龄化最晚的地区，有的省份还没有进入老龄化阶段；中部地区介于东部、西部之间，基本处于全国平均水平。老龄化程度呈现出由西向东逐渐增强的趋势（表 5.6）。

表 5.6　按人均 GDP 排序的老年人口比例的地区差异

省（自治区、直辖市）	人均 GDP/元	65 岁老龄化系数
上海	34 547	12.62
北京	22 460	8.43
天津	17 993	7.98

续表

省（自治区、直辖市）	人均 GDP/元	65 岁老龄化系数
浙江	13 461	10.59
广东	12 885	7.70
江苏	11 773	9.81
山东	9 555	9.06
青海	5 087	4.54
宁夏	4 839	4.40
云南	4 637	6.25
西藏	4 559	5.15
甘肃	3 838	5.28
贵州	2 662	6.08

资料来源：《中国统计年鉴 2001》，第五次全国人口普查资料

从统计资料可以看出，人口老龄化系数与经济发展水平具有明显的正相关关系。实际上，越是经济条件好的地区，越容易聚集更多的人口，这些地区的社会保障能力更强，生育水平则更低，从而更容易进入老龄化社会。

二、城乡二元化

发达国家人口老龄化演化的一般规律是人口老龄化水平与经济发展水平呈正相关，即经济发达地区的老龄化程度要高于不发达地区。但我国的情况正好相反，人口老龄化在经济发达的城市地区的程度要显著低于落后的农村地区，人口老龄化水平“城乡倒置”，即我国农村经济发展水平远低于城镇，但农村人口老龄化水平却高于城镇。1982 年农村比城市仅高 0.32 个百分点，2010 年扩大到 2.38 个百分点。

农村具有更深的老龄化程度体现了我国的特殊国情，我国正处在快速的城镇化阶段，更多的青年人选择离开农村到城市，引发了中国农村的人口结构快速老年化，实际上，在进入 21 世纪以后，这个趋势呈现出明显的加速特征。农村的老年化，与农村地区经济水平的落后状况进行叠加，引发了一系列的社会问题与公共安全问题，如农村地区的快速空巢化，为公共安全管理提出了新的要求。

三、人口流动：空巢化

人口流动和迁移是城乡倒置的一个重要原因。中国在外流动就业的农民工规模庞大，人口输入地因为大量年轻劳动力的到来拉低了实际老龄化程度，而人口

输出地则只留下老年父母在家留守，因此实际的老龄化程度要高很多。以常住人口为统计口径的2010年第六次全国人口普查汇总数据明显地反映出了这种状况。例如，老龄化最严重的地区是重庆、四川、河南等地，要远远高于北京、广东等较发达的地区。

由于老年人口难以随子女迁移城镇，老人村的现象越来越普遍，特别是在条件落后的中西部地区，这种现象更为突出。据统计，在全国两亿多农民工中，有一半离开本县半年以上，所以老年人长期过着与儿女分居的生活，空巢比例越来越高，2009年农村独居老人就已突破2 000万人。

实际上，在城市地区，由于人口流动，下一代离开自己生长的区域到外地就业的现象也非常普遍，空巢化的现象也同样非常明显。根据北京市老龄工作委员会办公室根据2010年第六次全国人口普查汇总数据统计结果的计算，北京市单独1人居住的老人数量高达246万人，占老年人总数近10%，空巢家庭比例也急剧升高，根据2012年7月全国老龄工作委员会发布的《2010年中国城乡老年人口状况追踪调查数据报告》，全国老年人空巢比例呈上升趋势，城乡合计空巢老年人占49.3%。

四、经济发展水平低，保障能力不强

“未富先老”是我国老龄社会的典型特征。首先表现为我国的经济发展整体水平还不高，与世界主要发达国家相比，我国人均GDP只相当于其十分之一到六分之一；其次是我国养老保障能力低下，对老龄社会没有做好充足的准备，老年福利体系尚未建立，养老金存在巨大缺口，养老服务体系尚未完善，养老设施更是处于紧缺状态；最后是老年人本身也未做好相应的物质与心理准备。

在日本，老年人是最富有的群体，而我国由于长期处于低工资状态，有固定工作的老年人在退休后，大部分储蓄不多，退休金也与发达国家有巨大的差距，老年人支付能力不强。对于农村的老年人来说，则情况更为糟糕，在自然灾害、疾病、物价大幅波动等外界威胁因素面前，极易再次陷入脆弱性贫困的状态。我国农村老年人大多数主要靠子女供养和在土地上的劳动收入，随着年龄的增长，老年人从事农业所能获得的收入所占的比例越来越低，直至丧失，转向主要靠子女供养。一旦老年人患有重大疾病需要治疗或需要长期医护服务，就很容易导致整个家庭返贫。

五、家庭养老功能不健全

据穆光宗（2000）早期的一个研究，城市养老方式的排序为社会养老、家庭养老和自我养老，三者的比例是 1∶0.7∶0.3；而农村养老方式的排序则是家庭养老、自我养老和社会养老，三者比例为 14.6∶6.6∶1，说明农村老年人度过晚年生活还是主要依靠传统家庭来完成养老，即家庭组员之间的互助共济和“养儿防老”。

随着计划生育政策的实施，20 世纪 80 年代以来出生率呈直线下降趋势，根据 2006 年城乡老年人口状况调查结果，农村老年人平均拥有的子女数为 4 人，而 2020 年左右赶上计划生育政策的人口变成老年人口时，平均子女数量只会有 1~2 个，并且也会趋向高龄化，即 80 岁及以上的老年人口比例占 60 岁及以上人口的比例显著增高。由于观念的变化及计划生育政策的影响，我国家庭结构发生了很大变化，老人与子女分开居住成为普遍现象。过去那种扁平式的大家庭结构已被现在的“422”或“421”的倒金字塔形结构替代。这些新的变化既弱化了家庭保障，也弱化了社会支持网。

六、风险意识差

随着衰老进程的加深，人的生理和心理都在经历衰退。老年人的思维能力、识别能力和应变能力都在下降，同时会呈现出明显的愚昧型心理、轻信型心理、焦虑型心理和固执型心理特征，成为近几年经济诈骗等刑事犯罪的对象。

浙江温州的李师傅遭遇电信诈骗，深信不疑，先是跑到中国工商银行取出 9 000 元，在给骗子汇款的过程中被工作人员发现，无论工作人员如何劝阻，老人就是不听，无奈之下银行只好切断了 ATM 机的电源。老人又跑到中国农业银行，中国农业银行的工作人员也只能切断了 ATM 机的电源。最后，派出所民警出面，李师傅这才肯相信，“安全转账”是骗局[①]。

另外，我国的老年人风险警惕性较差，对于可能面临的伤害缺乏正确的认识，应对风险的正确措施更是无从谈起。在面对可能的伤害时，很多老年人往往是不愿躲避，这样的案例有很多。

2013 年 7 月 8 日，川西北安县千佛镇因连日暴雨如注，河流猛涨，滚滚山洪就如脱缰的野马从山谷之中奔腾而出，有关部门发出了山区泥石流红色预警，要求该镇各村组的居民连夜撤离。在村组长杨德贵的部署下，宝藏村的全体村民连夜转移到山上，但经过检查发现，村里有 4 名老人不愿意离开家，没有随队伍转移，村主任只好连夜返回劝说。次日天亮，已经转移的 5 名老人竟然也相继回到家拿生活用品，杨德贵劝说无效，上午 9 时许，安置点的人们突然听到“轰隆隆”的声响，抬头一看，村对面山体出现大面积垮塌，洪水泥石流腾空而起，冲出几

① 钱江晚报，2014 年 1 月 13 日。

十米高，村子瞬间被泥石流和洪水淹没，整个过程只有几秒钟，9 名固执的老人和村主任杨德贵消失得无影无踪[①]。

七、文化观念落后

老年人由于其生活与教育经历，与下一代或下两代人在文化上存在显著的差异，这些观念“代沟”不仅体现在日常生活习惯上，在安全意识与安全防范方面也有明显的差异。

老年人生活的年代普遍物质匮乏，很多老年人经历过非常困难的时代，这使得我国的老年人普遍比较节俭，对物质的珍惜感较强，在遇到风险时，往往不能正确对待财物与生命的关系，在很多洪水、地震发生时，经常会发生老年人由于舍不得一些财物而遇险的案例。

另外，我国老年人所接受的教育与现代观念有较大差距，如长期以来，老年人都接受过“一不怕苦，二不怕死”“人定胜天”之类的宣传教育，这些观念非常不利于老年人正确处理所面对的风险，也为公共安全管理带来了障碍。

第四节　公共安全视角下的老龄化社会脆弱性研究

20 世纪 70 年代 Gilbert F. White 首次提出了脆弱性（vulnerability）的概念，最初是运用于自然科学领域，特别是灾害学，之后被广泛应用于生态学、金融学、社会学和经济学等许多方面。世界银行认为，脆弱性是指个人或家庭面临某些风险的可能，并且由于遭遇风险，财富损失或生活质量下降到某一社会公认水平之下的可能性。国内最新研究认为，脆弱性是指系统对系统内外扰动的敏感性及缺乏应对能力从而使系统的结构和功能容易发生改变的一种属性。从上述脆弱性概念的界定来看，脆弱性包含两个方面，即受到冲击的可能和抵御冲击的能力，脆弱性是二者较量后的结果。受到冲击的可能即研究对象所面临的风险，抵御冲击的能力取决于研究对象的保障体系，因此，保障与风险是脆弱性的一种分析视角和框架。

一般意义上，脆弱性具有三层含义：第一层，它表明该系统、群体或个体存在内在的不稳定性；第二层，该系统、群体或个体对外界的干扰和变化（自然的或人为的）比较敏感；第三层，在外来干扰和外部环境变化的胁迫下，该系统、群体或个体易遭受某种程度的损失或损害，并且难以复原。另外，有学者认为脆弱性是指系统（子系统、系统组分）对系统内外扰动的敏感性及缺乏应对能

① 四川日报，2013 年 7 月 12 日。

力从而使系统的结构和功能容易发生改变的一种属性。它是源于系统内部的、与生俱来的一种属性，只是当系统遭受扰动时这种属性才表现出来。至今为止，关于脆弱性本质、脆弱性构成要素及各要素之间联动对系统脆弱性的影响并没有一致的界定，认识较一致的概念是，脆弱性是指对危险暴露程度及其易感性（susceptibility）和韧性（resilience）尺度的考量。

一、老龄化社会公共安全脆弱性分析框架

对于脆弱性研究领域的分布范围问题，Downing（2001）曾提出过“脆弱性科学”的一个研究议题框架：①哪些人、事物、地区面对正在进行的人文与环境条件的变化较脆弱？②这些变化及其结果在不同的人与环境条件下是怎样被减弱或增强的？③通过什么措施可以减少对这些变化的脆弱性？④怎样建立更具恢复力和适应性的团体和社会？

基于这一框架，本书认为老龄化社会下公共安全的脆弱性研究的主要议题包括：①在老龄化社会下，老年保障体系的哪些子系统和要素比较脆弱？②哪些地区的哪些老年人群对哪些公共安全事件敏感，以至于会使系统受到伤害和破坏？③各类脆弱性的易感性或敏感性如何？④现有系统对外在致灾因素的承受度、抵抗力或抗逆力如何？⑤通过什么措施可以减少脆弱性？⑥怎样建立更具恢复力和适应性的老年保障体系、城市运行体系与社会制度？

二、社会结构与公共安全脆弱性

老龄社会公共安全脆弱性分析可以从宏观经济社会系统与个人和家庭两个层面上展开。

在宏观经济社会系统层面上，脆弱性主要是经济社会系统面临外界各种压力和干扰（包括人类活动的扰动和自然界的各种压力），可能导致出现系统失效、动荡、不连续和退化特征的程度的一个衡量。从短期来看，适老化公共设施和服务短缺是最主要的风险要素；中期则面临社会保障体系崩溃的风险；长期来看经济转型和可持续发展会逐渐成为主要风险。三个方面相互影响和交织，会放大风险，提高系统的脆弱性。

在个人和家庭层面上，脆弱性更多地表现为老年人个人或家庭的生活安全，即在经济社会持续发展和老年保障制度实施背景下，绝大多数老年人群能够克服贫困、疾病和失能风险，获得社会平均水平和有品质的、有尊严的生活的一种状态。

类比世界银行对脆弱性的定义“个人或家庭面临某些风险的可能，以及遭遇

风险而导致财富损失或生活质量下降到某一社会公认水平之下的可能”，老年人或家庭生活安全的脆弱性可定义为“老年人个人或家庭面临某些风险的可能，以及遭遇风险而导致贫困、疾病、失能或生活质量下降到社会平均水平之下的可能”，是由老年人个人或家庭内部支撑能力和外部保障体系所决定的对内外部风险扰动的高敏感性和低应对能力的一种属性。

内部支撑能力主要体现在个人或家庭的经济、社会和资产状况等方面，而外部保障主要体现在集体保障、社会保障、商业保险及社区互助等方面，可以统称为社会支持。在城乡二元结构和贫富差距不断扩大的情况下，对大多数老年人个人和家庭来说，脆弱性较低，抵抗力的提升也非常困难。因此，个人和家庭脆弱性的降低在很大程度上依赖于外部支撑能力或社会支持。

在《北京市“十二五”时期老龄事业发展规划》提出的理论、保障、服务、科技、文化和管理六大体系或子系统中（图 5.4），保障、服务和管理体系直接决定着老年人个人或家庭的福利水平，理论、科技和文化体系则是重要的支撑条件，是提高风险抵抗力或抗逆力的重要来源。短期内，老年保障制度缺失、服务供求短缺和低水平运行及管理体系封闭落后是主要的风险因素和脆弱性来源；从中长期来看，老年保障制度的先进性、传统敬老文化消失和科技创新的滞后将会成为最主要的脆弱性来源，将从根本上制约老年家庭、个人能够获得的服务水平，也制约着养老产业的发展，使系统在高脆弱性水平上运行。

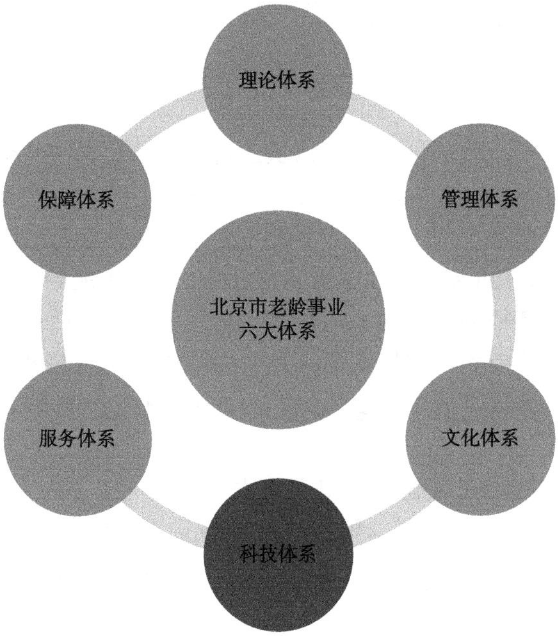

图 5.4 北京老龄事业六大体系

另外，不论是宏观经济社会系统层面，还是个人和家庭层面，都会面临自然灾害、事故灾难、公共卫生事件和社会安全事件等外部公共安全事件冲击导致系统不稳定、不连续的风险，是对公共安全和风险研究与管理提出的新要求，即需要充分考虑老龄化社会的特征，加以深入的研究和应对。

三、经济发展水平与老龄化的耦合

作为世界上最大的发展中国家，中国的个体收入水平还大大落后于发达国家，而我国的老龄化趋势则呈现出一个不可逆的加速阶段。较低的经济发展水平与老龄化的耦合，更加深了老年人的脆弱性。

经济发展水平的相对低下，一方面，决定了我国的社会保障能力的低下，只有少数大城市为老年人出台了相应的扶持政策，能够拿出相对较多的资金来弥补老年群体脆弱性的抗逆性，而大部分地区则扶持力度较小；另一方面，出于我国独特的历史原因，很多老年人在退休前一直处于我国“高积累，低工资”的政策环境中，在长期的工作年月未能攒下足够的个人资金储蓄，退休金也相对较低，这使得老年人的支付能力较低，在遇到疾病、灾害、事故等风险因素的情况下，老年人群体很容易陷入贫穷，并且在外部保障力量缺位的情况下，难以实现逆化。老年人群体的脆弱性非常明显。

中国大量的老年人口和快速的老龄化趋势，使得政府很难筹集足够的资金来减轻老年群体的脆弱性。大部分老年人要依托自身与家庭的力量来保证自己的大部分生活消费，特别是在一些社会保障有所缺失的农村地区，这种现象较为严重。

经济水平的相对低下与严重的老龄化趋势，使得中国老龄脆弱性问题非常突出，需要制定科学的政策，在经济水平与资源的约束下，构建科学的公共安全体系，尽最大努力来减轻老年群体的脆弱性。

四、老年生理、心理特征与社会脆弱性

正如本章第一节所述，人的老化包括生理上的老化与心理上的老化，在生理上，体内环境稳定机制减退，集体储备功能下降，抵抗能力减弱，防御、自身稳定、监视、免疫等功能和承受高温、冷冻、创伤、射线、疲劳等伤害性刺激的能力下降，体力下降，反应迟钝，运动的灵敏性、准确性下降。老化的生理和心理是相关的，生理的老化会影响到心理的老化，表现为记忆力的下降，智力也会有不同程度的衰退，甚至会患上失智症，老年人的情绪表现更倾向于自我控制，但是消极、悲观等负性情绪可能逐渐增多，会出现任性、顽固等以自我为中心的一面，趋于保守，固执于过去的习惯，逃避学习新观念。也可以说，从生理上看，

老年人的脆弱性的极端表现为失能，从心理上看，其极端表现为失智。

从总体上来看，老年人的老化过程是一个不可逆的过程，老年人的生理机能与智力的衰退难以逆化，从脆弱性的概念上看，老年人在生理方面的抗逆性很差。但低抗逆性也不是绝对的，如果有良好的环境，老年人接受一定的辅导与干预，得到一定的训练，在生理上可以尽量延缓失能到来的时间，而在心理方面，则一定的时间段内完全有逆化的可能，也就是老年人在心理上可以进行相当的改善。

可见，为应对老年群体的脆弱性，一方面要通过相应的政策和手段，如构建完善的居家服务体系，提供老年生活辅助，让老年群体尽量延长独立生活与健康生活的时间，另一方面要通过医学、心理学方面的干预，如加强医疗护理、心理辅导，提供康复训练等方式，来实现老年群体在生理与心理状态上的改善，降低老年群体脆弱性的抗逆性。

在这方面，欧洲的 AAL（Ambient Assisted Living）研究计划可以给我们很大启示，AAL 意指环境感知协助下的生活，AAL 可以看作欧盟范围内针对老年居家生活提供基于信息与通信技术手段辅助的综合解决方案，是欧盟的一个综合性的研究计划。AAL 是综合应用多种产品和技术的系统，由第三方机构提供，为老年人居家生活提供各种辅助与便利，包括通信手段、移动技术、自我满足技术、居家生活等方面。其目的是在环境辅助手段下，尽量提高老年人独立生活的能力，保证老年人的生活质量与人格尊严。

在中国，当前一个重要的任务就是推进“医养结合”的研究和实践。通过医疗资源、康复资源与养老资源的结合，来实现资源效用的最大化，从而提升老年群体对身体疾病、自然灾害、突发事件、独立生活的应对能力，降低老龄社会的脆弱性。

第五节　老龄化背景下加强公共安全管理的政策建议

中国已经进入老龄化社会，而且老龄化程度将呈现一个加速趋势，中国人口的老龄化对公共安全带来了巨大的挑战，认真研究老龄化特征，在老龄化背景下构建公共安全管理体系刻不容缓。

充分考虑老年群体的需求，匹配中国老龄化社会核心特征，完善公共安全管理体系，需要从多个层面入手，第一是把应对老龄化的问题纳入健全公共安全体系的重要议事日程；第二是将安全社区建设作为老龄化社会公共安全体系建设的重要抓手与突破口；第三是加强老龄安全科学研究，依靠科技实现老年安全管理的根本性突破；第四是要推养涉老产业的安全健康有序发展。

一、把应对老龄化的问题纳入健全公共安全体系的重要议事日程

目前，我国公共安全与应急管理体系中缺乏对人群的细分管理，应当深入研究城镇化和经济新常态背景下人口老龄化对公共安全的影响，研究制定涉及老年人群的公共安全与应急管理的法规标准，大力开展老年安全文化建设，开展适合老年人的安全科普宣传与培训，提高老年人的风险意识和自救互救能力，全面提升老年服务水平，并在国家和各级政府“十三五”相关规划中加以体现和实施。

经过几十年的建设，特别是2003年SARS事件和2007年颁布《突发事件应对法》以来，我国已经初步建立了公共安全管理体系，对于应对自然灾害、事故灾难、公共卫生、社会安全等公共安全事件，维护社会的公共安全秩序，保障公民的合法权益，以及社会各项活动的正常进行，起到了重要的作用。

但随着人口老龄化的快速发展，我们需要在进一步完善现有体系的基础上，充分吸收老龄安全科学研究成果，对公共安全体系的各方面进行重新审视和调整。

到目前为止，我国的公共安全体系还是一种粗线条的结构，缺乏针对细分人群的设计，包括老年人口。例如，应急预案中一般很少有专门针对老年人的措施，安全社区建设中虽然在框架中有老年人安全模块，但并没有细则，相关认证中也很少有专门的评估。另外，针对老龄化社会发展带来的新的社会风险，如社会保障体系崩溃、公共设施和服务短缺等重大风险，目前还主要在经济学、社会学领域进行讨论，在公共安全领域并未涉及。

一般意义上，这种细化和调整需要在整个公共安全体系层面上进行，涉及政府的组织管理模式、评价体系、应急预案、安全监测和预警、安全文化、安全教育和培训等各个方面。从灾难角度，在涉及老年人的突发事件中，老年人作为承灾载体，其风险处置能力与应急能力等都需要深入考虑。需要从以下几个方面进行完善。

（1）应急预案的适老化。需要增加两个方面的考虑：一是如何适应老年志愿者成为救援的重要力量这一事实；二是制定以老年人为主体的社区应急、大型活动等方面的预案。

（2）制定涉老公共安全事件、危险源和安全事故隐患监测与统计体系和制度，含事件记录、回顾性总结分析和前瞻性的安全评价与预测等。

（3）适老化的安全教育和安全培训，包括开发适合老年人的培育培训材料和教学形式，也包括将老年人作为重要的教育和培训主体。

（4）适老化的公共安全标准和评价体系。需要寻找能代表这个老龄化社会下

公共安全水平的指标。

（5）尊老敬老的安全文化。在安全文化建设中融入尊老敬老元素，形成全社会的尊老敬老安全文化氛围，进而影响风险意识、安全技能、行为规范等。

（6）构建老龄化社会特定社会风险评估、测控和预警体系。针对老龄化社会发展带来的新的社会风险，如社会保障体系崩溃、公共设施和服务短缺等重大风险，建立相应的社会风险评估、测控和预警体系，为政策决策提供支持。

（7）养老机构和场所安全管理。将养老机构和康复中心、家庭诊所等涉老场所作为重点监控领域，加强安全管理。

（8）提高对农村人口老龄化的重视程度。与城镇相比，农村的人口老龄化形势更加严峻，并呈现出一些特殊的问题，如老人村的问题。不论是自然灾害，还是贫困、疾病和失能的风险，农村老年人口和家庭抵御能力总体较低，脆弱性很高，需要完善的社会支持，是老龄化社会下公共安全研究和实践的重点对象。

（9）大力开展老龄化社会下公共安全的脆弱性研究。在宏观经济社会系统层面上，需关注适老化公共设施和服务短缺、社会保障体系崩溃风险和经济转型与可持续发展的风险及它们之间的相互影响和交织。在个人和家庭层面上，生活安全在很大程度上依赖于外部支撑能力或社会支持，特别是普惠型的老年保障制度；从中长期来看，科技创新将从根本上提供老年家庭、个人能够获得的服务水平。

二、将安全社区建设作为老龄化社会公共安全体系建设的重要抓手和突破口

老年人是社区安全的主要受益者，也是加强社区安全建设的重要力量。应当针对老年人群特点制定切实可行的社区应急预案，提高其应急准备能力，充分发挥老年志愿者在维护社会安全稳定中的积极作用，并开展“安全是基础，便利是核心，舒适是目标”的适老化环境设计和改造，健全社区养老和“邻里互助”养老服务，推进自助养老，缓解养老资源结构性短缺。

社区是老年人主要的活动场所，也是基层公共安全和应急管理的主战场。老年人是社区安全与应急的最主要的利害关系人，一方面老人的生活和安全保障主要依托社区，是社区安全的主要受益者；另一方面，老年人也是社区安全建设的重要主体，社区内承担包括治安、维稳职能的志愿者也主要是老年人。安全社区建设中通过与老年人这一重要利害关系人的紧密合作，还可积累老龄安全的知识和经验。可将安全社区建设作为人口老龄化社会下公共安全体系建设的重要突破点，率先重点推进。

目前，安全社区建设已经形成了相对完备的认证、评估体系和框架。但存在

泛化、重点不突出、忽略以人的安全为本等问题。在适老化安全社区的构建中，至少需要考虑如下几个方面。

（1）社区和居家的适老化改造。老旧小区普遍存在着“行路难”“进楼难”“上台阶难”等问题，需要进行适老化改造，包括小区道路的便利化与安全化，减少坡度与台阶，增加扶手与休息设施；楼门口修建无障碍通道，安装扶手；为老旧楼房安装电梯。

（2）老年居民在紧急状态下避险自救互救能力提升。小区内要提供紧急避险的场所，在楼内应当增加紧急避险通道，提升老年人在紧急状态下的撤退效率。同时要建立邻里互助制度，可以通过科技手段为邻里互助、邻里互相观望提供方便，如老年人之间建立互相观望组，每天定期联络，在邻居出现紧急情况时尽早获知，并向社区报告，要求援助。

（3）老年人作为应急宣传和救援主体时的制度安排与措施。老年人是社区安全管理体系的直接受益人，同时老年人自己也是这个体系的重要组成部分。根据调查，老年人对参与社区安全管理普遍有积极性、有责任心，要充分利用现有条件，制定相应的制度，鼓励老年人参与社区应急宣传，同时也可以作为应急救援的重要依托力量。

三、加强老龄安全科学研究，依靠科技实现老年安全的根本性突破

加强以安全科学为基本框架，与老年学、经济学、管理学、社会学、医学和心理学等有机结合的老龄安全交叉科学研究，特别是加强老年跌倒摔伤机理和预防研究（据统计，跌倒是我国 65 岁以上老年人伤害死亡的首位原因）、高危行业退休人群的安全健康研究、老年群体出行安全研究（据调查，70%的老人退休后有旅游的意向）、养老机构和为老服务的安全评估与认证（在日本，养老机构看护必须取得国家二级资格认证）等专题研究。应当借助现代信息技术、医疗健康技术和业务流程创新，加强对居民健康、安全等社会数据的及时采集、更新和动态管理，实现互联网与“大养老”的深度融合，建立健全以服务为核心，科技与基层社会治理创新有效链接的社区治理新模式。

不论是老龄人口作为公共安全事件的被伤害对象和承载载体，还是人口老龄化及相应的经济社会系统变革所带来的新的公共安全风险，都对公共安全管理提出了很多新的要求，需要加以深入的研究和应对。要专门研究老年群体对维护经济社会稳定的积极作用，提高突发巨灾情况下老年群体的应急能力。

我国“十三五”规划和其他相关规划，应在“人口老龄化”这个基础上，明

确老年安全与人口老龄化的若干公共安全问题。从方法论的角度看，需要以安全科学为基本框架，将许多公共安全研究内容、研究方法与老年学，甚至经济学、管理学、社会学、心理学等方面的研究有机地结合，将不同学科的相关理论知识进行整合凝聚，形成新的研究框架，并进行长期的积累。在有关财政的科研项目上要有倾斜地支持。必须建设面向人口老龄化社会的安全科学和公共安全体系，国家须专题设置老年安全研究科目。讨论人口老龄化对公共安全的影响需要考虑与城市化、全球化、经济社会转型、科技革命等宏观因素的关系，如城市化进程中农村留守老人、城市无户籍老人的养老问题及其中蕴含的社会风险和公共安全问题；养老服务国际化带来的文化冲突和安全生产问题；社会治理体系由“管理”向“治理”转型，新媒体环境下公众参与日益深入条件下养老服务和社会保障相关议题决策所蕴含的社会风险和公共安全问题，都应是公共安全研究的重要议题，需要专题的研究。更进一步的研究可能需要将这些因素作为内生变量，并放在同一个模型中进行综合考虑，才能较全面地把握其中的公共安全规律。

当前，信息技术在公共安全领域的应用越来越显著，很多应急措施与安防技术本身就是特定的信息管理与技术。信息技术的应用提高了我们对各种突发性事件的监控、决策和应急处置能力，极大地促进了公共安全管理水平提升。

公共安全涉及面广，风险因素多，突发事件形成、蔓延机制复杂，需要基于基层的，甚至个体层面的海量的基础性数据、信息和复杂的预测模型才可能真正得到较为系统性的知识，并且需要和与之相适应的管理体制配合，才可能实现公共安全管理的根本性突破。

目前，以物联网、云计算、大数据为特征的新一代信息技术及生物、医学、认知、安全等技术的发展和创新应用，以及国家正在大力推行的以社区基层源头治理为特点的社会治理模式创新，正在为我们实现这种突破性创新提供基础条件。

当前，很多涉及老年人口最直接、最现实、最紧迫的具体利益问题，如果不能从源头上妥善化解，极易引发社会矛盾。与此同时，老年与服务老年的社会组织发展不充分，基层政府和社区任务繁重，针对老年的工作力量相对薄弱，在服务提供和应对矛盾与问题时经常是心有余而力不足。通过服务创新，实现了科技，特别是现代信息技术与基层社会治理创新的有效融合，是解决基层社会治理中存在的矛盾和问题的一条根本之道。与一般的技术创新相比，这种创新具有网络性、基础性和社会性，会涉及体制和制度的创新，难度较大，当然也更显其可贵（丁辉，2012）。

从公共安全的角度看，这一套解决方案的核心是借助现代信息技术和业务流程的创新，实现对社区内“人、事、物”数据，特别是居民个体层面健康、安全、社会数据的及时采集、更新和动态管理，最终形成以融应急处置于常态服务、源头动态治理为特点的社会服务与管理机制。

从这两个成果的应用情况来看，科技创新的作用至少表现在以下几个方面。

（1）提升公共安全管理和应急处置能力。通过实时动态数据、科学模型和智能化系统，可以实现公共安全和突发事件的预警、研判和及时发现，应急指挥系统可以在第一时间掌握突发事件和应急事件现场与环境的详细情况，实现快速反应和妥善处置，从而极大地提高政府的应急管理和处置能力。当然这种作用针对的对象可以是一般性的公共安全管理。

（2）预防和减少伤害。通过科技产品和创新服务，可以辅助老年人预防和减少受自然灾害、事故灾难、公共卫生事件和社会安全事件的伤害，如各种提升老年人活动和视听觉能力的辅具，走失、摔倒和意外伤害的安全监测、智能居家生活辅助，机器人、虚拟现实与游戏、远程医疗、社会联系支持等技术的应用，都是各国科技界研究的热点。

（3）从根本上缓解养老资源结构性短缺的危机。由养老服务的性质决定，护理人员短缺、社区居家养老发展迟缓等结构性问题的解决，只能通过技术创新，并辅以组织创新、商业模式创新和制度创新。只有大幅度提升服务效率和品质，才能真正解决问题。

（4）降低社会风险。科技类养老产业的发展，加上商业模式创新和制度创新，可能会以市场或市场与公共服务相结合的方式缓解或从根本上解决养老对财政的压力，也会推动经济转型升级和可持续发展，间接地缓解社会风险。

（5）在人口老龄化快速发展，养老服务资源结构性短缺、劳动密集型养老方式难以为继的背景下，依托社区管理体系，大力发展社区居家养老，并且利用科技创新大幅度提升服务效率和品质，是解决我国养老问题和发展养老产业的重要途径，而包括安全服务在内的社区居家养老服务创新是适老化安全社区建设的一部分。由以上要素构成的社区老年安全服务，自然就会扩展到覆盖社区全体居民，从而与世界卫生组织推广的安全社区实现衔接，并为其提供了一个“以服务代/促管理”的新的创建思路，使安全社区的建设真正落到实处，并且通过高效的服务传递系统和专业服务，可以使社区的安全水平得到实质性的提升。

四、推进养老产业的安全健康有序发展

在社会总需求中，随着老年人特殊需求的迅速增长，以满足老年人特殊需求的养老服务设施、日常生活用品和社区服务、娱乐业的新型产业日益兴起，业内亦称“银色产业”“银发产业”。

1）养老产业的分类

但目前为止，对养老产业的概念和内涵还处于一个混乱的阶段，大部分学者认为养老产业是“为老年人提供产品或劳务、满足老年人口衣食住行等各方面需

求的各种行业、部门的通称”，“是专门生产老年用品或者提供老年服务的企业和部门”。这种定义实际是按照消费群体的共性来设定的，也就是养老产业是把老年人作为最终消费群体的产业。而实际上，产业的概念是指在生产过程、产品形态、经济属性方面具有共性的经济行为的组合，目前约定俗成的养老产业提法并不符合产业经济学的定义。

养老产业作为一个比较新的提法，在不影响研究结论的情况下，本书对上述老龄产业的概念加以认可，但还可以根据其他属性再对其进行进一步的分类。

例如，根据产品形态，可以分为用品产业与服务产业。在老龄服务产业方面，根据养老的模式可以分为居家养老和机构养老。根据《北京市居家养老服务条例》，居家养老服务是指以家庭为基础，在政府主导下，以城乡社区为依托，以社会保障制度为支撑，由政府提供基本公共服务，企业、社会组织提供专业化服务，基层群众性自治组织和志愿者提供公益互助服务，满足居住在家老年人社会化服务需求的养老服务模式。《“十三五”国家老龄事业发展和养老体系建设规划》提出的发展目标包括“居家为基础、社区为依托、机构为补充、医养相结合的养老服务体系更加健全”。

根据生产过程属性与经济属性，老龄服务产业还可以分为老年健康管理服务业、老年康复护理业、老年家政服务业、老年文化教育业、老年宜居服务业和老年金融理财业。

2）中国养老产业的发展阶段

中国养老产业的相关研究大致可分为三个阶段。

第一阶段，起步阶段（1997 年以前）。这一阶段“养老产业”的概念还没有正式提出，因此所有的研究都处于初步探索时期。当时国内探讨养老产业的相关文献很少，主要是介绍国外养老产业的研究成果、国外养老产业的发展状况及老龄市场的营销策略。国内学者关注的焦点主要是人口老龄化和老年消费市场之间的关系。代表性的文章有张纯元的《中国人口老化与未来市场》，以及吴健安的《中国银色市场的潜力和特点》。这一阶段主要是学习、借鉴国外的养老产业相关理论，国内的研究范围比较狭窄，但也为后期研究奠定了一定的基础。

第二阶段，探索阶段（1997~2000 年）。这一阶段主要是对养老产业的进一步探索，有两个突出标志：一是“养老产业”作为一个规范完整的概念被学界提出；二是 1997 年 5 月首届养老产业研讨会召开，进一步推动了养老产业的发展。会议中，张文范提出了养老产业的概念，同时各学者、专家对发展养老产业的必要性与可能性、养老产业所涉及的行业和服务范围、老年消费市场与养老产业的关系等理论问题进行了热烈讨论并达成共识。这一阶段养老产业的研究逐步趋于理性化，对影响养老产业发展的各种因素进行了分析和思考，并且学界逐渐认识到出台养老产业政策对我国养老产业的发展至关重要。2000 年召开的全国老龄工作会议对养老产业进行了进一步探索，会议提出了发展养老产业的指导思想和原则，推动了学界和政府对养老产业领域的深入研究。在此阶段，财政部和国家税务总局出台了《财政部、国家税务总局关于对老年服务机构有关税收政策问题的通知》，一些省、市也响应政府的号召制定了推动养老产业发展的优惠措施。养老产业的发展势头良好，其中与老年人生活密切相关的家政服务、老年公寓和医疗保健发展较快，老年旅游业也迅速升温，老年外出旅游人数占总人数的20%。学界对养老产业中的相关市场也进行了研究，运用定性或定量的方法进行理论分析，研究的范围也更广泛、更深入。

第三阶段，深入阶段（2000 年至今）。这一阶段我国养老产业的研究进入了新的发展阶段，研究更加深入，主要标志为三次全国性会议的召开。一是 2000 年 8 月举办的全国老龄工作会议提出了发展养老产业的指导思想，进一步推动了养老产业的研究；二是 2001 年 2 月在北京召开的第二届全国养老产业研讨会，就养老产业管理理念、发展方向、产业发展经验等问题进行了深入的交流和讨论，成为繁荣养老产业研究的一个重要契机；三是 2004 年 5 月召开的全国养老产业理论与政策研讨会，会议对养老产业发展中存在的问题，以及促进养老产业发展所需的政策和机制进行了深入研究，对养老产业健康规范的发展和养老产业实践研究起到了推动作用。有学者指出政府必须制定适合我国国情的养老产业政策体系和发展思路，提高宏观引导、管理和监督水平；建立社会化、多层次的养老产业发展模式，培育养老产业新兴市场。其中程勇建议把发展养老产业作为应对人口老龄化的一项重要战略，并在宏观层面提出了法律制度保证、财政收入、专项基金建立、税收优惠等 11 条发展养老产业的政策建议。2005 年中国养老产业国际论坛暨第一届中国老年产品博览会的召开对推进我国养老产业化的形成起到了积极作用。2006 年制定和实施的《中国老龄事业发展“十一五”规划》为其后我国老龄事业发展明确了方向和目标，是指导我国老龄事业发展的重要文件。另外，2006 年 12 月国务院新闻办公室发表了《中国老龄事业的发展》白皮书，该书从我国老龄事业国家机制、养老保障体系、老年医疗保健等多个方面进一步对老龄事业发展做了介绍和说明。2010 年由中国老龄科学研究中心社会保障和产业研究室主任麻凤利编写的《中国老龄产业发展的机遇与挑战》一书也提出了逐步建立老龄法律法规体系，健全老龄工作体制机制及建立老龄科学研究机构的看法和建议。2011 年国务院制定的《中国老龄事业发展“十二五”规划》中把发展养老产业作为一项重要任务，并提出要从四个方面入手：完善养老产业政策；促进老年用品、用具和服务产品开发；加强老年旅游服务工作的开展；制定老年产品质量标准，加强养老产业市场监督管理，引导养老产业健康快速发展。

这一阶段养老产业的研究引起了学界和相关政府部门的重视，同时也引发和得到了许多商家对养老产业发展的兴趣及投资。养老产业逐渐呈现出跨学科研究的特点，养老产业的研究更加注重应用性和可操作性，对于培育、开拓老年市场提出了一些切实可行的建议。

3）推进养老产业安全健康发展的建议

我国的养老产业虽然潜力巨大，但是相关研究与产业发展却相对滞后，总体的发展过程呈现以下几个特点：行业协会率先起步，相关研究机构不断成立，服务类企业在阻力中发展，生产类企业模仿国外产品，信息技术类企业不断向养老产业渗透，房产类企业向养老产业逐步转型。

目前我国的养老产业亟待完善的方面如下：缺乏相关标准规范，鱼龙混杂；居家养老亟待健康管理信息化；医养结合不充分，养老地产缺乏医疗资源、居家养老缺乏一体化的远程医养提供商；专业化护工缺乏；养老院入住率低；缺乏长期照护险，老年人负担能力低。

为推进养老产业的安全健康有序发展，需要从多个层面进行改进。

首先，要推动规范和标准的制定工作，对老年日常服务业、金融、医疗、家政、机构服务、养老地产、养老保险、老年娱乐养生等领域制定对应的规范和标准，并做好监管和示范工作。例如，制定“老年旅游服务规范”“民间机构养老院建设与服务规范”等行业规范，引入第三方评价机制，引导和督促涉老企事业单位和机构按照行业规范提供符合安全标准的设施与服务。

其次，要依据我国的国情，研究老龄化背景下保险业对公共安全体系的保障作用，进一步完善老年保险制度，激活老年金融产业，增加国家投入，提高老年人的支付能力。

再次，组建国有大型科技型养老企业，尽快建立健全全国统一的社区居家养老服务市场。政府在加强监管的同时，可通过资金支持、税收减免、购买服务等推进养老机构、养老服务，促进养老产业安全健康有序发展。

最后，综合发挥市场与政府的作用，做大做强老年产业。重点扶持若干高水平的老龄服务研究机构，支持一批运作规范的养老服务企业，培育若干老龄服务或老龄产品开发与生产的龙头企业，推行品牌战略，支持老龄服务企业品牌打造战略。鼓励养老服务企业提高专业化、产业化程度，形成一批有影响力的大型养老服务企业集团。

第六章　保险在公共安全管理中的作用

党的十八大指出，要“加快形成科学有效的社会管理体制，完善社会保障体系，健全基层公共服务和社会管理网络，建立确保社会既充满活力又和谐有序的体制机制”①；要“加快形成党委领导、政府负责、社会协同、公众参与、法治保障的社会管理体制”①，清晰和明确了我国公共安全管理未来的发展方向。

第一节　保险服务公共安全管理的制度条件

一、我国公共安全管理的体制优势

长期以来，我国公共安全管理形成了自己独特的“举国体制”优势，具体讲是政府主导，集中力量办大事。同时，广泛发动全社会力量参与。“政府主导”指我国实行在中央政府的领导下，相关部委主管、地方政府为主、以军队和警察为攻坚力量的灾害管理体制。安监、民政、水利、地震、气象、消防、财政、卫生、交通等部门，在不同类型灾害管理中各司其职（表 6.1）。同时，设立协调和综合管理机构，如国家减灾委、国务院安全生产委员会、国务院食品安全委员会。“社会力量”指公共安全管理中的非政府组织（non-governmental organizations，NGO）、社会捐助、慈善、公益等力量。

表 6.1　我国公共安全管理相关部门

项目	灾害种类	管理部门
自然灾害	降雨、降雪、风、温度	国家气象局、应急管理部
	洪、涝、旱	自然资源部、应急管理部
	农业气象灾害、农业病虫害	农业农村部
	林业气象灾害、农业病虫害	国家林业和草原局
	风暴潮、台风、赤潮等	自然资源部、应急管理部

① 胡锦涛. 坚定不移沿着中国特色社会主义道路前进 为全面建成小康社会而奋斗——在中国共产党第十八次全国代表大会上的报告. 人民日报，2012-11-18（01）.

续表

项目	灾害种类	管理部门
自然灾害	地震、火灾	国家地震局、应急管理部
	滑坡、泥石流、地陷	自然资源部、应急管理部
社会灾害	火灾	应急管理部
	交通事故	公安部、交通运输部
	安全生产	应急管理部
	食品安全	国家市场监督管理总局
	环境污染	生态环境部
	疫情疾病	国家卫生健康委员会

我国公共安全管理的特点：一是纵向到底。建立国家、省级、地方级（城乡社区）自上而下的三级管理体系。国家层面重在“决策”，由中央政府及各部委专业部门组成，制定规划和战略，推动立法与执行，指挥协调救灾等；省级层面重在“组织”，根据中央决策，组织调动本省救灾资源；地方层面重在“操作”，一线组织抗灾救灾，监测、评估并反馈灾情，执行国家和省级救灾命令。二是横向合作。在当前的公共安全管理体制下，申请灾害补助等财政投入属于分项上报。例如，交通部门核实水毁公路情况，卫生部门核实医院毁坏情况，教育部门核实校舍毁坏情况，民政部门核实农房毁坏情况，农业部门核实绝收或减产减收情况，然后财政部门与各部门共同核实灾情，决定拨款规模。中央的资金和地方投入均按部门划拨。

但从以往的实践看，在我国灾害管理模式中，无论从人力、物力，还是财力方面，政府投入都占主导地位，社会力量相对比较小，起补充辅助作用。这种模式具有较高的资源调动效率，但在我国全面深化改革的大背景下，面临着新形势和新要求，核心是如何处理好政府与社会，政府与市场的关系，建立一个高效和可持续的公共安全管理新模式。

二、我国公共安全管理应坚持政府主导

面向未来，我国公共安全管理的改革发展应继续坚持政府主导，秉持历史传承，发挥中国特色社会主义制度的政治优势。公共安全具有公共物品属性，具有非竞争性和非排他性，难以完全通过市场机制由企业和个人来提供。公共安全供给的成本高、收益少，市场要么不提供这种公共物品，要么提供的数量不足。公共安全的“公共品”属性决定了政府必须发挥主导作用，即使在未来的公共管理创新和改革发展过程中，也绝不能“去政府化”。

第二节　公共安全管理与保险的新逻辑

一、政策背景

十八届三中全会《中共中央关于全面深化改革若干重大问题的决定》指出，全面深化改革的总目标是完善和发展中国特色社会主义制度，推进国家治理体系和治理能力现代化。经济体制改革核心问题是处理好政府和市场的关系，使市场在资源配置中起决定性作用和更好发挥政府作用。必须切实转变政府职能，深化行政体制改革，创新行政管理方式，增强政府公信力和执行力，建设法治政府和服务型政府。改进社会治理方式。坚持系统治理，加强党委领导，发挥政府主导作用，鼓励和支持社会各方面参与，实现政府治理和社会自我调节、居民自治良性互动。《中共中央关于全面深化改革若干重大问题的决定》中还对健全公共安全体系、建设生态文明展开深入阐述。这些为完善我国公共安全管理提供了坚实的政策依据。

二、国家治理理论发展

（一）国家治理的演进过程

国家治理在理论和实践发展上经历了四个阶段。

第一阶段：无治理主体的“前治理”时期。原始社会中没有治理主体，也没有政府的概念。

第二阶段：政府绝对主导的一元治理时期。在古代社会，国家与社会几乎是不分开的，直到近代国家与社会才开始分离，由传统的一元结构逐渐走向二元结构。

第三阶段：“政府+市场”二元治理时期。国家治理能力不相适应，市场逐步成为实施社会管理的重要途径和主要手段，成功从国家治理后台走到前台；“政府+市场”二元治理模式逐渐取代了政府占绝对主导的单元治理模式（表 6.2）。

表 6.2　政府（行政）治理与市场（经济）治理的关系

对比视角	对比主体	
	政府	市场
逻辑起点	绝对公共视角	相对公共视角
方法手段	行政（法律法规）手段	市场（保险）机制

续表

对比视角	对比主体	
	政府	市场
实现效力	行政强制力	市场经济力
实际效果	关系破坏	关系和谐
社会效果	相对消极	相对积极
干预程度	事后处罚	事前管理+事中干预+事后救济
社会成本	相对高+全体负担	相对低+责任匹配
治理效率	监督+腐败	利益约束+技术
持续改进	广泛教育+项目阶段	重点宣导+制度安排

第四阶段："政府+市场+社会"三元治理时期。"政府失灵"和"市场失灵"日益频繁，难以有效解决各类社会问题和矛盾。"社会"这一治理主体加入"政府+市场"二元治理模式中后，发挥了社会自律和自治的作用，政府和市场所无法解决的社会治理问题得以妥善解决。

（二）政府与市场的职能理论

1. 对政府职能的认识

政府管理职能随着社会经济发展不断完善，行政体制不断改革，体现了时代变化特征、经济转型要求、社会新的矛盾和问题，在体制机制不断创新中发展。

从世界范围政府理论和实践发展来看，19 世纪末 20 世纪初，政府职能最初的形态是行政管理，主要特点是"大包大揽"。随着社会进步和经济发展，政府职能不断与时俱进，随着民生需求和经济发展不断变化。20 世纪 70 年代后，传统的政府管理不能很好地适应时代发展的需要，传统的全能型政府难以适应社会经济发展，无法满足民众对高效率公共服务的需要。

在此背景下，各国政府面临着社会公共管理效率的挑战，要想成功应对，需要摒弃陈旧观念，积极采用新的运营工具和方法。目前，世界上绝大多数国家都在实行相关政府改革。比较集中的改革方向有"市场化政府""公共部门的民营化"。

一项对 10 个主要国家的研究表明：这些国家中仅有 36%的受访民众对本国的公共服务表示非常满意或基本满意。到 2025 年，这些国家的公共服务需求与其支付能力之间将出现 1.6 万亿美元的资金缺口。如果这些国家每年将其公共部门的总效率提升 1%，便能够在 2025 年合计节约近 2 万亿美元。如将整体公共服务效率提高 0.5 个百分点，那么到 2025 年就能节约近 7%的公共开支；以美国为例，如每年效率提高 1%，到 2025 年就能节约高达 9 950 亿美元的资金。

奥斯本与盖布勒在《改革政府：企业家精神如何改革着公共部门》中提出了“企业化政府”和“公共企业家”等一系列观点。面向未来，各国政府需要确立“公共企业家”的管理理念，更重要的是培养“公共企业家”人才，并实现治理模式的转型。实现这种转变可以推动各国政府创造迫切需要的可持续就业机会和长远增长。一些国家已开始尝试公私部门合作，利用技术推动经济和社会效益的共同发展。

2. 对市场职能的认识

市场是社会分工和商品经济发展的必然产物。市场是一种资源配置方式。从我国政府改革转型历程看，政府始终要解决好的关键问题是如何发挥市场作为资源配置的基础性作用，通过放权让权释放市场活力，形成经济发展的内生动力。市场机制通过价格、供求、竞争、风险保障发挥作用。

3. 政府与市场职能的关系

无论从西方历史看，还是从我国发展历程看，如何处理好政府与市场的关系始终是核心问题。从西方国家的发展历史来看，政府公共服务逐渐呈现“市场化”趋势。许多西方国家实行公共服务市场化，将公共服务或部分政府职能委托给民间团体或私人管理。例如，日本政府将清洁卫生、维修公共设施、修建学校等社会公共事务委托给地方自治体、民间团体或私人管理，除社会福利设施外，其他社会公共事务委托管理面达 80%左右。美国大约有 35%的地方政府让私营公司负责收集城市垃圾，42%的地方政府由私营企业经营城市公共汽车系统。

政府与市场的配合，核心是要解决定位问题，即政府与市场分别在哪些领域发挥作用和发挥多大程度的作用。对于政府而言，就是需要明确哪些有所为，哪些有所不为。

（三）保险型社会与保险国家

法国学者埃瓦尔德（Francois Ewald）在 1986 年提出“保险型社会”的概念。“保险型社会”是指一种广义的社会转型。埃瓦尔德认为，随着保险的普及化，保险以经济契约关系重组社会间人与人原本较为孤立的相互关系，因而预示着他所指称的“社会联结本质”发生根本性转变。当“保险型社会”的保障因素几乎无形地、广泛地渗透到生产生活中时，人们就开始将它视作社会生活的基础，并最终成为新形态社会中社会正义的一种基石。“保险构成现代社会的真正核心”，当保险从一种经济现象延伸为一种社会范畴，当社会契约成为一种类似保险合同的关系，保险处于现代社会的核心，社会就迈进现代社会。

美国康涅狄格大学保险法中心主任 Baker 在 2002 年提出“保险国家”的概念。“保险国家”不是一系列紧密联结、从事明确定义行为的机构，而是关于治理目标和责任的一整套行为和理念，是由大量、广泛的机构发展和实践的，其中许多是官方“政府”之外的机构。具体来讲，它包括私人保险团体、社会保险管理部门、健康福利信托、市政公共健康部门、风险管理组织，以及任何其他从事风险预防、风险分散和损失补偿的机构。

三、新公共安全管理逻辑与保险

（一）我国公共安全管理应形成新举国体制

纵观历史，我国公共安全管理的“举国体制”曾发挥过独特和积极的历史作用，功不可没。面向未来，在社会管理进步和行政体制改革，特别是在十八届三中全会提出推进“国家治理体系和治理能力两个现代化”的大背景下，需与时俱进地构建可持续发展的公共安全管理体制。

面向未来，我国公共安全管理新架构的核心是“新举国体制”，即在我国新的发展时期，应赋予“举国体制”以新的内涵。举国，不再仅是举政府和财政之力，还要通过体制和机制创新，举市场之力，举全民之力。新举国体制的基本思路是在政府的主导、引导和推动下，逐步利用市场机制，进行适度和有效替换，最终实现全社会共同参与、共同管理、共同分散的公共安全管理新体制。其中，保险是重要的载体和手段之一（图 6.1）。

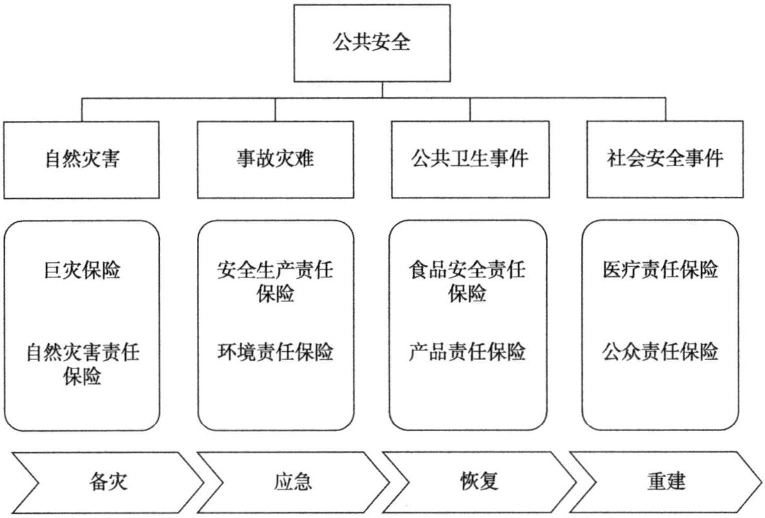

图 6.1 保险促进我国公共安全管理

公共安全管理新架构将有利于建立市场化的运行机制，规范和完善社会积累的长效机制，最大限度地实现藏救灾能力于市场，藏重建能力于民，培育国民的风险意识，确保经济与财政的平稳运行。

（二）保险促进公共安全管理的基本原理

1. 保险的正外部性

在经济学理论上，正外部性是某个经济行为个体的活动使他人或社会受益，而受益者无须付出代价。保险作为现代社会的风险管理机制，具有社会正外部性特征。保险在履行经济补偿、资金融通、社会管理功能的同时，会产生溢出效应，在实现自我利益的同时带来社会福祉。而且，保险这种溢出效应既有被动溢出，还有主动（设计）溢出。例如，保险的经济补偿相较国家财政救助的方式，在赔付的时效性、赔付广度和深度等方面都有明显的优势，在大大减轻政府压力的同时，通过市场化的资源配置，可以有效弥补经济社会风险带来的损失。

2. 保险的风险减量管理

从传统的经营模式看，保险是一种静态和等量管理。保险制度把整个社会相关人员的风险利益通过“保险基金”的方式连接起来，在这个群体之间进行风险分散，是一种等量的再分配。

社会风险管理主要包括风险识别和评估、风险防范和化解、风险分散和转移等三个环节。传统商业保险主要专注于风险的分散和转移，这通常是事后的风险管理。当前，我国社会经济风险形势日趋复杂，传统的保险事后补偿型的风险管理模式面临挑战。

社会需要从根本上减少风险，对风险的管理从等量管理转变为减量管理，即通过保险制度对社会的总体风险进行专业化管理，实现总量的减少，并将由此带来的利益贡献与被保险人分享。未来的保险将是一种动态、减量和分享式的社会风险管理模式。相应，保险也将发生变革，从原来的单纯的经济补偿向全面风险管理服务商转变，从价值管理到价值创造，在保险的产业链上也将发生前后向的整合，其中信息不对称和交易成本是整合的切入点和关键点。

3. 保险的承保管理与费率技术

保险在承保管理中，可以发挥风险发现、监督、惩戒等作用，尤其是费率技术可以很好地促进社会风险管理。通过保险的承保管理和费率技术，形成发现机制、惩戒机制、替代机制、社会成本再分配机制、改善机制和披露机制六大机制（表 6.3）。

表 6.3 保险的承保管理与费率技术在公共安全管理中的作用

作用	内容
发现机制	第三方和专业方的角色，制度干预机制
惩戒机制	增加不达标的成本
替代机制	与安全生产成本投入的替代关系
社会成本再分配机制	在不同主体之间实现
改善机制	提出改进建议，督促整改落实
披露机制	发挥社会、媒体、消费者和投资者的监督作用

4. 责任保险直接给付机制

责任保险是以保险客户的法律赔偿风险为承保对象的一类保险。责任保险在公共安全管理中发挥着重要作用。社会责任纠纷往往具有责任主体难以认定、难以履行赔偿等特点。例如，交通事故中，常常存在肇事人逃逸的情况，而且对于涉及人员死亡的重大事故，有时责任人往往在经济上难以赔付。这就决定了需要一种保险机制有效保护受害人利益，消除经济纠纷和矛盾，维护社会稳定。责任保险具备这样的特征，具体体现在：一是责任保险中，在法律上确立代位责任，消除制度障碍；二是保险公司在开展责任保险业务时，会针对相关责任人进行直接的风险管理，采取专业的管控措施，避免合谋，减少道德风险；三是保险公司在责任事故发生后会及时处理，往往第一时间赶到现场，防止损失扩大，减少人员伤亡。

5. 案例：巨灾风险管理

保险可以在公共安全各领域发挥重要作用。以巨灾为例，当前自然灾害是公共安全管理的重要方面，尤其是地震等巨灾对我国公共安全管理提出巨大挑战，这点从近年来发生的汶川地震、雅安地震等一系列重大灾害可以看出来。

我国当前的巨灾风险管理架构的问题是政府和财政负担过重，未能通过制度化的安排，调动各个方面的积极性。保险作为市场机制，可以在巨灾风险管理中发挥重要作用。巨灾保险通过基金累计，可以不断提高偿付能力，能够有效分摊和缓解政府与财政的压力。此外，巨灾保险通过承保条件、费率和事后监督机制，有效推动设防建筑标准的提高。同时，通过防灾防损职能，参与既有建筑物改造（图 6.2）。

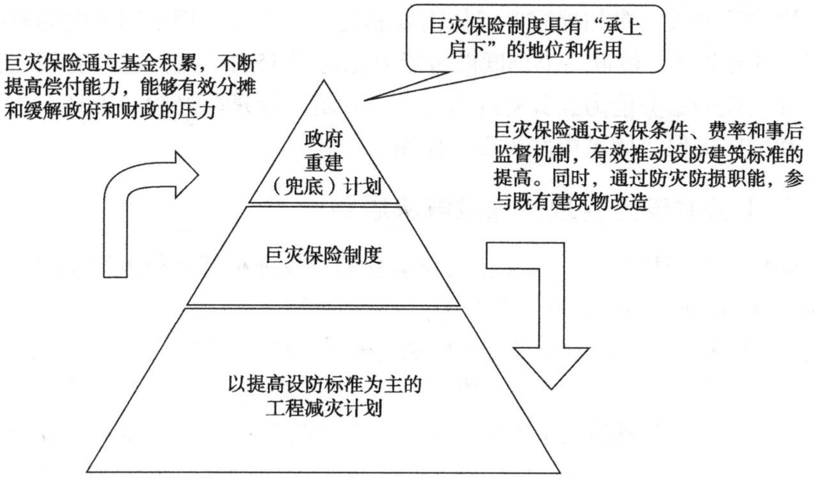

图 6.2　巨灾保险在风险管理中发挥“承上启下”的作用

为了提升商业力量应对巨灾风险能力，也可以组成众多商业保险公司参与的“共保体”形式。

巨灾共保体可以提供巨灾保险服务，参与灾害损失分担，有效缓解政府承担巨灾风险的压力（图 6.3）。通过共保体这个平台，还可以形成一套体系完善、流程顺畅、科学可行的制度安排，充分整合保险行业资源，发挥协同优势，健全和完善巨灾保险服务能力。

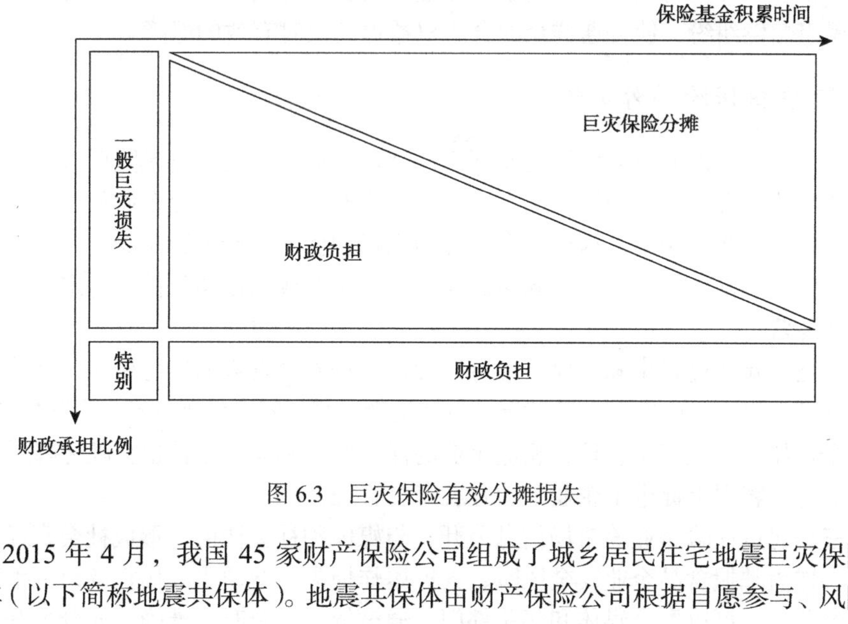

图 6.3　巨灾保险有效分摊损失

2015 年 4 月，我国 45 家财产保险公司组成了城乡居民住宅地震巨灾保险共同体（以下简称地震共保体）。地震共保体由财产保险公司根据自愿参与、风险共担的原则申请加入。参加地震共保体需要满足一定条件，即中国境内的财产保险公司成立 3 年以上、最近一个季度偿付能力充足率 150%以上，且具有较完善的分支机构和较强的服务能力、具有经营相关险种的承保理赔经验。未来，地震共保体将在我国巨灾保险体系中发挥重要作用。

（三）公共安全管理的保险解决思路

保险作为市场机制，可以在公共安全管理中发挥独特和积极的作用，表现在保险可以成为政府公共管理的“接手”与“助手”。

现代保险是一种风险分散及分担的制度安排，具有补偿经济损失、减少灾害事故风险、增强社会公共安全意识、减少社会纠纷、提高生活品质、促进社会和谐稳定的功能。保险从某种意义上讲属于一种“准公共产品”，与政府公共安全管理的利益和目标具有高度一致性。保险可以扮演“接手”角色，在“存量”上接管政府让渡的部分职能，如将政府从“大包揽”的繁杂事务中解脱出来；扮演“助手”角色，在“增量”上协助政府进行社会管理，如弥补和接替政府公共安全管理中的技术、专业、人员等不足和空缺。具体来看，当前食品安全、大型群体活动、火灾消防、巨灾风险等公共安全管理领域，以保险为代表的市场机制都可以发挥积极作用。

1. 发挥保险的经济补偿功能

通过保险机制，资金雄厚的保险公司可以直接介入公共安全事故的事后救助和善后处理，使受害人可以迅速获得赔偿，切实保障受害人的经济利益，及时地解决民事赔偿纠纷，使普通群众的合法权益得到及时有效的保障。

2. 发挥保险的外部性

一是保险可以通过监督机制发挥正外部性。保险公司通过风险勘查、风险评估和防灾防损等工作，帮助承保企业及时消除安全隐患，督促企业和员工遵守食品安全管理的法律法规，执行安全管理的规章和标准，避免和减少安全风险。如果发生安全事件，保险可以有效转嫁安全事故所造成的赔偿责任，稳定企业的正常生产经营。

二是保险通过费率和承保条件可以形成促进安全管理的奖惩机制。保险定价的基础是被保险人的客观风险状况，包括生产条件、安全管理规章、实际操作等。社会企业如果加强安全管理，相应企业的保险费率和承保条件也会随之降低，反之则上升，客观上促进了企业主动开展安全管理。

三是通过保险企业等市场信息公开，与媒体和社会协同，形成社会责任压力氛围。作为掌握食品企业安全风险、火灾爆炸损失、交通事故伤亡等第一手数据的保险公司，可以配合媒体和相关部门，通过依法、及时、准确、充分公开企业安全工作情况和风险等级，对企业形成压力，监督投保企业认真履行社会责任，保证其产品服务的安全性、规范性。也可采取多种形式，加大宣传力度，提高企业、消费者及全社会对公共安全的认知、认同感，提高公共安全风险意识，使开展公共安全工作在全社会形成广泛共识，促进公共安全问题的解决。

3. 发挥保险的专业技术优势

保险通过引入现代科技，可以助推公共安全的全过程管理。保险业务领域涵盖产品质量保证险、责任险、货物运输险、交通责任强制险、种植险、养殖险等，深入人们衣食住行，渗透到产品及服务的生产、加工、流通、消费的全过程。保险可以利用长期以来积累和研发的风险管理技术，帮助完善和升级安全管理。

第三节　国外公共安全管理的保险实践

一、国外典型公共安全管理体制

国外公共安全管理尤其是美国等发达市场，主要形成了政府、市场、社会共同治理的体系，以健全的法律、技术、标准为支撑。政府、市场、社会力量各司其职。政府主导建立基本法律制度和行业规章，提供“市场失灵”的公共品供给部分，开展严格监管，维持市场秩序。市场负责很多微观细节领域，发挥资源配置效率、促进公平，开展公共安全管理的技术、产品创新，如许多实验室、研发机构都是商业性质，很多行业安全标准也由市场主导建立，激发市场活力。社会公众深入参与公共安全管理，建立了公众听证、公众协商、信息披露、志愿者、教育培训等机制。

（一）美国公共安全管理

以美国食品药品监管为例。美国联邦政府有 20 多个部门涉及食品安全的管理，其中主要的职能部门是 4 个，即卫生和公共服务部（Department of Health and Human Services，DHHS）下属的食品药品监督管理局（Food and Drug Administration，FDA）、农业部（United States Department of Agriculture，USDA）下属的食品安全检验局（Food Safety and Inspection Service，FSIS）和动植物卫生检疫局（Animal and Plant Health Inspection Service，APHIS），以及环境保护署（Environment Protection Agency，EPA）（图 6.4）。其他还有疾病控制与预防中心（Center for Disease Control and Prevention，CDC）、国家过敏与传染病研究所（National Institude of Allergy and Infectious Diseases，NIAID）、国家卫生研究所（National Institutes of Health，NIH）、商业部的国家海洋渔业局等。

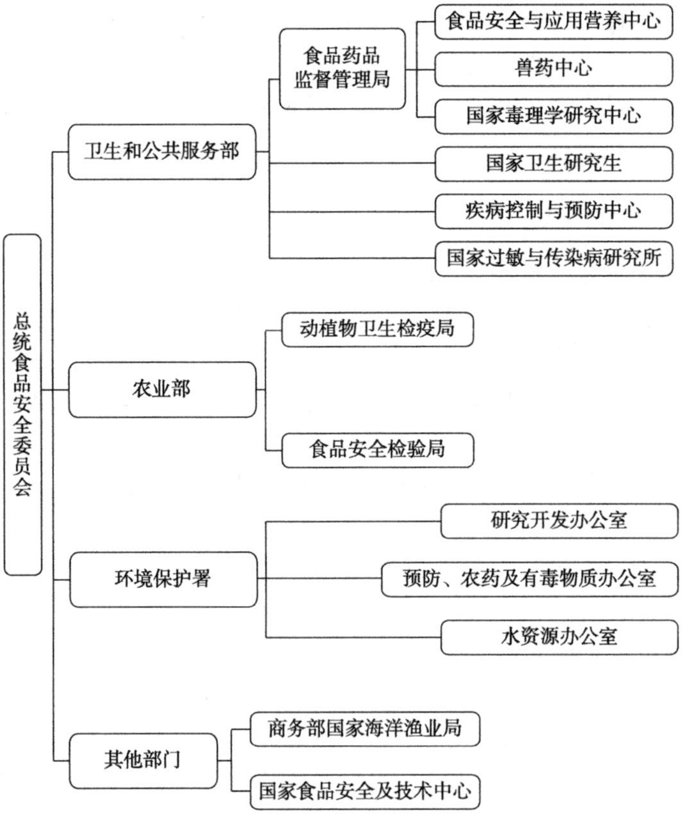

图 6.4 美国食品安全监管体系

1. 总统食品安全委员会

该委员会的成员是农业部部长、商务部部长、卫生与公众服务部部长、管理与预算办公室主任、环境保护署署长、科学与技术政策办公室主任、总统国内政策助理，以及国家政府重组联合会主席。农业部部长、卫生与公众服务部部长及科学与技术政策办公室主任共同担任该委员会的主席。该委员会负责制订食品安全体系的计划。与该计划相一致，该委员会还将向各联邦机构提出在食品安全方面进行投资的重点领域，并且审查各个相关机构所上报的年度预算报告。另外，该委员会被授权监督管理食品安全联合研究所。

2. 卫生和公共服务部食品药品监督管理局

FDA 下的食品安全与应用营养中心（Center for Food Safety and Applied Nutrition，CFSAN）：负责美国州际贸易及进口食品，包括带壳的蛋类食品（不包括肉类和家禽）、瓶装水及酒精含量低于 7%的饮料的监督管理。FDA 对食品的监管职责是通过

CFSAN来实施的，目的是保证美国食品供应能够安全、卫生、有益，标签、标示真实；保证化妆品的安全和正确标识，保护公众健康。

FDA下的兽药中心（Center for Veterinary Medicine，CVM）：主要管理动物食品的添加剂及药品的生产和销售。这些动物既包括用于人类消费的食用动物，也包括宠物。

FDA下的国家毒理学研究中心（National Center for Toxicological Research，NCTR）：作为研究机构，NCTR通过开展基础研究，为FDA的各中心提供所需的科学支持。NCTR以动物作为研究对象开展毒理学试验，并根据研究结果推断相关毒素对人类的影响。

疾病控制与预防中心：旨在通过预防与控制疾病来提高人类健康及生活质量，负责收集相关传染病信息、进行传染病检测，并提供相关技术支持。

NIAID通过卫生与公众服务部支持的相关研究包括食源性疾病的传播、发生、发展的病理学研究，治疗及预防等相关课题。

3. 农业部

动植物卫生检疫局：负责监督和处理可能发生在农业方面的生物恐怖活动，外来物种入侵、外来动植物疫病传入、野生动物及家畜疾病监控等，从而保护公共健康和美国农业及自然资源的安全。

食品安全检验局：美国农业部负责公众健康的机构，主要负责保证美国国内生产和进口消费的肉类、禽肉及蛋类产品供给的安全、有益，标签、标示真实，包装适当。

首席经济师办公室/风险分析及成本收益分析办公室（Office of Risk Assessment and Cost-Benefit Analysis，ORACBA）：保证美国农业部重要的法规草案能够建立在坚实的科学基础之上，并通过成本收益分析，即必须是收益大于成本。该部门负责政策指导和技术支持，组织协调农业部起草法规的成本收益分析工作，并保证农业部门出台的政策符合美国相关的法规要求。

谷物检验、批发及畜牧场管理局（Grain Inspection，Packers and Stockyards Administration，GIPSA）：负责管理家畜、肉（猪、牛、羊、禽）类、谷物及相关农产品贸易。GIPSA可以就农产品制定官方定级和检验标准，统一检测方法，从而维护公平竞争的市场营销体系。

经济研究所（Economic Research Service，ERS）：美国农业部经济信息来源和经济研究的主要机构。ERS的研究可以为农业、食品、自然资源及乡村发展提供相关信息，提高政府决策的科学水平。

农业营销局（Agricultural Marketing Service，AMS）：旨在维护稳定的市场环境，保障农牧民及消费者的利益。该机构主要通过提供农产品质量定级和认证服务，保证国民能有选择性地享受高品质的食品供给。

农业科学研究院（Agricultural Research Service，ARS）：美国农业部主要的研究机构，负责一系列影响美国人民日常生活的食品安全研究项目，推广相关科学知识，并向 APHIS 及 FSIS 提供技术支持。

海外农业局（Foreign Agricultural Service，FAS）：负责帮助美国产品进入国际市场，促进美国产品获得新的海外市场准入或提高其在国际市场的竞争力。FAS 同时也支持农业国际贸易的发展。

州际研究、教育和推广合作局（Cooperative State Research，Education and Extention Service，CSREES）：美国农业部主要的集资研究机构。该机构可以为从事食品安全等相关研究的学校、政府机构、专业组织及业界团体提供竞争性的集资补贴。

4. 环境保护署

研究开发办公室（Office of Research and Development，ORD）：环境保护署主要的科研机构。其研究项目围绕风险分析或风险管理来进行，为环境保护署正确履行保护人类健康、保护自然环境的职能提供科学依据。

预防、农药及有毒物质办公室（Prevention，Pesticides and Toxic Substances，OPPTS）：保护当前及今后的公共健康和环境免受有毒有害化学药品的污染，设定食物中的农药及其他有毒有害物质的残留限量等。

水资源办公室（Office of Water，OW）：旨在保证水质安全，以供人类安全饮用、鱼类及贝类安全生存和适于游泳，从而保护人类健康。该办公室负责制定相关管理规定，确定相关研究项目，开展风险分析。

5. 其他部门

商务部（Department of Commerce，DOC）国家海洋渔业局（National Oceanic and Atmospheric Administration/National Marine Fisheries Service，NOAA/NMFS）：负责推荐性的海产品检验项目，主要是有关海产品的食品安全事宜，包括对海产品及加工设备的检验、实验室检测、风险分析、风险管理、风险传播及产品质量等级的确定等。

食品安全与应用营养联合研究院（Joint Institute for Food Safety and Applied Nutrition，JIFSAN）：是一个政府与学术界在食品安全领域的合作机构，旨在为相关食品安全政策提供技术支持。参与合作方包括：FDA 下属的 CFSAN、CVM 以及马里兰大学。

国家食品安全及技术中心（National Center for Food Safety and Technology，

NCFST）：由来自伊利诺伊州技术研究院的科学家、FDA 官员及食品相关业界人士组成的联盟，其重点在于保护食品供应的安全。

风险评估联盟（Risk Assessment Coalition，RAC）：负责食品安全风险评估的联邦政府机构间相互协作，通过这种交流和合作，共同开展食品领域的风险分析工作。

技术支持工作组（Technical Support Working Group，TSWG）：为多个机构参与的工作小组，负责开展预防和打击生物恐怖活动的全国性的机构间合作研究机构。其与食品安全相关的工作包括：危害因子（细菌、病毒等）在食品中的生存能力、检测技术、造成危害程度的评估及食品安全培训等。

在食品药品安全监管方面，美国建立了完备的法律体系，如图 6.5 所示。

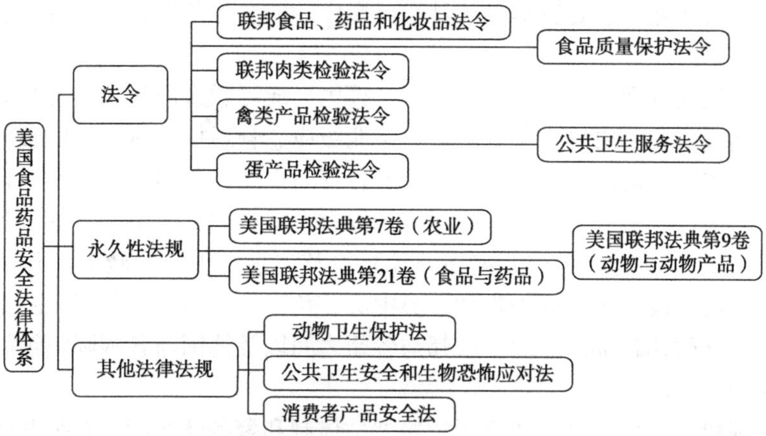

图 6.5　美国食品药品安全法律体系

（二）日本公共安全管理

日本的公共危机立法是全世界最早也是最完善的。

在监管机构方面，日本以内阁为中枢，采取了整个政府集中应对的一元化管理体制。在纵向上，实行中央、都（道、府、县）、市（町、村）三级公共管理组织，建立了加强横向和纵向的协调，以及各省、厅分工合作的应急机制。

在管理机制方面，日本的国家危机管理体制是一个以法律为依托，内阁总理为最高指挥官，内阁官方负责整体协调和联络，通过安全保障会议、中央防灾会议及相关省厅负责人紧急协议等决策机构指定危机对策。由国土厅、气象厅、防卫厅和消防厅等职能部门负责具体实施的组织制度。

（三）德国公共安全管理

德国针对公共安全管理制定了完善的法规制度，构建了两级应急响应体系，建立了预警评估体制和警备队制度。德国完善的社保体系为其大型活动等公共安全提供了最为全面的基本保障。

在法律法规方面，1997年修订颁布了《民事保护法》，2002年12月6日，联邦政府各州内政部长和参议员常设会议通过了《民事保护新战略》。在单行法律方面有《交通保障法》、《铁路保障法》、《食品保障法》和《灾难救助法》等，此外，联邦政府还出台了一些预防立法，如《食品预防法》、《电信预防法》和《能源预防法》等。与此同时，德国各州都有着完备的关于民事保护和灾难救助的法律设置，如《黑森州救护法》、《黑森州公共秩序和安全法》、《黑森州消防法》和《巴伐利亚州灾难防护法》等，这些法律法规对大型活动出现突发事件时政府的管理权限、应急处置措施和程序、政府责任、公民权利和义务等方面都有明确的法律界定，为政府实施应急处置提供了具有可操作性的法律依据，同时可以起到限制滥用行政权力的作用。

在监管机构方面，在多年的探索下，德国形成了联邦内政部与各州共同承担责任，共同应对和解决异常的危险和灾害两级应急管理机构体系。内政部、联邦民众保护与灾害救助局负责协调联邦政府各部门以及与各州政府之间的合作，主要负责自然灾害、事故灾难、传染病疫情等重大灾害的综合协调管理。各州安全与秩序局则统筹负责协调重大灾害的预防以及灾害发生后的救援抢险措施的实施。同时，德国设立了共同报告和形势中心，负责优化跨州和跨组织的信息和资源管理，加强联邦各部门之间、联邦与各州之间以及德国与各国际组织间在灾害预防领域的协调。

在管理机制方面，德国建立了预警评估体制和警备队制度。在公共活动开展前，德国警方会从不同角度对公共安全进行预警评估，在此基础上为警方科学布警提供指导。同时，德国的公共大型活动都配有警备队，由各市警察局整合该区各种特殊警种和装备，然后将之统一归属于中心任务局。这是一支擅长处理大型活动的专业队伍，警备队独自完成或者帮助各属地分局完成大型活动的安全管理，德国每个城市都有警备队。警备队的出现避免了大型活动的举办对社区正常管理工作的影响。

二、全球保险参与公共安全管理实践

（一）自然灾害领域

1. 美国洪泛区管理

长期以来，美国饱受洪水灾害的影响，国土面积的7%受到洪水威胁，六分之一的城市处在百年一遇的洪泛平原内，2万个社区易受洪灾。年均洪水损失由20

世纪初 10 亿美元，上升到 20 世纪末的 100 亿~200 亿美元，在美国总统每年宣布的灾害中，灾害性洪水约占三分之二。

美国的洪水保险始于 19 世纪末，由于缺乏有效的风险分散机制，1927 年密西西比河大洪水为历史最大洪水灾害，7 个州的 170 个县 518 万公顷土地被淹没，致使 70 万人无家可归，13.5 万座建筑倒塌或损坏。这次大洪水导致大量保险公司的经营陷入困境，甚至破产，纷纷退出洪水保险市场，最终使得洪水保险出现长期缺失，人们只能从政府和慈善机构获得救助。

美国洪水保险制度采用“政府主导，公司代办”的政府与市场合作模式，具有很强的行政色彩。1968 年通过了《全国洪水保险法》（National Flood Insurance Act），次年制定了国家洪水保险计划（National Flood Insurance Program，NFIP），并建立了国家洪水保险基金。第一，政府作为洪水保险最终承保人的身份承担最终赔偿责任。第二，设立联邦保险管理局（Federal Insurance Authority，FIA），负责 NFIP 的管理。第三，将采取防洪减灾措施作为社区参加 NFIP 的先决条件，再将社区参加 NFIP 作为社区中个人参加 NFIP 的先决条件。第四，商业保险公司可以用自己的名义出售国家洪水保险单，负责灾后理赔工作，但不承担洪水保险业务的最终赔偿责任。第五，制定洪水风险研究与洪水保险费率图的统一规范。

美国 FEMA 负责国家洪水灾害保险计划的实施，NFIP 由 FIA 及 FEMA 所辖的联邦保险与减灾局经营，FEMA 负责制定洪水保单、洪水保险图、洪泛区居民迁移标准，评估社区的 NFIP 执行情况，并为地方政府、企业和居民提供技术支持。

美国 NFIP 的具体运营模式：由参加自行签单计划（Write Your Own Program，WYO）的商业保险公司代理出售洪水保单，并将售出的保单全部转给 FIA，所收取的保险费由 FIA 统一管理和使用；商业保险公司按保单数量获取佣金，并不承担保险赔偿责任，政府负责对赔偿限额内的责任进行赔付（图 6.6）。目前，全美洪水保险计划的 95%保单是通过 WYO 公司出售的。

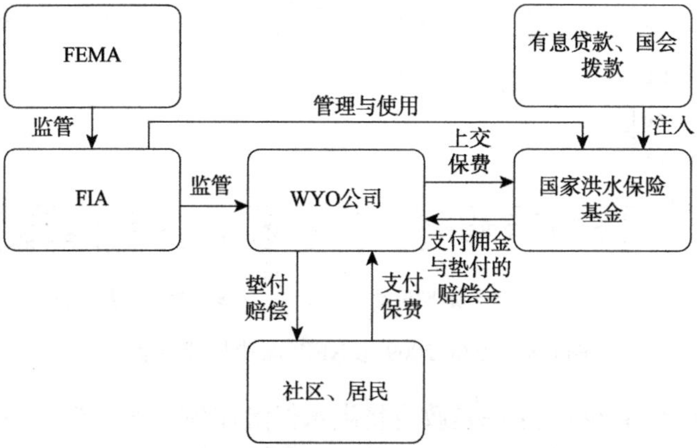

图 6.6　美国国家洪水保险计划

洪水保险基金绝大部分收入来自保费收入，同时由美国政府提供全额保证。NFIP 还可以向财政部申请不超过 15 亿美元的有息贷款，同时国会可酌情拨款资助。

1978~2009 年 NFIP 售出 1.07 亿张保单，年均售出 335 万张保单，平均保额为 12.9 万美元，共计 4 329 亿美元保险保障（图 6.7）。

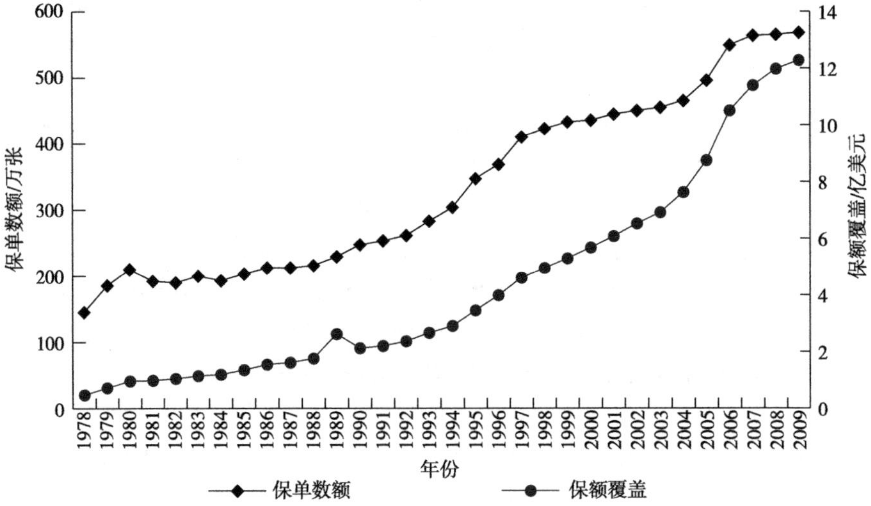

图 6.7　1978~2009 年 NFIP 保单与保额情况

从 1978~2009 年累计赔付 317 亿美元，至 2004 年累积结余 104.5 亿美元（图 6.8），然而 2005 年卡特里娜飓风赔款 161.7 亿美元，导致多年来的结余被全部抵消。

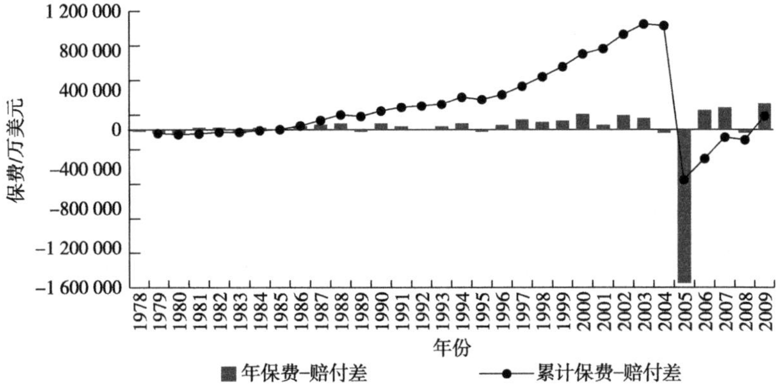

图 6.8　1978~2009 年 NFIP 保费与理赔情况

NFIP 的可借鉴之处有：一是政府将洪水保险作为“公共产品”进行明确定位，开展积极且有针对性的管理；二是政府主导洪水保险制度建设，并设立专门机构，建立专门制度和平台，并负责洪水损失的最终赔偿责任；三是将洪水保险与泛洪区管理紧密结合，推动了泛洪区管理和经济发展水平的提升；四是通过社区和居民两层捆绑的“投保资格”管理模式，配合公共救灾资源投放，实现了隐性强制的效果，确保了覆盖面和风险有效分散；五是通过代理模式，最大限度地利用了商业保险市场在销售和理赔服务方面的资源和优势，确保了运营高效；六是建立科学的洪水风险区划体系，确保了费率厘定的科学，有效促进了非工程减灾措施的推广。

2. 新西兰地震风险管理

新西兰是地震多发国家，平均每年发生地震 3 000 多次。1942 年，新西兰中部发生了里氏 7.2 级地震，使大量的房屋严重受损。由于没有足够的保险赔偿金，震后很多房屋未能得到及时修复，给人们的震后生产和生活带来了极大困难。为此，新西兰政府于 1945 年建立了极具特色的地震保险制度，成为全球巨灾保险制度建设中独树一帜的模式。

2011 年 2 月，新西兰第二大城市克莱斯特彻奇发生 6.3 级强烈地震，震源深度仅有 4 千米，地震造成直接经济损失 150 亿美元。新西兰的地震保险为这次地震支付 120 亿美元的赔款，占直接经济损失的 80%，使得救灾与重建的资金得以有效保证。

新西兰地震保险是“政府为主”的模式，且采用强制保险的方式。1945 年成立了“地震及战争损坏委员会”，颁布了《地震与战争损害法案》，全面推动地震保险制度建设。最重要的两个特点：一是从完全官办国营模式，逐步过渡到官办民营模式。起初由“地震及战争损坏委员会”经营，1988 年将其运营机构改组成为商业化公司组织。二是从大包大揽的普惠模式，逐步过渡到关注国计民生领域。1993 年进行重大变革，将强制保险范围缩小至仅限于家庭财产，将“战争风险”予以排除。同时，更名为地震委员会（Earthquake Commission，EQC），专门管理地震保险事务，同时，政府向其拨付了 15 亿新西兰元。自此，新西兰的地震保险制度进入新的发展时期。

新西兰的住宅地震保险体系包括三个部分：地震委员会、保险公司和保险协会。地震委员会是由国家财政部组建，是一个实体机构，负责地震保险的经营与管理工作。保险公司主要负责地震保险保单的销售工作，并将所得地震保险的保费转交给地震委员会，并且负责超出法定保险责任部分的损失赔偿。

新西兰地震保险的费率水平相对低，建筑物保额为 10 万新西兰元，动产的保额为 2 万新西兰元，平均费率为 0.5‰。依风险不同划分为 315 个保区，制定费率，并按费率结合免赔额算出最高责任限额，平均每户每年约 60 新西兰元，最高年保费为 67.5 新西兰元。同时，每户居民每年还须交纳约 80 新西兰元的火灾险保费。

新西兰住宅地震保险的风险分散机制，采用以地震委员会为中枢，以政府深度参与并“兜底”为保障，充分利用市场机制，建立了多层次损失分摊模式。具体包括以下四层保障支付体系：

第一层：发生巨灾事件后，若损失低于2亿新西兰元，由地震委员会支付；

第二层：损失在2亿~7.5亿新西兰元，保险人承担损失的40%，地震委员会承担60%；

第三层：损失在7.5亿~20.5亿新西兰元，采取超额损失保险合约承保；

第四层：损失超过20.5亿新西兰元时，首先由巨灾风险基金承担，基金耗尽之后由政府承担最后赔偿责任。

保险参与新西兰地震风险管理的经验启示：一是特别是在制度建设的初期，完全是由政府部门负责经营管理的，具有非常浓的官办色彩，这也确保制度能够顺利地建设和实施。二是采用强制的手段，使得地震保险普及率较高，能够迅速地积累地震保险基金，形成了一定规模的风险承担能力。三是地震委员会建立了较为完善的巨灾风险管理体系，通过数据和建模，充分利用国内外再保险和资本市场，最大限度地分散了风险累积。四是通过巨灾风险管理知识的宣传和教育普及工作，使得全民的风险意识较强，所以，地震保险的接受度相对高。

3. 日本地震风险管理

据联合国国际减灾战略（International Strategy for Disaster Reduction，ISDR）统计研究，2011年东日本大地震导致的经济损失高达3 630亿美元，刷新了历史最高纪录。

日本国内的25家保险公司为东日本大地震支付赔款达到12 167亿日元，是阪神大地震（783亿日元）的15.5倍，是历年来的最高额，保险赔付件数达76.2万件。

日本利用保险参与地震风险管理的主要经验如下。

一是政府的主导并深度参与。整个制度建设均是由政府主导进行的，同时，通过日本地震再保险株式会社（Japan Earthquake Reinsurance，JER）和分保机制，政府直接承担风险，较好地解决了制度建设中偿付能力的瓶颈问题。

二是聚焦民生，关注住宅和生活保障。地震保险制度仅针对居民住宅和生活用品，企业的地震风险通过纯商业模式解决，确保集中政府有限的财力，解决民生问题。同时，为了鼓励居民投保，对投保的纳税人予以最高5万元的个人所得税和2.5万元个人居民税的免除。

三是立法保障。为了确保地震保险制度的顺利运行，政府制定了相关法律，同时出台了一系列配套规章制度。在地震保险制度的运行过程中，政府还不断地丰富地震保险制度法律体系，确保了制度的高效运行。

四是将地震保险纳入地震风险管理范畴，通过差异化的地震保险费率体系，推动住宅建筑标准的提升，继而提升全社会的抗震水平。

五是科学的风险分散机制，政府的深度参与，确保了地震保险制度运行的安全和高效。通过日本地震再保险株式会社的平台，利用国内和国际两个市场，再保险和证券化两种工具，充分地分散风险。同时，政府承诺的损失赔偿责任为总限额的近 80%，从根本上保证了制度的实施。

六是在制度的发展过程中不断加以完善。日本的地震保险制度建设之初，并没有追求尽善尽美，而是制度运行过程中不断完善，进行了十余次的修改和补充，如在 1995 年阪神大地震之后，就大幅度提高了赔偿限额。

4. 土耳其地震风险管理

土耳其地处安纳托利亚断层带，属于地震多发地区。地震灾害导致的经济损失占自然灾害总损失的 65%。1925~1988 年，平均每年因地震死亡人数为 1 100 人，导致 5 600 幢建筑物被毁坏。

长期以来，没有建立专门的地震保险制度，而是通过常规的保险提供地震风险保障。由于缺乏专门的制度安排，一方面，保险公司经营地震保险的风险无法得到有效分散，从经营稳定性的角度，不愿意开展地震保险；另一方面，保险意识相对落后，居民存在一定的依赖思想，缺乏投保的积极性。1992 年埃尔津詹地震发生后，不少专家学者呼吁建立专门的地震保险制度，但由于社会认识不统一，加上政府也没有积极性，因此，地震保险制度建设只是议而不决。

推动土耳其建立地震保险制度的契机是 1999 年的两次大地震，它们造成了巨大的人身伤亡和财产损失，伤亡人数分别达到了 4.3 万人和 1.8 万人，受损建筑物 10 万余所，300 万人无家可归，经济损失则高达 200 亿美元。

一年之内发生两次大地震，让社会和政府认识到建立地震保险制度的重要性。2000 年在世界银行的帮助下，土耳其开展了政府、保险公司和国际组织合作建设巨灾保险制度的尝试，设立土耳其巨灾保险共同体（Turkish Catastrophe Insurance Pool，TCIP），同时，推动巨灾保险相关法律法规的制定工作，构建了以《强制地震保险法令》为主的相对完善的法律制度体系，为巨灾保险的开展奠定了制度基础。

TCIP 是土耳其国家巨灾保险的运行平台，是一个依法设立的非营利机构，并隶属于土耳其的财政部。这个机构负责制定费率体系，建立巨灾风险模型，确定风险暴露和最大可能损失，设计保险基金规模和风险转移机制。同时，开展防灾减灾研究，推动抗震标准普及。

具体的经营运作，TCIP 采用了外包模式，即将地震保险的保单销售和市场推广委托给保险公司及其代理人负责，将地震保险的损失评估则委托给保险公估机构负责。同时，其自身的运营管理则通过招标的方式委托给外部机构，招标授权期为 5 年，第一轮为 MilliRe 公司，目前由荷兰的 Eureko 公司中标。

土耳其地震保险的最大特点是强制性，属于由政府经营的、独立于普通商业保险之外的专门保险。政府通过法律的方式，要求从 2000 年 9 月 27 日起，所有位于市区的住宅建筑物均必须参加保险，并明确用这一制度取代相关灾害法规中关于政府义务的规定。具体要求如下：政府在 2001 年 3 月 27 日之后不再为居民提供灾后重建住宅的资金，对于不参加地震保险的居民不再享有获得政府灾后经济补偿的资格，也不能获得住房贷款；在住宅交易过程中，业主必须向房地产注册部门提供地震保险相关文件。同时，为了确保地震保险的推广，政府还要求业主在进行水、电、气和电话的开户时，必须提交已投保地震保险的相关证明文件。

保险参与土耳其地震风险管理的经验借鉴：一是政府主导，市场运作。设立 TCIP，直接管理并推动地震保险制度落地，以其为平台整合各方面的资源。二是建立并完善了相关法律法规，利用各种行政手段，推动地震保险普及。三是充分利用保险机构在营销、理赔和服务网络方面的优势，提高地震保险制度运营的效率。四是利用先进的风险管理技术，充分利用国际再保险市场资源，较好地解决了偿付能力管理的问题。五是高度重视地震保险制度的宣传和教育工作，同时，采用“双轨模式”，兼顾发挥政府和市场的力量。

（二）火灾领域

重大火灾事件已经成为公共安全管理的重要领域。2015 年 8 月 12 日天津港“8·12”特别重大火灾爆炸事故，显现出火灾风险对公共安全的巨大威胁。火灾保险是火灾风险管理体系的重要组成部分，发达国家和地区的火灾相关保险产品种类丰富，企业和个人积极参保，部分国家政府在一些涉及公共安全的领域和范围内强制推行相关火灾责任保险。例如，英国、日本、韩国、俄罗斯、瑞士等国家均有针对公共场所必须投保火灾公众责任险的立法。

保险参与火灾标准制定。在美国，保险业参与国家及行业的防火标准、技术规范的制定。

保险参与防灾防损。美国的保险公司为做好防火工作，建立了庞大的防灾队伍，参与研究制定消防技术标准，规范被保险人的消防管理，定期组织消防安全检查，督促被保险人做好消防工作，以降低高层建筑火灾风险。美国高层建筑火灾保险根据建筑结构、周围环境及消防设施等制定差异化费率，通过差异化保险费率来鼓励被保险人加强消防风险管理，实现防灾防损。

保险参与火灾统计。在一些国家，收集火灾数据是政府的职责，而另一些国家则由保险行业负责。在瑞典，保险行业负责收集火灾数据，只有发生火灾死亡才向政府报告。当保险行业收集到火灾数据后，很可能未报告那些财产未保险的火灾或没有赔偿的火灾。英国的消防部门直接向内政部报告火灾。另外，英国犯罪调查也包括一些火灾事故，调查机构也提供一些未报告的火灾信息。英国的政府管理这些数据库。不过政府不收集火灾损失金额的信息，而是由保险行业负责。

（三）食品安全领域

美国食品安全侵权的理赔原则是无过失责任原则，即只要发生食品安全侵权事件，不管食品类企业在主观上是否存在过错，都必须承担巨额的赔偿，迫使食品类企业投保产品责任保险。在美国，如果食品类企业一旦违反《产品责任法》，就可能会面临巨额的罚款。因此，美国大多数食品类企业的经营行为都非常规范。美国食品安全管理法律法规的制定程序按照透明度原则，以适当的方式及时向公众公开。美国农业部的消费者热线每年均需应对大量消费者关于食品安全问题的咨询，及时向消费者传递他们所关注的信息。

（四）环境污染领域

国际上环境污染保险大体上可以分为以下两大类：环境污染责任保险（environmental liability insurance）、环境污染损害保险（environmental damage insurance）。其中环境污染责任保险主要保障范围为因侵犯他人的合法权益所遭到的法律索赔风险，环境污染损害保险主要保障范围为因环境污染破坏了生态环境而用于环境修复的费用。

1. 美国做法与经验

20 世纪 80 年代发达国家掀起环境保护浪潮，美国除了加大立法外，于 1988 年成立了环境保护保险公司，实现专业化管理和专门化经营（图 6.9）。美国环境污染责任保险的购买人主要是财产的所有者或经营者，以防止该财产产生的污染导致对第三方的经济或人身健康造成损失。这种保险一般是覆盖意外的、未知的、突发的污染对第三方产生的损害。保险责任既包含历史性的意外环境污染事故，如在施工过程中突然发现未事先探知的旧地下储油罐，也包含保单生效后发生的意外污染事故，如新油罐的突然爆裂泄漏。该保险可以根据每个保单所面对的环境风险不同，根据投保人的需要来制定能满足投保人特定需求的保险产品。

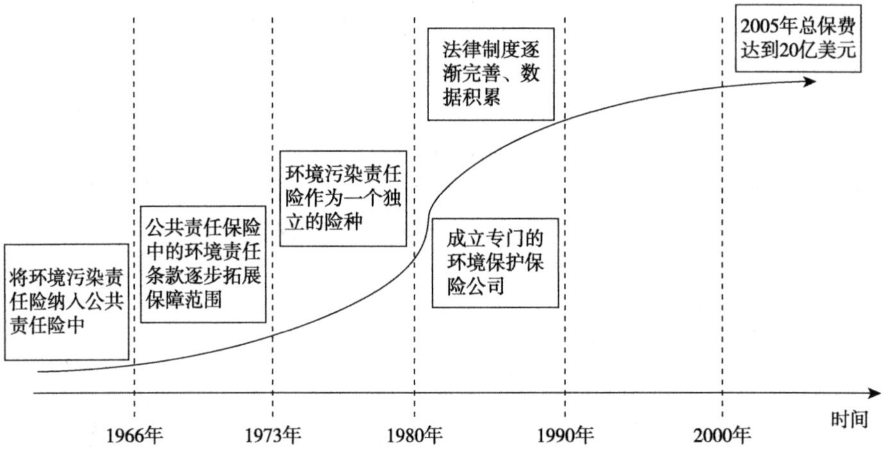

图 6.9 美国环境污染责任保险发展历程

在美国，从事项目融资的贷款银行可以要求项目公司购买此保险。因为一般项目融资的融资对象都是大型建设项目，所以经常要面临项目资产（如场地、设施等）的化学品污染问题。

1）美国污染营业中断保险

这一保险险种的保障范围主要是赔偿被保险人因保险财产突发、意外的环境污染事故而不得不停止运营所产生的经济损失，是属于对第一方赔偿的险种。例如，一个化工厂的溶剂储罐突然意外爆裂并导致了火灾，而从溶剂储罐中泄漏的腐蚀性溶液和有毒气体渗透进地面，绵延到整个厂房，导致整个工厂被环保监管部门关闭。那么如果该工厂就其可能产生污染的资产购买了污染营业中断保险，保险公司就有责任赔偿该工厂因为被保资产突发性的污染事故而导致的营业收入损失。

环境污染法律责任保险主要是针对第三方的诉讼赔偿，主要承担环境污染导致的赔偿第三方健康和经济损失的连带法律责任。而污染营业中断保险则是针对被保人自身污染导致的营业中断所产生的损失。

2）美国场地环境污染责任保险

美国场地环境污染责任保险的保险责任主要包括两大类，一类为自有场地责任保险，另一类为场地环境污染责任保险。前一类主要承担被保险人因污染自有或使用的场地而支出的清理费用，一般以限额赔付；后一类主要是承担场所对第三方的赔偿责任。

由于环境污染损害赔偿往往具有广泛性和不确定性，赔偿数额一般较大，保险人出于对自身风险和利润的考虑，一般只承保突发性的环境污染事故造成的第三者责任。如果客户对渐进性污染提出需求，在经过专业的环境风险评估后，保险公司会依据情况有选择地承保渐进性环境污染。美国保险人把恶意污染作为除外责任不予承保。随着环境污染责任保险的发展，由于企业正常经营而积累的渐进性的污染风险也逐步囊括在保障范围之内。

由于场所的差异性和特异性，保险人会在承保时对每一个标的风险进行全面的评估。基于专业的环境评估与风控指导，美国此类的环境污染责任保险的每一份保单都具有独特的内容与合适的费率。同时，保险公司每年对被保险人进行风险评估，当被保险人的风险系数降低后，保险人对于被保险人的保险费率也会适当降低。与普通的商业保险相比，由于环境污染责任保险的风险具有“长尾”特性，保险人为了保障自身利益，往往在保单中规定一个期限，规定保险人只负责在此期限内提出的索赔。如果承保的是渐进性环境污染责任保险，则此类保险一般会依据客户需求设定一个相对较长的索赔期。

2. 德国做法与经验

德国从 1975 年开始加大环境立法（图 6.10），明确要求相关企业投保环境污染责任保险，且赔偿金额不低于 5 000 万欧元。

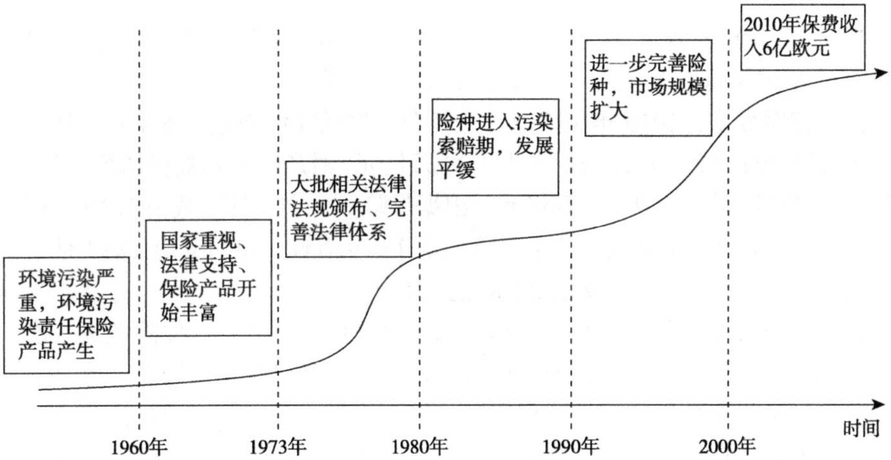

图 6.10　德国环境污染责任保险发展历程

德国环境损害保险囊括许多类型的环境损害保险，其中有毒化学品环境污染损害保险主要针对有毒化学品的突然泄漏风险，此类保险产品一般具有保额高、索赔期限长等类似渐进性环境污染责任保险的特点。

这种环境污染责任保险常用于防止有毒化学品突然泄漏对第三方造成的危害，因为化学品泄漏产生的危害有很强的不确定性及危害巨大的特征，生产、运输、储存有毒化学品的企业一般会主动投保此保险。

此类保险产品属于环境污染责任保险中比较成熟的品种，其索赔期限长，一般超过 20 年，有的甚至超过 30 年，保障范围广，一般责任免除中不列明的均存在于保障范围内。德国成熟的法律体系、严格的环保标准、企业良好的运行和环境污染责任保险的成功发展是该险种推行的基础。

（五）公共场所安全领域

发达国家普遍实施的公众责任险制度，包括火灾公众责任保险、自然灾害公众责任保险、餐饮场所责任保险等。它能够使受害人获得及时有效的经济补偿，运用经济机制处理突发公共事件所造成的社会问题。

英国、日本、韩国、俄罗斯、瑞士等国家都规定，公共场所实施包括火灾责任的公众责任强制保险制度，公众责任险已经成为一项公认的具备社会管理功能的险种，被公众普遍接受和运用。据有关文献统计，国外保险赔偿火灾事故损失的比例达 60%以上。

第四节　我国公共安全管理的保险实践

当前，我国财产保险公司已达到 88 家，2014 年保费收入 7 544.4 亿元。2009~2019 年，全国保费收入 42 645 亿元，其中财产保险保费收入 11 649 亿元。根据银保监会官网数据，2019 年保险业为全社会提供风险保障超过 6 470 万亿元，承保保单件数 495 亿件，累计赔付支出 1.29 万亿元。财产险公司提供风险保障 5 369 万亿元，累计赔付支出 7 279 万亿元。根据保险业协会统计，截至 2019 年底，行业总赔付支出达 40.31 亿元，其中车险结案 13.79 万件，赔付支出 17.91 亿元，非车险结案 10.15 万件，赔付支出 22.40 亿元。

在我国公共安全和公共利益管理领域，已开展了一系列“保险解决”模式的探索，并取得了很好的效果，使政府逐步地摆脱了相对被动的局面，建立了“事前有管理，事中能控制，事后有保障”的管理模式，政府更多的是协调，行业和保险负责处理。从领域上，主要关注两点：①涉及公共利益，如巨灾风险、环境责任、食品安全、综合治安；②强化行业管理，如安全生产、医疗行业、旅行社、运输行业、校园方等。在模式上，因地制宜、因势利导地探索了政府主导模式、政府与市场结合模式、行业统保模式和市场运作模式。

以责任保险为例，责任保险有基于地点的，也有基于事件活动的。2013 年，全国责任保险保费收入 216.63 亿元，涉及环保、医疗、交通、食品安全等几十个领域，提供保障 49 万亿元，保障额度同比增长 16.5%。

一、政府主导模式

（一）安全生产责任保险——保障生产安全，化解纠纷稳定生产

煤矿、非煤矿山、危险化学品、烟花爆竹等高危行业，容易造成重大人员伤亡和财产损失。这些行业具有风险因素复杂、事故危害性大、企业承受能力弱、社会影响广泛等特点。

现行的风险抵押金制度与安全生产责任保险的损失补偿目的相同，但最大的不同是风险抵押金的保障程度是 1∶1，安全生产责任保险保费与保额的比是 1∶300，通过缴纳少量保费，达到转嫁大的风险的目的。以湖北为例，2013 年投保安全生产责任险的企业有 2 700 余家，缴纳保险费 7 510 万元，保险保障额度为 92 亿元，企业减免缴纳安全生产风险抵押金近 10 亿元，释放了可观的生产资金。2013 年全国已有近十万家企业在中国人民财产保险股份有限公司投保，保障金额超过 2 500 亿元，支付赔款约 3.5 亿元。

2005 年财政部与国家安监总局出台文件《煤矿企业安全生产风险抵押金管理暂行办法》，正式推行安全生产风险抵押金制度。2016 年，中共中央、国务院出台《中共中央 国务院关于推进安全生产领域改革发展的意见》，提出“取消安全生产风险抵押金制度，建立健全安全生产责任保险制度。2017 年，国家安监总局、中国保险监督管理委员会、财政部联合发布《安全生产责任保险实施办法》，自 2018 年 1 月 1 日起，从国家级别开始逐步实施安全责任保险制度。

中国人民财产保险股份有限公司开展“保险公司在高危行业风险管理及保险中的服务模型研究”，并将成果应用到企业风险管理服务和承保定价领域，强化对企业安全生产管理的外部约束。

（二）自然灾害公众责任保险——保障自然灾害，促进生产生活恢复

目前，一般财产保险涵盖洪水、暴雨、暴风、滑坡、泥石流等主要自然灾害。同时，从社会管理角度，还有自然灾害公众责任保险。自然灾害公众责任保险是为政府创新社会管理的保险产品，由政府牵头，民政部门组织实施，通过采购保险的方式为居民提供风险保障。保险公司与政府紧密合作，提供全面保障和服务的模式。保费支付方式：一是通过年初建立专项预算，由财政专项拨付保费；二是民政部门在自然灾害救济补助资金中建立专项基金，用于支付保费。

自然灾害公众责任保险是“政府+商业保险”的灾害管理模式创新，通过市场机制参与政府社会管理，极大提升了普通民众的灾害保障程度和水平。政府通过

缴纳少量保费，扩大了灾害保障范围并提高了保障水平，减少了大量的救灾财力和精力支出，改变了以往单一依靠财政救济而存在的渠道单一、救济不足的状况。居民获得稳定保障，得到实惠，防止因灾致贫。

2006 年开始，中国人民财产保险股份有限公司在福建、厦门、山西、浙江、湖北、四川、宁波、云南等地陆续开办了这一业务，自 2009 年以来累计为 6 058 万名居民提供了 6.29 万亿元的风险保障。2010 年 6 月，福建省南平等市遭遇特大暴雨，导致山洪暴发、山体滑坡等自然灾害，中国人民财产保险股份有限公司兑现全部赔款 1 620.9 万元。

（三）农房保险——保障农民住房灾害风险

农房保险由政府牵头，制订统一的承保方案，通常是承保自然灾害（不包括地震）和意外事故导致的农房损失。各省的保险金额不同，一般为 3 000~30 000 元。保险费由财政统一支付，或采用“各出一点”的模式。

2012 年，民政部、财政部、中国保险监督管理委员会联合下发《关于进一步探索推进农村住房保险工作的通知》，全面推广农房保险。2013 年中国人民财产保险股份有限公司的政策性农房保险业务的保费收入 5.58 亿元，承保户数 5 694 万户，承担保险责任 7 333 亿元，已决赔款 4 亿多元，未决赔款 6 190 万元。农房保险社会效益显著，浙江省的农房保险被评为政府为民办实事的十大项目。

二、政府市场合作模式

（一）校园方责任保险——保障校园安全，妥善化解责任风险

当前，校园伤害事故频发，学生意外伤害风险对学校教育教学的影响日趋严重。而利用保险工具处理学校发生的安全责任事故，有利于防范和妥善化解各类校园安全事故责任风险。

为建设“和谐校园”，推动教育领域风险的防范和化解，2002 年保险行业与教育部门合作开展了校园方责任保险。2008 年，《教育部 财政部 中国保险监督管理委员会关于推行校方责任保险 完善校园伤害事故风险管理机制的通知》下发，保费定为 5 元以内，最高赔偿限额为 30 万元。

2006~2012 年，中国人民财产保险股份有限公司累计承保 49.42 万所学校，平均每年承保约 1.3 亿名学生，提供风险保障约 49 万亿元，累计赔款 8 亿元。

2013 年，全国校园方责任保险签单保费 11.9 亿元，签单数量 20.76 万家（次），为学校提供风险保障 13 万亿元。

目前，校园方责任保险除了发挥经济补偿作用，还起到了积极的社会管理作

用，体现在：开展多种形式宣传；定期对各中小学校进行实地风险查勘和安全教育；建立了医疗救治绿色通道这一富有特色的快速理赔机制；对重大案件实施分级管理。例如，发生群死群伤的重大保险事故，开通“重大案件紧急通道”，启动应急预案。

（二）医疗责任保险——保障医疗责任，缓解和稳定医患关系

医疗责任保险赔付投保医疗机构和医务人员在保险期内，因医疗责任发生的经济赔偿或法律费用。医疗责任保险有助于完善医患纠纷调解机制，将人民调解的赔付责任落到实处，提高人民调解的效果和成功率，人民调解机制的完善，可以为医疗责任保险依法、公平、合理的赔付创造一个有利的环境。

医疗责任保险已覆盖 30 个省市的从三级医院到乡村卫生院，累计提供风险保障 1 100 余亿元，支付赔款超过 38 亿元。医疗纠纷人民调解委员会共接待医疗纠纷咨询 2 万余件，受理调解 8 000 余件，调解成功率达 88%，回访满意率达 91%。

2012 年，医疗责任保险为全国 3.3 万家（次）医疗机构提供风险保障 112.5 亿元，赔付支出 5.25 亿元。

2013 年，全国医疗责任保险保费收入 15.7 亿元，已决赔款 9.65 亿元，全国 6 000 余个二级以上医疗机构参加了医疗责任保险，占二级以上医疗机构总数的 60%。

面对医疗纠纷“私了”“官了”“官司了”都“难了”的情况，2008 年 3 月，宁波市以“市长令”的形式，颁布实施《宁波市医疗纠纷预防与处置暂行办法》，通过“政府引导、市场化运作、多部门协调、第三方介入”，将理赔处理机制和人民调解机制同时引入纠纷处置过程，在保障医疗机构正常工作秩序、维护医患双方合法权益、遏制国有资产流失、提高医疗服务质量等方面取得了明显成效，受到业内外高度认可，被誉为医疗纠纷的“宁波解法”（图 6.11）。在此基础上，2012 年 3 月，宁波市进一步实施《宁波市医疗纠纷预防与处置条例》，成为全国首部关于医疗纠纷预防与处置的地方性法规。

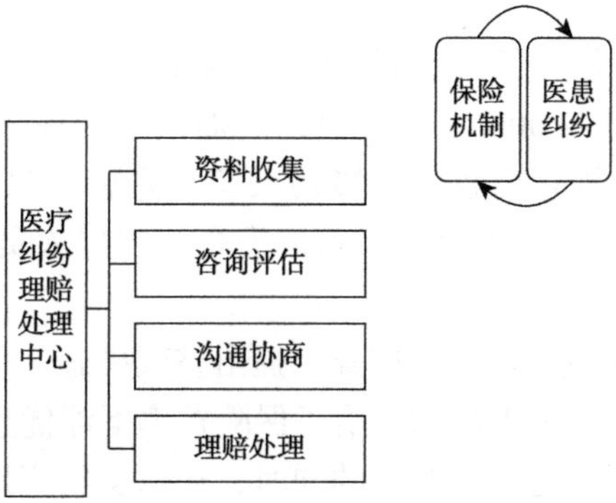

图 6.11 医疗纠纷的“宁波解法”

根据《宁波市医疗纠纷预防与处置暂行办法》和《宁波市医疗纠纷预防与处置条例》，2008 年，中国人民财产保险股份有限公司、中国太平洋保险（集团）股份有限公司、中国平安保险（集团）股份有限公司、中国人寿保险（集团）公司、长安责任保险股份有限公司共五家保险公司组成宁波市政策性医疗责任保险共同体（以下简称共保体），医疗纠纷理赔处理中心作为共保体下属单位，负责医疗纠纷理赔事宜。各家医院购买医疗责任保险，当医院出现医疗纠纷时，一万元以内医院可自行协商处理，超过一万元则必须通过理赔中心解决。

同时，设立医疗纠纷人民调解委员会，并设置专家库，负责人民医疗纠纷的调解工作。它和理赔中心配合互补，共同组成了“宁波解法”的两大核心。

宁波 220 家公立医院全部参加医疗责任保险，累积承担责任 20 亿元。受理纠纷 4 740 起，调处 4 099 起；纠纷金额从 77 196 万元下降到 17 781 万元；医患满意度均在 98% 以上；医患纠纷，特别暴力事件大幅度降低；医闹现象基本消除。

（三）环境污染责任保险——保障环境安全，促进生态文明建设

环境污染责任保险是国际上通行的环境风险管理的市场化手段，对遏制污染物排放和健全环境污染损害赔偿制度具有十分重要的作用。

2007 年 12 月，国家环境保护总局和中国保险监督管理委员会联合发布《关于环境污染责任保险工作的指导意见》（环发〔2007〕189 号），争取到 2015 年，环境污染责任保险制度相对完善，并在全国范围内推广。截至 2019 年 7 月，我国 31 个省（自治区、直辖市）均已开展环境污染强制责任保险试点，覆盖涉重金属、石化、危险化学品、危险废物处置等行业，保险公司已累计为企业提供超过 1 600 亿元的风险保障。根据中国银行保险监督管理委员会（以下简称银保监会）有关数据，2017 年全国投保企业数量达到 1.6 万家（次），保费总额达 3.15 亿元，保障金额达 306 亿元。

2009 年 6 月，无锡开展环境污染责任保险试点。中国人民财产保险股份有限公司组织专家为全市 2 000 余家企业先后提供风险评估服务，出具评估报告 2 000 余份，帮助企业排查出较大环境污染安全隐患 1 318 个，发现问题 7 285 个，提出环境安全相关建议 6 500 多条，为企业安保人员进行风险防范和培训 3 000 多人次。

无锡市每年进行环境风险隐患排查，提出整改措施。重新评定风险等级，确定限额并测算费率。对于未出险的，给予保险费率下浮优惠，降低责任限额。

将环境风险评估报告提供给企业的同时，还送交给当地环保部门，同时上传至网站，确保各级环保部门查阅。定期将当地环境责任保险的工作进展情况，以

书面形式报送无锡市环保局和当地环保部门。

（四）食品安全责任保险——保障食品安全，维护人民生命健康

食品安全保险目前有食品安全责任保险和食品质量保险两类。以食品安全责任保险为例，截至 2017 年 7 月，行业承保企事业单位 4 870 家，提供保障额度近 400 亿元，已先后有 67 家投保单位的消费者获得保险赔付 210 余万元。国务院食品安全委员会和银保监会研究并提交政策建议，推动食品安全强制责任险制度的研究和试点，取得了一些实践经验，如中国人民财产保险股份有限公司四川分公司开展校园食品安全责任保险。

食品安全保险通过发挥经济补偿、监督机制和社会管理等作用，使消费者、食品企业、政府三方均受益。

在国外，食品安全保险比较发达，保险公司是赔偿的主要力量，这样既保障了消费者的权益，又极大降低了企业和政府的压力。

（五）治安综合保险——助力当地治安，保障社会稳定

治安综合保险是政法、综治部门和商业保险公司共同探索的基层治安防范和财产损失补偿相结合的综合性社会管理新机制，由综合治理部门组织协调，由保险公司具体组织实施，贯彻合法自愿的原则，以行政村（社区）为单位，以村民委员会为主体，以契约化管理为手段，以一系列合作协议为基础，组织居民每户每年缴纳一定的费用，其中一部分作为保险费向保险公司投保商业家庭财产保险，另一部分作为治安防范经费用于加强治安管理基础建设，从而形成新型社会综合治理模式。通过约定治安联防和保险责任，形成以治安承包为基础，以出险理赔为补充的群防群治工作新机制。

截至 2012 年底，全国已有山东、湖北、辽宁、河北、安徽、四川、陕西、内蒙古、江西、吉林、福建、河南、黑龙江、宁夏 14 个省区推广治安保险，有效地缓解了基层综合治理经费紧张、警力不足的现实问题，降低了各类治安案件的发案率，改善了治安环境，提升了城乡基层治安防控能力。

三、行业统一保险模式

（一）旅行社责任保险——保障旅客权益，促进风险防范

2010 年 11 月，中国保险监督管理委员会印发《旅行社责任保险管理办法》，规定在中华人民共和国境内依法设立的旅行社，应当依照《旅行社条例》和该办法的规定，投保旅行社责任保险。文化和旅游部门依法对旅行社投保旅行社责任

保险情况实施监督检查。中国银保监会及其派出机构依法对保险公司开展旅行社责任保险业务实施监督管理。

2013 年，旅行社责任保险全国统保率达到 73.27%，参保旅行社 17 356 家，保费收入 1.8 亿元，已决赔款 8 000 多万元。保险公司协助原国家旅游局举办“旅游保险宣传周”、救援演习等活动，推动《中华人民共和国旅游法》中关于强制保险的要求及保险链条的延伸，定期对旅行社的内部安全管理进行检查。

（二）承运人责任保险——保障交通道路安全，化解矛盾维护社会秩序

道路运输是国民经济和社会发展的重要行业。随着我国机动车保有量的增多，频发的道路交通事故成为影响我国民众人身安全的重大隐患，同时也给经济发展造成了不利影响。2004 年国务院颁布《中华人民共和国道路运输条例》，将承运人责任保险作为旅客运输的强制性保险。其主要原因是承运人责任保险制度能从社会管理和经济补偿的角度，妥善解决道路交通事故引起的赔偿问题，快速化解社会矛盾，有助于社会稳定，是有效的社会管理工具。

保险监管机构和交通运输部门联合发文，对道路客运承运人投保提出统一要求，建立了联席工作机制，协调解决有关问题。交通运输部门将投保承运人责任保险作为道路客运企业运营线路审批、安全生产条件审查、安全资格认证及客车年检年审的必检项目，依法运用行政手段保障实施。建立了客运企业安全信誉等级制度，建立应急反应机制，重大事故发生后，保险公司迅速启动预案，及时查勘定损，预付赔款，安抚了受害人，减轻了各级政府处置事故的压力。

第五节　保险服务我国公共安全管理的思考

一、保险更好地服务公共安全管理的建议

（一）抓住保险业“新国十条”的政策契机

2006 年国务院发布了《国务院关于保险业改革发展的若干意见》，时隔 8 年，2014 年 8 月 13 日，《国务院关于加快发展现代保险服务业的若干意见》（以下简称“新国十条”）正式发布。保险业“新国十条”中，保险的三个基本定位：①风险管理的重要手段；②社会治理能力的重要标志；③转变政府职能的重要抓手。保险的两个基本作用：①创新社会治理方式；②保障社会稳定运行。

保险业“新国十条”还指出，把与公众利益关系密切的环境污染、食品安全、医疗责任、医疗意外、实习安全、校园安全等领域作为责任保险发展重点，探索

开展强制责任保险试点。充分发挥责任保险在事前风险预防、事中风险控制、事后理赔服务等方面的功能作用，用经济杠杆和多样化的责任保险产品化解民事责任纠纷。

将保险纳入灾害事故防范救助体系，增强全社会抵御风险的能力。充分发挥保险费率杠杆的激励约束作用，强化事前风险防范，减少灾害事故发生，促进安全生产和突发事件应急管理。

以制度建设为基础，以商业保险为平台，以多层次风险分担为保障，建立巨灾保险制度，逐步形成财政支持下的多层次巨灾风险分散机制。

鼓励政府通过多种方式购买保险服务。主要有三种模式：①政府委托保险机构经办；②政府直接购买保险产品和服务；③对于具有较强公益性，但市场化运作无法实现盈亏平衡的保险服务，可以由政府给予一定支持。

保险业“新国十条”为保险参与公共管理提供了新的坚实的政策基础和发展契机。我们应积极贯彻落实保险业“新国十条”精神，进一步发挥保险业在公共安全管理新体制中的作用，建设现代化公共安全管理体系。

（二）将保险纳入公共安全管理顶层设计的整体框架

强化现代保险意识，提升对保险功能的认识，改变“一事一议”，开展系统性规划，将政府在公共安全管理方面的具体职能领域与保险业务进行对接，将保险要素纳入我国的公共安全管理体系，充分发挥其市场配置资源的优势，打造能力的现代化。

逐步使政府从“当事人”的身份，逐步退居“管理协调人”的身份，更多地利用保险等市场手段，特别是在善后处理的资金保障方面。

在公共安全领域逐步导入强制责任保险制度，为保险作用的发挥奠定制度基础；将保险纳入相关行业的管理，作为公共安全管理的重要手段。

利用保险的“正外部性”特征，强化事前的干预和管理，将部分行政管理成本“外化”给保险行业。利用保险费率的风险发现能力，发挥社会，特别是媒体监督机制，促进相关企业和责任人强化安全意识，改进风险管理。

采用“花钱换机制”“政府购买服务”的方式，将本应承担的公共产品供给和服务交给保险公司做，这样既能加快解决公共服务产品短缺问题，又能形成公共服务发展新机制；通过政策支持，形成保险服务社会公共安全管理“惠而不费”的局面。

从目前实际情况看，民政救灾救助的很多领域已引入商业保险机制，发挥政府资金放大杠杆效用，提升了灾害保障程度及水平，促进了救灾资源配置效率和社会公平。比较成功的模式有民政部门为“两属两户”农村居民办理的农房保险、民政部门资金支持的自然灾害公众责任险等。建议可在民政体系已取得经验和成功试点的基础上，进一步发挥保险参与公共安全管理的作用。可由民政部门牵头开展顶层设计，进行深入系统的规划，出台相关制度或指导意见，逐步将保险纳入公共安全管理的整体框架。

（三）加强对保险的财税及政策支持

保险参与社会公共管理具有“准公共品”供给的性质。从经济理论和公共管理理论讲，具有准公共品属性的服务或产品，需要政府一定的投入支持，尤其是对具有公共安全性质的保险予以一定的政策支持，特别是税收优惠，如涉及民生的一些险种[如机动车交通事故责任强制保险（以下简称交强险）、巨灾保险、大病医疗保险等]。这些保险如果按照纯商业模式运行难以为继，而且考虑到我国农民、城市低收入者等群体购买力有限，在这些民生领域及经济发展的重点领域，政府加大财政补贴和税收优惠。

例如，免征交强险的营业税或降低营业税的税率及税基。现行税法规定对于惠及民生的保险业务，给予营业税优惠政策。交强险属于法定业务，是为保障公民在道路交通事故中受到的损害能够得到基本保障而建立的公益性质险种，具备政策性业务税收优惠政策特征。建议对交强险给予税收优惠，以改善经营亏损的现状，提升道路交通安全管理水平。

（四）保险业在参与公共安全管理中发挥正外部性

一是进一步发挥保险补偿机制，促进社会稳定。经济补偿功能是保险的基本功能，相较国家财政救助的方式，保险经济补偿无论在赔付的时效性、赔付广度和深度等方面都有明显的优势，在大大减轻政府压力的同时，通过市场化的资源配置，可以有效弥补经济社会风险带来的损失。建议进一步推动有利于民生稳定和经济发展的责任保险、科技保险、巨灾保险等，保障企业和民众的利益，形成一种全社会的风险管理规模效益。

二是通过保险经营的手段方式，形成奖惩机制。企业发生火灾和污染等事故，往往会给社会第三方造成损害，这是一种社会负外部性，而保险可以通过经济手段和技术手段消除这种负外部性。例如，保险企业基于长期积累的灾害及事故资料，利用专业技术通过差异化的费率来区分不同风险等级的客户，以更加优惠的承保条件鼓励企业重视自身风险和安全问题，加强风险管理，通过防灾防损降低风险水平。对于有效降低风险的企业，保险公司可以降低费率或提高保障水平进行奖励，而对于风险较高的企业，则可以通过提高费率进行惩罚，不仅使费率与其风险相匹配，而且通过惩罚机制促进减灾减损，客观上削减了社会的总量风险，形成一种正外部性。

三是进一步健全保险的社会安全监督机制。保险公司在承保和理赔过程中会对企业风险进行详细调查，通过保险公司的风险查勘和评估，开展防灾防损，建立保险对食品企业的监督机制，可以有效发挥保险的正外部性。例如，在承保风险查勘环节，通过核保政策督促企业改善风险管理以满足承保条件；在理赔环节，发现企业在安全生产中暴露出的一些问题，可以将相关信息及时有效地反馈给监管部门，以便监管机构有针对性地加强相关企业的安全监督与管理工作，起到政府监管助手的作用。

四是通过保险的信息公开，形成社会氛围。作为掌握灾害、安全事故、被保险人信用等第一手数据的保险公司，可以配合媒体和相关部门，通过适当公开被保险人的安全生产情况、风险状况、信用记录等，对投保人形成一种社会责任压力，进而督促投保人提高产品安全性，主动信守承诺，减少违规和欺诈风险，营造一种社会压力氛围。同时，保险开展营销和宣传，有助于提高企业、消费者对各类社会风险的认知，提高风险管理意识，了解风险管理常识和技术，营造良好的社会安全管理氛围。

五是保险与社会团队和协会等合作，开展教育宣传。保险具有专业优势和网络优势，可以深入被保险人和普通居民社区，宣传普及公共安全风险知识及应急避险措施，通过承保、理赔等业务加深普通民众对公共安全的认识，保险可以与社会消防、民政团体等合作，开展咨询、讲座、防灾减灾教育、学术交流等活动，调动普通民众的积极性，提升全社会公共安全防范和应对能力。

（五）保险业通过商业模式创新、技术创新助力公共安全管理

一是在商业模式创新方面，保险业近年来提出并正在实践一种“风险减量”管理的理念和模式。保险业正逐渐转变传统保险思维，从单一、被动、应急的危机管理模式向全面、主动、长期的风险管理模式转变，从“减少灾害损失”向“减轻灾害风险”转变，从“存量风险管理”向“风险减量管理”转变，重点建立健全风险的识别、评估和预警机制，更加全面发挥保险的社会风险管理功能。

二是在技术创新方面，商业保险在长期经营过程中，积累和研发了一系列风险管理技术，具有丰富的技术应用实践经验。保险公司可以通过这些技术辅助和改进社会公共安全管理。例如，可以通过无人机遥感技术开展环境污染评估，利用物联网（车联网）提升车辆交通安全。

二、巨灾保险制度建设方案

（一）基本思路

由民政部牵头，民政部、财政部、银保监会三个部委联合推动巨灾保险制度

建设。国家层面成立全国巨灾保险基金理事会，分灾种、分对象逐步实施。

1. 采用模式

建议我国巨灾保险采用“政府主导、市场运作”模式。

一是政府主导。其具体包括：建立相关法律法规及制度；建立管理机构（全国巨灾保险基金理事会）；明确风险共担责任和比例（政府、企业、被保险人、投资人）；制定市场规则并进行监管。

巨灾保险制度应坚持政府主导，这是巨灾风险保障供给的公共品特性决定的，也是立足于我国国情的必然选择。世界各国巨灾保险制度的实践表明，离开了政府的支持，任何一个市场都无法建立巨灾保险制度。

政府主导除了制度框架设计和组织机构建立，必要的资源投入是前提和保障。资源投入不限于财政资源，还应当将巨灾保险制度建设纳入国家的主体防灾减灾工作中，通过政策支持，推动巨灾保险制度的建设与推广普及。在巨灾保险制度建设的初期，财政资源的投入和支持，能够加快和有效建立巨灾保险基金，规范巨灾保险基金的运作。通过发行巨灾债券等手段，可以使巨灾损失风险实现更大范围的分散分摊。同时，政府对巨灾保险实行保费补贴、税收减免等措施，能够充分调动投保人的积极性，降低巨灾保险的运营成本，提高巨灾保险效率。巨灾保险建设中面临的一个突出问题是偿付能力，需要政府作为最后再保险人，在巨灾保险遇到特大巨灾，偿付能力出现问题的时候，能够给予必要的和各种形式的支持，确保巨灾保险制度运行的安全与稳定。

二是市场运作。其具体包括：市场化定价；具体业务按市场原则操作运行，具体经办交给商业机构等。

政府主导，并非政府主办。在巨灾保险制度的建设和运行过程中，应当更多地采用政府引导下的市场运作，充分发挥市场配置资源的作用。从多数国家的实践看，政府机构直接运行和管理的效果往往不好，效率相对较低，最终均向市场化方向转轨。

从我国现实情况看，目前我国深入农村的政府保险经办机构和人员缺乏，且当前我国政府主导的社会保险尚未涉及居民住房类财产性的保险，政府缺乏相关的经验和技术。住房财产历来是商业保险承保范围，具有一定的经验、技术、专业优势，正好可以弥补这些不足，发挥作用。

在我国政府行政体制改革的大背景下，特别是在推行公共财政理念的过程中，应当考虑将政府的巨灾风险管理功能“外包”，通过市场化的运作模式，或者是在政府辅助下的市场化运作模式来建设我国的巨灾保险制度。

2. 实施方式

根据我国国情，巨灾保险的实施，应充分考虑灾种、对象、区域等的特点，分别制订不同的具体实施方案。

一是区分灾种。鉴于不同灾害产生机理、影响程度和范围等特征均不同，巨灾保险制度建立时应充分考虑地震、洪水、台风、干旱等灾害的规律和特征，同时充分考虑不同地区面临的灾害类型，分灾种地逐步建立巨灾保险制度。

以地震为例，地震灾害具有破坏性强、范围广、灾害持续时间短、不可预测等特点，一般在商业保险经营中往往将地震作为除外责任。当前地震风险保障需求很大，而依靠商业力量难以供给，国家巨灾保险制度应优先考虑涵盖地震。

二是区分对象。巨灾保险具有准公共性特征，在公共资源支持的情况下，应重点关注国计民生。“民生”应首先将居民的住宅作为重点。“国计”应当将农业生产作为重点，我国农业生产环境相对恶劣，自身抵御风险的能力相对弱，应当是我国巨灾保险制度关注的另一个重点。

我国的居民住宅可以分为城市居民住宅和农村农民住房，而由于农村农民的风险承受能力相对弱，应将农村农民住房作为巨灾保险制度建设优先考虑的对象。近年来，在一些地方政府的重视下，一些省份开展了全省农房保险统筹工作，如浙江、福建、广东等，并取得了较好的效果。在农村开展巨灾保险可以在这些成功实践的基础上进一步完善。

3. 资金来源

根据巨灾风险低频率、损失大的特点，资金来源应建立多元化筹资、长期良性滚动运作机制。

财政部发行特别国债投入前期启动资金。同时，财政补贴的农业保险中涉及地震巨灾的保障部分，作为附加险，这部分保费单独进入巨灾保险基金。

在民政资金支持的农房保险、公众责任险中，涉及地震巨灾保障的部分，作为附加险，这部分保费单独进入巨灾保险基金。

银保监会引导有实力的保险公司组成共保体，逐步积累资金加入其中，让商业力量参与进来，发挥市场机制作用。

巨灾保险基金广泛接受社会捐助，开展投资、滚动积累，并积极拓展国家允许的其他资金来源，提高其融资能力。

（二）组织构架及职能

建议成立巨灾保险基金理事会，作为我国巨灾保险制度建设的管理抓手、协调平台、对接机制。巨灾保险基金理事会由民政部、财政部、银保监会等单位成员组成，同时广泛吸纳商业保险公司、社会组织、投资者等成为理事会员。巨灾保险基金理事会的日常工作包括：制定基金管理运营的重大方针和战略；制订基金年度运作计划和中长期发展规划；制定风险管理制度；制定投资管理制度等；制定保险产品、赔付标准、基金筹集及使用、基本业务规则和程序等。

巨灾保险基金理事会的主要职能如下。

1. 确保国家灾害管理的系统性

我国灾害管理涉及众多部门，开展巨灾保险需要进行大量协调和组织工作。由巨灾保险基金理事会牵头，协调其他救灾、防灾、减灾部门，具体包括自然资源、水利、农业、林业、统计、地震、海洋、气象等管理部门。建立部门之间分工和职责机制。中央各部门在地震灾害管理方面的职能如表 6.4 所示。

表 6.4 中央各部门在地震灾害管理方面的职能

管理部门	管理内容	管理的对象	范围
全国人大社会建设委员会	立法	地震保险制度	法律
应急管理部	救灾救济	受灾群众	人文关怀
国家发改委	长期规划	减灾	国家发展
财政部	中央和地方支出	救灾款、补贴款	财政政策
银保监会	（再）保险定位	地震保险赔付	金融手段
住房和城乡建设部	抗震设防	建筑物	安居乐业
自然资源部	地壳浅层灾害的监测、防治	滑坡、泥石流、沉陷灾害	地壳浅层
中国地震局	地震监测预报、震害防御和灾害后救援	地震、火山灾害	地壳深层

2. 提高设防水平并有机互动

引导、鼓励和发展应对巨灾的工程性措施、非工程性措施。通过改良社会致灾因子、孕灾环境、承灾体，降低巨灾风险，促进巨灾保险良性发展。协调发改委、水利、住建、交通、民政、银保监会等部门，建立建设项目、基础设施、居民社区等设防水平与巨灾保险业务关联机制。其具体包括：根据设防水平，制定差异化费率，设定巨灾保险参加准入资格，制定相关民政救助救济政策及财政资金支持政策等。

3. 统筹公共资源（公共资金）管理

功能上，统筹财政补贴、民政救灾减灾资金、商业保险资金等，形成多元化的基金汇集渠道，建立更广泛的基金池。层次上，统筹中央、地方基金，形成自下而上、自上而下的基金管理机制。对接上，建立巨灾保险基金与资本市场、再保险市场的连接机制，形成风险共担机制。

4. 平衡调度公私产品供给

确立政府主导下的巨灾保险制度与商业开展的巨灾保险的关系，明晰相关界限和连接原则。巨灾保险制度应保障“广覆盖”、保障“最基本”，履行保障民生、支持防灾减灾的职能。商业供给的巨灾保险产品保障深层次、个性化需求。同时，商业巨灾保险可以在一定规模和范围内，向政府主导的巨灾保险基金进行再保险。

5. 协调灾害评估工作

协调公共资源和数据，以市场化方式，开展巨灾灾害评估，指导定价，保证客观性，减少行政干预。其具体包括建立气象、水文、经济损失等数据库，建立共建共享和使用机制。

6. 探索 PPP 的新举国体制

具体项目可以通过 PPP（public-private partnership，政府和社会资本合作）形式落地。巨灾保险制度中的承保、理赔、产品设计与开发、查勘等环节，可以通过政府购买服务的形式交给市场专业化公司来做。发挥商业保险公司的人员、网点、技术优势，降低业务成本、提高操作效率。传统的政府救灾减灾工作也可以外包给商业公司，如救援、物资发放、灾情预警、教育宣传等。政府投资的与防灾减灾密切相关的水利、交通等基础设施，引入保险资金。

（三）建设路线

第一步：建立城乡居民住宅地震保险制度（突破口）。

1. 地震保险基本体系

根据现实国情，巨灾保险制度建设的突破口可首先选择地震灾害，具体保险标的选择居民住宅，建立城乡居民住宅地震保险体系（图 6.12）。

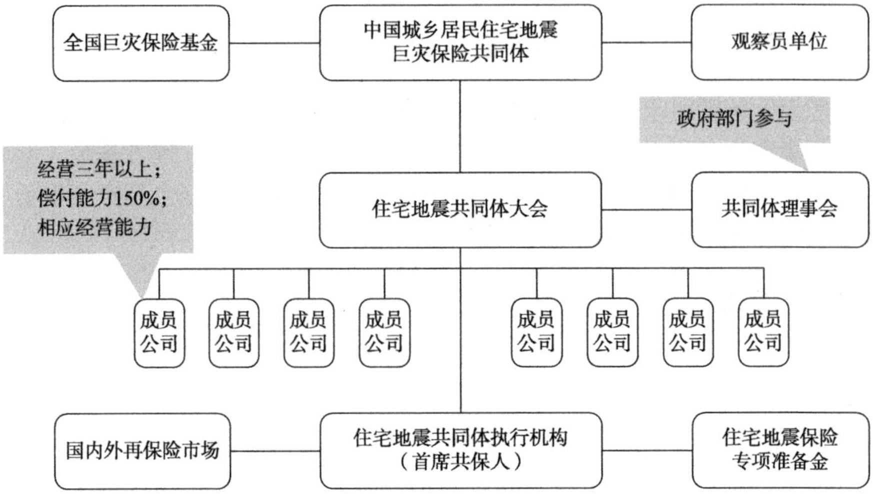

图 6.12 城乡居民住宅地震保险体系

城乡居民住宅地震保险制度作为巨灾保险基金运行初期最重要的分支，也是巨灾保险制度的“具体落地”。

相应地，设立机构和参与主体有：①中国城乡居民住宅地震巨灾保险共同体；②观察员单位；③住宅地震共同体大会（巨灾保险共同体的决策机构）；④共同体理事会（政府部门参与）；⑤成员公司（商业保险公司应具备条件：经营三年以上；偿付能力 150%；相应经营能力）；⑥住宅地震共同体执行机构（首席共保人）；⑦住宅地震保险专项准备金；⑧再保险市场（巨灾风险分担，促进市场整体巨灾风险的承保能力，降低保险公司的破产风险，增强巨灾保险业务经营的可持续）。

商业保险公司是巨灾保险体系的很重要组成部分，在巨灾保险基金理事会领导下开展产品开发和销售、开展承保和理赔业务、承担部分灾害风险、开展防灾减灾等。根据不同条件和情况，与政府建立委托—代理关系、监管—经营关系等。

建议尽快出台“地震巨灾保险条例”，从制度层面明确基本原则、指导思想、采取模式等核心问题，固化运行机制，明确角色和分工，保证长期、良性、可持续发展。

2. 地震保险具体实施

对于城市居民住宅，可以采用税收优惠的方式：一方面是鼓励保险公司提供地震巨灾保险产品；另一方面是引导居民投保地震巨灾保险。此外，可以借鉴“住房公共维修基金”的模式，在办理住房产权的过程中，要求居民购买地震巨灾保险；也可以从已经缴纳的住房公共维修基金中按照确定的比例，划拨到住宅地震保险基金账户，这样可以迅速达到一个基本的规模，形成一定保障能力。对于农村农民住房，考虑农民投保意识和支付能力相对弱的特点，建议沿用政策性农房保险模式，中央及各级财政给予农房保险一定比例补贴，建立广覆盖、低保额的风险保障体系。同时，根据不同地区经济发展和财政收入的具体情况，逐步提高对于农民住房的保障程度。

1）对于城市居民住宅

在城市居民住宅地震保险制度的实施过程中，面临的一个核心问题是基金的归集以及归集的效率。如果采用完全自愿和市场化的模式，则归集的成本过高，势必导致地震保险的定价相对较高，不利于地震保险制度的推广。因此，地震保险基金归集的基本思路可以参照和结合“住房公共维修基金”的模式。各省级人民政府根据本省的具体情况，通过颁布专门法规的方式，要求购买商品房的居民，均应按照商品房购房款的一定比例（1%~1.5%）缴纳“地震保险基金”。同时，相应地降低住房公共维修基金的缴纳标准，以确保基本不增加购房居民的经济负担。然后，根据当地地震风险的实际暴露情况，结合确定的赔偿比例（30%~50%），向居民提供一定期限（5~10 年）的住宅地震保险保障。

在实施的过程中，还可以采用“新房新办法，老房老办法”的衔接方案，即按照相关规定，对于方案启动前已经购买商品房的居民，可以从其已经缴交的住房公共维修基金中按照确定的比例，直接划拨到住宅地震保险基金账户。这样既能够保证居民住宅地震保险的快速、全面的推广，确保覆盖面；又能够确保基金能够迅速达到一个基本的规模，形成一定的保障能力。

在这个基金的基础上，“全国地震保险基金”应采用“横纵结合”的分层技术，确保稳定经营，扩大保障能力。从方式上看，可以采用共保、再保的模式；再保可以采用比例，或者非比例的模式；可以采用传统的，也可以采用非传统的模式；可以采用保险的模式，也可以采用金融创新的模式。从承担主体上看，可以是保险市场上的保险公司和再保险公司，也可以是资本市场上的其他金融机构和主体，还可以是政府财政机构；可以是国内的主体，也可以是国外的主体。此外，为了应对特大地震情况下可能出现的偿付能力不足的问题，政府每年应当通过预算的方式，安排一定的财政资金，支持发行“住宅地震保险债券”，以形成一个常态的应急资本储备。同时，国家还可以授权“全国地震保险基金”在特殊时期，根据需要发行“特别住宅地震保险债券”，以解决特别情况下的赔偿资金不足问题。

从压力测试的角度看，以汶川地震为例，据统计，城市居民住宅倒塌或损毁的面积大约为 2 650 万平方米，如按照 1 000 元/米^{2}的重建费用计算，若投保率为 50%，则地震保险赔付额度为 133 亿元；若投保率为 100%，则地震保险赔付额度为 265 亿元。

如果地震保险基金采用“住房公共维修基金”的模式，根据相关资料，目前全国范围积累的住房公共维修基金规模已经超过 1 000 亿元，按照 50%划拨，则可以一次性形成 500 亿元的规模。此外，2007 年我国的商品房销售额为 30 000 亿元，如果按照 1%~1.5%缴纳，每年可以归集的资金为 300 亿~450 亿元。以 2007 年的商品房销售额为基数，在住宅地震保险制度启动的第一年，全国地震保险基金规模就可以达到 800 亿~1 000 亿元，即在发生 2008 年汶川地震时，“全国地震保险基金”的规模可以基本应对地震中城市居民住宅的保险赔付。

2）对于农村农民住房

我国农村农民住房地震保险制度的实施，应当以近年来各地开展的政策性农民住房保险为基础，并在此基础上进行完善和推广。从总体上看，尽管近年来我国农民收入有了很大的提高，但大多数地区，特别是地震风险高发地区的农民收入水平依然较低，所以，农村农民住房地震保险制度建设的基本思路是政府组织推动，财政资金补助，保险公司商业运作，迅速建立起低保额、广覆盖的农村农民住房地震风险保障体系。目前，我国已经开展农村农民住房统保的地区，保险责任大多未覆盖地震风险，因此，可以在既有的农村农民住房保险中增加地震风险保障，可以作为附加险，并适当调整保费，形成一种综合型的巨灾保险保障。而对于尚未开展农村农民住房保险，且地震风险暴露较为严重的地区，可以借鉴农房统保的方式，开展单一的农村农民住房地震保险。

在具体操作中，应充分借鉴各地推进政策性农民住房保险的具体做法，其中，“福建模式”和“浙江模式”最为典型。“福建模式”的特点是财政全额出资、全辖统保。在运作过程中，福建省民政厅与中国人民财产保险股份有限公司签订农房统保协议，政府全额出资投保政策性农民住房保险，年保费 5 000 万元（试点初期为 3 500 万元），其中省级政府和市县政府各承担 50%。“浙江模式”的特点是财政部分出资、农户自愿参保。在运作过程中，浙江省政府下发通知，要求在全省开展政策性农民住房保险工作，并对总体要求、实施办法、政策措施等做出具体规定。在保费支付上采取省、市政府和农户共同出资方式，财政支付大部分保费，农户保费支出不超过总保费的三分之一。

在农村农民住房地震保险制度建设过程中，应通过多种方式建立完善偿付能力的保障机制。在汶川地震中，超过 150 多万户房屋倒塌，如果统保农民住房地震保险，按每户保险金额 5 000 元计算，农民住房地震保险将面临超过 75 亿元的赔付，如考虑大量未倒塌，但必须拆除的损毁房屋，则赔付金额可能达到数百亿元。因此，可以考虑的解决办法：一是低保障，即提供的保险保障额度不宜过高，特别是在开办的初期。二是广覆盖，即通过各种方式，包括财政补贴、行政手段、税收优惠等，迅速形成较广的覆盖面，确保风险的有效分散。三是发行地震巨灾债券、地震彩票等，扩大地震风险分散能力。同时，一旦发生特大地震灾害，还可以进行紧急融资等。

第二步：全面推进多灾种、多标的巨灾保险制度建设。

在灾害种类方面，巨灾保险第一步主要保障地震灾害，未来视情况探索洪水等其他巨灾保障，成立洪水基金等。美国已有国家洪水计划，我国也可以适时推出。

在保障对象方面，巨灾保险第一步主要以居民住宅为标的，未来可扩展到企业财产、人身安全、车辆等（图 6.13）。

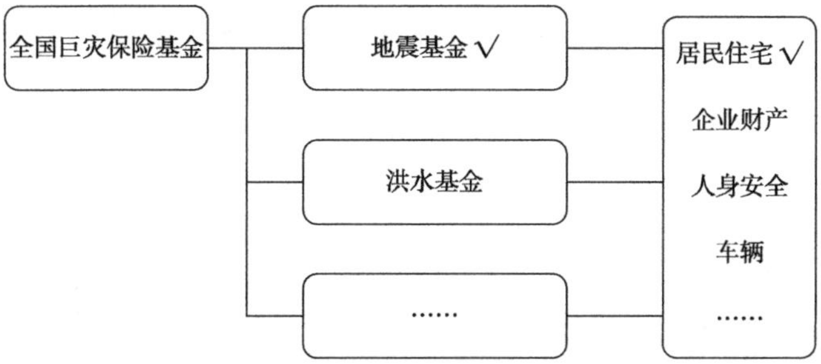

图 6.13　巨灾保险制度全面建设：扩展灾害种类和保障对象

第三步：巨灾保险制度全面纳入国家防灾减灾体系。

随着巨灾保险制度日益完善成熟，将巨灾保险制度全面纳入国家防灾减灾体系。一是提高通过巨灾保险形式开展灾后补偿的范围和规模，提升比例。二是不局限于巨灾保险的经济补偿功能，全面发挥社会管理职能。作为国家防灾减灾体系的重要组成，发挥灾前改良社会孕灾环境、减少致灾因子、提高承灾体抵御能力的作用，灾后协助民政部门开展救灾减灾。同时，保险深入参与防灾减灾基础设施工程建设和投资、灾害风险管理、社会监督、社区教育、减灾科技等领域。巨灾保险全面系统进入国家综合防灾减灾规划、国家顶层设计、各级政府防灾减灾工作中（图 6.14）。

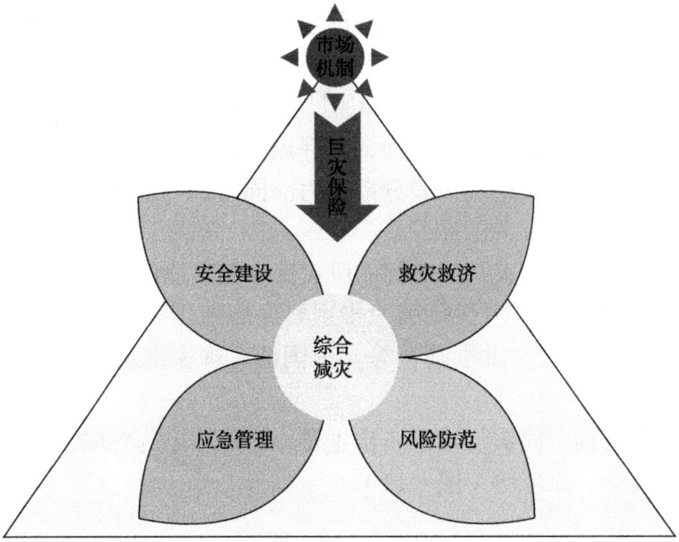

图 6.14 巨灾保险全面纳入国家防灾减灾体系

第七章　科技与公共安全管理

第一节　科技与公共安全管理的相互关系

科技与管理是协调统一的。管理是人类走向文明的伴生物，管理实践和人类社会发展历史一样悠久。作为人的活动体现，管理的历史可以追溯到人的原始诞生。原始管理和现代管理的本质区别在于管理的自发性和自主性。原始管理本质上可以归结为人无意识的自发行为，而现代管理则可归结为人有意识的自主行为。从实践层面看，只要有管理活动的存在，就伴随着管理方式变革的发生。而科学技术最终必然要落实在生产关系经营等人类各方面的活动中来，在人们的实践中形成生产力，这就必然要求有管理的参与和协调，以保障生产经营等各方面的实践活动科学合理有效。所以二者是统一于人类的实践活动之中的。

科技与管理是相互促进的。科技发展越快，说明管理越合理进步，而管理的进步又促进科技的不断发展。经济发展和社会和谐要依靠科学技术，将科学技术成果应用于经济社会，为此就必须运用科学方法和利用科技手段进行管理；促使科学技术创新，促进生产力不断提高有效管理手段。二者是在实践中相互促进，共同为人类的发展做出贡献。

科技在推动公共安全管理中十分重要。从古代到现在，科学技术作为工具，一直在理论与实践中推动和促进公共安全管理的发展。《韩非子·五蠹》中记载："上古之世，人民少而禽兽众，人民不胜禽兽虫蛇。有圣人作，构木为巢，以避群害，而民悦之，使王天下，号曰有巢氏。"可以看出，从原始社会，人类就已经认识到科学技术的重要性，能够利用相关的工具进行自我防护，提高生存能力，在该过程中，可以发现科学技术在原始社会就已经起到了很大的作用，而今科学技术在公共安全管理方面的作用更为凸显。在各种事故灾害过程中，科学技术往往决定了事故的救援程度和损失程度。在我国重大自然灾害发生时，如汶川地震、玉树地震和雅安地震，科学技术在救灾过程中一直发挥着重要作用，物联网、无人机监测、信息系统绘制等相关高科技技术的投入应用，减少了灾害造成的重大经济损失。

有效、良好的公共安全管理也对科技有着重要的促进作用。公共安全管理在于营造一个和谐、高效的经济社会运行环境和发展空间，各项科技进步和成果产出能够在此繁荣孕育。

科学技术的快速发展为公共安全管理提供了技术和相关工具的支撑和帮助，有助于减少重大安全事件造成的损失，实现了社会的紧急救援；科技创新使公共安全管理服务水平有较大提高，能够在服务理念、服务模式和服务工具方面有所创新。然而科学技术并不是万能的，虽然科学技术为公共安全管理提供了良好的技术服务平台和支撑，但是也同样给安全管理带来了一些风险挑战。此外，科学技术在公共安全管理中得到了广泛的应用，然而现阶段由于公共安全管理还存在诸多不确定性因素，如果公共安全管理对科技尤其是高技术手段产生了强烈的依赖性，其脆弱性也就随之而来，一旦某种技术手段失效或失灵，甚至出现负面作用的时候，公共安全管理的不可持续性和难以恢复性就会显现，可能带来一系列的连锁反应。

从公共安全管理领域的消费群体看，政府、企业、公众是公共安全管理中科技应用的投入主体。政府需要购买公共安全应用产品来服务于公共安全的不同领域。企业作为经济主体，需要购买服务于企业安全生产的公共安全相关的技术发明和应用产品。公众作为公共安全的群体基础，也是公共安全领域基本科技消费的主体。从发达国家的发展情况看，一些公共安全领域的科技发明技术和应用产品成为家庭或个人安全必需的装备，如一些救生装备、环保装备、卫生安全装备等。公共安全的相关产业发展成熟后，还能够增加财政收入，促进 GDP 的增长。

公共安全领域的科技和应用不同于一般领域，它以服务于整个社会为己任，包括公共部门和私人部门（私有企业和公众）。它的价值取向集中体现为公共性和安全性。那谁应该是公共安全科技的投入主体呢？从公共安全领域的科技发展过程看，显然，政府作为服务于公共事务和社会安全事务的部门，应成为公共安全领域科技基础研究的投入主体。但是，公共安全科技不应完全由政府一方投入，相关科技成果转化显然需要由企业来承担，因此企业需要增加对相关科技转化的投入。但是公共安全领域的科技具有公共产品的属性，这就导致相关企业的投入成本具有一定的高风险性。

企业倾向于不同利益的选择，将在不同群体之间产生利益冲突，这种利益冲突也体现在公共安全领域的科技研发问题上。如果企业将企业个体的利益放在第一位，忽视公众、相关行业的利益，必然出现这样的境遇，即对公共安全领域科技的研发投入和消费投入不足，甚至漠视公共安全科技。政府和企业作为研发过程和消费过程的投入主体，必然存在投入矛盾。这种矛盾的存在进一步加大了公共安全领域的科技的投入风险。总之，由于公共安全领域科技具有的公共性、研发和消费投入的双重性，公共安全科技的投入存在很大的风险。

新的科学技术带给我们生产生活方便的同时，也给公共安全管理带来挑战，由于技术上的缺陷，一旦发生事故，教训也是惨痛的。当我们认识到人类对安全的需求正随着社会和科技的进步日趋提高的时候，也注意到了另一个方面，那就是随着文明进步和科技发展，人类社会面临的危险因素正在日益增加，人类社会变得愈加脆弱。让我们试着想象一下，当人类还处于原始社会的时候，可会有危险化学品事故？科技在带给我们越来越多的便捷和舒适的同时，也伴生了越来越多和越来越强的风险。

科技进步在带给我们更加便捷和舒适的生活的同时，也带来了更多的潜在危险，这在一定程度上促进了安全科技的发展。机械化大生产的速度、能量的提高使作业工人面临更大危险，各种安全技术应运而生；各种危险化学品和物质在现代化生产中的大量使用，剧毒、强辐射、高传染性等作业场所增多，各种人体防护技术迅速发展；交通方式的革新使流通效率大大提高，世界成为“地球村”；社会接触网络发生翻天覆地的变化，流行性传染病的传播速度和范围急剧扩大，防控手段已经成为世界性的关注点；信息技术的发展使信息沟通与传递方式发生了前所未有的变化，信息交流量和信息传递效率猛增，真实与谎言常常携手而行，公众心理和情绪与社会秩序的稳定之间从未像今天这样联系得如此紧密。科技的进步在给人类的生活带来极大舒适和便利的同时，也给我们的安全保障提出了新的问题。

第一，由于公共安全领域问题处于动态之中，而公共安全领域科技发展往往滞后于相关的公共安全领域问题的出现，表现为发展的滞后性，因此公共安全领域科技本身发展的滞后性使公共安全领域问题的解决处于两难境地，“我们有足够的信息认为这是一个问题，但没有足够的信息通知决策者如何对待它”。

第二，由于公共安全领域问题发生的不确定性，公共安全领域科技无法进行成本与效益的评估。这样就使公共管理部门和企业难以判断现有公共安全领域科技是否是必要的或足够的。

第三，科技发展，尤其是新兴技术的出现，本身其风险难以判断，或带来的风险挑战需要社会层面的接受和适应，并与服务和管理相融合。例如，大数据使用的普及必然会涉及侵犯隐私的问题，给公众带来一定程度的不安。由于对大数据的安全控制力度不够，可能造成各种数据泄露，给公众带来隐患，同时随着攻击技术的不断提高，大数据本身可能成为一个可被持续攻击的载体，隐藏其中的恶意软件和病毒代码很难被发现。

公共管理部门、企业、公众在认知方面存在的问题影响了公共安全领域科技的发展水平。公共安全领域科技都应用于公共领域，与公众日常生活紧密相关。因此，企业和公众形成一种认识，即公共安全领域科技是政府的事情。然而随着公共安全领域科技范畴的不断扩大，公共安全领域科技需要企业和公众的参与。可是由于传统认知存在的误区，公共安全领域科技发展陷入困境。根据系统非优理论，要通过公共安全科技水平的提高，逐步建立安全与不安全的边界，通过预测判断出公共安全在怎样的时空状态下达到不安全的临界点，采用怎样的预警预防手段控制和减少不安全事件的发生。在不同的经济、科技和管理水平的前提下，会形成与之相适应的正常运行保障系统模式、预警系统模式、处置系统模式和恢复系统模式。另外，我国的公共安全领域科技在管理、制度建设等方面存在一些问题，表现为公共安全领域科技的研发和管理部门众多，各部门对公共安全的认知程度不同而无法协同；公共安全领域科技发展领域广泛，但缺乏统一、协调的创新体系；研究基础薄弱，人才缺乏系统整合；缺乏相关的政策、法律、法规支撑。

（一）科技革命视角下的科技进步对公共安全管理的影响分析

科学技术是经济社会发展中最活跃、最具革命性的因素，是推动社会发展进步的决定性力量，为人类文明提供了丰富的信息。科技革命对人类历史影响深远，每次科技革命都使人类生产方式、生活方式发生巨大改变，也使全球竞争格局出现变化。

文献调研发现，科技革命是一个科技史学或者说科技哲学概念，迄今没有公认的判断标准。一般认为，科技革命是 16 世纪以来的一种历史现象。科学技术是人类文明发展中最活跃、最具革命性的因素，每一次重大的突破都极大地促进了人类文明的进步。科技进步包括一般性的科技进步（技术改良或革新）和革命性的科技进步（科技革命）。这里所说的革命性的科技进步就是科技革命。一般地讲，科技革命是科学革命和技术革命的合称。科学革命是指人们认识客观世界的质的飞跃，它表现为新的科学理论体系的诞生；技术革命是指人类改造客观世界的新飞跃，它表现为生产工具和工艺过程方面的重大变革。

关于近代以来科技革命究竟发生过几次，以及各次科技革命之间的界限，学术界尚有不同的观点。归结起来，有代表性的说法主要有三种，即三次说、四次说及五次说（舒炜光，1985）。三次说和四次说未将科学革命和技术革命分开论述，因此笔者采纳五次说的观点，将科学革命和技术革命区别开，认为 16 世纪以来的科学革命有两次，它们显著改变了人类的思想观念和生活观念；技术革命有三次，它们显著改变了人类的生活方式和生产方式。其诞生的大致时间和主要内容如表 7.1 所示。

表 7.1　16 世纪以来的历次科技革命

科技革命	大致时间	主要内容
第一次	16~17 世纪（扩展影响到 19 世纪）	宇宙新发现、地理大发现、建筑技术
第二次	17~18 世纪的中后期	近代物理学、蒸汽机和机械革命
第三次	19 世纪的中后期	电力和运输革命
第四次	19 世纪末到 20 世纪上半叶	相对论、量子论、核能利用和电子学等
第五次	20 世纪中期 20 世纪的中后期	电子信息技术、生物工程技术、空间技术、海洋技术、新材料和新能源技术

历次科技革命极大地提高了生产力，科学技术成为推动经济发展和社会进步的主要推动力。虽然科技革命带来了新工具和新方法，有助于社会整体福利水平的提高，使得公共安全管理能力得以增强，但其给公共安全带来了新问题和新挑战。

1. 第一次和第二次科学革命的发展及影响

第一次和第二次科学革命的主要内容是开启“地理大发现”的新时代，把欧洲推向了以航海产业为代表的新时期，拉开了“大国崛起”的序幕。哥白尼的《天体运行论》打破了人们对于感官直觉的无限信赖，伽利略的开创性研究促使经验科学走向实验科学，牛顿通过《自然哲学的数学原理》揭示了物体运动规律与天体运动规律，建立了近代物理学的理论体系和实验研究方法。达尔文的生物进化论科学解释了物种起源与演化规律，拓展了对竞争与发展的认识，是现代自然科学、实验科学体系产生和发展的开端。

这两次革命完成了以机器取代人力、以工厂化生产取代个体作坊手工生产的生产与科技革命。这场革命是以工作机的诞生为开端、以蒸汽机作为动力机被广泛使用为标志的。从生产技术方面来说，工业革命使工厂代替了手工工场，用机器代替了手工劳动；从社会关系来说，工业革命使依附于落后生产方式的自耕农阶级消失了，工业资产阶级和工业无产阶级形成和壮大起来。人类社会从农业文明转向工业文明。以蒸汽机作为媒介，相关动力机械工具不断发展，减少了人在生产方面面对自然的安全风险，但同时也带来了众多公共安全管理问题及隐患。

在大航海时代，人类面对复杂的海洋环境，不断提升对航行安全的要求，尤其是对航行过程中天气、海面、船舶等各方面的数据收集和分析，以及航运过程中的作业管理。传统的作坊、工场等手工业劳动逐渐为大规模的机器生产所代替，机器使生产率大大提高。但工人们在极其恶劣的环境下，每天劳动 10 小时以上，工人健康受到严重摧残，伤亡事故接连发生。

19 世纪初，英国、法国、比利时等国相继颁布了安全法令，如 1802 年英国通过的纺织厂和其他工厂学徒健康风险保护法，1810 年比利时制定的矿场检查法案及公众危害防止法案等。同时，事故造成的巨大经济损失及在事故诉讼中所支付的巨额费用，也使资本家出于自身利益，被迫地要考虑和关注安全问题，如在机器上安装防护装置，研究防止事故和职业危害的方法等，在一定程度上促进了安全技术和安全管理的发展。

2. 第三次技术革命的发展及影响

第三次技术革命革新了人类对宏观、微观世界的认识体系，使得科学更紧密地同生产力发展联系在一起，开启了人类社会新一轮现代化进程。它揭示了微观物理世界的基本规律，阐释了时间、空间、物质、能量之间的内在联系，提出了崭新的时空观，革新了宏观世界认识体系。它展现了科学对生产力发展的巨大推动作用，发达国家抓住这次科技革命的机遇率先步入知识经济时代，开启了人类社会新一轮的现代化进程。科学技术突飞猛进，各种新技术、新发明层出不穷，并被迅速应用于工业生产，大大促进了经济的发展。科学技术的突出发展主要表现在三个方面，即电力的广泛应用、内燃机和新交通工具的创制、新通信手段的发明。在第三次技术革命期间，自然科学的新发展，开始同工业生产紧密地结合起来，科学在推动生产力发展方面发挥了更为重要的作用，它与技术的结合使第三次技术革命取得了巨大的成果。第三次技术革命几乎同时发生在几个先进的资本主义国家，新的技术和发明超出了一国的范围，其规模更加广泛，发展也比较迅速。

科技革命带来了工业的巨大变革，然而在这个过程中，由于高科技技术的成熟度不高和安全健康方面的忽视，公共安全问题频发。

1841 年 10 月 5 日，发生在美国马萨诸塞州至纽约西部铁路的两列火车迎头相撞事故，造成 20 人死亡，在马萨诸塞议会推动下，铁路管理实行了改革，第一次使企业所有权和安全监管权分离，为管理学的发展开辟了道路。

由于燃煤需求加大，美国于 1898 年建立了匹兹堡采矿与安全研究所。1910 年为减少煤矿事故成立了煤矿管理局。

由于化工企业增多，1880 年开始美国陆续出现有关职业病的刊物，共 200 多种。1913 年美国成立了劳工部和全国工业安全委员会（不久改为全国安全委员会）。1915 年成立了美国安全工程师协会等。

世界各国在工业化进程当中，也无一例外地都经历了事故的高发期阶段。安全生产普遍经历了事故快速上升的自然本能期、事故高发的法制监督期、事故缓慢下降的自我管理期和形势相对稳定的团队文化期四个阶段。当实现基本工业化之后，安全事故就会频发，这是最艰难的一个时期。这个时期重要的特点是重大事故频发。之后事故数量开始下降，进入拐点，之后逐渐下降。下降的动力来源于什么？就是工业化的进步和公共安全管理职能的强化。死亡人数越来越少，最后进入安全稳定时期。

3. 第四次和第五次技术革命的发展及影响

第四次技术革命即电子技术革命，持续时间比较短（1946~1970 年），第五次技术革命即信息技术革命，持续时间则比较长（1970~2020 年）。信息技术、数字网络的广泛应用，极大地改变了人类的生产方式和生活方式，加速了全球化的进程。随着航天技术、信息产业的快速发展，后工业时代国家竞争的焦点和方式发生了极大转变，新的全球竞争格局正在形成。

这个阶段是人类文明史上继蒸汽技术革命和电力技术革命之后科技领域里的又一次重大飞跃。它以原子能、电子计算机、空间技术和生物工程的发明和应用为主要标志，是一场涉及信息技术、新能源技术、新材料技术、生物技术、空间技术和海洋技术等诸多领域的信息控制技术革命。这次科技革命不仅极大地推动了人类经济、政治、文化领域的变革，而且也影响了人类的生活方式和思维方式，使人类社会生活和人的现代化向更高境界发展。第五次技术革命使人类由工业社会进入信息社会，开始进入“知识经济时代”。

与之相适应的就是管理学的变革。现代企业管理、公共管理等理论和实践日益兴起，在公共安全领域则是引入了复杂系统安全管理的思维。科学技术进步的一个显著特征是设备、工艺和产品越来越复杂。这些复杂巨系统往往由数以千、万计的元件、部件组成，元件、部件之间以非常复杂的关系相连接；在它们被研制和被利用的过程中常常涉及高能量。系统中的微小的差错就可能引起大量的能量释放，导致灾难性的事故。1984 年 12 月 3 日，美国联合碳化物公司在印度博帕尔市的农药厂发生毒气泄漏事故，导致 2 500 多人丧生，20 万人受到不同程度的伤害。1986 年 1 月 28 日上午挑战者号航天飞机升空后解体，机上 7 名宇航员全部罹难。1986 年 4 月 26 日，苏联基辅的切尔诺贝利核电站第 4 号反应堆爆炸起火，大量放射性物质外溢，造成 7 人死亡，35 人重伤，229 人受到严重的核辐射，核辐射导致的后果一直持续数年时间。这些复杂巨系统的安全性问题受到了人们的关注。

在开发研制、使用和维护这些复杂巨系统的过程中，逐渐萌发了系统安全管理的基本思想。从系统的角度来看公共安全，对于一个系统，如果是处于稳定的、可控状态，能发挥正常的功能，不对人、财产及环境造成伤害，则系统是安全的，反之是不安全的。

随着网络信息传播规模的扩大和速度的不断提高，个人和少数团体的行为可以在短时间内以低成本、灵活机动和非常规的方式引发社会动乱或损坏公共基础信息设施，甚至组织恐怖袭击，对社会造成冲击性甚至灾难性的影响。

信息安全已经成为社会公共安全的重大难题。英国《卫报》和美国《华盛顿邮报》2013 年 6 月 6 日报道，美国国家安全局（National Security Agency，NSA）和联邦调查局（Federal Bureau of Investigation，FBI）于 2007 年启动了一个代号为“棱镜”的秘密监控项目，直接进入美国网际网路公司的中心服务器里挖掘数据、收集情报，包括微软、雅虎、谷歌、苹果等在内的九家国际网络巨头皆参与其中。

对此，德国社会学家贝克在 1986 年就预言：“后工业化的时代，人类正在步入一个风险社会。”随着经济全球一体化，人类关注地球村，风险与治理时代已经来临。公共安全管理也随着科技的日益变革，与风险管理密切结合，尤其是 2009 年风险管理国际标准 ISO 31000 的颁布，为各个组织的管理包括公共安全管理提供了统一标准。

总之，从历史早期的灾荒饥馑、瘟疫兵祸，到近代工业革命后的技术事故、环境灾难，再到现代全球化背景下的金融危机、恐怖袭击，公共安全事件的种类和形态随着科技的发展而日趋多样。随着全球化、现代化的日益泛化和深化及生态环境的恶化与自然界本身活动的周期性变化，不仅潜在的风险在不断增加，而且由各种风险转化、引发的影响公共安全的突发性事件也频繁发生，给公共安全管理带来了诸多挑战，也为公共安全管理提供了更多手段。

（二）公共安全管理水平提升对科技进步的影响分析

公共安全问题涉及社会各个领域，是国家和社会可持续发展的前提和基础。因此，公共安全问题是每个人、每个单位、每个行业、每个国家乃至于整个世界都不容忽视的大问题。科学技术的快速发展，一方面给国家公共安全带来了挑战，另一方面也为管理体系的建设提供了良好的发展契机。公共安全管理相关政策制定、实施及实际运行过程，成为推动科技进步不可或缺的重要组成部分。

受科技现有水平的限制，一些公共安全风险还无法通过现有设备检测、监控并控制，但是其威胁是现实存在的，即存在公共安全科技供应不足的问题。这个问题也为科技发展提供了方向。政府对公共安全提出迫切需求。需要研究如何把政府的语言变成科学研究的语言，把政府需求和科学研究结合起来。先进的科技不是一朝一夕能够达到的，需要长期积累，甚至需要经过几代人的创新发展，才能推动科技进步并使科技成果转化成为可以使用的成熟科技产品，这需要良好的社会环境和经济支撑。这些先进技术和产品研发过程的关键环节、制约因素、重要节点如果能得到妥善解决，反过来能够极大地节约公共安全管理的时间和成本，有效提升公共安全管理的效能。

我们所能做的仍在于努力探索管理的科学化，提高预防突发事件的水平和应急处置能力，以尽可能地减少发展进程中的突发事件概率，以及当突发事件来临时，努力减轻其危害，使之不至于向“黑天鹅事件”转化，并力所能及地为未来的发展提供借鉴和准备。

另外，科技发展改善了公共安全管理方式，也存在一定的局限性。公共安全管理水平的提升，也应当避免对高科技的过度依赖，发挥从业人员的主观能动性，加强对从业人员安全教育培训，减少由于疏忽和人为操作错误等引发的公共安全事故，或外部风险下的后果扩大。由于信息网络技术具有匿名性、超越时空性和即时性，其广泛运用使得全球的经济社会生活紧密连成一体，人们的多样化诉求基本都可以借此得以满足，但是信息网络技术的快速发展也隐含着巨大的安全风险，网络黑客的大量存在，有可能导致个人、组织乃至国家重要情报信息被窃取和泄露，棱镜丑闻就充分显示了信息安全风险的严重性。

政府公共安全管理，还包括在公共安全科技发展中承担领导和服务的职能。一方面，公共安全科技的基础研究需要政府投入；另一方面，公共安全科技管理体系的运作需要政府管理。公共安全科技支撑由政府管理部门、研发机构、企业和公众参与，以解决包括自然灾害、事故灾难、公共卫生和社会安全等公共安全问题为目的。由于参与主体的多层次性、服务对象的多元性，公共安全科技呈现出不同类型的风险。公共安全管理的目的就是将公共安全系统控制在与社会和经济发展目标相适应的区间里。2018 年，根据《国务院机构改革方案》，国务院组建了应急管理部，整合和统一了 13 个部门和单位，对于加强、优化、统筹国家应急能力，构建一个统一指挥、权责一致、权威高效的国家应急体系具有非常重要的作用。应急管理部的职责主要集中于自然灾害和事故灾难这两大类突发事件，在应对过程中侧重做好应急准备、监测与预警、处置与救援。但是，在公共卫生事件、社会安全事件和各类突发事件应对的全过程中，仍然有协同配合的任务，在做好预防和构建全方位、立体化的公共安全网中有许多工作，任重而道远。正像习近平总书记针对“优化、协同、高效”这 6 个字所指出的：“优化就是要科学合理、权责一致，协同就是要有统有分、有主有次，高效就是要履职到位、流程通畅。”[①]这 6 个字讲得非常深刻，是这次改革的着力点。

有效的公共安全管理还要搭建科学与公众的沟通平台，使科技更快、更好地为公众安全服务，提升公众的科学意识，通过沟通政府的语言变成科学研究的语言，再转化为公众能够理解的语言，把政府需求、公众认知和科学研究结合起来。公共安全领域的科学研究与技术创新，应该是短期内满足当前政治和经济的需求和要求，中长期做好这个领域科学预见、科学方法方面的研究，并不断保持和寻找这个领域的基本创新要素。

---

① 中共中央关于深化党和国家机构改革的决定. http://www.gov.cn/zhengce/2018-03/04/content_5270704.htm，2018-03-04.

第二节 科技对公共安全管理的作用分析

随着科技对经济发展和社会进步的推动作用越来越突出，国家将创新提高到前所未有的高度。党的十八大明确提出“科技创新是提高社会生产力和综合国力的战略支撑，必须摆在国家发展全局的核心位置”①。强调坚持走中国特色自主创新道路、实施创新驱动发展战略，明确提出要建立以企业为主体、以市场为导向、产学研结合的创新体系，让企业成为创新主体。到2020年，基本形成适应创新驱动发展要求的制度环境和政策法律体系，为进入创新型国家行列提供有力保障。创新驱动发展战略的实施有助于推动科技在产业上的市场化应用，为公共安全管理提供技术支撑和理论方法支撑。本节通过对方法、工具到整个创新体系等不同层次科技创新驱动发展的介绍，以期为公共安全管理的作用机理提供借鉴和研究。

一、科学思维和方法对公共安全管理的作用

“观乎天文以察时变，观乎人文以化成天下。”其实古时候的人们就已经懂得利用科学的思维和方法考虑和处置公共安全问题。但是，由于认识的局限，各种宗教思维仍然在很长时间占据主要位置，占卜、祭祀、求神等方法成为应对天灾、瘟疫、人祸时不得已的选择。例如，从远古的部落到近代的王朝，隆重的祭祀典礼往往是公共安全管理的重要手段。

科学思维和方法还是近几百年才不断形成体系，当今人们耳熟能详的“科学”概念指的是近代自然科学。它在本质上包括两个部分：一是自然科学各学科取得的具体成就；二是统御自然科学各学科的思维方式，即理解和认识自然事物的法则。爱因斯坦说，西方近代科学的发展是以两个伟大成就为基础的：一是以欧几里得几何学为代表的希腊哲学家发明的形式逻辑体系；二是文艺复兴时期证实的通过系统的实验有可能找出因果关系的重要结论。可以说，理性逻辑原则和实验原则是近代科学思维方式的最基本的特点，对科学研究而言，这两个特点就像两翼对于飞鸟一样不可或缺。

基于风险的科学思维对于公共安全管理水平的提升有着重要作用。“风险”一词源于西班牙的航海术语，本意指冒险和危险。风险管理成为一门独立学科的时间并不长，但其发展却相当迅速，最初源自企业等私营部门，后来风险管理的触

---

① 胡锦涛. 坚定不移沿着中国特色社会主义道路前进 为全面建成小康社会而奋斗——在中国共产党第十八次全国代表大会上的报告. 人民日报，2012-11-18（01）.

角延伸到公共部门，目前几乎扩展到所有领域。1986 年，德国社会学家贝克在《风险社会》一书中提出风险社会理论，阐述后工业社会特征。苏联切尔诺贝利核泄漏事件、英国疯牛病、美国的“9・11”事件等，一再地证实“风险”代替了“危险”成为时代的重要特征。

2009 年颁布的 ISO 31000 中将风险定义为不确定性对目标的影响。风险管理是一个组织对风险的指挥和控制的一系列协调活动。风险管理作为基于风险科学的政策与社会行为，成为当前世界各国政府普遍关注的共同问题。风险管理的对象是风险，其主要特性是对不确定性和可能性的管理。因此要实现公共安全管理活动的向前延伸，就需要实现从更基础的层面对能带来损失的不确定性进行超前预防与处置，从而实现应急管理工作真正意义上的“关口前移”。具体而言，基于风险思维的公共安全管理是通过识别和分析风险发生的可能性及其后果，并结合政治、社会、经济等环境因素进行综合考虑，评估风险级别并对风险处置的优先顺序进行排序，从而决定要采取的风险控制措施；其主要任务就是采取合适的行动，以降低和转化致灾因子可能带来的影响。

突发公共事件的根源在于风险，有效的风险管理能够帮助实现使用少量钱预防，而不是花大量钱治疗的目的。目前的公共安全管理中对风险管理的重视程度还不够，必须做到关口的再前移，即从当前侧重对突发公共事件的管理到对事件和风险并重的管理，在此基础上实现应急管理工作从事后被动型到事前主导型的积极转变。从而实现将常态管理与非常态管理充分结合起来，将风险管理工作渗透到城市常态管理（规划、建设、发展等）各个环节，标本兼治，最大限度地避免和减少风险源与突发公共事件的发生。全面、积极、主动地从更基础的层面推进应急管理工作，建立更积极主动的公共安全管理理念，全面推进制度、文化、规划等各层面的综合配套改革。注重加强政府与社会各个方面学术研究与实际应用之间的风险沟通，通过各种形式向社会进行宣传教育，加强改善公众对风险的认知，提高社会各方面的风险管理能力，逐步建立适应“风险社会”的风险文化。

北京市在风险评估和管理方面开展了很多工作。为了保障奥运安全，北京市共评估出奥运期间可能出现的 32 类、250 项风险和 94 个重点地区的风险，涉及自然灾害、事故灾难、公共卫生事件和社会安全事件四大领域。市应急办牵头制定了风险控制与应急准备工作方案，通过两轮风险动态管理，建立风险评估与控制信息管理系统，全市共消除风险 49 项，降低风险 93 项，2 204 个风险源（点）中，消除 611 个，有效控制 948 个。对各种风险，均强化安全隐患整改和风险控制，落实了 1 000 余项工程、技术和特殊管理措施。对一些特殊风险全程追踪、全力化解。此项工作得到了国务院应急办及有关专家的一致肯定，认为是一次理论创新和实践创新，对保障奥运会、残奥会的安全举办具有积极作用，为建立健全北京城市风险管理长效机制奠定了良好基础，对国内大城市风险管理具有示范意义。但是，北京市的风险管理工作也往往只针对单一灾种进行风险分析。由于突发事件的链式效应，一个突发事件可能衍生、次生出其他事件，或者与其他事件结合，形成一条复杂的事件链。例如，台风灾害链（台风暴雨—洪水—传染病社会安全事件）、地震灾害链（地震—危险化学品泄漏—火灾）等。风险评估是多因素、多灾种、多环节和全过程的研究，忽视了灾害的次生、衍生关系，势必会影响到风险评估的准确性，降低综合减灾的预见性和有效性。

当前，“大数据思维”与风险管理的结合，能够对促进公共安全管理发挥显著作用。“大数据”在不同领域内包含三层含义，可以分别从现实和技术两方面加以阐释：第一层意义上的“大数据”指的是数据的巨量化和多样化，现实方面指的是海量数据，技术方面指的是海量数据存储；第二层意义上的“大数据”指的是大数据技术，现实方面指的是对已有或者新获取的大量数据进行分析和利用，技术方面是指云存储和云计算；最重要的其实是在第三层意义上，即大数据思维或者大数据方法，现实方面指的是把目标全体作为样本的研究方式、模糊化的思维方式、侧重相关性的思考方式等理念，利用海量数据进行分析、处理并用以辅助决策，或者直接进行机器决策、半机器决策的全过程大数据方法，这种对大数据的认知方式涉及“大数据项目”或“大数据技术应用”的认知，并由此可以延伸出大数据视角下的风险管理方式。大数据思维是从海量数据中发现问题，用全样本的思维来思考问题，形成了模糊化、相关性和整体化的考虑方式。

大数据在公共安全管理方面最为突出的例子是“谷歌流感趋势”项目根据详细划分区域的各地网民的搜索内容来分析全球范围内流感等病疫传播状况。2009年，谷歌公司对 5 000 余万条最频繁的检索词条数据进行测试，总共处理了 4.5 亿个不同的数学模型，并与美国 CDC 的报告对比，追踪流行性疾病的准确率达到97%。该事件使得大众重新认识互联网大数据对公共安全的重要性，提出了大数据对公共安全治理的关键作用。

同时公共安全管理也逐步加大了对大数据的研究程度，积极推进公共安全服务平台与大数据的结合。公共安全信息共享能够提高公共安全信息资源利用率，是避免在信息采集、存贮和管理上重复浪费的一个重要手段。由于政府的公共安全管理关乎公众生命、财产的安全与社会安定，准确全面的安全信息对于公共安全工作至关重要。同时，突发事件的产生、发展及影响区域范围具有综合性，影响因子通常都是由复杂因素综合而成的，需要对多方信息综合后判断灾害发展。

公共部门应为全体公民提供均等化服务，而如果无法掌握足够的数据以了解公众需求，这种均等化的服务供给就不可能实现。在大数据环境下，政府应急管理部门可以利用大数据技术，对积累的海量历史数据进行挖掘利用，以提供更多的应急管理服务。例如，美国硅谷某气候公司利用从美国气象局等数据库中获得的几十年的天气数据，将各地降雨、气温、土壤状况与历年农作物产量的相关度做成精密图表，预测农场来年产量，向农户出售个性化保险。2004 年我国卫生部启用的对 37 种传染病和突发公共卫生事件的网络直报系统，以及 2009 年民政部启用的自然灾害灾情管理系统等，在投入使用后，提供了科学、及时、准确的公共安全信息，为决策提供依据。

然而大数据也存在两面性，虽然给公共安全管理带来了一定的好处，但是也给公共安全管理带来了一些挑战，包括信息安全和公共安全泄密等问题，因此需要全面看待大数据的发展问题，利用好大数据。大数据时代的信息传输和存储渠道日益多元，在很大程度上限制了有害信息的破坏范围。一方面，由于大数据的数量庞大且价值密度低，在客观上提高了网络攻击者的破坏成本；另一方面，大数据的发展“驱动网络扁平化，对网络的安全有好处”。然而，以大数据为代表的社会信息化也给公共安全带来了新的威胁，信息技术的发展，使得大量数据被存储、分析、传输和应用成为可能，而且人们对这些数据资源的依赖性越来越强，一旦遭到破坏，损失巨大，危害严重。

数据的增多使数据安全和隐私保护问题日渐突出，各类安全事件给企业和用户敲响了警钟。在整个数据生命周期里，企业需要遵守更严格的安全标准和保密规定，对数据存储与使用的安全性和隐私性要求越来越高，传统数据保护方法常常无法满足新变化。网络和数字化生活也使黑客更容易获得他人信息，有了更多不易被追踪和防范的犯罪手段，而现有的法律法规和技术手段却难以解决此类问题。因此，在大数据环境下数据安全和隐私保护是一个重大挑战。但是也应该看到，在大数据时代，业务数据和安全需求相结合能够有效提高企业的安全防护水平。

在推动大数据与公共安全治理过程中，政府部门需要加强监管，依据《政务信息资源目录体系》建设公共安全行业标准体系，该标准体系应以保护公众为核心，改变以往关于公共安全标准的技术化偏向，积极推进公共安全管理的信息的保护、提取、建设等多个环节，积极引导和保护公共安全的大数据信息共享，同时对泄密等违法行为进行严厉打击。

此外，做好大数据安全风险评估，不同类型的数据形式以及数据的不同状态，都有其不同的泄密风险层级，针对大数据的固有特点，可以将其分为不同的安全风险等级，从而加强安全防范，并在实际生产中明确安全风险治理目标，降低企业数据泄露风险，分析并消除信息安全盲点。

二、科学工具和信息技术对公共安全管理的作用

“工欲善其事，必先利其器。”科学工具和技术手段是实现公共安全管理的基本载体。感知、测量、传输、计算、操作、展示等为公共安全管理发挥作用的各

个环节，都离不开科学工具和技术手段的支撑。科学技术快速发展，导致了在科学工具的发明和技术手段的改进方面有了长足发展。同时科学工具与方法的广泛性应用，推动了在公共安全方面的科技应用和公共安全管理的理论创新，使得在理论和实践层面均起到了完善和促进作用。习近平总书记在 2015 年 5 月 29 日中央政治局第二十三次集体学习时指出："要积极推广应用新技术、新设备、新工艺，高度重视大数据、云计算、物联网、智慧工程等现代信息技术的应用，不断提高公共安全装备水平。"①

感知工具是应用系统论、控制论、信息论的原理和方法，结合激光、雷达、卫星遥感等现代高新技术，对感知对象外在的光学、声学、电磁场、成分等安全状况及内在的心理生理特征进行实时监测，快速采集各种数字化和非数字化的信息，尤其是那些可能使风险源的安全状态向非正常状态转化的各种参数的变化趋势，及时发出预警信息，将隐患消灭在萌芽状态。

测量工具可以实现对测量对象各种特征的量化表达，公共安全管理需要发展快速、现场的测量手段和技术，以增加检测覆盖率和效率，对快速筛查所得到的结果，结合实验室标准方法进行确证、验证，形成便捷、有效的检测控制模式。

人们从数学产生之日，便不断寻求能方便进行和加速计算的工具。从掰手指到结绳计数，从算盘到机械计算机，再到电子计算机，人类不断提升计算的效率和准确性。现在的计算模式由传统的分散计算，趋向于云时代的计算资源集中管理和配置。云计算的本质是基于网络的大规模分布式并行计算，它包括三个核心概念：基础设施即服务，平台即服务，软件即服务。由于云计算具有"按需服务"的本质，可以解决当前公共安全管理中各种难题，能够通过网络以按需求、按难易扩展的方式获得所需的基础设施、平台、软件（或应用）等资源或服务。例如，许多预测预警模型运行要求的高性能、高吞吐量计算问题，平台运行所依赖的昂贵硬件资源的共享问题，业务支撑软件的共享共用问题等都有望借助云计算来解决。云计算将计算、存储等资源集中起来，通过虚拟化的方式，可以为用户提供方便快捷的服务。所谓"云"就是一个虚拟化的存储与计算资源池。如果能够将公共安全管理的主要计算过程和资源信息送到云端，则可为各级机构的各种终端用户提供各种高性能、定制化的服务。将云计算技术应用于应急平台体系建设，可以降低各级应急平台基础支撑系统上面的大规模重复建设，大大减少应急平台体系构建的成本，也能有效避免信息技术基础设施频繁的更新换代所带来的影响和损失。依靠云计算平台的海量数据存储和大规模并行计算能力，将极大地提高应急平台体系的计算性能和处理分析能力，这将会很好地满足应急平台中一些复杂预测分析模型对高性能计算能力、高数据吞吐量的需求。

---

① 中共中央文献研究室. 习近平关于社会主义社会建设论述摘编. 北京：中央文献出版社，2017.

先进的信息化、可视化展示手段是公共安全管理的重要基础和媒介，地理信息服务作为 GIS 技术发展的一个新的方向，近年来成为在分布式环境下进行地理信息共享和处理的一种新的解决方案。如何利用地理信息服务技术实现应急管理部门之间的地理信息共享与交换，是应急平台体系互联互通需要解决的关键技术问题之一。公共安全地理信息服务涉及的关键技术包括应急地理信息服务集成、应急地理信息服务资源发现、应急地理信息集成服务优化等。

“智慧城市”是综合各项科学工具和技术手段、用于公共安全管理的集成工具，通过广泛采用物联网、云计算、人工智能、数据挖掘、知识管理等技术，提高城市规划、建设、管理、服务的智能化水平，使城市运转更高效、更敏捷、更低碳。与数字城市、信息城市相比，“智慧城市”具有感知、自动反应、主动服务、辅助决策等特征。

以智慧城市为基础，公共安全管理可以为城市运行和发展提供更加可靠、智能化的安全保障。这主要体现在以下方面。

（1）通过智慧城市所构建的城市基础设施，可以为应急平台的监测监控提供更加丰富、全面的信息，为风险分析和预测预警提供重要的依据。在广泛的物联网和动态传感器网络支持下。一方面，城市基础设施及其系统可以自主地进行故障排查和诊断，在危险状态下实施自主保护，最大限度地避免或减少突发事件风险；另一方面，城市基础设施能实现主动状态推送和关联诊断，可以及时将风险特征因子传输到应急平台，通过应急平台的风险隐患监测防控功能，实现突发事件风险隐患的早期发现和预警。这种智能化自主信息分析和报告的能力，将显著提升应急平台的监测防控水平，为及时有效地实施风险防控提供了技术支持。

（2）智慧城市具有全方位感知和高效的信息获取、传输与处理能力，可以为应急平台数据资源更新与维护提供保障。智慧城市通过全覆盖的监测监控设备、传感器网络等数据获取终端，可以实时获取城市系统安全的信息，并及时更新，再传输到应急平台数据库中。这一方面可以大大节省应急平台资源更新和维护所需的人力、物力和财力；另一方面也在本质上提升了资源更新的效率，保障应急平台中各类应急相关资源的现实性，确保在突发事件处置分析研判时，数据类型全面，数据信息准确、有效。

（3）在突发事件处置时为决策分析和指挥调度提供支持。由于智慧城市具有安全感知、自动反应、主动服务、辅助决策等功能，在突发事件处置时，不仅能高效响应和执行应急平台下发的处置方案，而且能广泛搜集信息，反馈给应急平台，为应急平台实施后续决策、进行方案调整提供多源、多层次的信息支持。在资源和人员调度过程中，基于智慧城市提供的交通状况、物资状态、外部支援等信息，应急平台可以及时调整处置和救援策略，并通过智慧城市的智能通信能力，无缝传达给城市应急相关的各个主体，实现突发事件响应的科学决策和高效决策。

在全球新一轮产业变革和科技革命中，为实现我国制造业的智能转型，我国正推进“中国制造 2025”，以顺应互联网等新技术和产业变革趋势，大力推进数字化、网络化、智能化制造，对于公共安全管理也将有着深刻的变革机遇。

三、科技创新体系对公共安全管理的作用

在现代化的进程中，全球化和科技的迅猛发展，极大地拓展了公共安全的概念与内涵，传统安全面临新的重大变化，非传统安全变得日益突出，各种安全问题交织，将给我国持续健康发展带来威胁。必须依靠科技创新发展传统与非传统安全防范技术，提高监测预警和应急反应能力，促进我国公共安全管理。经过近些年的发展，我国的公共安全科技取得了一些成果，但是总体来讲，我国公共安全管理体制、机制、法制还不健全，缺乏统一协调的国家公共安全保障体系，公共安全科技落后，不能为保障国家公共安全提供有效支撑。同时，公众安全意识薄弱、安全素质较低。产学研等创新主体的协同、科技创新基础设施的建设、科技政策营造良好的创新环境等创新体系要素的完善，能够对公共安全管理发挥重要的积极作用。

（一）创新主体协同发展对公共安全管理的作用

随着技术融合速度的加快，电子信息技术、生物医药、高端装备等新产业规模的扩大，科学技术与产业发展紧密结合在一起，政策制定者与科学研究者发现，创新的要素需要充分考虑到不同的要素主体和制度。组织主要包括企业、大学、风险投资机构及其他公共机构。产学研是科学技术创造、发展和应用的全过程，也涉及不同性质的主体。大学与科研机构的能力优势是基础研究、科研人才、科研设备仪器、知识与信息积累、研究方法和经验等，企业的资源优势则在创新资金、生产试验设备及场所、市场信息与营销经验，需求则是基础性知识和科技人力资源（何郁冰，2012）。不同创新主体在创新系统中发挥着不同的作用，共同推进国家创新生态系统的发展。

高校和科研机构是科学技术创造的源泉，该类机构通过技术积累和知识创造，通过开发新技术，提出新观点，通过申请发明专利等相关措施保护机构的知识产权。产业机构是技术的最终落实点，通过产业化的使用才能够证明该技术是否可行，技术应用的市场前景，并且根据市场和产业的状况对技术进行优化调整，使其成为符合市场需求和产业发展的技术，在市场发挥作用的同时，通过政府购买服务的方式提升政府的公共安全管理水平。

公共安全技术更是如此，更加需要产学研三螺旋的支撑，通过科研机构和高

校对公共安全管理技术的技术需求进行定向研发，开发符合公共安全管理特性和市场的稳定性技术和相关产品，推动科学技术在公共安全管理领域的使用和推广，因此高校和科研机构是公共安全管理在现实社会应用及得以实现作用的基础。产业化的发展应用对公共安全管理更为重要，公共安全管理需要具有稳定性和可靠性的产品和技术，同时由于各种灾害的发生需要大批量和定制化的相关公共属性的产品，并且需要具备救灾等属性，单个的企业无法为政府提供大量和高技术水平的公共安全产品，因此需要大量的企业参与。同时由于企业是追逐利润的，因此只要该类技术在市场具有可行性和推广性，就有助于市场产品的推广和技术的广泛应用。

为此，重点加强与高校和科研机构的合作力度，要努力培养高质量的公共安全科技人才，为企业和社会输送能够研发先进公共安全技术的人才队伍。同时要积极申请关于公共安全方面的基金项目，进行科技攻关，为存在的公共安全问题提供有效解决途径，并且高等学校要引导教师转变观念，科研工作要充分重视企业的需要及市场的要求，应从本地区经济、社会发展的需要及本校的实际出发，开展应用类公共安全科学研究或技术开发，使公共安全科技应用类研究成果能更接近生产实际，为企业的公共安全科技产品创新服务，这样企业才愿意给科研人员提供资金支持，使产学研合作更为紧密。同时高校和科研院所要出台相关激励政策，鼓励教师到企业去兼职研发公共安全科技的产品，在人员编制性质、职务职称聘任、工资晋升和提拔任用等方面，也要建立有利于公共安全科技产学研合作的政策导向。

通过积极开展企业与院校和科研院所的公共安全科技的合作关系，洞察市场需求变化信息，以市场为引导，加大科研资金投入，提高公共安全科技产学研合作的针对性，同时企业要鼓励企业家、工程师到高校兼职教学，加强双方的人才流动，及时进行沟通，保证公共安全科技产学研合作的畅通和有效。一方面，企业作为公共安全科技产学研合作的主体，要发挥指导和领导作用，建立和院校与科研院所的长期合作关系，推动企业对公共安全科技创新进行持续性投入，使科研更贴近市场需求；另一方面，要促进高校和科研院所开展公共安全科技知识创新，进一步提高科技研发水平，从而能够为企业提供更好的能够产业化的科研成果。同时企业之间可以形成公共安全技术创新联盟，集结各方人才资源开展公共安全领域的共性技术研究和开发，形成产业集群（陈伟珂和郭明宇，2013），共同推进政府、社会各方面的公共安全管理。

（二）创新资源集聚对公共安全管理的作用

创新资源集聚成为各国关注的重点，也成为各国推进科技发展和经济竞争实力的重要组成部分。科技的研究和开发建立在基础设施和资源条件基础之上。因此，在这方面的发展战略研究与规划的前提是建立公共安全科技体系，我国公共安全科技距实际需要有较大差距，这就要求政府部门重视公共安全研究技术预见计划的实施，聚焦公共安全发展中的重大问题，坚持“有所为，有所不为”，明确公共安全关键技术的选择和支持，建设基地，汇聚资源，以有利于抢占先机，突破重点，实现我国公共安全研究的跨越式发展。

例如，2006~2012 年，水利部充分利用 6 亿多元的国家财政经费，以提高防汛抗旱决策能力、增强应急处置的能力建设作为基本目标，开展洪水和干旱预测预报、水旱灾害评价研究和防汛抗旱对策研究、防汛应急抢险技术、河口海岸灾害模拟与评估技术、堤防安全监测技术和河渠冰凌实时观测技术等研发基地建设，产出的研究成果为提高我国防汛抗旱管理水平和能力提供了重要技术支撑。

国家自然科学基金委员会启动的重大研究计划“非常规突发事件应急管理研究” 以非常规突发事件应急管理为研究对象，充分发挥管理科学、信息科学、心理科学等多学科合作研究的优势，着重研究非常规突发事件的信息处理与演化规律建模，非常规突发事件的应急决策理论，紧急状态下个体和群体的心理反应与行为规律，并利用总集成升华平台集成相关研究成果。该计划总经费 1.2 亿元，实施周期为 2009~2017 年，重点突破的关键科学问题包括非常规突发事件的信息处理与演化规律建模、非常规突发事件的应急决策理论、紧急状态下个体和群体的心理与行为反应规律等。自 2009 年计划实施以来，总计支持了 53 项培育项目，22 项重点支持项目，目前进入集成项目实施阶段，总共资助了基于平行应急管理的非常规突发事件动态仿真与计算实验集成升华平台、突发事件应急准备与应急预案体系研究、基于“情景–应对”的国家应急平台体系基础科学问题集成升华研究平台、非常规突发事件应急管理基础科学问题与情景应对型总集成升华平台研究四项集成项目，汇聚了国内相关领域的优势科技资源，为公共安全应急管理提供了许多有力支撑。

（三）科技政策对公共安全管理的作用

科技政策的制定与实施是依据国家的科技发展状况，以推动国家的科技发展与科学技术的应用为目标，推动技术产业化和市场化的过程。公共安全利益属最高利益，它涉及公民的生命财产安全，是以人为本的重要内涵，国家性质的本质要求，执政为民的重要工作，更是实现科学发展的必然要求和重要前提。因此，必须以保障人民群众生命财产安全，始终坚持安全发展为最高宗旨，以“增促国家公共安全科技事业发展，缩减社会代价”为出发点，调整我国发展战略，实施“公共安全优先战略”。在全国总体战略布局中，重点强化公共安全领域科技创新，调整国民经济要素分配格局，全面启动公共安全科技工程建设，促进公共安全文化建设，提高保障公共安全和处置突发事件的能力，努力实现持久安全、长期安全，促进和谐社会快速发展。

在科技政策方面，为了推动公共安全科技的发展，各部门制定了一系列规划和政策（见附录），有力地推动了各方面公共安全管理。应急准备体系和决策支持技术的研发，推动公共安全脆弱性分析与保障技术的研发，研究城市公共安全、突发事件及城市功能破缺恢复等方面，加大公共安全标准体系的建立，构建公共安全应急装备、产品技术标准研制及公共安全技术标准体系等内容，从科技政策方面对上述内容予以支持，增强科技创新能力，强化公共安全管理能力。

根据公共安全科技层次结构，分析政策在教育、科技、管理三方面的投入比例。针对具有可能性与可行性的公共安全科技问题，进行较详细的专题立项研究规划，给出完成的目标、时间和经费投入。并且在项目规划中，有效地规划好基础研究、应用研究和开发研究的比例，同时还要考虑它们在研究与开发中的相互协作。我国科学技术处于快速发展期与社会经济转型期，随着社会进步和科技发展，公共安全管理包括对自然灾害、事故灾害、公共卫生事件、社会安全事件等的全过程管理，体现出内容复杂化、要求严格化、灾害类型多样化的特征，相应的科技政策也应与之适应。

通过加强科研立法，主要是通过财政手段保证公共安全基础研究经费，并吸引社会科研力量的参与；通过税收的手段，鼓励和扶持公共安全科研机构和技术应用方加大相关投入；公共安全科研属于国家政府职能范畴，公共性很强，所以必须要有明确而稳定的财政支持，以保证公共安全科研的顺利进行。预防和应对不同类型的突发性公共安全事件，需要把公共安全保障所需经费纳入年度财政预算。各省（自治区、直辖市）应当增加对突发事件的准备金，列入财政预算，同时鼓励企业和个人投资捐赠，为公共安全提供充分的物质保障。国家也应当重新安排公共安全科研投入在政府预算当中的比例。在明确公共安全科研重点、整合公共安全科技部门的基础上，加大资金支持力度，专款专用。

通过知识产权政策具体相关措施来提高社会对于公共安全科研的热情；通过技术及产业化政策，引导我国公共安全科研体系进入良性循环发展道路。立法机关和政府应当充分运用立法的手段，不仅要发挥公共科研力量，更要鼓励和支持民间科研机构参与进来，适当运用市场的机制和国家调控的方式，通过提供诱因进行引导和形成相应的保障机制，推动公共安全科技的发展。

以科技部加快发展民生科技的政策推动为例。科技部在 2011 年发布《关于加快发展民生科技的意见》，要求在“十二五”期间，加快发展民生科技的工作重点：提高健康水平、促进公共安全、提升环境质量和提高防灾减灾能力。涉及公共安全方面的则占有两个重点：促进公共安全，大力提升食品安全保障能力、生产安全能力和公共安全保障水平，加强核心技术突破、技术系统集成和重大装备研发，全面提升我国公共安全的科技支撑能力；提高防灾减灾能力。针对突发性灾害天气、农林病虫害、突发重大事故和灾难等，开发重大自然灾害预测预报技术和应急救灾重大装备，加强气候变化和防灾减灾技术研究，全面提高应对能力，保障人民生命财产安全。

在具体实施的民生科技工程中，提出了重点实施公共安全科技工程，建立和完善公共安全科技创新体系，依靠先进科学技术提高公共安全保障能力。加强食品安全检测、预警、溯源、控制等技术支撑和保障。加强安全生产技术、重大突发事故应急技术装备的自主创新能力。研究开发防范和打击犯罪的技术装备。加强对非传统安全的研究，提高我国风险与危机管理水平。

在防震减灾科技工程方面，加快发展台风、洪涝、干旱等极端天气灾害的精细化预警预报技术，建立灾害预报预警体系，提高防范气象灾害的能力。加快地震、滑坡、泥石流等重大地质灾害的预测监测和应急技术创新，增强抵御重大地质灾害的能力。加快应急救援技术与装备的研究与开发，加快防灾减灾技术装备产业化。建立完善的防灾减灾应急管理网络，提高重大自然灾害风险管理能力。研究开发灾后恢复重建技术。研究开发全球气候变化减缓和适应技术，积极应对全球气候变化。

2013 年科技部和财政部联合发布《科技惠民计划管理办法》，是国家相关部委首次在政策层面突出民生科技的重点支撑领域，该办法主要集中在人口健康领域、生态环境领域和公共安全领域方面。在公共安全领域，提出了要优先支持食品安全检测预警、重大自然灾害监测预警、重大生产事故预防、重大突发事件应急等技术的转化应用。我国相关科技政策的制定与民生科技的紧密程度也不断提高，提出了要积极建立公共安全科技支撑体系，大力培养公共安全科技人才，积极开发公共安全技术与产品，推进我国公共安全体系的建立和完善。

通过民生科技政策的实践，创新成果或直接为公共安全管理所用，或交给生产产品、提供服务的企业，或帮助改进政府部门的公共服务。为贯通知识—创新成果—具体化的产品与服务，民生领域的行业所生产的产品是有助于满足民众实际需求的，同时也具有市场性的需求，是通过政府购买服务或公共服务提供者购买所体现的，大多数民生行业是适宜通过市场化竞争的方式发展的，因此政府在其中必须起到支撑作用和引导作用，通过引导民生科技企业的发展方向，通过政府购买服务等多种公共支出的方式，综合增强民生科技企业的实力，推动民生科技企业的市场化。此外，政府还出台多项支持性政策，推进民生科技的发展，如优惠财政政策的扶持。对于民生领域特别是政府重点支持的民生领域的科技创新，在增值税、消费税、营业税、个人所得税和企业所得税等主要税种上给予税收优惠。

然而，民生科技创新是一个复杂的过程，具有周期长、风险大等特点，会使许多企业望而却步，更多选择依赖现有技术维持生产或是被动等待部分企业研发成功后进行模仿。因而应给予民生科技创新企业政策上的优惠，从而引导它们进行民生科技创新。同时推动加强国际交流与合作。公共安全管理呈现出高级化与复杂化特征，许多涉及高科技，如卫星遥感、先进制造等领域的科技都属于典型的公共安全管理所需的科技范畴。同时，这类民生科技需求并不是中国或某一个国家单独需要或有能力解决的问题，而是一个世界性的科技需求，可以发挥世界各国的优势，进行优势互补，从而既能实现资源的节约，又有利于科技发展，共同促进公共安全管理水平的提升。

总之，科技发展的一个基本点是利用科技手段解决人类生存发展的各项问题，实现生活水平和生活质量的提高与改善。因而科技对公共安全管理发挥作用的基本着力点是适用性和应用性。只有适用性强和应用性强的科技才能迅速地为公共安全管理所用，体现科技的价值。

第三节　科技支撑公共安全管理的现状及需求分析

一、科技支撑公共安全管理的现状

公共安全是人民安居乐业和经济社会发展的保障，也是国家安全和社会稳定、国家管理政策运行的基石。2006年国家颁布的《国家中长期科学和技术发展规划纲要（2006—2020年）》首次将“公共安全”作为重点领域进行规划和部署，凸显了公共安全建设对于构建和谐社会，推动全面小康社会建设的重要地位和战略意义。

我国自2003年开始着手制定的《国家中长期科学和技术发展规划纲要（2006—2020年）》中，首次把公共安全作为一个独立的主题进行研究，19个部门的约300名各学科专家，对涉及生产安全、食品安全、防灾减灾、社会安全与反恐防恐、核安全、火灾与爆炸、出入境检验检疫等方面的公共安全问题和公共安全科技的整体发展进行了全面系统的战略研究。这次战略研究是我国第一次对公共安全整个领域的科技发展进行系统的中长期战略规划研究，在研究的组织上打破了传统的安全科技分散、零碎的条块结构现状，从整个领域进行了公共安全科技发展的系统设计。实施“科教兴国战略”是我国公共安全工作的必由之路，科技竞争力已成为实现公共安全保障能力发生质的飞跃的关键所在；必须充分发挥科学技术是第一生产力的作用，从国家整体层面整合公共安全资源，全面推进国家公共安全科技创新体系的建设，迅速提升我国的公共安全科技实力和创新能力，有效支撑应急预案顺利实施和跨部门、跨领域的国家应急体系成功建立，为公共安全从被动应付型向主动保障型、从传统经验型向现代高科技型的战略转变提供科技支撑。《国家中长期科学和技术发展规划纲要（2006—2020年）》对于我国的公共安全科技发展具有里程碑的意义。公共安全学科是理、工、文、管交叉融合的综合性学科，公共安全科技的使命是降低突发事件对人类社会的影响，保障人类社会自然环境的和谐发展。

然而，我国应对当前公共安全问题的科技能力还远远不够。从总体水平讲，我国的公共安全问题研究还处于初级阶段，涉及公共安全的许多深层次问题远未能解决，公共安全科技发展严重滞后于经济发展，与发达国家相比存在很大差距。

近年来，通过相关部门和地方发布的相关科研和产业规划，以及科技项目的实施和保障支撑条件的建设，公共安全科技取得长足进步，公共安全产业得到培育并稳步发展，公共安全人才培养和学科建设取得长足发展，公共安全保障能力与突发事件应对能力得到大幅提升，有力地促进了公共安全管理的提升。这主要表现在以下方面。

（一）自然灾害

我国是世界上受自然灾害影响最严重的国家之一，具有灾害种类多、分布地域广、发生频率高、造成损失重等特点，特别是近年来一些历史罕见的重特大自然灾害频繁发生。随着我国工业化和城镇化进程的推进，城镇人口密度增加，自然灾害对城镇的影响日趋严重，农村居民抵御自然灾害的能力明显滞后，我国的防灾减灾工作面临严峻挑战。科技减灾是提高国家综合防灾减灾能力的重要保障。防灾减灾科技工作把保障人民生命财产安全，促进和谐社会建设，实现人与自然的和谐发展作为防灾减灾科技发展的出发点，以伤亡特别重大的地震、地质灾害为重点，围绕监测预警、风险评估、应急救援和恢复重建等关键环节加强技术攻关和装备研发，特别强调以预防为主，减少生命伤亡。主要的突破性进展包括以下几方面。

（1）监测预警方面，突破了地震立体观测、强地震综合预测方法等关键技术，支撑了国家地震背景场建设等重大技术系统的建设，并为地震电磁卫星观测系统的立项提供技术储备，为我国发展地震立体观测系统和流动强化跟踪监测系统提供支撑；初步提出特大型滑坡灾害的早期识别指标及空间预测技术，在地质灾害重大危险区建立了监测预警信息系统；自主研发的地质灾害光纤监测技术方法、仪器设备和普及型滑坡泥石流监测预警设备，主要技术参数达到国际同类监测仪器水平。建立了以天基、空基和地基遥感观测装备为基础构成的台风、暴雨野外实验的三维观测系统。建立了华南、华东登陆台风综合观测基地，开展了登陆台风外场科学观测试验，对台风边界层演变特征有了新发现，建立了实时更新的台风、暴雨多源资料数据库，发展了暴雨的逐时同化分析与模式预报循环系统；建立了中尺度灾害天气分析与预报平台；建立了基于我国自主研发的 GRAPES-

TCM 台风数值预报模式系统并进行了业务使用，台风 24 小时和 48 小时路径预报水平逐年提高，达到国际先进水平。开展了流域洪水预警预报关键技术研究，提高了洪水预警预报的可靠性、时效性、准确性和防灾减灾应急处置能力；开展了水库大坝安全保障技术研究，提出了溃坝试验数据测试与采集、溃坝损失评估、除险加固决策、应急预案可行性和有效性评价等一系列方法；森林火灾预测预报技术不断进步，林火监测水平有了大幅度的提高，利用 NOAA（National Oceanic and Atmospheric Administration，美国国家海洋和大气管理局）、风云系列卫星探测林火方面的成果已转入应用，已建成基本覆盖全部国土的包括 3 个卫星监测中心（北京市、广州市和乌鲁木齐市）和 157 个远程终端的全国卫星林火监测信息网。

（2）风险评估方面，通过对我国不同区域及重点地区的综合风险损失等级进行评估，初步完成中国暴雨统计参数图集、我国重大自然灾害综合风险等级图和长三角地区重大自然灾害综合风险等级图，提出了适合我国国情的水库大坝风险评估理论，为我国合理防范、规避重大自然灾害风险提供了科技支撑。

（3）应急救援方面，自主研发了用于灾情监控、人员搜寻、建筑物快速鉴定的地震应急救援专用仪器装备，填补了国内地震应急救援装备研制的技术空白，提升了地震的快速响应能力。

（4）恢复重建方面，研究提出“三生二创新”的模式，即将生活恢复、生产发展和生态修复相结合，通过科技创新和体制机制创新，优化当地的经济结构、转变生活方式、保护生态环境，在灾后恢复重建中发挥重要的指导作用。

（5）决策支持系统方面，国家防汛抗旱指挥系统的建立，实现了防汛抗旱信息的交换与共享，可为各级政府和防汛抗旱指挥部的科学决策指挥提供有力的技术支撑。

2008 年汶川特大地震后，科技部迅速设立“汶川地震断裂带科学钻探”专项，在汶川大地震的源区——龙门山“北川–映秀”断裂带及龙门山前缘“安县–灌县”断裂带上，实施 4 口深 1 000~3 000 米科学群钻，揭示汶川地震断裂带的发震机理。以高采心率（92%）获取原状性好的岩心，取得了科学上的重要进展和发现：一是提前钻遇地震断层界面，实现了 WFSD-1 孔主要目的；二是发现罕见的巨厚地震断层泥，为地震活动、周期和机制的研究提供了珍贵的样品；三是现场流体原位监测表明，流体异常与余震相关性高，为进一步认识汶川地震发生机理提供了宝贵资料。

（二）安全生产

安全生产科技研究在前期工作基础上向纵深发展，系统部署煤矿井下火灾、顶板、水害等其他重大灾害及全矿井安全保障技术，形成较完整的煤矿安全科技研发体系；并进一步向非煤矿山、危险化学品、烟花爆竹、特种设备安全等重点高危行业拓展，系统布局和实施安全生产方面的科技工作。通过项目实施，成功研发了一系列安全技术装备，支撑安全生产形势持续稳定好转。主要的突破性进展包括以下几方面。

（1）煤矿井下千米定向瓦斯抽采技术及装备填补了国内空白，ZDY600LD型履带式钻机在陕煤彬长大佛寺矿业公司钻孔深度达 1 212 米，创出国内新纪录。研制出的适合于突出松软煤层的顺层钻机在坚固性系数 $f \leqslant 1.5$ 条件下煤层钻孔深度达到 168 米，创造了突出松软煤层钻孔的最新深度，钻孔深度超过 100 米的成孔率达到 70%，已在 50 多个矿区进行了推广。

（2）在煤矿煤层瓦斯气体传感技术方面，红外甲烷传感器解决了寿命短、量程窄、易中毒、稳定性差、响应时间长等难题，响应时间由 30 秒减少到 12 秒，工作稳定性由 3 个月提高到 12 个月，性能参数达到国际先进水平。

（3）在瓦斯含量快速准确测定技术方面，解决了硬煤压风取样温升加速瓦斯解吸、松软煤层取不到样或取样时间过长、损失量估算误差大的难题，实现了 120 米长钻孔定点取样，2 小时内快速测定瓦斯含量，测定误差小于 7%，并在 100 多个矿井推广应用，达到国际领先水平。

（4）安全生产综合监控技术实现升级换代，井下易爆环境用以太环网+现场总线、宽带接入设备、大容量本安电源设备、异常联动控制等技术取得突破。开发了集地质测量、生产技术、通风安全、办公自动化和数字化矿山、安全生产监控于一体的预警平台，实现了隐患联动控制和动态预警。

（5）提出基于“流变–突变”理论的尾矿库溃坝机理，成功开发了基于高密度电法、核磁共振探水仪和地质雷达的尾矿坝隐患探测方法，确定了尾矿库坝体位移、浸润线、库水位等五项关键监测指标和监测方法，通过工程示范并转化为行业标准，带动了全国千余座尾矿库建设在线监测预警系统，形成产值近 20 亿元，保证了全国尾矿库和下游居民的安全。

（6）研发了重大危险源安全监控与事故应急辅助决策支持软硬件系统，实现了重大危险源日常安全监管、监测预警及事故应急辅助决策三大功能，总体达到国际先进、国内领先水平，已在新疆维吾尔自治区安全生产监督管理局、四川省安全生产监督管理局、山西省晋城市安全生产监督管理局、广州南沙（小虎）化工区，以及中石化、中石油等大型企业进行了成功应用，取得了显著的经济效益和社会效益。

（7）研发了适用于易燃、易爆危险化学品事故现场的应急救援指挥系统，成功产品化并填补了国内空白，与国外同类产品相比，成本降低 50%以上，为危险化学品泄漏事故应急救援提供实时现场数据和视频信息，为应急决策提供技术支持。

（8）安全环保微烟药剂及工艺技术减轻了燃放烟花爆竹造成的大气污染，并通过降低药物摩擦感度和撞击感度，提高了微烟药物的安全性。

（9）形成的基于动态风险和可靠性的特种设备安全综合评价技术是适合我国特种设备计划（定期）检修方式改革需要的设备预知维修管理策略和维修优化系列新技术，使我国特种设备安全事故防控与救援技术和装备，迎头赶上发达国家水平，并在某些领域处于国际领先位置。

（三）食品安全

食品安全科技紧密围绕“切实保障我国消费者健康，维护我国食品进出口贸易安全”这一核心目标，瞄准国际食品安全科技前沿，抓住我国食品安全全程控制中的关键环节和瓶颈问题，整合国内优势科技资源，从国家需求出发，按照《国家中长期科学和技术发展规划纲要（2006—2020 年）》和公共安全领域战略研究的要求，以保护人民健康为目标，依托科技支撑计划设立食品安全专项，重点加强食品安全检测技术、风险评估、监测预警、食品质量安全控制技术、标准及综合科技示范等方面的研究。经过科技攻关，我国食品安全能力建设取得了跨越式的发展，主要体现在两个方面。

第一，牵头国际食品安全法律和标准制定，改变了我国只能遵守国际标准的历史；食品安全检测与危害识别技术基本与国际接轨，食品中危害物识别精度和广度大幅提升。一是建立了农产品中一系列农药多残留检测和确证方法，建立了动物源性食品中 20 余大类 300 余种兽药多残留确证检测技术，最多能够同时检测 70 多种兽药残留、50 多种激素的多残留检测技术超过了发达国家的检测技术水平。二是研制了 300 余种相关快速检测色剂和检测设备，实现了“瘦肉精”“氯霉素”等主要违禁药物残留免疫快速检测技术产品的国产化，快速检测产品的市场占有率从“十五”末期的不到 10%上升到目前的 90%。三是受国际食品法典委员会委托牵头制定大米中砷限量和控制规范等国际标准，参与制定二噁英、氯丙醇、丙烯酰胺、赭曲霉毒素 A 等控制规范和氯丙醇、三聚氰胺、铅限量等国际标准，改变了我国只能遵守国际标准的历史。四是在微生物检测技术方面，开发了适合肉制品和水产品中 19 种致病菌复合增菌的 PRC 快速检测方法；建立了能与国际 PulseNet 网络接轨的沙门氏菌、大肠杆菌 O157：H7、空肠弯曲菌、副溶血性弧菌、单增李斯特菌、阪崎肠杆菌等重要食源性细菌的 PFGE 分子分型溯源技术平台；基于食源性致病微生物的特异性靶点，建立了同时检测金黄色葡萄球菌、副溶血性弧菌、阪崎肠杆菌等 7 种细菌和肠产毒性大肠杆菌、肠侵袭性大肠杆菌、肠致病性大肠杆菌、肠出血性大肠杆菌和大肠杆菌 O157 5 种致泻性大肠杆菌的基因芯片检测方法；研制出能同时检测通过食品传播的诺如、甲肝、轮状等 5 种病毒的基因芯片；建立了全自动化、无污染的食源性致病微生物管式流动芯片分析平台。

第二，食品安全风险评估迈出可喜步伐。一是重点开展了食品毒理学安全性评估和食品污染物暴露评估技术研究，初步创建了具有自主知识产权的食品污染物评估模型和风险评估软件，提出了膳食暴露评估的中国国家参数并被世界卫生组织采纳，结束了国际食品安全风险评估仅依赖发达国家参数的历史。二是在2006年“红心鸭蛋”事件、2008年“三聚氰胺问题奶粉事件”、2012年塑化剂事件、2013年二聚氰胺事件、食盐加碘质疑事件、大米镉等事件中，相关部门利用科技成果向政府相关部门提交风险评估报告，为政府部门与消费者进行科学的风险交流提供了科学依据，制定的三聚氰胺临时限量标准获得了世界卫生组织等国际组织的认可。科学研究的进步也促进了制度建设，2009年颁布的《食品安全法》明确国家建立食品安全风险评估制度，并将其作为制定、修订食品安全标准和对食品安全实施监督管理的科学依据。2011年国务院和中央机构编制委员会办公室批准组建的国家食品安全风险评估中心就是在中国疾病预防控制中心营养与食品安全所建立的风险评估研究基地基础上组建的。

出入境检验检疫风险评估和监测监管能力大幅提高。一是建立了检疫性有害生物定量评估入侵风险的方法及风险分析理论模型。对世界范围约5万种有害生物进行系统风险评估研究，确认435种/属具有重要检疫意义，经SPS咨询获国际认可，由国家以法令形式颁布为新的“进境植物检疫性有害生物”。二是完成了425种动物疫病风险分析报告，确定了185种进境动物传染病、寄生虫病。三是建立了分子检测鉴定技术，研发了原木、水果等大宗农林产品除害处理技术和装备。四是建立了化学品安全测试、毒性检测实验室安全评价与质量控制技术。五是研究开发了便携式拉曼光谱仪、多通道读卡仪国产设备及试剂盒88种，建立了细菌、芽孢、病毒等五类病原体流式编码多靶标同步分析技术，南非口蹄疫、裂谷热等动物疫病磁微粒ELISA及125种灾害生物等快检方法，围绕仪器、试剂（卡、盒）及方法构建了较为完整的快检技术系统。

出入境检验检疫安全标准制定渐成体系，有效应对国际法规。一是首次由我国主导制定发布ISO/TC229纳米材料技术规范国际标准2项，大力提升了我国在前沿科技领域国际标准制定中的主导地位和话语权。二是制定风险分析、检测、监测、处理等植物检疫各环节标准68项；建立了我国化学品检测技术标准体系。三是制定发布的GHS、REACH近200项标准用于出口检验，为有效履行联合国《全球化学品统一分类与标签制度》（GHS）和应对欧盟《化学品注册、评估、许可和限制》（REACH）法规涉及的环保、卫生、安监提供了技术依据，为我国每年1 000多亿美元化工产品出口提供了技术支撑，有效破解了发达国家化学品技术性贸易措施。四是提出符合欧盟RoHS的检测标准体系框架，研制系列相应国家标准及检验检疫行业标准并用于出口检验，为我国每年数千亿美元电子电器产品出口提供了检验检测依据，每年减少经济损失约10亿元。

（四）社会安全

在经济社会加速发展的大背景和新形势下，为建成小康社会创造良好、稳定的社会环境成为重要主题，利用科技进步支撑社会安全保障能力水平提升是关键环节。特别是面对“知识经济”与“信息社会”的挑战，加强社会安全科技工作意义尤其重大。针对社会安全方面的热点、难点问题和公安业务工作的实际情况，加大投入力度，拓展领域范围，在刑事技术（法庭科学）、技术侦查、网络侦查、禁毒、安全技术防范、出入境管理、大型活动安全保卫、消防、交通安全管理、警用信息通信和警用装备 11 个社会安全重点业务工作领域开展立项研究。

主要的突破性进展包括：①刑事技术领域。在个体识别、物证溯源、DNA 专用检测等关键技术上取得突破，其中，在“十五”自主研发 DNA 检验试剂的基础上进一步成功研发法医 DNA 专用检测平台，关键技术指标均达到进口产品技术水平，改变了我国法医 DNA 实验室核心技术装备受制于人的局面。②技术侦察领域。成功研发毒品及原植物遥感监测、查缉、来源推断等禁毒新技术，其中吸毒人员瞳孔快速检测设备弥补了我国现有吸毒人员快速检测技术和设备的空白。③城市社会治安综合防控体系建设关键技术取得突破，其中人脸识别监控产品评测系统建立了国内外规模最大、种类最多的人脸图像库，赢得了对人脸识别产品性能评价的话语权。④采用 RFID（radio frequency identification，射频识别）技术、生物特征识别技术、高安全物理及数字防伪技术相结合的中国普通电子护照使我国的旅行证件进入国际先进行列，有效提高我国出入境管理水平；研发的重大政治、社会活动证件及管理技术保障了北京奥运会、上海世博会等重大国际性活动的成功举办。⑤警用非致命性武器装备发展步伐加快，其中低能量非致命弹药自动发射技术在射程、威力、作用面积、弹药效能、装弹及时性、火力密集度等技术指标和使用性能方面达到了国际先进水平。

（五）应急平台技术

突发事件应急是公共安全的核心内容，科学技术是有效应对突发事件、提升应急能力的支撑手段。为贯彻落实党的十六届六中全会关于“按照预防与应急并重、常态与非常态结合的原则，建立统一高效的应急信息平台”精神，根据《国家中长期科学和技术发展规划纲要（2006—2020 年）》等有关要求，从 2006 年起陆续开展应急平台研发和建设工作。2007 年 4 月，科技部批复同意由国务院应急管理办公室组织实施“十一五”国家科技支撑计划重大项目“国家应急平台体系关键技术研究与应用示范”，这是应急管理体系建设的一项基础性工作。通过科研攻关，在国家应急平台体系设计构建、次生衍生事件综合预测预警方法、应急通信系统技术、移动应急平台技术、国务院应急平台系统集成技术、国务院应急平台数据库系统与应急应用软件、国务院应急平台安全保障与容灾备份系统设计技术、多级多方协同会商与态势推演等关键技术上取得了重大创新与突破；在国家应急平台技术原型系统研制，以事件链、预案链为基础的综合预测预警，应用软件和多方协同等方面具有特色；实现了自动化、智能化应急管理的技术跨越，为建立健全统一指挥、功能齐全、反应灵敏、运转高效的应急机制以及预防和妥善应对各类突发事件提供了先进的技术手段；首次开创了我国国家公共安全与防灾减灾政府管理系统，从国家到地方的应急管理指挥体系基本形成。

政府应急平台具有“平战结合”的双重功效：突发事件发生时，能迅速获取现场信息和数据，结合各种基础数据，科学分析突发事件的发展趋势，评估危险级别，快速调出数字预案，综合专家救援意见，协助制订现场作战方案；平时能分析潜在风险，模拟灾害发生场景进行预案演练，通过信息门户教育公众，提供生动的灾害避难与救援信息。不同地区、不同部门应急平台按照国家规范互联互通，实现了数据和信息的共享，促进了应急联动和沟通协调，为各级政府的高效应急提供有力支撑。

国家应急平台体系研发过程中的阶段性成果已经广泛应用于各类突发事件的政府应急，发挥了重要的支撑作用：①2008 年初雨雪冰冻灾害期间，协调有关部门和地方将现场图像和京珠高速公路的监控图像接入国务院应急平台，为领导指挥决策提供了参考。②2008 年四川汶川地震抗震救灾期间，及时将中国科学院在唐家山堰塞湖的监控图像接入总理办公室，供领导察看现场情况。③2009 年防控甲型 H1N1 流感期间，通过研发的传染病蔓延模型等，对流感病例的输入和传染情况进行了跟踪监测和统计分析，分析结果以《值班报告（特刊）》形式多次报送党中央、国务院领导同志。④2010 年处置“3・28”华晋焦煤王家岭煤矿透水事故期间，中央领导多次通过移动应急平台与现场抢险救援指挥部召开视频会议，研究部署相关工作。⑤2010 年青海玉树抗震救灾期间，在前方搭建了与国务院应急平台相连通的现场在线会商系统，及时将结古镇及周边地区的大比例地形图数据及高清晰影像从北京传往玉树，并基于相关预测与分析模型，对地震的烈度分布、周边可用资源、人口和交通等进行分析，为前方提供数据服务和决策支持。⑥2011 年利比亚撤侨行动中，系统制作的 16 张专题图为国务院领导指挥撤离行动提供了支持。

（六）重大活动期间

重大政治与社会活动证件管理系统集成技术用于 2008 年北京奥运会、残奥会，完成了 31 个奥运竞赛场馆举办的 39 场测试赛的制证工作，设计制作各类人员证件近 16 万张，辅助证件、专场活动证、非注册新闻中心证件、奥运相关活动证件 320 万张，在好运北京棒球和沙滩排球两项赛事及北京奥运会非注册媒体新闻中心出入口部署的通道式验证设备，共查验人员 20 余万次；在中华人民共和国成立 60 周年庆祝活动中制作国庆四场预演活动及国庆当天庆祝大会和国庆联欢晚会证件 1 200 类 1 750 976 张。

依托国家科技计划研发食品中涉奥违禁药物检测方法成功应用于 2008 年北京奥运会、山东全运会、广州亚运会、深圳大运会的食品检测，检测结果准确率接近 100%，有效杜绝了食源性兴奋剂事件的发生，为保障大型运动会的食品安全提供了有力支撑；三聚氰胺、瘦肉精等 50 种食品中有害化学物质的快速检测试剂盒和检测卡，在 2008 年北京奥运会、2009 年国庆 60 周年、2010 年上海世博会、2010 年广州亚运会等重大活动中累积检测样品数量超过 1 300 万批次，效果显著。毒品单抗试剂盒在北京奥运会食物安全保卫工作中共使用 20 000 份，对食品和饮用水进行毒品、毒物快速检测，克服了传统仪器速度慢、无法承担现场快速定性筛选检验任务的缺陷，得到有关部门领导的高度评价。上海市应用 RFID 溯源技术对世博会零售供应的盒饭进行全程监控，世博会半年期间没有发生与盒饭相关的食品安全事件。

HAN 阻隔防爆系统于 2008 年奥运期间在涉奥场所周边 300 米内加油站和奥运定点加油站进行推广，为奥运安全保障提供了有效的技术支撑。烟花爆竹生产与燃放技术装备有效提升了烟花爆竹生产、储存、运输、燃放的安全性和环保性，在向百姓供给更安全的烟花爆竹产品的同时，在 2008 年北京奥运会、2009 年国庆 60 周年、2010 年上海世博会、2010 年广州亚运会等大型焰火燃放活动中安全表演。舞台设备检验检测技术及标准在广州白云国际会议中心、上海大剧院、华侨城集团等二十几个舞台实现示范应用，2012 年服务于中央电视台春晚舞台的设备监理和检验，春晚舞台的安全使用和精彩效果得到了中央领导“创意多多、美伦美奂”的高度评价与中央电视台的充分肯定，为科技惠及民生开拓了全新领域。

建立了奥运气象服务信息发布平台、世博公共气象服务系统及基于 GIS 的交通气象预警信息服务系统平台等，为 2008 年北京奥运会、2009 年国庆 60 周年、2010 年上海世博会、2010 年广州亚运会等重大活动提供了气象服务和保障。

二、基于国内外典型突发事件案例的需求分析

通过国内外典型突发事件案例的分析，可以看到随着人类社会的快速发展，各方面联系日益紧密，脆弱性也不断增强，突发事件往往具有显著的复杂性和严峻性，对社会的正常运行和人类的生命健康造成的威胁不断加大，对公共安全管理提出了更高的要求，对科技的需求日益提升。

1. 印度洋地震海啸

2004 年 12 月 26 日的印度尼西亚苏门答腊发生地震海啸，2 小时后海啸到达斯里兰卡。海啸传播速度约 800 千米/小时，岸边水头高度平均为 4~6 米，最高达 10 米，这场地震海啸造成近 30 万人死亡和失踪。这场灾难凸显了预测预警系统的缺乏、应急通信与信息发布渠道不畅、地震海啸的机理研究和科学预测不足等问题。

2. 吉化双苯厂爆炸事件

2005 年 11 月 13 日，吉化公司因违反操作流程，处理不当，苯胺装置发生爆炸，导致人员伤亡和约 100 吨苯类污染物流入松花江水体，造成跨省水域污染和中心城市多日停水，进而引发社会安全事件。吉化双苯厂爆炸及其衍生事件警示我们要提高预测预警能力，建立完善的信息发布系统，加强事故发生发展衍生机理及决策基础研究，建立并完善多部门协同应对机制和加强多目标多阶段的应急决策理论研究。

3. 卡特里娜飓风

2005 年 8 月的卡特里娜飓风是 21 世纪美国经济损失最严重的自然灾害。据统计，约 1 209 人丧生，50 万人无家可归，受灾人口高达 500 万，经济损失 2 000 亿美元，导致 40 万人失业，引发危险化学品泄漏、水质污染和弧菌病蔓延，当地政府机关瘫痪，形成无政府状态，灾区社会秩序失控，公众心理状态严重失衡，社会内部潜在的各种矛盾和利益冲突集中爆发，犯罪团伙趁机兴风作浪，造成新的人员伤亡和财产损失。卡特里娜飓风这一自然灾害引发了环境污染、生产安全事故、疫病疫情和社会安全事件。卡特里娜飓风及其引发的公共卫生和社会安全事件则暴露出要加强飓风发生机理与蔓延规律，多重突发公共事件的衍生与耦合，多部门、多层级的信息互通，救援力量优化调度和应急资源优化配置，灾害心理学和行为学，大规模人员疏散避难策略等方面的研究。

4. “9·11”事件

2001 年 9 月 11 日，纽约世贸中心遭恐怖袭击，造成 3 栋建筑整体坍塌，2 825 人遇难，其中包括 343 名专职消防人员。“9·11”事件带来的警示是需要加强防恐反恐的国家战略和科学技术，无预警情况下应对重特大突发公共事件的决策指挥及救援处置，灾难事故现场的信息获取和传递，建筑物在火灾和原有力荷载共同作用下破坏与坍塌的机理、临界条件和防范措施，重大建筑火灾环境下公众的心理、行为与疏散避难等方面的研究。

5. SARS 和 MERS

2002 年 11 月，广东省佛山市首发 SARS。短短的几个月，SARS 便很快传播到我国 26 个省市和全球 32 个国家与地区。截至 2003 年 7 月 11 日，世界卫生组织共接到 8 437 例 SARS 确诊病例报告，死亡 813 人，我国是流行最严重的国家，共报告了 5 327 例确诊病例，死亡 348 人。而 MERS 的首发病例出现在 2012 年 3~4 月，经过两年的时间，截至 2014 年 5 月 7 日累积确诊病例是 572 例。广东省惠州市出现国内首例输入性 MERS 确诊病例后，惠州市卫生计生部门立即将其进行隔离治疗，并对其密切接触者就地隔离观察。经过 14 天的医学观察，在广东省内的 75 名密切接触者解除隔离，从 5 月 28 日我国出现首例输入性 MERS 病例到患者处于康复期，整个过程传染源头始终处于可控制范围，也没有造成院内感染，我国的应急防控体系经受住了严峻考验。

究其原因，2003 年的 SARS 疫情对我国的公共卫生应急处置体系是“一次洗礼”。经过了 SARS 之后，在日益健全的公共卫生应急管理体系基础上，相关科技水平提升，包括基于流行病学的预防研究、基于数据统计的蔓延预警预测、临床治疗药物的开发及应急联动相关技术等都获得了很大提高。SARS 之后，在应对 H7N9 流感、埃博拉疫情中，我国的传染病应急防控体系经受住了考验。

6. 天津滨海新区爆炸事故

2015 年 8 月 12 日，位于天津滨海新区塘沽开发区的天津东疆保税港区瑞海国际物流有限公司所属危险品仓库发生爆炸。截至 2015 年 8 月 26 日 15 时，天津港“8・12”瑞海国际物流有限公司危险化学品仓库爆炸事故遇难者人数已达 139 人，仍有 34 人失联。该事件对于科技发展提出的需求主要包括应急现场危险物的快速鉴别、有毒有害危险化学品的科学处理、救援人员的个人防护装备等。

综合以上案例分析，一次又一次的灾难事故对公共安全科技提出了警示和启示。

（1）重视突发事件的综合预测。例如，气象灾害方面，对于厄尔尼诺现象和拉尼娜现象，气象和海洋学的专家、学者已有大量研究，对于这类现象可能带来的异常气候也有估计，我国的相关监测系统也提示了拉尼娜现象的出现。但在实际的气象预报中并没有将这些因素汇总在一起进行综合分析，也没有考虑某些地区常年气候条件下骤变的后果，因而没有在更早期针对可能出现的严重异常天气进行预报，而只是给出了常规的短期气象预报。一旦对可能带来的影响估计不足，基本就不会较早地进行有针对性的事前准备。可见，突发事件的预测不仅要考虑事件本身，还要考虑其后续和次生效应，并考虑承灾载体的实际情况，进行综合预测，从而使预测结果具有更强的针对性和实用性。

（2）重视次生灾害的综合预警。例如，2008年的雨雪冰冻灾害初期，有关部门就发布了低温和雨雪天气预警，之后暴雪的气象预警更是升级为一级红色。但该预警信息只是单纯的气象预警，没有涉及异常恶劣的气象条件可能对交通、电力等系统的影响。相关部门也没有意识到气象预警与本系统的相关性，没有及时跟踪预测可能的灾害并发布相应的预警。例如，针对电网和交通的应急预案都没有较早启动。直到灾害影响已经明显表现出来，电力、交通等部门才开始进入应急状态，错过了应对灾害的最佳时机。从系统的角度来看，系统越完备，系统各组成部分或子系统间的相关性就越强，局部破坏导致链效应或多米诺效应的可能性也就越大。因此，对于突发事件的预警需要考虑可能的次生灾害进行综合性的预警。

（3）重视面向应急管理的协同技术。对各类事故案例的调研发现，在灾害应对的过程中，部门之间、部门与地方之间、地方与地方之间、地方与中央之间及政府与公众之间缺乏及时有效的沟通，灾害应对的协同性不足。例如，道路交通设施受到破坏后，没有及时的联动信息发布，有关基层单位，如高速公路、火车站、机场、各用工单位等，并没有及时采取措施进行疏导，导致大量汽车仍继续进入高速公路，大量人员持续涌入火车站、汽车站等，造成较大规模的拥堵。这说明管理层和基层单位间的协同不足。由于铁路部门和当地政府信息的沟通与协调不足，在列车停止、断水断粮后，乘客无法获知具体情况又没有得到及时救助，事态的局势失控。可见，要实现良好的应对效果，必须重视多主体、多层次间的协同应对。

（4）重视提高基础设施的抗灾能力。提高基础设施的抗灾能力是从根本上提高安全性的措施。以电网为例，雨雪冰冻灾害中南方地区多省电网发生输电线路断线、输电设施倒塌的情况，导致大范围停电。其原因如下：一方面，南方地区的电网建设标准低，输电线路抗覆冰能力不足；另一方面，输电线路本身不具有覆冰自动报警和自动融冰能力，只能靠人员巡查发现覆冰情况并采用人工敲打的方式破冰，费时费力。在如此大范围的恶劣低温天气条件下，人工巡查和破冰的能力和效率远远无法满足需求。雨雪冰冻灾害之后，南方多省开始进行电网变电站融冰改造。通过覆冰预警系统实时监测线路覆冰厚度，采用自动融冰技术对输电线路覆冰进行融冰获得了成功。科技手段的应用切实提高了基础设施的抗灾能力。

（5）以人为主要对象的安全防护与救援技术。我国许多重大危险源周边人口密度高、环境复杂，公众安全保护难度大、技术要求高。目前我国重大危险源周边公众安全保护体系尚不完善，一些重特大事故造成了周边公众生命财产的重大损失。在短时间内安全地大范围疏散安置高密集人群是减轻灾后人员伤亡最积极而有效的途径之一。灾害应急疏散的主要工作就是要对整个疏散系统进行合理规划，使其发挥最大效率，把受灾区域内的居民迅速及时地转移到安全地点。发展大城市和城市群重大风险源地震破坏快速识别与疏散关键技术，发展基于物联网技术、现代化 IT 技术、3G/4G 无线通信技术巨灾现场救援力量调配管理技术和灾害现场通信技术，将是大城市和城市群地震巨灾应急救援的重要技术保障。

三、国内外公共安全科技发展现状

公共安全管理对科技的需求不断提升，是各国同样面对的问题。科技是提高公共安全管理的重要基础和保障。实践表明，高新科技在公共安全事件应急管理领域的引入，对突发事件的预防、处置、恢复等各环节都起到了减少损失、提高效率和节约成本的功效。因此，世界各国政府都十分重视公共安全科技保障体系建设，但各有侧重。

1. 美国

早在 1979 年，美国政府根据一系列灾害及各种突发公共事件，成立了总统直接领导的 FEMA，统管全国公共安全科技保障体系建设，公共安全科研成果统一由 FEMA 来管理。这种体制消除了行业间的交流障碍，使科研成果在实践中发挥最大效能。FEMA 在“9・11”事件以及炭疽热病菌袭击事件之后，动员了所有联邦机构的科技资源与能力，开展广泛的科学研究与实验，为有效应对生化武器、传染病和其他威胁公共安全的突发事件，提供必要的知识、技术和设备，在全国范围建立多级实验室反应网络。社会媒体充分利用现代网络通信，对不同类型的公共安全预警预防制度和应急制度进行广泛宣传和普及，促进突发性灾难得到及时有效的解决，以尽快恢复正常的生活秩序。各类公共安全指挥系统定期进行不同范围、不同级别突发事件的应急预演。为应对突发性灾难事件，美国除足够的应急物资储备外，还建立了一个全国性资源目录，一旦危机爆发，可以清楚地知道从什么地方调配什么资源，动用哪些高新技术设施。美国在 2015 年公布的全美未来 20 年公共安全科技发展路线图中，则特别强化了无缝宽带公共安全通信网络技术的研发与应用，其规划的系列技术主要集中于为警察、消防员、紧急医疗服务和其他急救等提供基于定位所需的各类服务。一系列数字技术的变化趋势将潜在影响公共安全通信。可穿戴技术的进步将在未来 5~10 年得以实现，物联网与公共安全的充分融合也将于未来 10~20 年普遍应用，现在以语音通信为基础的公共安全通信在某些领域也将被数据通信替代。

2. 日本

日本的公共安全科技保障体系在应对“天灾人祸”等各种突发性公共事件中发挥着非常重要的作用，尤其注重现代科技在公共安全减灾中的应用。日本地形地貌复杂，整个国家处于灾害频发的自然环境条件下。日本政府认为，要增强对自然灾害的抵御能力，必须依靠科技手段提高对气候、海洋的监测水平。为此，日本成立了防灾省，任命了防灾大臣，设立了国立防灾研究所，每年投入上百亿日元，平均每个科研人员一亿多日元。近年日本在积极利用遥感遥测技术，提高灾害气候的监测预警水平。一是发展地球同步轨道气象卫星；二是建立高精度、全天候实时监测的对地观测卫星系统，包括日本地球资源卫星、先进地球观测卫星与先进陆地观测卫星；三是使用风廓线雷达网实现大气立体实时监测；四是发展高性能计算技术提高气象数据处理和监测预报水平；五是加强新一代遥感遥测技术的研究与开发，包括开发三维监测系统，研发全球环境监测技术，开发新一代机载合成孔径雷达等。与此同时，还积极开展长期气候研究，努力把握气候变化规律。经过多年艰苦努力，日本已取得积极成效，灾害气候的监测预报水平不断提高，使灾害损失得到最大限度的减少。

3. 意大利

2004 年，意大利国家应急委员会建立了新的指挥中心大楼，建立了应对突发事件决策支持系统、应急救援信息共享系统、资源配置体系和联合办公机制等。各灾害相关部门在该楼中派驻代表联合办公，并通过网络信息技术与消防、公安、科研单位实时相连，楼内还有 24 小时工作监控和情况分析中心、联合办公会商室、飞行器调度室、海运实时监控室、综合地图室、决策指挥大厅等。国家应急委员会先进的指挥系统和有效的协调机制使意大利防灾减灾和应急救援方面处于欧洲领先地位。意大利应对突发公共危机事件的科技手段主要表现在：一是积极开展防灾减灾和救灾的科研工作，国家研究委员会、国家新技术能源和环境委员会、国家地球物理与火山研究院等国家研究机构非常注重各种灾害的监测预测工作，近年来尤其重视将最新的卫星技术和信息通信技术应用到防灾减灾和救灾工作当中；二是非常重视利用信息技术建立信息共享和指挥调度系统，确保各有关单位信息共享；三是积极参加欧盟在布鲁塞尔建立的监控和信息中心建设，积极参加欧盟地中海地区灾害信息网建设；四是利用信息技术疏导民众开展救助，为维护社会稳定起到重要作用。

4. 法国

法国政府根据各种灾害及突发公共危机事件，设有内务部民事防务和公共安全局，加强国家灾害科研工作，管辖全国 24 万名消防队员及有关机构，有先进信息系统及应对灾害和突发事件的现代装备。法国是一个自然灾害频发的国家，法国国家科研中心把自然灾害预防列为该中心优先研究领域，2002 年启动地球与环境科学激励协调行动，优先课题是土地运动、利用空间和地面测量方法进行连续测量及地层高精度成像。应用领域包括活动断层、火山、引力运动、城市地震影响和洪水监测，确保降低灾害风险成为国家和地方的优先和重点。长期以来，法国政府不断加大研究投入，为防灾减灾科学决策及经济社会发展提供了有力的技术支撑。

四、公共安全管理对科技发展提出的挑战

基于国内外案例分析和发达国家公共安全科技发展态势的总结，结合当前我国公共安全管理面临的形式，可以从以下方面分析问题和挑战。

（一）城镇安全

公共安全的重点在城市。城市是人类文明与创新的核心载体，安全是现代化城市的第一要素，城市安全是城市可持续战略的重要组成部分。目前世界已经进入城市社会时代，我国也已进入加快城市化进程的阶段，城市化水平已经从 1978 年的 17.4%提高到 2012 年的 53%。同时随着我国工业化和城镇化进程的推进，城镇人口密度增加，城镇公共安全形势日趋严重。2012 年 12 月中央经济工作会议指出城镇化是现代化建设的历史任务，也是扩大内需的最大潜力所在。目前，“城镇化”被提高到“全面建成小康社会的载体”之一，上升至“实现经济发展方式转变的重点”之一。城镇集中了我国社会经济发展的最重要的成果。城镇公共安全已经成为社会各层面普遍关注的问题。我国 70%以上的大城市，半数以上的人口分布在灾害频发区，城镇面临各种灾害事件的巨大威胁。同时各种极端灾害往往不是单一灾害（自然灾害、事故灾难、公共卫生事件和社会安全事件）作用而是伴随着多种灾害的次生或耦合。另外，科技发展和应用加速了城镇新安全问题的产生；城镇经济发展迅速和不平衡使社会不安定因素增多，各种人为破坏事件多发。显然城镇可以被认为是人的行为、城镇建筑设施、灾害作用共同组成的“人-物-灾害作用”的复杂系统，而城镇规划、建设、运行、再发展各阶段紧密相关，脆弱性、抗灾力、现场处置能力密不可分，因此急需开展城镇全生命周期的安全保障共性技术的研究。

（二）自然灾害

地震、台风、暴雨、洪水、地质灾害、森林火灾等仍是我国主要的自然灾害，

自然灾害的监测、预警、风险评估和应急处置技术水平仍需不断提升，特别是当今对台风强度和暴雨预报预测水平仍然很低，气象自主创新能力有待进一步提高。同时，其他气象灾害（如气象干旱、强对流、雷电、雾霾、暴雪等）和高影响天气/极端天气的预测技术不能满足社会对公共安全快速增长的需求。另外，随着城镇化进程的加快，自然灾害次生衍生灾害总体形势日趋严重，堰塞湖、溃坝、决堤险情等重大灾害的监测预警技术仍需重点研发。

（三）安全生产

我国经济社会发展对能源、原材料等需求居高不下，矿井深部开采、化工园区规模化发展、城市地下管网施工运行等方面的安全问题凸显，安全保障面临严峻考验，特别是瓦斯突出、冲击地压、热害等矿井灾害特点都呈现出新的变化，出现了多种灾害耦合，增大了灾害的复杂性，防治难度更大。职业健康形势依然严峻，职业病危害的接触人数、职业病新发病例数、累计病例数和死亡病例数均居世界首位，并且呈现越来越严重的趋势。核与辐射安全日趋严重，且危害及社会影响极大，核恐慌情绪极易在普通民众中蔓延，需要强化核与辐射事故的剂量、类型和时间的快速检测技术及事故不同阶段的公众心理干预技术等方面的研究。重大工业装备有了新的特点：向超大型化、高参数和服役条件苛刻化等方向发展，因此保障新特点下的重大工业装备的安全，需有针对性地、系统而全面地开展重大工业装备安全保障关键技术研究，实现长周期运行和全寿命的动态安全管理。

（四）食品安全与检验检疫

社会公众对食品安全日趋关注，党的十八大报告中有两处提及食品安全，一处在社会矛盾分析中提及，另一处在“改善民生和创新管理中加强社会建设”中提及“改革和完善食品药品安全监管体制机制”。因此，食品安全监管的科技支撑是最重要的民生科技之一，需结合新形势下的民生科技需求，大力发展食品安全关键技术和设备研发，提升食品安全保障能力。口岸是实现我国与世界各国贸易便利化与保障国家经济安全的关口和国门屏障，近年来我国经济跃居全球经济总量和国际贸易总额第二大国的地位，对外贸易和人员往来规模不断扩大。检验检疫“靠数据说话，以技术执法”，责任重大，科技作用凸显。口岸技术能力和科技水平直接决定了在国境防控重大疫病疫情（如 SARS、甲型 H1N1 流感）和促进外贸外交方面的成效，也关乎我国在下一轮全球化竞争中的能力和地位。

（五）社会安全

加快网络犯罪侦查技术的研究成为国计民生的重大课题。截至目前，我国网民人数居世界第一，互联网普及率超过世界平均水平，深入进行网络犯罪侦查技术研究正处于关键的战略机遇期，急需开展面向新形势下的网络犯罪侦查的共性技术的研究，为网络犯罪侦查提供强有力的技术手段。网络安全保卫给国家安全带来新挑战：网络新技术、新应用快速发展，新的安全问题和挑战不断显现，对我国信息化建设和产业发展形成制约。交通事故预防和交通拥堵带来新挑战：新形势下我国道路交通事故预防、城市缓堵疏堵、服务群众等技术手段相对滞后于工作需要，应研究如何从主动安全的角度通过实时防控措施来防止交通事故的发生及提高运行效率。物联网等新型技术带来技侦发展的新趋势：现有手段无法对其进行有效的侦控和反制，迫切需要对传统器材实现智能化、网络化改造，以适应信息技侦发展的新趋势。司法鉴定领域新的需求和新的要求：法庭科学面临多方面的任务与挑战，如国际纷争、恐怖活动、涉外案件等新情况新问题大量涌现，案件数量不断攀升、检验范围不断拓展、检材类型与检验需求层出不穷等。新形势下消防安全问题日益严重：各种新材料、新工艺、新产品、新技术广泛应用，高层、地下、异型建筑大量出现，石油、化工、新型能源产业迅速发展，危险化学品泄漏、爆炸等安全事故日趋增多，非传统消防安全问题与传统消防安全问题相互交织、相互影响，火灾防控和灭火救援难度越来越大，消防应急救援和社会救助任务越来越繁重。

（六）应急平台

进一步提高国家公共安全应急平台技术体系的数字化、智能化、一体化水平和对突发事件的响应与应对效率仍任重道远，尤其要提高基于物联网技术的突发事件数据获取与快速分析能力，提高各级应急平台对突发事件的快速有效应急能力，提高对突发事件及其应急的科学预测与评估能力，提高国家公共安全应急平台体系的决策与指挥能力。随着物联网、云计算等信息技术，以及公共安全相关技术的进步，并应用于应急平台核心技术的研发，应急平台技术体系在突发事件应对方面的作用将得到进一步提高。

五、公共安全管理对科技的重大需求分析

面对公共安全管理面临的严峻形势，仍存在科技能力不足的现实问题，需要不断创新和发展，努力提升科技支撑能力。主要表现为以下几方面。

1）公共安全领域的基础研究任务部署有待加强

在基础研究方面，公共安全领域的科技问题涉及各种基础学科的交叉，包含众多复杂科学问题，必须加强对公共安全事件、事故、灾害的孕育—发生—发展—演化机理探索、预测理论、危险性分析和风险评估及控制理论等公共安全基础理论的研究。公共安全领域涉及的各种灾害往往呈现高频次、多领域发生和相互次

生衍生并耦合发生的态势，灾害相互之间的次生衍生则可能形成灾害链，灾害链上各灾害事件在时间和空间上密切相关，灾害链中各灾害之间相互作用、相互影响，灾害彼此之间及各灾害与环境之间不断进行着物质、能量和信息的交换，形成紧密联系和相互制约的复杂反馈系统，其发展状况呈现复杂性、连锁性及危机的放大性特征。因此在研究层面应重视由单一灾害的研究向多灾种耦合灾害链复杂演变及其防治技术研究转变。总体来看，目前在城市灾害、工业灾害、自然灾害、社会安全等领域的多灾种/事件的关联性研究尚显不足。例如，在自然灾害领域内部，各种自然灾害（如台风、暴雨、滑坡、泥石流）彼此相互耦合次生衍生的灾害预测预报技术和风险评估技术的研究亟待加强。城市灾害、工业灾害等引发的社会事件（包括舆情事件、社会群体事件等）的风险评估研究也有待加强。

2）公共安全信息资源整合与技术集成性研究部署有待加强

基础信息共享机制的缺失是公共安全领域研究成果运用于实际的极大障碍。例如，重大突发事件发生时的应急响应，科学快速决策对信息的需求既庞杂又紧迫，而当前我国基础信息共享的机制尚未建立起来，信息获取难、更新难已成为各种高新技术实际运用于灾害风险管理与应急响应的巨大障碍。《中共中央关于构建社会主义和谐社会若干重大问题的决定》《国务院关于全面加强应急管理工作的意见》均明确要求加快建设“统一高效的应急平台体系”。从任务部署情况看，针对“国家公共安全应急信息平台”优先主题实施的重大项目“国家应急平台体系关键技术研究与应用示范”取得重大进展，设计了应急平台体系总体方案，研发了事件链、预案链综合预测预警和决策支撑技术，构建了应急平台体系软件系统和数据库，建立了跨领域、跨层级、跨地域的多方协同会商模式，实现了国家应急平台体系关键技术的突破、系统集成与应用。重大项目主要面向国家和省级应急平台研发的实际需求，投入较多人力和物力进行顶层设计和研发，取得了较为突出的成果并获得了初步应用。但灾害发生、发展的源头主要在城镇，截至 2015 年末，全国共有 334 个地市级、2 850 个县级和 39 787 个乡镇级行政区划单位，需要结合我国城镇化进程，综合分析城镇安全保障的重大需求，加大城镇全生命周期的安全保障关键技术的集成性研究的投入，开展城镇安全规划、建设工程与设施安全、运行监测与安全预警、脆弱性与抗灾能力评价，以及城镇突发事件应急技术和装备的研发。这些均有赖于以部门和地方公共安全资源为基础，以资源整合和信息共享为手段，对各优先主题的公共安全技术的集成性研究。

3）满足公共安全管理需求的科技投入仍严重不足

《国家中长期科学和技术发展规划纲要（2006—2020 年）》实施以来，科技经费有较大增加，但由于历史基础薄弱，相比公共安全的严峻形势，科技经费依然明显不足。全社会的安全科技投入仍严重不足，无论是投入总量还是相对比例亟待提高。根据科技部对 36 个省（自治区、直辖市）、计划单列市及新疆生产建设兵团科技主管部门社会发展科技投入的初步统计，投入比例不足 10%的有 8 个部门，超过 30%的仅 5 个部门，公共安全科技投入在其中所占比例就更为微薄。另外，中央、地方、企业及全社会的多元化科技投入机制尚未形成，政府引导企业积极参与安全与应急产业发展的扶持政策和制度还有待进一步完善。

在应急平台关键技术方面尚未建立起国家重点实验室、国家工程技术研究中心等，食品安全与检验检疫领域的国家重点实验室也缺乏对于国家食品安全风险评估的保障支撑。尚未建立起公共安全领域内分布较为合理的专业实验室、大型工程试验基地、检测与评价中心，不能有效保障支撑公共安全技术及装备的自主研发。另外，针对多灾种/事件的关联性研究部署不足的现状，也需研制一批综合性、多功能的灾害、事故模拟实验装置，形成系列化、网络化公共安全科学实验系统。

公共安全事件的应对给我们提出了诸多新的挑战：一是如何实现全面监测监控，并且快速、动态地全面了解突发事件现场的状况；二是如何科学预测原生事件及其次生、衍生事件的发展趋势、后果并及时预警；三是如何科学决策、综合协调和高效处置那些跨层级、跨部门、跨区域、跨行业的重特大突发事件等。显然，要想回答和解决这些问题，就需要从政治、经济、文化、科技等多方面寻求支持，而科技理论、方法、技术和装备的创新与应用无疑是不可或缺的。

我国公共安全面临严峻挑战，对科技提出重大战略需求，其发展思路如下：①加强对突发公共事件快速反应和应急处置的技术支持。以信息、智能化技术应用为先导，发展国家公共安全多功能、一体化应急保障技术，形成科学预测、有效防控与高效应急的公共安全技术体系。②提高早期发现与防范能力。重点研究煤矿等生产事故、突发社会安全事件和自然灾害、核安全及生物安全等的监测、预警、预防技术。③增强应急救护综合能力。重点研究煤矿灾害、重大火灾、突发性重大自然灾害、危险化学品泄漏、群体性中毒等应急救援技术。④加快公共安全装备现代化。开发保障生产安全、食品安全、生物安全及社会安全等公共安全重大装备和系列防护产品，促进相关产业快速发展。公共安全的优先主题包括国家公共安全应急信息平台、重大生产事故预警与救援、危险品安全与出入境检验检疫、突发公共事件防范与快速处置、生物安全保障和重大自然灾害监测与防御。

1. 面向风险社会的需求，提高科学认知

各种突发公共危机事件的发生、发展和演变有其自身的规律和特点，只有深刻认识自然规律、社会经济发展规律、人与自然相互作用的规律，才能为科学预测与预防自然灾害、人为灾害和技术灾害提供理论依据。因此，应大力加强公共安全科技理论的基础研究，尤其应重点研究危害大、破坏性强、影响面广的重大

自然灾害，包括地震、泥石流、海啸、台风、洪水、干旱等，认识其孕育、发生、发展、演变和时空分布特征及其变化规律，以及灾种之间、灾害与生态环境、灾害与社会经济发展之间的相互关系。

2. 提供技术支撑

在灾害监测和预警方面，要综合运用遥感、地理信息、定位与网络通信技术，研发相关关键防控技术和定量监测技术，及时捕捉各种异常现象，严密跟踪其发生发展过程和变化趋势，重点研究自然灾害、突发社会安全事件、重大安全事故及核安全与生物安全等的监测、预警与预防技术，提高早期发现与防范能力。

在灾害的预测和预报方面，应重点围绕自然灾害、事故灾难、公共卫生事件和社会安全事件，研发相关预测预报技术、方法和手段，提高对重大灾害的预测预报水平。

在防灾减灾应用研究和技术开发方面，应运用信息技术、生物技术、新材料、空间技术等，开发防灾减灾新装备和新产品；重点研究煤矿灾害、重大火灾、突发性重大自然灾害、危险化学品泄漏、群体性中毒等应急救援技术，增强应急救护综合能力；开发保障生产安全、食品安全、生物安全及社会安全等公共安全重大装备和系列防护产品，加快公共安全装备现代化。

在社会治安方面，还应重点放在打击犯罪关键技术、破获重大案件科技能力上，研制开发一批公安科技新成果、新技术、新方法，为侦查破案、防控犯罪、提高治安行政管理水平和预防治安灾害事故等提供强有力的技术支撑。

3. 加强对突发公共事件快速反应和应急处置的技术支持

以信息、智能化技术应用为先导，发展国家公共安全多功能、一体化应急保障技术，形成科学预测、有效防控与高效应急的公共安全技术系统；重点研究国家一体化公共安全应急决策指挥平台集成技术等，构建国家公共安全早期监测、快速预警并具有决策敏感性、预案周密性和行动准确性的高效处置一体化应急指挥平台，包括自然灾害监测与预警体系的能力建设、国家综合减灾与风险管理信息共享平台建设等，以期大幅提高我国保障公共安全和处置突发事件的能力。

4. 建立健全共享信息的公共安全科研体制

我国的灾害研究一般都属于相应的行业主管部门，造成信息交流和成果共享方面的重重困难，因而建立一套科学的科研体制是当务之急。要优化整合各类科技资源，将依靠科技建立自然灾害防御体系纳入国家和各地区各部门发展规划。在当今的公共安全危机管理研究中，制定高新技术在防灾减灾事业中的应用政策和技术规范，有利于鼓励和确保高新技术在防灾减灾实践中的应用，有利于这些科技成果的共享。为此，要加强政府对公共安全危机管理的政策科学研究，有计划地对各级党政干部进行危机管理培训，提高危机管理政策水平和危机处理能力。要加大国家对公共安全的科技资金投入，加强公共安全学科建设与人才培养，加强先进适用技术的推广应用。此外，通过国际交流与合作，可以学习国际先进经验。

六、发挥科技支撑促进公共安全管理的建议

1）全面加强公共安全科技的领导

相关部门、地方要把发展公共安全科技作为中心任务之一，强化落实，务求实效。在相关部门之间和部门与省（自治区、直辖市）会商中，要把加快发展公共安全科技作为重要议题，共同推进公共安全科技发展；各基层科技主管部门要把发展公共安全科技作为重点任务，充分利用各种资源，做好社会发展科技成果转化和服务工作。进一步鼓励公共安全领域的前瞻性、基础性和原始创新性的科学研究，促进不同学科间的开拓、交叉、渗透与结合。用好国家在财税、金融、知识产权、人才、科技创新基地、平台建设等方面一系列激励自主创新的政策措施，推进公共安全技术研发和科技成果的转化应用。支持鼓励应急装备技术研发和产业发展，促进公共安全产业链的形成和发展。

2）切实加大公共安全科技的投入

积极创造有利的条件，加大公共财政对公共安全领域的科技投入，逐步提高各类科技计划支持公共安全科技研究开发的投入比例；积极引导和拓展社会资本、风险基金、担保机构、成果转化资金等多种渠道的投入，建立完善公共安全科技创新的投资机制；形成全社会的多元化公共安全科技投入机制，使公共安全科技领域的经费投入与保障国家公共安全的实际需求相适应。增加科研项目经费中绩效支出费用（人员费）的预算，保障研究力量的投入。公共安全科技涉及面广，包括非竞争性和非排他性的纯公共科技产品混合的或准公共利益特性的共性技术产品。前者诸如国防与社会安全科技、预防自然灾害的科技等，后者诸如生产安全科技、公共卫生科技等。应根据公共安全科技的不同功能来确定投入主体。针对纯公共性安全科技的共有性特征，它的投入主体应由政府投资来解决。对于混合性的共性技术，由于它既具有公共性特征，又具有市场性特征，故它的投入主体是比较复杂的。目前发达国家通过三种方式来解决共性技术的投入问题。一是由政府和企业形成战略联盟；二是资助企业与企业或企业与大学、研究机构联合开发；三是通过减免所得税和 R&D 的税收等财税政策来鼓励企业对共性技术的投入。这对于解决目前我国公共安全科技的投入问题具有重要的意义。

3）加强公共安全科技合作

积极引进国外先进技术与经验，按照“走出去、请进来”的国际科技合作原则，加强与国外技术交流与合作，及时跟踪了解世界公共安全技术及装备发展，努力实现我国公共安全科技发展与世界先进水平同步发展。调动各方面的积极性和主动性，优先支持公共安全领域国家重点实验室、国家工程技术研究中心等科技支撑条件建设；充分发挥政府部门的主导作用、市场对科技资源配置的基础性作用、企业在技术创新中的主体作用、国家科研机构的骨干和引领作用、高等院校的生力军作用和科技中介机构的服务作用，加强科学数据和科技资源的整合、集成、共享、保存和更新，提高利用效率，逐步建立“政、产、学、研、用”相结合的公共安全科技协同创新机制。

4）加强公共安全人才培养和公众知识普及

合理利用高等教育和科技资源，吸纳高素质人员进入公共安全科技领域，加强公共安全学科建设和高层次专业人才队伍培养。将公共安全科技知识纳入国民教育，鼓励公共安全教材与科普手册的编写与出版，充分利用多渠道、多层次的宣传媒体与平台，加强公共安全知识的宣传，提高全民公共安全意识、知识水平和避险自救能力。公共安全问题的不确定性使公共安全科技的发展处于滞后和难以评估它的价值的境地。鉴于这种情况，我们可以根据预防原则和动态原则解决公共安全科技本身的风险问题。预防原则要求公共安全科技的发展应从事后处理向事前预防转变。消除公共安全存在的潜在问题，充分发挥公共安全科技的作用。动态原则要求建立与公共安全问题相关的动态管理和创新体系，包括公共安全问题信息系统、公共安全科技基础研究与应用研究系统、公共安全科技标准及测试系统、公共安全科技转化系统，使公共安全科技处于动态的管理体系之中。遵循动态原则有助于解决公共安全问题的不确定性，促进公共安全科技的发展。

通过交流、增强透明度来鼓励利益相关者的积极参与，不断改变不同群体的认知模式。一方面，社会交流在认知推理过程中具有重要的作用。“媒体的反应、重视程度和采取协调一致的行动可以直接影响到个人如何评估潜在风险和益处。”因此，我们需要通过各种媒体传播公共安全科技的特征和功能，积极引导企业和公众关注公共安全科技，促进公共安全科技的发展。另一方面，通过增强透明度，以鼓励利益相关者的积极参与。公共安全科技与公共安全问题紧密相关。因此，公共管理部门对于相关的公共安全科技政策的制定，需要企业与公众的广泛参与，以增强透明度，鼓励企业和公众对公共安全科技的投入。

第八章　东日本大地震案例分析及对公共安全管理的启示

公共安全管理的能力和效率是在突发事件的应对过程中得到体现和检验的，特别是非常规突发事件的应对为公共安全管理体系和政策的完善提供了宝贵的学习机会。对非常规突发事件展开深入的案例研究，总结其应对过程中的主要经验和教训对于完善公共安全管理理论和政策具有重要意义。本章通过东日本大地震的案例分析，检视了本书中提出的公共安全管理若干原则，为加强公共安全管理提供了鲜活的教材。

第一节　东日本大地震概述

一、东日本大地震的灾害损失和主要特征

2011年日本东京时间3月11日14点46分，日本东北部海域发生里氏9.0级特大地震，并引发强烈海啸和福岛第一核电站的放射性物质泄漏事故，给日本人民造成重大损失，也影响了周边国家。日本警察厅统计的数据显示，截至2012年2月13日，因地震和海啸死亡的人数为15 850人，警方有备案记录的失踪人数为3 283人。据《每日新闻》报道，截至2015年3月，日本还有22.9万人过着避难疏散生活，其中81 730人仍居住在预制板搭建的临时住宅。地震同时造成了巨大的经济损失，据日本内阁府分析，灾区直接损失的资产金额高达16兆~25兆日元，占日本2010年GDP的3%~5%，成为日本历史上造成损失最惨重的自然灾难，远远超过1995年阪神大地震和2005年横扫新奥尔良的卡特里娜飓风。

东日本大地震是一种复合型链式巨灾，出现了许多新的特征——震级剧烈、波及面广，引发了海啸、核泄漏事故等多重灾难，次生衍生灾害损失严重，造成城市系统一度瘫痪，其涟漪效应波及邻近国家，对日本是一次最为严峻的挑战。地震及其次生衍生灾害对日本的综合实力及其全球影响力带来沉重打击，使得原本就深陷后国际金融危机泥淖的日本经济复苏更为艰难，也使得日本民众不得不

面对核事故的长期影响。

由于特有的地质构造条件和自然地理环境，我国是世界上遭受自然灾害最严重的国家之一。与日本较为完善的备灾体系相比，我国防灾减灾规划及应急管理体系建设总体上仍存在诸多需要改进和完善之处。如何借鉴他国巨灾应对的经验，提出适合我国国情的政策建议，从而提高我国的应急管理能力和防灾减灾水平是本章研究的主要目标。

二、东日本大地震应对过程概述

地震发生后，日本气象厅及时发布了地震和海啸预警信息，中央和地方政府迅速成立了相应的应对指挥机构，消防、警察、海上保安厅及自卫队合作，紧急调动消防救援队、航空消防队、海上消防队和部队等各种力量，本着优先救助生命的原则开展了最大规模的救助活动。同时，积极动员社会各界参与救援工作。具体应对过程情况如下。

3 月 11 日 14 时 46 分，地震发生后 25.8 秒，日本气象厅的紧急地震速报系统向公众发布了第一次预警信息。此时，主要破坏性震动尚未到达陆地，预警系统对即将到来的强震动的地震烈度做出了预测，预警震级为 7.2 级。

14 时 49 分，日本气象厅向北海道太平洋沿岸、青森县、岩手县、宫城县、福岛县、茨城县、千叶县等沿海 37 个市町村发出了大海啸和海啸警报。日本各大电视台、广播电台迅速将消息传遍到可能受灾的海岸，并告知各段海岸线海啸到达时间。

14 时 50 分，震后 4 分钟，在首相官邸地下一层 7×24 小时运作的“首相官邸危机管理中心”立即设立了“首相官邸对策室”，内阁府立刻集合紧急集合小组，迅速启动了针对东日本大地震的应急响应决策指挥体系。正在参加国会预算会议的菅直人首相立刻停止会议，从国会会议室赶到首相官邸，做出四项指示：确认灾情和震情；确保居民的安全和采取初期避难措施；确保生命线和恢复交通；竭尽全力向灾民提供确切的信息。

日本政府各职能部门及受灾地区地方政府也及时成立了相应的灾害应对机构，如防卫省先于内阁府设立了省内的“灾害对策部”，并与灾区之间紧急履行了派兵的法律程序；负责消防和医疗急救的消防厅在 14 时 46 分马上成立了“消防厅灾害对策本部”，并在东北地区和东京湾的石化基地设立了“消防厅石化基地特命班”；受灾的岩手县、宫城县、青森县在 14 时 46 分，福岛县在 15 时 05 分，茨城县在 15 时 10 分根据地方防灾规划分别设立了地方政府灾害对策指挥部。在震后第一时间，三个重点灾区（宫城、岩手、福岛三县）的行政长官向防卫省发出了派兵救灾的请求。

15 时 00 分，紧急集合小组立刻就灾害应急救援开始进行讨论和确认。

15 时 01 分，震后 15 分钟，航空自卫队派遣直升机和战斗机飞赴灾区调查灾情。

15 时 03 分，消防长官通知灾区和周边地区 9 个县的航空消防队准备出动。

15 时 04 分，厚生劳动省通知全国所有灾害紧急医疗队做好准备和待命。

15 时 14 分，中央政府设立了“紧急灾害对策本部”。

15 时 27 分，首相发布命令，要求自卫队做好准备，采取最大限度的行动。海陆空 8 000 余名自卫队员、300 架飞机、40 艘舰艇已经完成集结，从不同基地驰援灾区，12 日凌晨到达灾区后全面投入了抗震救灾。

15 时 37 分，中央政府召开第一次紧急灾害对策本部会议，并制定了“有关灾害应急对策的基本方针”。

15 时 40 分，消防长官发布命令，从全国各地派遣紧急消防救援队。至 12 日 20 时，共派遣紧急消防救援队 1 085 个分队，航空消防队 39 个，海上消防队 2 个。

16 时 00 分，日本政府召开了第二次紧急灾害对策本部会议。会后，官房长官发出指示，所有中央政府部门的行政负责人全部到各自的部门，在地方的行政负责人必须立即返回东京，在东北地区滞留的行政人员要收集掌握当地灾区的情况并及时联系汇报。厚生劳动省正式派遣 146 个医疗队赶赴灾区，并研究派遣第二批 116 个医疗队。

16 时 54 分，菅直人首相召开记者招待会，指出灾情很严重，国家立刻成立抗灾指挥部，菅直人首相出任总指挥部长，国家将竭尽全力进行抗灾救援，希望国民继续注意听取电视和收音机的报道，沉着冷静地行动。

16 时 57 分开始，官房长官召开记者新闻发布会，介绍有关细节问题。

18 时 20 分，防灾担当大臣发出指示，要求中央、各地方及媒体等相关机构呼吁沿岸的车辆驾驶人等收听车内的收音机，密切注意海啸和应急避难。

18 时 42 分，中央政府首相向灾害损失最严重的宫城县派遣政府调查团。

19 时 03 分，中央政府根据《核能灾害对策特别措施法》，成立“核能灾害对策本部”，菅直人首相宣布进入“核能灾害紧急状态”。

19 时 23 分，第三次紧急灾害对策本部会议召开。

19 时 30 分，防卫大臣向自卫队发布核能灾害应急派遣命令。

20 时，厚生劳动省宣布《灾害救助法》适用地区为 39 个受灾地方政府。根据该法，中央政府开始生活救助。

20 时 10 分官房长官发出指示：为了帮助回家有困难的人员，中央政府各部门要尽全力采取对策、最大限度开放车站附近的政府公共设施。

3 月 12 日凌晨 0 时 15 分和 3 时 12 分，官房长官相继召开新闻发布会，通报有关灾情和政府应对措施。

地震后，日本东京电力公司福岛第一核电站 1 号和 2 号机组自动停止运行，用于冷却反应堆的应急柴油发电机因海啸损坏无法正常运行，不能继续对核反应堆进行冷却。鉴于无法确认是否存在放射性物质外泄问题，3 月 11 日晚，日本首相菅直人根据《核能灾害对策特别措施法》发布“核能紧急事态宣言”。

3 月 12 日，日本经济产业省原子能安全保安院首次确认有核电站的放射性物质泄漏到外部，确定堆芯燃料正在熔化。凌晨 5 时 40 分，日本首相菅直人向核电站半径 3 千米范围内居民发出避难指示，要求 3~10 千米范围内居民在室内避难。7 点 01 分，首相菅直人乘机抵达福岛第一核电站视察情况。

3 月 13 日 11 点，东京电力公司宣布福岛核电站 3 号机组出现“紧急状态”，公司已经采取排气减压、灌注淡水等措施。这是地震发生后日本核电站第一次宣布进入紧急状态。按照“国际核能事件分级表”，将核电站爆炸泄漏事故定为 4 级，即造成“局部性危害”。同时，日本宣布女川核电站危机进入国家紧急状态。日本政府下令福岛核电站反应堆制造商之一的东芝公司帮助解决核电站问题。

3 月 14 日上午，福岛核电站 3 号机组核反应堆厂房发生氢气爆炸。核电站测出存在中子辐射，日本向美国核能管理委员会和国际原子能机构正式提出请求，希望能得到技术援助来解决核电站问题。

3 月 15 日，日本政府与东京电力公司联合成立了“福岛核电站事故对策统合总部”，由菅直人亲自担任总部长。日本自卫队的特殊防化部队赶到福岛第一核电站，接替自卫队特殊武器防护队负责核反应堆的除尘工作。政府指示核电站 20~30 千米范围内居民在室内避难；4 号机组核反应堆厂房发生氢气爆炸；2 号机组传出爆炸声，反应堆容器的压力控制室可能出现破损。

3 月 18 日，经济产业省原子能安全保安院根据“国际核能事件分级表”公布本次核事故为 5 级。国际原子能机构的专家小组抵达日本，在获得日本政府的同意后，前往福岛县对福岛核电站的核辐射问题展开调查，并提供相应的技术支持。美国核管理委员会派出多名专家赶赴日本，协助处理因地震引发的福岛核事故带来的安全危机。

4 月 11 日，在紧急灾害对策本部第十五次会议上，日本政府将在核电站方圆 20 千米内的地区划定为“计划疏散区域”，呼吁居民在 1 个月左右的时间内前往其他地区避难。同日，日本政府公布了恢复重建计划。政府制定了有关减轻灾民税务负担及保障就业等措施的各项特别法案，出台了针对地方重建的财政援助政策，采取了减轻财产受损者所得税、退还企业曾缴纳的税金等措施，还增设了“复兴担当相”等阁僚职位。同时，由有关专家和相关团体组成审议会和协商委员会，从专家角度讨论并提出建议，根据“住宅”“就业”等课题设置 10 个小组，研究恢复重建工作。

4 月 12 日，经济产业省原子能安全保安院宣布，根据“国际核能事件分级表”

将福岛核电站事故上调至最高级别 7 级。

4 月 17 日，东京电力公司公布了福岛核电站事后恢复路线图。

5 月 24 日，日本政府召开内阁会议，成立了一个负责调查福岛第一核电站事故的委员会，由核电站专家和法律专家等 10 人组成，负责调查福岛第一核电站事故原因及研究防止核电站再发生类似事故的对策。

6 月 14 日，《防灾白皮书》在内阁会议上被讨论通过并同时报告于国会。《防灾白皮书》主要记述了截至 5 月末的东日本大震灾的状况及政府所采取的相关应对措施。

6 月 24 日，《东日本地震恢复重建基本法》（东日本大震灾复兴基本法）公布并施行。25 日，东日本大震灾复兴构想会议总结归纳了“恢复重建建议”。26 日，关于今后的海啸防灾对策的基本思考，在中央防灾会议里设立的专门调查会进行了中期成果的总结汇报。

经过半年多的努力，日本国内重建工作逐步走上正轨，生产和社会生活基本恢复正常，经济下滑势头得到初步遏制。日本政府计划用 5~10 年时间，投入 23 万亿日元（约合 3 000 亿美元）完成灾区重建复兴。但灾后重建，尤其是对核事故影响的处置将是一个漫长而艰苦的过程。

第二节　东日本大地震应对的主要经验

一、先进的地震、海啸监测预测体系为及时预警提供了技术支撑

日本先进的地震速报预警、海啸监测预测体系在此次应对中发挥了重要作用。数百万民众在地震横波和海啸到来前得到预警信息，为自救互救、逃生避难提供了机会，特别是生命线工程自动处置措施、列车自动刹车系统，使得东北新干线等灾区运营中的 27 列高铁安全停车，有效防止了次生灾害的发生。

二、成熟的安全文化与应急避难体系为应急处置与救援奠定了基础

日本将防灾宣传教育作为重大国策，学校和社区每年均开展多次防灾教育和避险训练。经常性的教育使日本国民树立了忧患意识和自救→互救→公救的意识，普遍掌握了防灾避险和自救互救技能。此次地震发生后，民众沉着镇定，积极开展自救、互救与公救活动，媒体冷静面对，社会秩序总体稳定，展现出可贵

的国民素质。同时，日本政府在每个村镇都利用学校、体育场馆、公共建筑等设立了室内避难场所，震后无须搭建帐篷，灾民就得到了及时安置。

三、坚实的基础建筑和抗震能力减少了人员财产损失

日本具有世界先进的建筑抗震能力标准，在此次地震中发挥了重要作用。此次地震震级高达 9.0 级，一方面，由于最近的陆地建筑距震中也在 130 千米以上，另一方面，日本建筑物有优良的抗震能力，地震受损的建筑不多。日本的高设防标准、高警惕意识有效地减少了生命和财产损失。1995 年，日本阪神大地震造成 6 433 人死亡，其中有 83.3%的遇难者是由于建筑物倒塌和火灾所致。此后，日本政府连续 3 次修改《建筑基准法》，不断提高各类建筑的抗震标准，目标是 2015 年将房屋住宅的耐震率由 75% 提高到 90%，2020 年达到 95%。此次地震中，压死、房屋毁坏致死的不到总死亡人数的 4.4%。值得一提的是，日本政府对“学校的耐震性”极为重视，目前公立中小学校设施的耐震率已达 67.0%，接受抗震诊断的校舍已占 96.2%。在全国死亡和失踪人数统计中，国立、公立和私立学校死亡仅 91 人，受伤 176 人。这一数字在全部死亡人口中占很小比例。

四、根据灾情适时调整法律法规和防灾对策为灾后科学应对提供了依据

日本政府根据灾害发生后的实际情况，对相关的防灾对策进行了及时必要的修改，如在此次地震的认定与赔偿方面，首相菅直人 4 月 13 日决定简化《灾民生活重建支援法》中所规定的补贴金支付手续，政府通过航拍照片确认海啸受灾区域，为灾后生活和生产的恢复提供便利；考虑东日本大地震灾区的地表松动情况，气象厅降低了有关地区发布大雨警报、预警和土沙灾害警戒情报、洪水警报预警及洪水预报的标准；在因地表下沉安全度降低的区域，内阁府修改了液状化对策，各级政府与相关省、厅合作，实施建设海岸堤防等防止二次灾害发生的措施；针对地震监测情况，日本政府提出了要强化和促进东海、东南海、南海地震（三个海域同时发生地震）及首都直下地震相关措施的实施等。2011 年 6 月 24 日，《东日本地震恢复重建基本法》公布并施行。这些基于现实灾情判断而进行调整的法律法规及防灾对策充分保证了灾后应对的科学性。需要强调的是，灾后日本政府组织各方力量，及时开展了灾情与应对措施的中期评估，编写并公布了 2011 年版《防灾白皮书》，并进一步总结经验教训，以不断推进防灾减灾工作。

五、平等对待外国公民，积极配合多国驻日机构做好安置和转移工作

地震发生后，日本外务省迅速了解东京外交使团及国际机构人员等在日人员安全情况，并通过相关省厅、团体、东京使团及旅行社等渠道搜集在日东北灾区的外国人安全信息。日本红十字会和红十字会国际委员会迅速启动以确认在日外国人安全情况为主的网站。在安置受灾民众时，日本政府对外国公民与本国公民平等对待，提供相同条件的饮食和住宿安排。随着核泄漏事故情况日益严重，肯尼亚等 20 多个国家暂时关闭驻日使领馆，德国、瑞士、奥地利等国将使领馆临时迁至关西地区。日本政府对此予以尊重。美、俄、法、德、韩等多国紧急撤侨，日本政府对此予以配合，并向各国使团询及是否考虑在东京设置侨民安置点。在我国政府协助我国公民自主自愿撤离过程中，日本政府在交通等方面提供了便利，新潟县政府腾出四个当地最好的场所安置我国公民，并设立核辐射监测中心。

六、灵活运用各种舆论和方法开展危机公关争取国际社会支持

日本政府积极开展危机公关与救灾外交活动，努力争取国际社会的支持。地震第三天起，外务省每天针对驻东京使团和国际机构举行说明会，介绍福岛核事故处理进展；外务省网站用日、英、中、韩四种语言，驻外使领馆网站通过微博、电视访谈、接受采访等多种方式广做工作，表明日本政府处理核事故和推进灾后重建的信心和决心。据统计，震后两个月内日本政府相关信息宣传介绍达 1 500 件之多。菅直人首相向《华盛顿邮报》《纽约时报》《国际先驱论坛报》投稿，说明日本政府处理核事故进展和灾后重建计划，文章被 76 个国家的 156 家媒体转载。2011 年 4 月中旬日本参议院通过了感谢各国支援日本抗震救灾的决议。同时，菅直人首相主动或应约与中、美、韩、澳、俄、印、英、德等国领导人通话，感谢各国援助，并于出席 G8 会议和访问法国、比利时期间，与法国总统萨科齐、加拿大总理哈珀、美国总统奥巴马等分别举行了会谈。在 6 月中日韩领导人会议期间，温家宝总理和韩国总统李明博专程赴宫城县和福岛县慰问灾民，进一步转达了我国人民和韩国人民的友好情谊，减少了国际上对灾区的不利传言。

七、媒体及时、客观、全面的报道为公众传递了真实、可信的信息

日本电视台对此次地震进行了全方位立体式报道，尤其是地震速报预警、海啸监测预警信息和海啸的实况等主要是通过媒体发布的。震后三天，NHK 电台邀请地震、海啸、核事故的研究者、应急管理专家及地方政府有关部门的负责人等参与，制作了名为“日本东北关东大地震”的纪录片，对此次大地震进行了详细解读。对关于日本灾后救助不及时、核泄漏事故信息发布混乱等批评，各大新闻媒体也进行了客观的评论和分析。日本媒体还吸取了阪神大地震的教训，避免渲染灾难的痛苦场景，而将更多的时间用来及时发布救援信息、公布核危机处理进展、普及辐射知识等。NHK 电台在东日本大地震报道中以其一贯的冷静、迅速、持续报道、深度分析赢得了日本观众和国内外同行及受众的关注与赞赏。

第三节　东日本大地震应对的主要教训

东日本大地震中日本公民的守秩序和自救互救令人为之动容，而日本政府和东京电力公司在处置核泄漏时的优柔寡断、贻误战机及其信息披露不充分不及时等让世界为之失望，教训是深刻的。

一、地震灾害预案不能满足巨灾情景的应对需求

东日本大地震暴露出应对巨灾，特别是应对海啸和核泄漏的准备明显不足。日本原有的海啸预案附着在地震预案之后，属于地震预案的一部分，但通过此次实践发现，这样的海啸预案无法满足灾害处置的各种要求。因此，日本政府开始考虑单列海啸预案。此外，日本政府也开始反思确保首都中枢机能的方案、应对因灾无法回家者及大量避难者的对策措施等。另外，灾害避难图的预测与灾害实际发生情况存在较大差距。日本制定了区域灾害避难图，但这次部分地区的灾害避难范围远远小于实际情况。对此，日本政府提出了完善实践性的灾害预测图、充实防灾教育和防灾训练、建设海啸避难楼和避难道路等对策和措施，努力提高地区整体的巨灾防灾能力。同时，据日本有关学者 2006 年的调查研究发现，仅有 15%的日本沿海城市绘制了海啸灾害地图，必须改进灾害地图类型并提升这一比例。

二、预警准确度不高，预警信息覆盖范围有限

中央防灾会议设立专门调查会，就地震和海啸对策进行研讨。该调查会认为，地震发生后气象厅发出的地震规模、海啸高度的预测要远小于实际发生的，而最初被低估的海啸规模警报使居民和救援者的行动迟缓，扩大受灾的程度。另外，震后通信、电力等基础设施严重受损，电视、广播、手机等预警传播渠道不畅，导致海啸预警发出后，仍有将近半数民众没有得到相关信息。震后统计显示，43%的居民没有听到海啸警报，45%的居民没有接收到政府撤离民众、分发食品等方面的通告。因此，如何提高地震、海啸预警的科学性和准确度，拓宽灾害预警传播渠道，提高预警的受众比例仍是急需改进的问题。

三、应急演练实战性不强，难以有效应对突发巨灾

日本政府之前并没有充分认识到海啸对陆地造成的严重损失，因此平时演练针对的只是一般性地震和海啸灾害，为了便利，避难演练往往只会组织民众到较高地带的避难场所，而不会到最高的避难场所。而此次海啸的规模如此之大，以至于在一般避难场所已经不能满足避难需求，演习的僵化导致了部分群众意识不到海啸的严重性，选择在较低位置进行避难，造成了大量人员伤亡。演练的不足与不到位问题在福岛核电站事故的处理中也暴露无遗。由于没有充分组织和实施针对特别重大事故的现场处置演习与培训，也未开展与相关部门的协作演习，此次福岛核事故处理过程中核电站应急中心与核应急总指挥部、前沿指挥部的沟通，与自卫队、警察和消防部门之间的协调联动都出现低效率，甚至无效率现象。本次事故发生前的所有核应急演练，都是在假想事故情形下，局部安全功能丧失但很快能恢复这一前提下开展的。像本次地震和海啸复合型链式巨灾所导致的核事故，在以往的演习场景中从未考虑过。

四、救灾速度迟缓，灾民特别是老年人安置问题突出

僵化刻板的地方自治导致中央政府与地方政府协调不顺，走向极端的完美主义（循规蹈矩）和墨守成规往往延误解决问题的有利时机，再加上交通道路受损、信息报送延迟等原因，到 3 月 23 日，日本东北部重灾区不少避难所内仍旧实行饭团配给；许多震后数小时内捐赠的国际援助物资迟迟无法发运，直到地震发生一周后，大量承载救灾物资的车辆才开始驶往灾区；一些日本企业、民间团体希望能帮助政府救灾，但由于存在常规状态下审批等各种程序的约束，往往受到很大

限制，一些外国医生志愿前往灾区，却因没有日本行医执照，只能在“最小和必要”范围内医治灾民；不少国外捐赠的药品难以发放，原因是这些药品来不及通过日本监管部门认证等。灾民特别是老年人由于免疫力降低，加上饥饿、寒冷、睡眠不足、未及时治疗，60岁及以上的死亡灾民占总死亡人数的65%，老年人死亡问题成为最受关注的问题之一。

五、核应急准备明显不足，未考虑严重事故的应对策略

日本核电技术长期以来名列世界前茅，在多年安全运行的情况下，日本政府和企业自信心膨胀、对灾害规模评估过于乐观以及疏于安全管理等因素，导致福岛核电站遭遇地震后措手不及。核电部门事先从未设想过震级高达9级的地震，防波堤、备用电源等防御措施在关键时刻失效。特别是在处置核泄漏过程中未能及时有效应对，在弃堆与保堆问题上错过了最宝贵的8小时；在拒绝与求援（3月16日）问题上错过了控制核泄漏的最佳时机；2011年3月15日，日本自卫队的特殊防化部队赶到福岛第一核电站，接替自卫队特殊武器防护队负责核反应堆的除尘工作。但是，他们仅练习过如何应对原子弹袭击，从来没有接受过核电站的核辐射防化处理的训练，所以对如何应对核反应堆事故毫无经验；在后期处理冷却用的核污水时，也因找不到紧急存储容器进一步延误了事故处理时间，最终只能把污染物排入大海，污染了周边环境。

受地震海啸影响，事故初期，应征人员短缺，场外核应急指挥中心等一些重要设施和设备遭受破坏，使事故早期阶段核应急体系的建立和运转遇到很大困难；核应急响应行动的区域超出10千米烟羽应急计划区（是指针对放射性烟云引起的照射而建立的应急计划）范围，但事前没有充分考虑居民避迁长期化等问题。面对巨大自然灾害和重大核事故的耦合，通信联络、人员调集、物资运输等方面都遇到了巨大困难。由于核事故的影响，早期采取的一些应急行动，如应急撤离、屋内隐蔽等，原本是作为短期应急措施来考虑的，只能被迫延长。同时，《原子力灾害对策特别处置法》是以日本茨城县东海村的铀加工厂发生临界事故（1999年）为契机建立起来的，与之相适应的核应急准备工作，并没有把严重事故的发生作为未来可能的现实来考虑，其有效性也未得到充分验证。总之，没有从最坏、最严重的情况考虑和准备。

六、核电建设及管理体制不顺，核安全管理的组织机构有待规范

日本经济产业省除负责执行核能政策及核电站立项审批外，还将担负安全生

产重任的原子能安全保安院设置为附属机构，导致原子能安全保安院实质上无法对“同出一门”的核电站运营实施严格监管。同时，电力企业多聘请经济产业省退休“干部”担任顾问，遇事可凭借老关系敷衍抹平。事实上，日本多数核电站在日常运营中小事故不断，但缺乏外来压力和监管迫其整改。福岛核电站在事故前一个月时就已发现设备老化等问题，终因吝惜成本和侥幸心理而酿成大祸。此外，在确保核安全方面，日本政府部门有不同的职能分工，如经济产业省下的原子能安全保安院负责核安全管理，直属内阁府的核安全委员会对核安全管理进行监督，地方政府和相关政府部门负责环境辐射监测工作等。但是，关于公众安全并没有一个明确的责任主体。

七、核事故处置信息披露不充分不及时，国际社会对其多有疑虑和指责

政府信息来源的滞后影响了救灾决策的制定与实施。日本《产经新闻》撰稿人乾正人批评说，政府部门信息公开缓慢，为种种流言提供了土壤，让人猜测政府是不是想隐瞒事实。对于民众最为关心的福岛核电站的问题，尤其是1~4号机组因冷却装置失灵引起高温下的锆水反应，造成氢气爆炸和厂房失火，社会上陆续有如反应堆安全壳破坏、堆芯熔化、乏燃料池水流出等消息传播，而政府方面却没有及时更新信息，致使民众出现不安。另外，日本政府发布核泄漏数据含混且前后矛盾，引起了民众的不满和猜疑。东京电力公司一天之内两次发布核电厂积水辐射物质浓度，前后相差10万倍。日本政府公信力备受质疑，国际原子能机构批评日本政府信息公开不足。美国科学与国际安全研究所、法国核安全局及多个国家的核安全研究机构均认为，为减少恐慌，日本政府在“信息发布问题上有明显的选择性”。不少国家民众怀疑日本政府有意遮掩、隐瞒事故严重程度，导致不少侨民大规模撤离日本或向日本南部转移。

八、行政体系割裂，官僚作风严重，影响应急救灾协作和效率

在救援方面暴露出日本现行法规所导致的条块分割的弊病。由于各行政机构条块分割严重，政令不一，动用直升机要防卫大臣批准，用高压水车要警视厅长官批准，消防车要东京都知事批准等，这些问题导致未能在第一时间由首相官邸一元化指挥紧急调配国家资源，没有形成灾区地方政府与中央政府之间高效的协作与互动，日本市町村各级基层政府抗灾和自救能力未能得到充分利用，在一定

程度上迟延了救灾速度，降低了救灾效率。日本有“官僚政治”传统，“繁文缛节”太多，中央政府体制内的“政”“官”分离，且政党之间因“政治主导”等问题存在一定的矛盾等，致使执政党及内阁府指挥调控力有限，各方在救灾行动中难以形成合力，影响了日本政府的危机管理能力与救灾效率。

第四节　我国针对此次地震相关的应对措施

一、我国应对福岛核事故有关工作情况

（一）工业和信息化部（国家国防科技工业局）主要应对工作

在国务院应急办公室统一领导和指挥下，设在工业和信息化部（国家国防科技工业局）的国家核应急办公室积极会同有关部门在九个方面开展了应对日本核事故的相关工作。

一是工业和信息化部（国家国防科技工业局）以国家核事故应急协调委员会名义紧急下发《关于进一步做好核事故应急工作的通知》，要求各级核应急组织认真贯彻国务院领导指示精神，结合实际进一步加强核应急工作。

二是加强与国际原子能机构、国际气象组织和全面禁止核试验条约组织等国际组织的联系，密切跟踪核事故的发展，及时向国务院领导报送动态信息。

三是组织力量，科学研判。组织国内科研机构和权威专家估算放射性物质释放量，评价事故严重程度，判断事故演变趋势。及早提出了日本核事故对我国环境和公众健康不会造成直接危害的基本判断，进而组织国内权威机构统一了事故源项的估计，并通过科学的分析计算，先于国际原子能机构 20 多天，得出了日本核事故释放出的放射性物质约为苏联切尔诺贝利事故的百分之十的准确判断。应对过程中，国家核应急办公室及时提交各种专题研究报告和建议，供国务院领导决策参考。

四是协调有关部门，监测我国境内空气中的放射性水平，以及水体、土壤、农作物中放射性沾污情况，进行综合研判。

五是执行每日会商制度，认真做好新闻发布工作。会同中共中央宣传部、外交部、工业和信息化部、环境保护部、卫生部、国家质检总局、气象局、国务院新闻办公室、国家海洋局等部门，每日会商大气、环境、海洋监测结果，研究国内社会公众的关切，结合专家的研判意见和分析，在央视新闻联播及其他主流媒体上共播报了 48 期“国家核事故应急协调委员会权威发布”。

六是协调统一对外口径，向有关部门提供了近百份对外口径材料。

七是指导质检和海关部门，稳妥处理了四十余起入境人员、货物、交通工具

等放射性超标事件。

八是组织开展了对军工核设施的安全大检查工作，确保我国军工核设施的运行安全。

九是加强国际交流。组织中国核应急专家代表团赴日交流，组织中国代表团参加国际原子能机构部长级核安全大会，宣传我国的方针政策，积极履行国际义务，向日本政府提出我国援助善意，及时向国际原子能机构通报情况等。

上述工作在正确引导舆论、及时消除公众疑虑、维护社会稳定及为中央领导决策提供支持方面发挥了积极作用，得到了充分肯定。

（二）环境保护部主要应对工作

为确保我国核与辐射安全，作为我国核与辐射安全监管职能部门，环境保护部党组高度重视，所属国家核安全局迅速启动核应急程序，组织动员广大党员干部进入应急状态，积极有序开展应对核泄漏的各项工作。在应急行动中，各级党组织、广大党员充分发挥战斗堡垒和先锋模范作用，以实际行动创先进、争优秀。截至目前，国内所有运行核电机组处于安全状态，辐射环境监测结果表明，我国环境辐射水平仍在本底范围之内，日本核事故未对我国环境及公众健康产生影响。

首先，紧急动员部署，第一时间进入核安全应急状态。日本福岛第一核电站发生泄漏事件后，环境保护部迅速落实中央领导的重要指示和批示，第一时间召开紧急会议，立即启动核与辐射事故应急机制。核安全管理司、核与辐射安全中心及华北、华东、华南、西南、东北与西北 6 个核与辐射安全监督站等相关部门和单位迅速行动起来。核安全中心在指令下达后 40 分钟集结完毕，并成立了常设、事故分析、放射性后果评价、应急监测、舆情跟踪、厂址安全评价和后勤保障共 7 个应急工作组，密切跟踪福岛核电站事故演变。国际合作司亚非拉处和核安全国际合作处加强与日方沟通，及时上报最新进展情况。各部门和单位齐心协力，分析研判事故发展进程、放射性物质迁移途径及影响程度。宣传教育司每天在环境保护部政府网站公布我国 41 个省会和部分地级市及 13 个运行核电机组周围环境辐射监测数据，并通过媒体正确引导公众舆论，为保持社会稳定发挥了积极作用，为党中央、国务院应急决策提供了有力保障。

其次，积极采取措施，全力以赴确保我国核与辐射安全。环境保护部国家核安全局在国家核事故应急协调委员会的领导下，迅速采取“八项措施”，积极稳妥应对日本核泄漏事件：一是启动核应急响应程序，密切关注跟踪事故进展，进行分析评估。二是全面启动环境辐射监测网络，每天发布的全国省会城市和部分地级市辐射环境自动监测站实时连续空气吸收剂量率监测值，成为全国乃至全世界关注的焦点。三是及时向有关方面报告有关信息和专家报告，每天编制多期《信息快报》、《信息简报》和《值班信息》，组织专家接受媒体采访，积极引导公众舆论，消除恐慌心理。四是第一时间要求国内核电站及时采取措施，防止受到次生灾害，特别是海啸的影响。五是加强正在运行的核设施的安全管理，加强监督检查，指导企业及时发现和消除隐患。六是组织对全国核设施进行安全大检查，通过全面细致的安全评估，切实排查安全隐患，采取相关措施，确保绝对安全。七是抓紧编制核安全规划，核安全规划批准前，暂停审批核电项目（包括开展前期工作的项目）。八是成立专家组，对日本核泄漏的根本原因、经验教训进行分析总结，提出我国的应对措施。

（三）国家海洋局主要应对工作

东日本地震海啸及核泄漏事故发生后，国家海洋局全面分析所面临的严峻形势，主要工作内容如下。

一是准确及时提供海洋环境信息。各级海洋行政主管部门按照管辖海域和职能，切实承担起所辖海域海洋环境监测、预测预报的责任，进一步强化海洋环境监测及预测预报工作。沿海各省（自治区、直辖市）及计划单列市海洋厅（局）及时开展所辖海域海水、海洋生物放射性监测及核污染扩散的预测预报工作。

二是加大新闻宣传和科普力度，正确引导社会舆论。各部门加强信息公开和宣传舆论工作，加强对新闻宣传的组织领导，做好核应急科普和宣传工作，及时在主要媒体定期公布海洋环境放射性污染监测预测结果。地方各级海洋厅（局）按照地方党委和政府的统一要求，及时准确地向社会发布监测预测信息。

三是及时开展分析总结，不断提高海洋环境突发事件应对能力。各单位抓紧分析评估，总结应对境外核辐射海洋环境监测领域存在的空白和不足，尽快提出解决措施和方案。此外，各级海洋行政主管部门要以此次事故为警示，严格审批事项，加强海洋环境影响评价及海域使用的管理。同时，要着手研究制定应对境外突发核泄漏事件对我国海洋环境影响的应急预案以及国内核应急事件海洋应急预案，加强海洋环境保护风险管理。

在前期应急工作的基础上，国家海洋局进一步强化工作部署，增加海上监测力量，增加海上监测站位，增加各要素的监测频率，增加技术分析手段。要求沿海各省（自治区、直辖市）及计划单列市海洋厅（局）及时开展管辖海域海洋环境放射性监测工作，国家海洋局各分局在渤黄海、东海和南海北部海域每天要保证 1~2 艘船执行海上监测任务，并在海洋站增加气溶胶监测内容。同时，针对核泄漏在极端情况下对海洋环境的影响及时开展分析评估，不断调整和完善工作部署。此外，日本这次核电站事故也对我国沿海核电站监管敲响了警钟，国家海洋局要求各级海洋行政主管部门要以此次事故为警示，按照国务院总体要求严格把关，严格审批事项，加强海洋环境影响评价及海域使用的管理。

二、我国对日援助的相关措施

“3·11”东日本大地震和海啸灾害发生以来，中国政府和人民高度关注，尽一切可能向日本提供必要的援助。

为支持日本政府和人民抗震救灾，2011 年 3 月 12 日，中国政府宣布向日本政府提供 3 000 万元人道主义救援物资。首批救援物资包括毛巾被、帐篷和紧急照明设备，于 3 月 14 日通过空运交付日方。3 月 13 日，15 名中国国际救援队员赴日本地震海啸灾区实施人道主义救援。3 月 24 日上午，搭载中国援日救灾泵车的国际客轮“苏州”号抵达大阪港国际渡轮客运站码头。应日本东京电力公司要求，三一重工紧急向日方免费捐赠救灾泵车，并提供全方位技术支持。3 月 28 日下午，中国援助日本的第二批救援物资从北京启运，此批物资包括 6 万瓶矿泉水和 325 万副橡胶手套，共计 96 吨、473 立方米，运往日本东京成田机场。3 月 29 日中午，中国政府向日本政府无偿援助的 1 万吨汽油和 1 万吨柴油，从大连港启运，于 4 月 1 日、2 日分别运抵日本广岛县江田岛港和爱媛县波方港。第三批救援物资于 3 月 31 日运抵东京成田机场。截至 2011 年 8 月，中国红十字会已向日本红十字会提供累计 7 300 万元的人道主义援助，善款将分批提供给日本红十字会。

三、我国部分地区抢购食盐事件的应对情况

2011 年 3 月 15 日，我国多个地方出现不同程度抢购食盐等商品的现象。党中央、国务院对此高度重视，中央领导同志多次做出重要批示和指示。各地区、各有关部门和单位迅速采取有效措施，保障市场供应和社会稳定。经多方努力，事件在发生后两三天内迅速得以平息。

这起抢购食盐事件是一起典型的由网络谣言引发的社会事件。事件发生后，党中央、国务院高度重视，胡锦涛、温家宝等领导同志多次做出重要批示指示，明确要求迅速部署应对工作。针对公众关心的问题，宣传部等有关部门及时组织新闻媒体大力宣传政府所采取的有关措施，找准民众关切点，宣传我国食盐等商品生产能力充足、库存充裕、供应有保障等情况，及时清楚地发布市场供求和价格信息并广泛进行科普宣传。同时有关部门和单位连夜布置加强食盐生产、调运、销售等各项工作，食盐定点生产企业全力以赴增加产量，充足的生产供应能力为赢得胜利提供了坚实的物质基础，增强了公众信心。

总体来看，这次应对工作有力、有序、有效，呈现了决策迅速、应对及时、着力准确、联动广泛的特点，为今后应对此类事件积累了宝贵经验。

第五节 主要启示与政策建议

一、从最坏最困难的情况考虑，做好应对巨灾的准备

按照适度超前、优先发展的原则，建设高效、安全的现代化市政基础设施体系。切实加强国家重要基础设施和关键资源的风险评估和保护工作。修订完善国家突发公共事件总体应急预案和各专项预案，切实增强预案的实用性与操作性。加强救援物资储备与分配、居民安置等领域的减灾与救灾综合标准体系建设，完善社区防灾减灾标准与规范。完善巨灾保险法律制度，逐步建立适合我国国情的巨灾保险机制。充分发挥企业在预防、应急准备、救援和应急产业中的重要作用，切实履行企业社会责任。

二、建立健全应急管理体制机制，提升政府危机管理能力和水平

按照“党委领导、政府负责、社会协同、公众参与、法制保障”的原则，在党中央领导下，成立国家公共安全应急管理委员会，加强国务院应急管理办公室建设，使之成为国家公共安全应急管理委员会的常设办事机构。加强国家相关突发公共事件应急指挥机构的建设，完善部门之间、部门与地方之间、军队和地方之间及邻近区域之间的应急联动、信息共享和协调机制，提高保障公共安全和处置突发事件的能力。提高领导应对危机管理水平。

三、及时准确传播信息，积极有效引导舆论

进一步建立健全统一的信息发布、获取和共享机制，提高应急通信保障能力，快速准确传递和公告重大突发事件信息。进一步提高各级政府及其有关部门领导和新闻发言人的综合素质，做到主动、及时、有利、有序、有效。建立健全地震信息公开制度，主动、如实公开地震断裂带、地震区划图等相关信息。加强对新媒体信息传播机理的研究，高度重视以社交网络为代表的新媒体展现出的即时性、扩散性、携带型、多样性和全球性，发挥其在灾情与寻亲信息、资源信息汇总与发布方面的积极作用，并寻求有效阻断突发事件被新媒体扭曲放大的对策措施。开展“提高媒体应对突发事件素质”的专项活动，加强道德规范建设，提高媒体从业者职业素养，确保相关报道准确、公平、公正、客观、冷静。

四、建立健全突发事件监测预警体系和灾情快速研判机制

抓紧建立地震速报预警系统和海啸预警系统。加大对灾害高发、频发地区预警体系的建设，建立和健全基于灾害特征的多样化、无缝隙、全覆盖的监测预警信息传递方法和灾情快速研判机制，特别是地震灾情的快速研判体制机制。加快建立和完善核设施、高速铁路、城市轨道交通、输油（气）管线、城市煤（天然）气管网、城市供水系统等重要工程、民生工程和生命线设施的安全预警与紧急自动处置系统。

五、实施国民防灾减灾素质提升计划，开展“全民减灾文化工程”

强化基层日常防灾演习和训练，特别是注重以社区为单位的自救互救能力与意识的培养。大力提升全民忧患意识和自救互救能力，提高公众尊重科学、遵守纪律、互助关爱的综合素质。深入系统地开展学校、家庭、社区防灾减灾教育，将灾害预防纳入学校基础教育课程，把防灾减灾科普宣传纳入文化科技卫生“三下乡”活动，加强基层的综合灾害应急培训和演练。

六、高度重视核能风险控制，切实提高应对核事故的能力

加强核应急管理力量和机构建设，充实国家核应急办公室管理力量，完善相关机制，加强核应急战略层面谋划。抓紧完善各级核应急预案，进一步提高预案的针对性和可操作性。加强核事故应急技术支持体系和核事故应急救援基础能力建设；加强核事故应急救援队伍建设，统筹考虑军队核事故处置力量，组建国家核事故救援队。加强对公众的核知识科普和核电安全的宣传，增强各界对核安全的信心，提高公众自救互救能力。定期组织国家级联合演习，尤其要建立应急联动机制，以便在应急状态下实现资源的统一调配与补充。进一步完善核能规划，对核能发电立项及建设采取更加严格的审核标准；严格执行核电站定期检修和老化淘汰制度，绝不允许超期服役。

参 考 文 献

北京市民政局. 2012. 2012-2015 年中国养老产业研究报告.

贝克 U. 2003. 风险社会. 何博闻译. 南京：译林出版社.

陈力丹. 1999. 舆论学——舆论导向研究. 北京：中国广播电视出版社.

陈沁，宋铮. 2013. 城市化将如何应对老龄化？——从中国城乡人口流动到养老基金平衡的视角. 金融研究，(6)：1-15.

陈伟珂，郭明宇. 2013. 基于产学研合作的公共安全科技发展模式研究. 产业与科技论坛，(12)：31-33.

陈彦斌，程冬，戴轶群. 2012. 中国宏观经济分析与预测报告（2012 年第一季度）分报告八：中国人口老龄化对经济结构调整的影响.

崔丽. 2017-01-25. 构建科学高效的卫生应急体系. 人民日报，(7).

邓国良，贾江滔. 2005. 公共安全危机事件处置研究. 北京：中国人民公安大学出版社.

丁辉. 2012. 双轮驱动促进城市安全发展. 城市管理与科技，(6)：9-10.

董纯朴. 2013. 世界老年犯罪研究特点综述. 犯罪研究，(6)：85-97，112.

范维澄，刘奕，翁文国，等. 2013. 公共安全科学导论. 北京：科学出版社.

范维澄，翁文国，吴刚，等. 2015. 国家安全管理中的基础科学问题. 中国科学基金，(6)：436-443.

范维澄，晓讷. 2012. 公共安全的研究领域与方法. 劳动保护，(12)：70-71.

龚维斌. 2017. 科学编制和演练应急预案是有效应对突发事件的关键. 中国党政干部论坛，(5)：20-23.

郭济. 2004. 政府应急管理实务. 北京：中共中央党校出版社.

郭晓红. 2010. 试论老年犯罪的现状、特点与趋势. 广州市公安管理干部学院学报，(4)：39-43.

韩布新，王婷，黄河清，等. 2009. 重大灾害后老年人心理状况研究进展. 中国老年学杂志，(12)：1543-1547.

何平，米佳，尹伟巍. 2007. 中国公共安全科技问题分析与发展战略规划研究. 中国工程科学，(4)：35-40.

何郁冰. 2012. 产学研协同创新的理论模式. 科学学研究，2 (30)：165-174.

贺寨平. 2001. 国外社会支持网研究综述. 国外社会科学，(1)：76-82.

胡坤，刘镝，刘明辉. 2014. 大数据的安全理解及应对策略研究. 电信科学，30 (2)：112-117.

胡小武. 2014. “老年友好型”城市的宜居空间与建构逻辑. 上海城市管理，(3)：18-23.

吉登斯 A. 1998. 现代性与自我认同. 赵旭东，方文译. 北京：生活·读书·新知三联书店.

姜向群，李建民，杜鹏，等. 2006. 中国“未富先老”了吗？人口研究，(6)：23-37.

康越. 2014. 香港长者友善社区建设及经验简析. 北京行政学院学报，(3)：99-101.

孔凡瑜，周柏春. 2012. 我国农村民生科技发展探析. 科技管理研究，32 (12)：34-37.

李明. 2014. 大数据技术与公共安全信息共享能力. 电子政务,（6）：10-19.
刘助仁. 2008. 科技在公共安全保障中的应用及启示. 郑州航空工业管理学院学报,（12）: 82-86.
鲁敏. 2013. 我国民生科技发展问题研究. 吉林大学博士学位论文.
马玉卓. 2011. 老龄化背景下老年友好社区的探析——以济南市三个社区为例. 山东大学硕士学位论文.
穆光宗. 2000. 中国传统养老方式的变革和展望. 中国人民大学学报,（5）：34-36.
彭希哲，胡湛. 2011. 公共政策视角下的中国人口老龄化. 中国社会科学,（3）：121-138.
闪淳昌. 2010. 汶川特大地震的宝贵经验和深刻启示——纪念汶川特大地震两周年. 四川行政学院学报,（3）：11-13.
闪淳昌. 2013. 兰州“民情流水线”：社会服务管理的新探索. 行政管理改革,（10）：19-21.
闪淳昌. 2015. “12・31”上海外滩踩踏事件的调查与思考. 江苏社会科学,（4）：1-6.
闪淳昌. 2017a. 中国突发事件应急体系顶层设计. 北京：科学出版社.
闪淳昌. 2017b. 应急准备与响应体系建设的国际经验. 中国工程院咨询研究项目“国家应急准备与响应顶层设计与政策研究”分报告.
闪淳昌，周玲，方曼. 2010. 美国应急管理机制建设的发展过程及对我国的启示. 中国行政管理,（8）：100-105.
闪淳昌，周玲，沈华. 2015. 我国国家安全战略管理体系建设的几点思考. 中国行政管理,（9）：37-43.
沈满洪，何樟勇，李建琴. 2002. 经济可持续发展的科技创新. 北京：中国环境科学出版社.
世界卫生组织. 2007. 全球老年友好城市建设指南.
舒炜光. 1985. 信息时代的曙光——世界新技术革命的哲学考察. 沈阳：辽宁人民出版社.
孙海鹰，冯波. 2005. 加强科技政策引导 推动我国公共安全科技发展. 科学学与科学技术管理,（9）：118-122.
汤啸天，李瑞昌. 2017. 我国应当建立“以风险为中心”的公共安全管理机制. 上海政法学院学报（法治论丛），32（1）：96-102.
陶书毅. 2012. 积极老龄化视角下的农村老年人防灾减灾能力建设探析. 社会福利,（11）: 14-16.
陶书毅. 2014. 农村地区灾害形势对老年人的影响及社会工作介入初探. 社会福利（理论版），（3）：9-12.
王通文. 2011. “遥望”专业舆情第三方. 中国记者,（9）：50-51.
王学义，徐宏. 2010. 地震致残者生存状态与需求分析——来自四川省汶川地震灾区的调查. 中国人口科学,（3）：103-112.
王媛婷. 2011. 基于原居安老思想的社区规划研究. 上海交通大学硕士学位论文.
王峥，伍霏霏，龚轶. 2015. 民生科技的理论与实践. 北京：科学出版社.
吴爱明. 2004. 公共安全：公共管理不可忽视的社会问题. 行政论坛,（6）：3-5.
吴曼青. 2012. 物联网与公共安全. 北京：电子工业出版社.
吴胜涛，李娟，祝卓宏. 2009. 5・12 地震灾区老年人的抑郁情绪和生活满意度及其相关因素调查. 中国老年学杂志，29（11）：1404-1406.
吴宗之，郭再富. 2014. 我国城镇化对安全生产管理的挑战及对策研究. 中国安全生产科学技术,（10）：68-74.
夏保成. 2006. 美国公共安全管理导论. 北京：当代中国出版社.
徐艳晴. 2015. 风险社会背景下的公共服务：挑战与应对之道. 新视野,（6）：90-94.
许俊杰. 2014. 灾难事件中的老年群体需要与社会工作回应. 老龄科学研究，2（3）：45-54.

薛澜，彭龙，陶鹏. 2015. 国家安全委员会制度的国际比较及其对我国的启示. 中国行政管理，（1）：146-151.
杨红平. 2012. 基于老年友好型理念的城乡规划编制研究——兼议养老设施布局//中国城市规划学会. 多元与包容——2012 中国城市规划年会论文集. 昆明：云南出版集团公司，云南科技出版社.
杨戎，刘平，吴振云. 2009. 从汶川地震看灾难中老年人的弱点及救灾和重建策略. 中国老年学杂志，1（29）：124.
张春艳. 2014. 大数据时代的公共安全治理. 国家行政学院学报，（5）：100-104.
张国. 2012. 老龄社会背景下我国城市社区防灾减灾教育研究. 前沿，（13）：132-133.
张海波. 2016. 中国总体国家安全观下的安全治理与应急管理. 中国行政管理，（4）：126-132.
张欢，吴苏锦. 2011. 突发事件恢复重建机制浅析. 城市与减灾，（S1）：1-5.
张维平. 2007. 社会学视野中的公共安全与应急机制. 中国公共安全（学术版），（2）：5-12.
张阳. 2010. 我国城市社区老年友好性研究——以济南市为例. 南京师范大学硕士学位论文.
张业成，张立海. 2008. 中国面临的巨灾风险以及应对. 党政干部文摘，（8）：19-20.
章友德. 2009. 风险社会时代的公共安全与科学发展——对改革开放 30 年的公共安全问题的思考. 第 19 届中国社会学年会社会稳定与社会管理机制研究论文集.
章友德. 2010. 我国转型期的社会冲突与城市安全. 江南社会学院学报，（2）：23-26.
赵辉. 2010. 科学发展观视阈下的民生科技探析. 东北大学博士学位论文.
赵延东. 2007. 解读“风险社会”理论. 自然辩证法研究，23（6）：80-61.
赵玉林. 2006. 创新经济学. 北京：中国经济出版社.
中国科学技术协会学会学术部. 2008. 发展中的公共安全科技：问题与思考. 北京：中国科学技术出版社.
钟开斌. 2012. 中外政府应急管理比较. 北京：国家行政学院出版社.
钟开斌. 2013. 对口支援：起源、形成及其演化. 甘肃行政学院学报，（4）：14-24.
Conrad Gargett Architecture. 2014. 澳大利亚老年护理模式以及老年友好型设计原则和要点概述. 李健美译. 城市建筑，（3）：24-28.
Beck U. 1992. Risk Society：Towards a New Modernity. London：Sage.
Downing T E，Butterfield R，et al. 2001. Climate Change Vulnerability. Oxford：Oxford Environmental Change Institute.
EMA. 1998. Austrialia Emergency Management Glossary. Commonwealth of Austrilia：Better Printing Service.
FEMA. 1997. Multi-Hazard Identifciation and Assessment. Washington，D. C.：FEMA.
Fernandez L S，Byard D，Lin C C，et al. 2002. Frail elderly as disaster victims：emergency management strategies. Prehospital and Disaster Medicine，17（2）：67-74.
Heath R. 1998. Dealing with the complete crisis—the crisis management shell structure. Safety Science，30（1）：139-150.
Hobbs F B，Damon B L. 1996. Sixty-five plus in the United States.
Phillipson C. 2011. Developing age-friendly communities：new approaches to growing old in urban environments//Settersten R A，Angel J L. Handbook of Sociology of Aging. New York：Springer-Verlag：279-293.
Renn O. 2008. Risk Governance：Coping with Uncertainty in a Complex World. London：Earthscan.
Scharlach A，Haviland B. 2012. Creating aging-friendly communities in the United States. Aging

International，37（1）：25-38.

Sylves R T. 1998. Disaster coastal states：a policy analysis of presidoutial declarations of disasters 1953-1997. New York：University of Delawave Sea Crout College Program.

Thompson M P，Norris F H，Hanacek B. 1993. Age differences in the psychological consequences of Hurricane Hugo. Psychologing，8（4）：606-616.

Waugh W L. 2015. Living with Hazards，Dealing with Disasters：An Introduction to Emergency Management. New York：Routledge.

附录　近年来公共安全领域相关科技规划与政策

序号	文件名称	文号	发文单位
1	国务院关于全面加强应急管理工作的意见	国发〔2006〕24号	国务院
2	关于印发《“十一五”安全生产科技发展规划》的通知	安监总科技〔2006〕186号	国家安全监管总局
3	煤矿安全生产“十一五”规划	安监总规划〔2007〕41号	国家安全监管总局
4	国家安全监管总局关于进一步加强安全生产科技管理工作的通知	安监总科技〔2007〕169号	国家安全监管总局
5	国家安全监管总局关于印发安全生产科学技术成果奖励工作管理规则的通知	安监总科技〔2007〕221号	国家安全监管总局
6	国家安全监管总局国家煤矿安监局关于加强安全生产科技成果推广工作的指导意见	安监总科技〔2010〕1号	国家安全监管总局、国家煤矿安监局
7	国家安全监管总局国家煤矿安监局关于印发安全生产先进适用技术工艺装备和材料推广目录的通知	安监总科技〔2010〕60号	国家安全监管总局、国家煤矿安监局
8	国家安全监管总局关于印发2010年度安全生产重大事故防治关键技术重点科技项目的通知	安监总科技〔2010〕89号	国家安全监管总局
9	国家安全监管总局关于印发2010年度安全生产重大事故防治关键技术重点科技项目（管理与应用类）的通知	安监总科技〔2010〕134号	国家安全监管总局
10	国家安全监管总局国家煤矿安监局关于建设完善煤矿井下安全避险“六大系统”的通知	安监总煤装〔2010〕146号	国家安全监管总局、国家煤矿安监局
11	国务院安委会办公室关于印发道路交通安全“十二五”规划的通知	安委办〔2011〕50号	国务院安全生产委员会办公室
12	国家安全监管总局国家煤矿安监局关于进一步加强煤矿企业安全技术管理工作的指导意见	安监总煤装〔2011〕51号	国家安全监管总局、国家煤矿安监局
13	国家安全监管总局 科技部关于进一步加强安全生产科技支撑工作的通知	安监总科技〔2011〕65号	国家安全监管总局、科技部
14	国家安全监管总局关于印发安全生产科技成果推广工作六条纪律的通知	安监总科技〔2011〕92号	国家安全监管总局
15	国家安全监管总局关于切实加强金属非金属地下矿山安全避险“六大系统”建设的通知	安监总管一〔2011〕108号	国家安全监管总局

续表

序号	文件名称	文号	发文单位
16	国家安全监管总局关于印发安全生产科技“十二五”规划的通知	安监总科技〔2011〕170 号	国家安全监管总局
17	国家安全监管总局 国家煤矿安监局关于印发煤矿安全生产“十二五”规划的通知	安监总煤装〔2011〕187 号	国家安全监管总局、国家煤矿安监局
18	关于促进安全产业发展的指导意见	工信部联安〔2012〕388 号	工业和信息化部、国家安全监管总局
19	国家安全监管总局关于加强安全生产科技创新工作的决定	安监总科技〔2012〕119 号	国家安全监管总局
20	国家安全监管总局办公厅关于印发安全生产先进适用技术指导目录（2012 年版）的通知	安监总厅科技〔2012〕103 号	国家安全监管总局办公厅
21	国家安全监管总局办公厅关于印发安全生产新型实用装备（产品）指导目录（2012 年版）的通知	安监总厅科技〔2012〕120 号	国家安全监管总局办公厅
22	国家安全监管总局办公厅关于成立总局安全科技工作领导小组的通知	安监总厅科技〔2012〕121 号	国家安全监管总局办公厅
23	国家安全监管总局办公厅关于印发落实安全科技“四个一批”项目职责分工方案的通知	安监总厅科技〔2012〕142 号	国家安全监管总局办公厅
24	国家安全监管总局办公厅关于印发 2012 年安全生产重大事故防治关键技术科技项目的通知	安监总厅科技〔2012〕148 号	国家安全监管总局办公厅
25	国家安全监管总局办公厅关于命名安全生产科技创新型中小企业的通知	安监总厅科技〔2012〕164 号	国家安全监管总局办公厅
26	煤炭产业政策		国家发改委
27	科技部关于印发《“十三五”食品科技创新专项规划》的通知	国科发农〔2017〕143 号	科技部
28	关于印发医学科技发展“十二五”规划的通知	国科发计〔2011〕522 号	科技部、卫生部、国家食品药品监督管理局、国家中医药管理局、教育部、国家人口和计划生育委员会、中国科学院、中国工程院、自然科学基金会、总后勤部卫生部
29	卫生部关于印发《人间传染的病原微生物名录》的通知	卫科教发〔2006〕15 号	卫生部
30	卫生部关于印发人类辅助生殖技术及人类精子库培训基地认可标准及管理规定通知	卫科教发〔2006〕43 号	卫生部
31	卫生部关于印发人类辅助生殖技术与人类精子库校验实施细则的通知	卫科教发〔2006〕44 号	卫生部
32	关于印发《中医药创新发展规划纲要（2006-2020 年）》的通知	国科发社字〔2007〕77 号	科技部等十六部委

续表

序号	文件名称	文号	发文单位
33	卫生部关于印发《卫生科技“十一五”发展规划》的通知	卫科教发〔2006〕510号	卫生部
34	卫生部关于印发《涉及人的生物医学研究伦理审查办法（试行）》的通知	卫科教发〔2007〕17号	卫生部
35	卫生部关于印发《卫生部重点实验室管理办法》和《卫生部重点实验室评估规则》的通知	卫科教发〔2007〕79号	卫生部
36	卫生部关于加强人类辅助生殖技术和人类精子库设置规划和监督管理的通知	卫科教发〔2007〕163号	卫生部
37	卫生部办公厅关于征求《病原微生物菌（毒）种保藏机构管理办法》（征求意见稿）意见的通知	卫办科教函〔2007〕360号	卫生部
38	卫生部关于加强适宜卫生技术推广工作的指导意见	卫科教发〔2008〕2号	卫生部
39	卫生部教育部关于印发《医学教育临床实践管理暂行规定》的通知	卫科教发〔2008〕45号	卫生部、教育部
40	人间传染的病原微生物菌（毒）种保藏机构管理办法	卫生部令第68号	卫生部
41	卫生部关于印发《人间传染的病原微生物菌（毒）种保藏机构指定工作细则》的通知	卫科教发〔2011〕43号	卫生部
42	关于开展干细胞临床研究和应用自查自纠工作的通知	卫办科教函〔2011〕1177号	卫生部、国家食品药品监督管理局
43	关于印发《全科医生规范化培养标准（试行）》的通知	卫科教发〔2012〕48号	卫生部
44	卫生部教育部关于印发《助理全科医生培训标准（试行）》的通知	卫科教发〔2012〕59号	卫生部、教育部
45	公安部关于深入实施科技强警战略的决定	公发〔2007〕3号	公安部
46	关于进一步加强公安科技成果推广应用计划管理工作的意见	公科〔2007〕74号	公安部科技局
47	公安部关于印发《公安基层技术革新奖励办法》的通知	公通字〔2008〕32号	公安部
48	全国公安机关“十二五”科技强警工作规划	公通字〔2011〕41号	公安部
49	全国公安装备建设“十二五”规划	公通字〔2011〕19号	公安部
50	国务院关于加强道路交通安全工作的意见	国发〔2012〕30号	国务院
51	公安部关于认真贯彻落实《国务院关于加强和改进消防工作的意见》的通知	公通字〔2012〕3号	公安部
52	科技部关于印发国家防灾减灾科技发展“十二五”专项规划的通知	国科发计〔2012〕693号	科技部
53	国务院办公厅关于印发国家综合减灾“十一五”规划的通知	国办发〔2007〕55号	国务院办公厅
54	国家地震科学技术发展纲要（2007-2020年）		中国地震局、科技部、中国科学院、国防科工委、国家自然科学基金委

续表

序号	文件名称	文号	发文单位
55	中国地震局关于进一步加强地震科技工作的意见	中震科发〔2010〕27号	中国地震局
56	国务院办公厅关于印发国家综合防灾减灾规划（2011—2015年）的通知	国办发〔2011〕55号	国务院办公厅
57	中国地震局重点实验室管理办法（试行）		中国地震局
58	中国地震局“十二五”《地震科技规划》		中国地震局
59	国土资源部中长期科学和技术发展规划纲要		国土资源部
60	国土资源部关于印发国土资源“十二五”科学和技术发展规划的通知	国土资发〔2011〕137号	国土资源部
61	中国地质灾害防治工程行业协会业务发展规划纲要		中国地质灾害防治工程行业协会
62	关于印发《气象科学和技术发展规划（2006—2020）》的通知	气发〔2006〕352号	中国气象局、科技部、国防科工委、中国科学院、自然科学基金委
63	关于印发《国家气象科技创新体系建设意见》的通知	气发〔2007〕385号	中国气象局、科技部、教育部、国防科工委、中国科学院、自然科学基金委
64	关于印发《中国气象局关于“一院八所”深化改革的指导意见》的通知	气发〔2008〕47号	中国气象局
65	关于印发《中国气象局科学技术委员会章程》的通知	气发〔2008〕282号	中国气象局
66	关于印发《气象科技创新体系建设实施方案（2009—2012年）》的通知	气发〔2009〕1号	中国气象局
67	中国气象局关于加强气象人才体系建设的意见	气发〔2009〕25号	中国气象局
68	关于印发“四项研究计划”的通知	气发〔2010〕74号	中国气象局
69	中国气象局关于印发《中国气象局创新团队建设与管理办法（试行）》的通知	气发〔2010〕152号	中国气象局
70	中国气象局关于印发《中国气象局“双百计划”管理办法（试行）》的通知	气发〔2010〕153号	中国气象局
71	中国气象局关于进一步加强气象科普工作的意见	气发〔2011〕34号	中国气象局
72	关于印发加强省级气象科研所发展实施方案的通知	气发〔2011〕75号	中国气象局
73	中国气象局关于改进专业气象研究所管理的意见	气发〔2011〕82号	中国气象局
74	气象局　发展改革委关于印发气象发展规划（2011-2015年）的通知	气发〔2011〕100号	中国气象局、国家发改委
75	气象科普发展规划（2013—2016年）	气发〔2012〕110号	中国气象局
76	中国气象局关于加强国家级业务单位科技创新工作的意见	气发〔2011〕105号	中国气象局

续表

序号	文件名称	文号	发文单位
77	中国气象局关于加强部门重点开放实验室建设的意见	气发〔2011〕106 号	中国气象局
78	关于印发《中国气象局重点开放实验室建设与运行管理办法》的通知	气发〔2012〕54 号	中国气象局
79	中国气象局关于推进率先基本实现气象现代化试点的指导意见	气发〔2012〕44 号	中国气象局
80	关于印发《公益性行业（气象）科研专项管理办法》的通知	气发〔2012〕57 号	中国气象局
81	中国气象局关于强化科技创新驱动现代气象业务发展的意见	气发〔2012〕111 号	中国气象局
82	气象部门人才发展规划（2013-2020 年）	气发〔2013〕1 号	中国气象局
83	关于印发国家公共安全科技发展“十二五”专项规划的通知	国科发计〔2012〕155 号	科技部
84	关于印发《“十二五”产业技术创新规划》的通知	工信部规〔2011〕505 号	工业和信息化部
85	工业通信业安全生产“十二五”规划		工业和信息化部
86	国务院关于印发国家环境保护“十二五”规划的通知	国发〔2011〕42 号	国务院
87	民政部关于进一步加强民政科技工作的决定	民发〔2009〕95 号	民政部
88	民政部关于进一步深化殡葬改革促进殡葬事业科学发展的指导意见	民发〔2009〕170 号	民政部
89	民政部关于印发《全国民政科技中长期发展规划纲要（2009-2020 年）》的通知	民发〔2009〕98 号	民政部
90	民政部关于加快殡葬科技成果转化和推广应用的指导意见	民发〔2012〕112 号	民政部
91	民政部关于加快民政科技改革发展推进民政创新体系建设的意见	民发〔2012〕191 号	民政部